TRAITÉ DE LA NATURE HUMAINE

LIVRE I
DE L'ENTENDEMENT

HUME À LA MÊME LIBRAIRIE

Essais et traités sur plusieurs sujets, introduction, traduction et
notes par Michel Malherbe :
Tome I : *Essais moraux, politiques et littéraires* (première partie),
1999.
Tome II : *Essais moraux, politiques et littéraires* (deuxième
partie), 2009.
Tome III : *Enquête sur l'entendement humain. Dissertation sur
les passions*, 2004.
Tome IV : *Enquête sur les principes de la morale. Histoire
naturelle de la religion*, 2002.

En poche, introduction, texte anglais, traduction et notes par
Michel Malherbe :
– *Dialogues sur la religion naturelle*, 2005.
– *Enquête sur l'entendement humain*, 2008.
– *Essais sur l'art et le goût*, 2010.
– *Dissertation sur les passions*, 2015.
– *L'histoire naturelle de la religion* et autres essais, 2016.

BIBLIOTHÈQUE D'HISTOIRE DE LA PHILOSOPHIE

Fondateur Henri GOUHIER   Directeur Emmanuel CATTIN

DAVID HUME

TRAITÉ DE LA NATURE HUMAINE

LIVRE I

DE L'ENTENDEMENT

Introduction, traduction et notes
par
Michel MALHERBE

PARIS

LIBRAIRIE PHILOSOPHIQUE J. VRIN

6 place de la Sorbonne, V e

2022

Dans la Partie IV est reprise, sous une forme révisée, la traduction de Michel Malherbe publiée à l'origine sous le titre suivant :

David Hume, *Système sceptique et autres systèmes*, p. 95-271, « Points Essais » © Éditions du Seuil, 2002, pour la traduction française.

© *Librairie Philosophique J. VRIN*, 2022
Imprimé en France
ISSN 0249-7972
ISBN 978-2-7116-3028-8
www.vrin.fr

INTRODUCTION

Hume avait 28 ans lorsque parurent en janvier 1739, anonymement, les deux premiers livres du *Traité de la nature humaine*, le troisième livre, auquel était joint l'*Appendice*, paraissant l'année suivante, en octobre 1740. Il avait donc rédigé, en quelques années seulement, une œuvre proprement monumentale à la fois par son volume, par la diversité des questions philosophiques abordées et par l'invention d'une scène philosophique nouvelle. Cela ne signifie pas qu'à bien des égards il ne fût un héritier. Mais c'est le propre de la jeunesse que d'inventer à partir de ce qu'elle reçoit. L'œuvre de Hume n'est pas toujours originale dans ses contenus, mais elle l'est en revanche dans son mode de philosopher, et ce mode de philosopher transforme les contenus[1].

Un philosophe précoce

Hume naquit à Édimbourg le 26 avril 1711. C'est à Ninewells, au sein de sa famille, qu'il reçut sa première instruction, instruction de qualité qui lui permit d'entrer à

---

1. Pour un exposé argumenté de ce jugement, voir J. Harris, *Hume An Intellectual Biography*, Cambridge, Cambridge University Press, 2015, p. 24 *sq.* Pour plus de détails biographiques, on consultera aussi l'édition critique du *Treatise* donnée par D. F. Norton et M. J. Norton (désormais Norton et Norton), Oxford, Clarendon Press, 2007, 2 vol., p. 433-588.

dix ans au Collège d'Édimbourg où, de 1721 à 1725, il y suivit le cours d'études alors professé dans les arts. Il y étudia les langues (le latin, une initiation au grec), suivit un cours de logique et de métaphysique, baigna dans l'ambiance de la philosophie expérimentale et put acquérir des rudiments de jurisprudence. Une fois sorti du Collège et étant le cadet de la famille, il lui fallut s'orienter dans une voie qui lui assurât un revenu. Son père ayant été lui-même un homme de loi, on le poussa vers une formation en Droit. Mais il abandonna rapidement cette orientation, et sa famille lui permit de suivre son goût pour les Lettres. Il entreprit alors de se former lui-même et s'imposa une discipline sévère, voulant imiter les Anciens qui joignaient à l'activité de connaissance un strict exercice de la volonté. Il compléta ainsi par lui-même son instruction dans le domaine de la littérature et de la philosophie. Mais il le fit d'une manière si excessive qu'en 1729 il fut victime d'une crise à la fois physique et morale qui lui fit perdre et le goût et la force de travailler. Il lui fallut près de deux ans pour se remettre et reprendre, avec plus de modération, ses travaux de lecture et d'écriture. Dans une longue lettre de mars ou avril 1734, adressée à un destinataire dont on sait seulement qu'il était écossais et médecin[1], il dresse un état de sa vie intellectuelle et fait part à son correspondant de sa fragilité mentale et morale. Il décide alors d'entrer temporairement au service d'un négociant de Bristol. Mais il est vite dégoûté et il se rend en France, d'abord à Reims, puis à la Flèche, auprès du célèbre Collège où fut Descartes. Il mène une vie frugale et quasi monacale. C'est là qu'il

1. *The Letters of David Hume*, ed. J.Y.T. Greig, Oxford, Clarendon Press, 1932, 2 vol. (désormais *Letters*), I, p. 12-18. Le destinataire était peut-être le newtonien George Cheyne. Mais on ne sait pas si la lettre fut effectivement envoyée.

écrit le gros du *Traité*. Il revient à Londres en 1737 ; puis, après avoir veillé à la publication de son ouvrage, il rejoint sa mère et son frère dans la maison familiale.

Au fil de ces années, Hume ne fait pas que lire, il écrit. Dans une lettre à son ami Ramsay du 4 juillet 1727, il fait état d'écrits qu'il se refuse à livrer à son correspondant, parce qu'ils ne sont pas suffisamment « polis » ni vraiment mis en forme[1]. On ne sait quand exactement lui vint l'idée du *Traité*, mais ce fut tôt. La lettre, déjà citée, de mars-avril 1734 rapporte que, quand il eut 18 ans, au prix de beaucoup d'étude et de réflexion, il vit s'ouvrir devant lui un nouvel horizon de pensée « qui le transporta au-delà de toute mesure »[2]. En 1751, il déclarera à un correspondant qu'il avait formé le plan du *Traité* avant l'âge de 21 ans et qu'il le composa avant l'âge de 25 ans[3].

Dans *Ma vie*, court texte biographique qu'il rédigea peu de temps avant sa mort et qui parut de manière posthume, Hume déclare, parlant de sa jeunesse : « Je passai avec succès par le cours ordinaire de l'instruction et me pris très tôt d'une passion pour la littérature, passion qui domina toute ma vie et qui fut la source principale de mes plaisirs »[4]. La jeunesse est l'âge des passions. Chez le jeune Hume la passion fut féconde : il en résulta le *Traité de la nature humaine*.

---

1. *Letters*, I, p. 9.
2. *Letters*, I, p. 13.
3. Lettre à Gilbert Elliot of Minto, mars-avril 1751 (*Letters*, I, p. 158). Voir aussi la lettre de février 1754 à John Stewart, (*Letters*, I, p. 187). Dans une lettre à Hutcheson, datée du 16 mars 1740, il évoquait « that very circumstance of youth, which may be urged against me » (*Letters*, I, p. 16).
4. Hume, *Ma vie*, dans *Essais et traités sur plusieurs sujets*, Paris, Vrin, 1999, trad. fr. M. Malherbe, vol. I, p. 56.

« *A JUVENILE WORK* »[1]

L'ouvrage parut sans nom d'auteur[2]. Prudence d'un jeune auteur voulant mesurer le degré de succès de son livre avant d'en assumer la responsabilité[3]. Cette pratique n'était pas rare à l'époque et elle avait été légitimée par Addison[4]. Elle avait aussi cet avantage de permettre à l'auteur de s'accorder certaines libertés. L'anonymat était plus ou moins bien protégé et l'on peut relever que, dès 1739, dans la section des « Nouvelles littéraires de Londres », de la *Bibliothèque raisonnée des ouvrages des savants de l'Europe*, le recenseur donnait le nom de Hume.

« J'avais toujours nourri l'idée que mon manque de succès à la publication du *Traité de la nature humaine* était dû plus à la manière qu'à la matière et que je m'étais rendu coupable d'une imprudence très ordinaire en le faisant imprimer trop tôt »[5], dit Hume au soir de sa vie. La conscience de ce défaut fut assez forte pour que, déçu dans son espoir d'une seconde édition, il s'opposât ensuite, la maturité venue, à toute réédition du *Traité* et pour qu'il l'exclût de l'édition de ses *Œuvres philosophiques*. Pareil motif peut nous étonner aujourd'hui, puisque nous tenons l'ouvrage pour le texte majeur du philosophe écossais.

1. « Avertissement », dans *Essais et traités sur plusieurs sujets*, Paris, Vrin, 2004, trad. fr. M. Malherbe, vol. III, p. 35.
2. L'ouvrage étant paru anonymement, Hume pouvait déclarer qu'il ne l'avait jamais reconnu. Cet avertissement fut imprimé en 1776 pour être placé dans les exemplaires qui n'étaient pas encore vendus des éditions 1768, 1770, 1772, des *Essays and Treatises*. Il fut, dans l'édition de 1777 (en deux volumes) placé en tête du second volume, comprenant les deux *Enquêtes*.
3. Hume s'en explique dans une lettre à Henry Home, du 13 février 1739 (*Letters*, I, p. 26-27).
4. Joseph Addison, Richard Steele, *The Spectator*, 7 août 1712.
5. Hume, *Ma vie*, *op. cit.*, p. 57.

Mais il faut accepter l'explication qui est donnée : le *Traité*
n'a ni la qualité littéraire ni l'achèvement intellectuel des
Essais et des *Enquêtes* ; et il suffit d'en lire quelques pages
pour vérifier qu'il n'est pas dénué de faiblesse d'expression
et, pire, que par ses forfanteries répétées il offense les
règles de la *politeness*, cet art, et en même temps, cette
vertu publique et culturelle qui régissait alors le « monde
de la conversation », et par là-même la production littéraire.
Bref, l'ouvrage apparut comme l'œuvre immature d'un
tout jeune homme, peut-être inventif mais prétentieux.

Il n'était pas rare à l'époque que l'auteur d'un ouvrage
intervînt dans son texte pour présenter ses intentions ou
marquer l'originalité de son propos : mais cela se faisait
ordinairement dans la dédicace, la préface ou l'introduction.
C'est au demeurant ce à quoi Hume se livre dans son
introduction, lorsqu'il expose son ambition de bâtir la
science de la nature humaine. Mais il fait davantage : il
n'hésite pas à s'introduire dans le corps de ses développements, à multiplier les retours réflexifs (par exemple,
3, 6, 3)[1] et à personnaliser l'usage du *je* discursif
(4, 7, 1 *sq.*). Tantôt il intervient pour souligner le
développement de son propos ; tantôt pour marquer qu'il
présente un nouvel argument afin de corroborer une
conclusion déjà atteinte ; tantôt, pour faire savoir qu'il est
exemplaire dans la mise en œuvre de la philosophie
expérimentale (3, 8) ; ou encore pour rappeler avec
ostentation un point de méthode, faisant ainsi, non sans

1. Les références au *Traité* qui sont données ici et dans le corps
de notre texte renvoyant exclusivement et évidemment au premier livre
du *Traité*, nous n'avons pas répété chaque fois la mention de ce livre.
C'est pourquoi, par exemple, 3, 6, 3 signifie : *Traité*, troisième partie
[du Ier livre], section 6, paragraphe 3. En revanche, dans nos notes, et
cela pour éviter toute ambiguïté, après *Traité* nous mentionnons le livre
(ex. I, 3, 6, 3).

suffisance, la leçon à son lecteur (3, 9, 1). En 2, 2, 6, il admoneste ceux qui résistent à ses conclusions. En 3, 14, 2 et 3, il joint la grandiloquence à l'immodestie. En 3, 1, 7, sa prétention heurte les règles de la bienséance. Et le tour dramatique imprimé à la conclusion finale fait de la dernière section une pièce rhétorique un peu trop brillante, qui tient autant du morceau de bravoure, visant à séduire le lecteur réticent, que d'une confession sincère qui viendrait atténuer un scepticisme par trop dominateur. Fautes de goût manifestes de la part d'un jeune auteur, certes soucieux d'être compris et d'être suivi, mais aussi prompt à vanter les mérites de son ouvrage, et pressé de conquérir la gloire littéraire à laquelle il aspire.

Ceci ayant été dit, Hume fut, dès sa jeunesse, un maître dans l'art de la composition. On appréciera ainsi l'organisation de l'ensemble du livre, claire dans son principe (elle mène du simple au complexe), mais subtile dans l'application. On remarquera encore la stratégie fine déployée dans la troisième partie pour, à la faveur de la réponse aux deux questions posées dans la section 3, traiter de toutes les composantes entrant dans le raisonnement de causalité. On admirera la composition faisant système, de la quatrième partie, autour de la question de la substance et de l'identité. Dans les œuvres de la maturité, Hume excellera dans l'art de la digression utile. On peut se demander si, dans le *Traité* 2, 5, 19-21, l'intéressante digression sur les confusions de l'imagination était indispensable ; mais il faut avouer que celle sur la collusion secrète du spiritualisme plaidant pour l'immortalité de l'âme et du spinozisme bataillant pour le matérialisme, n'était pas indispensable, puisqu'elle n'ajoute pas grand-chose au thème développé de la dynamique des relations qui réunissent le divers des entités en un monde ou en un Soi unique. De plus, elle apparaît trop subtile pour être vraiment convaincante. Mais il faut aussi avouer qu'on ne boude pas son plaisir, en voyant le bon tour que Hume joue aux théologiens (4, 5, 17-28).

On accusa Hume de rechercher le paradoxe. Paradoxe d'une doctrine dont la démarche est incontestablement argumentée mais qui dans ses conclusions s'avère contraire à la raison et même au sens commun. Paradoxe, car il faut à la fois reconnaître la force du raisonnement et dénoncer le caractère inacceptable des conclusions auxquelles il mène. Personne ne conteste le talent de Hume, sa lucidité, sa perspicacité. Il est un analyste exceptionnel (voir l'étonnante section III, 13). Il est aussi capable de fixer avec exactitude une question, et d'en ériger l'argument en paradigme ; il est capable de tenir un raisonnement au strict nécessaire ; il est capable de multiplier les arguments sans perdre de vue la cible visée. Mais, sceptique, il brouille les évidences les mieux établies dans l'esprit du lecteur. Et tel est le paradoxe : à force de lucidité il génère l'obscurité ; à vouloir fonder en rigueur la science de la nature humaine, il engendre un scepticisme dont il est parfaitement conscient mais dont on peut se demander s'il réussit à le maîtriser. Et ce n'est point de sa part une faiblesse dans le raisonnement. Thomas Reid répétera que l'auteur du *Traité* raisonne bien, mais il ajoutera qu'il raisonne à tort[1]. En vérité, il commet une faute, celle qui est propre à la jeunesse : il tombe dans l'excès. Trop de philosophie ruine la philosophie. Il va trop loin dans sa recherche des principes, il exige trop des évidences les mieux établies, il retourne la raison contre elle-même. Ou, pour reprendre les mots d'un recenseur :

> Tout cet ouvrage en général est rempli de pensées originales, et qui ont toutes le mérite de la singularité.

1. Thomas Reid, *Essays on the Intellectual Powers of Man*, ed. by D.R. Brookes, Edinburgh, Edinburgh University Press, 2002, p. 161-165.

> Peut-être trouvera-t-on qu'à force de vouloir approfondir
> la nature intime des choses, l'anonyme tient quelquefois
> à ses lecteurs un langage peu intelligible. J'appréhende
> que ces paradoxes ne favorisent le pyrrhonisme et ne
> mènent à des conséquences que l'auteur semble
> désavouer... [1].

Remarquable évaluation qui dit indirectement la nature de la faute : Hume est moins coupable d'une *faute de raison*, que d'une faute d'*appréciation*, que d'*une faute de goût*. Faute d'autant plus cruelle qu'elle exclut de la communauté des Lettres celui qui la commet et le condamne à la solitude, comme Hume l'avoue dans la section, remarquablement lucide, qui termine ce livre I. On peut avoir raison dans les raisonnements que l'on tient et être rejeté par la communauté. Pire : on peut être rejeté par la communauté à cause de la justesse des raisonnements que l'on tient. « Trop heureux serais-je de me perdre dans la foule pour y trouver chaleur et protection ! Mais je ne peux me résoudre à me fondre en elle sous un jour aussi rebutant. J'exhorte les autres à me rejoindre, afin de fonder une compagnie séparée ; mais personne ne veut m'entendre. Tous se tiennent à distance et redoutent la tempête qui me bat de tous côtés » (4, 7, 2).

Mais il faut comprendre pourquoi par trop de raison on tombe dans le scepticisme et pourquoi le scepticisme (le pyrrhonisme) est une faute de goût. Descartes donnait comme critère de l'idée vraie qu'elle fût claire et distincte. Hume dissocie ces deux propriétés. Beaucoup de nos croyances, qui sont des idées complexes, se donnent dans l'évidence, et elles peuvent nous paraître si claires que nous oublions d'en chercher le fondement. Mais fonder,

---

1. Anonyme, *Bibliothèque raisonnée*, avril, mai, juin, 1740, p. 328.

c'est analyser et donc distinguer et séparer les idées. Et une première distinction en appelle une seconde de second degré, et ainsi de suite. Or, plus on distingue et plus on brouille l'évidence initiale, plus on perd de la clarté dans laquelle l'objet était d'abord donné. À la limite, par trop de raffinement, on perdrait de vue ce dont on parle, on perdrait aussi de vue à qui l'on parle (l'auteur et le lecteur ne peuvent se rencontrer qu'à la faveur d'un minimum de culture commune) ; et l'on perdrait toute capacité d'appréciation. « Une [grande] subtilité est une preuve claire de la fausseté d'un système tout comme la simplicité contraire l'est de sa vérité » (3, 16, 3). En conséquence, même dans les recherches les plus profondes, il faut savoir aller prendre son dîner ou s'en aller jouer au trictrac.

Et Hume de conclure avec force : « Nous n'avons donc de choix qu'entre une raison fausse et pas de raison du tout » (4, 7, 7). Il faut toutefois pondérer l'importance qu'on serait tenté d'accorder à ce genre d'énoncés. Ce serait en effet une erreur de penser qu'après avoir déclaré dans l'introduction son ambition d'établir la science de la nature humaine, Hume conclurait *in fine* à son échec. Tout au contraire, dans le *Traité*, Hume *réalise* son programme de constituer cette science et d'en énoncer les principes. Bien plus, non seulement, il en énonce les principes, mais de ses analyses il retire une méthodologie critique redoutable (la chose sera rendue évidente dans *l'Enquête sur l'entendement humain*). Et donc, si scepticisme il y a, c'est d'un scepticisme tout à fait original et tel que parler d'une *science sceptique* de la nature humaine ait un sens ; sceptique envers le corps d'évidence qui constitue la culture commune aux hommes. Paradoxe, incontestablement, sinon extravagance !

De l'inconfort, sinon de l'incompréhension qu'il allait susciter, Hume eut, dès la rédaction du *Traité*, la perception : « Je ne doute pas que mes sentiments soient taxés par beaucoup d'extravagance et de ridicule » (3, 14, 24). C'est pourquoi, il prend le temps d'anticiper et de combattre les préventions de son lecteur ; c'est pourquoi, il ne craint pas, quand il parvient à une conclusion, de reprendre l'argument sous un autre jour ou de le faire varier pour emporter l'assentiment de son public.

« Si convaincants qu'apparaissent les arguments qui précèdent, nous ne devons pas nous en contenter ; il nous faut tourner le sujet de tous les côtés, afin de dégager de nouveaux points de vue qui nous permettent d'illustrer et de confirmer des principes aussi extraordinaires et fondamentaux. Une scrupuleuse hésitation à recevoir toute hypothèse nouvelle est chez les philosophes une disposition si louable et si nécessaire à l'examen de la vérité qu'elle mérite qu'on s'y conforme et elle demande que soit avancé tout argument propre à les convaincre et écartée toute objection qui pourrait les arrêter dans leur raisonnement » (3, 9, 1).

Et cette contrainte de devoir non seulement convaincre son lecteur par la force du raisonnement, mais encore de briser sa résistance, est une autre explication des interventions du philosophe dans son texte.

HUME ET SES PRÉDÉCESSEURS

Une deuxième chose apparaît à la lecture de ce premier livre, et c'est un autre aspect de son caractère juvénile. Il est en effet manifeste que le jeune Hume a beaucoup lu et beaucoup retenu de ses lectures. Et cela se comprend bien. Un tout jeune auteur, un tout jeune philosophe, pour qui le temps de la formation et le temps de la composition et de la rédaction ne font qu'un, ne saurait avoir écrit un ouvrage de cette importance sans avoir beaucoup emprunté. Selon l'usage de l'époque, Hume fait rarement état de ses sources. Mais il est clair qu'il ne cesse d'alimenter son génie personnel de ce qu'il retient des auteurs, anciens ou modernes, puisant tantôt dans la culture philosophique de l'époque, tantôt, à livre ouvert, dans une œuvre particulière. L'idée de la montagne d'or (2, 2, 8) ou l'idée du chiliogone (3, 1, 6) se trouvent partout ; le principe de l'association des idées, qu'il se vante d'avoir promu (*Abrégé*, 35) est dans Hobbes, Locke, Malebranche, Hutcheson, Chambers[1] ; l'hypothèse de l'annihilation de la matière est dans Descartes, dans Hobbes, dans Locke et d'autres[2] ; etc. La doctrine des idées abstraites (1, 7) est empruntée à Berkeley : Hume a certainement lu les *Principes*, mais il en trouvait aussi un exposé dans la *Cyclopaedia* de Chambers ; etc. Il est clair que lorsqu'il distingue les différentes sortes d'identité (4, 6, 8 *sq.*), il a l'*Essai* de Locke ouvert sous les yeux, au chap. II, 27. Dans son traitement de la question du vide (2, 5, 2 *sq.*), il est, à la lettre, à la limite du plagiat de l'article « Zénon d'Élée » du *Dictionnaire historique et critique* de Bayle. D'une manière générale, les commentateurs ont pu multiplier les sources ou les emprunts[3].

Intéressants sont les cas où il fait référence à une thèse, ce qui le conduit à donner sa source ou à la laisser entendre.

---

1. Norton et Norton, p. 699-700.
2. Norton et Norton, p. 722-723.
3. La tâche est immense et peut-être sans fin. Et Hume a une pratique générique lorsqu'il dit : « les philosophes… ». La documentation la plus riche se trouve dans les « editors'annotations » de Norton et Norton, vol. 2. Pour notre part, nous avons pris la décision – arbitraire – de limiter, sauf exception, les références aux seuls auteurs dont le nom apparaît en quelque endroit du texte.

Ainsi, dans la section 2, 4, où il répond aux objections concernant son « système de l'espace et du temps », il déclare sa source (2, 4, 21 : Barrow) ou la rend aisément identifiable (2, 4, 33 : Barrow et Bayle[1]).

Une mention spéciale doit être faite de ce qu'il trouve dans les dictionnaires, principalement : le *Dictionnaire* de Bayle[2] et la *Cyclopaedia* de Chambers. Pour un jeune auteur, l'avantage de ce genre d'ouvrages est de fournir, en la circonscrivant, la matière à traiter, de rassembler les diverses thèses qui peuvent faire les termes de la discussion ou de récapituler l'environnement théorique ou culturel pertinent. Prenons un exemple où il est non seulement possible d'appréhender la matière empruntée mais encore de mesurer l'écart entre l'emprunt et la forme accomplie qu'il trouve dans le texte humien. Le premier motif de la notoriété philosophique de Hume est, on l'accordera, sa doctrine de la causalité. On sait qu'il a lu à ce sujet Hobbes, Malebranche, Locke, Clarke et d'autres. Mais il est aisé d'observer que les deux tiers de cette doctrine sont dans Chambers. Que Hume ait lu et exploité nombre d'articles de la *Cyclopaedia* est une chose plus que probable, même s'il ne donne nulle part le nom de son auteur. En vérité, l'article « causalité » de Chambers est plutôt décevant : il résume en cinq lignes un paragraphe mieux informé du *Lexicon philosophicum* de Chauvin. L'article « cause » est plus utile. Il procède à la manière scolastique des dictionnaires savants de l'époque (suite de définitions)

1. Norton et Norton, p. 721.
2. Le rapport multi-face de Hume à Bayle a été abondamment documenté, depuis les analyses de N. Kemp Smith, *The Philosophy of David Hume*, reprint London, Macmillan, 1966, p. 325-339. Nous indiquons dans nos notes sur le texte les différents renvois au *Dictionnaire historique et critique* qu'il est possible de mettre en évidence.

sans véritable construction raisonnée de l'article, mais il brosse ainsi le panorama de la question. Enfin il expose l'occasionnalisme de Malebranche. L'article « efficient [cause efficiente] » énumère les différentes définitions en regard les unes des autres. L'article « power » commence par résumer le chapitre que Locke consacre à la notion dans l'*Essai*, puis distingue la cause active et la cause passive, compare le pouvoir des corps et le pouvoir des esprits, puis débouche sur la question de la liberté et de la nécessité. Ne multiplions pas les articles que Hume a lus ou a pu lire, observons seulement qu'il trouvait là une matière certes assez brouillonne, mais riche d'arguments, Or il se trouve que Chambers fut plus qu'un simple lexicographe. Il voulait en effet présenter un ouvrage qui fût plus qu'un dictionnaire, qui fût une véritable encyclopédie témoignant de l'unité du système de la connaissance. Et il s'en explique dans une importante préface[1]. Il est ainsi amené à donner une définition de l'art (et de la poésie) et à s'interroger sur le rapport dans l'art (ou dans la poésie) entre le pouvoir de la nature (ou de la muse poétique) et le pouvoir de l'homme (ou du poète). Il est ainsi conduit à poser que l'artiste n'est que l'occasion de sa production (Chambers dénonce la confusion entre la cause et l'occasion) et que c'est la nature (ou la muse) qui est la cause réelle. On perçoit ici l'influence de Malebranche. Mais, ajoute-t-il en reprenant une idée de Bacon, de la force agissant dans les phénomènes naturels, nous n'avons pas d'idée ; et tout ce que peut faire l'homme, c'est modifier les circonstances. « Notre raison… ne perçoit aucune liaison nécessaire et immédiate entre les moyens et l'effet ; car il n'y en a en

---

1. Il y a des différences entre la première (1728) et la seconde édition (1738). On suit ici la première édition.

réalité aucune »[1] et l'expérience ne nous fournit qu'une
information historique et narrative[2]. Il faut donc des règles.
Mais puisqu'il n'y a pas de connaissance possible du
pouvoir efficient de la nature, les règles devront être établies
par analogie, l'analogie consistant à appliquer les choses
passées aux choses présentes.

Comment ne pas penser que Hume ait tiré parti de ces
pages ? Il est vrai que, comparativement, l'exposé de
Chambers n'est pas complet ; il manque en particulier la
doctrine de la croyance ; et l'article « probabilité » en reste
au sens traditionnel du mot. Mais on peut voir ainsi non
seulement ce que peut être la dette de Hume (qui avait aussi
d'autres sources d'information), mais aussi, par comparaison,
ce que lui-même apporte en propre. Chambers est un
lexicographe qui ne manque pas de flair, mais il reste au
ras de ses analyses, sans en penser l'unité. Par comparaison,
on voit ce que Hume apporte avant tout : une appréhension
lucide de la question de la causalité, et donc de l'entendement.
Outre qu'il complète l'argument, il en saisit la portée
générale, il en fixe définitivement les termes. On pourra
parler désormais du « problème de Hume ».

LA RÉCEPTION DU *TRAITÉ*

« Jamais tentative littéraire ne fut plus infortunée que
mon *Traité de la nature humaine*. Il tomba mort-né des
presses, sans même l'honneur d'un murmure chez les
zélotes »[3]. Cette appréciation, non dépourvue d'humour
s'il est vrai que la formule *fell dead-born from the press*

---

1. E. Chambers, *Cyclopaedia*, préface, trad. fr. M. Malherbe,
Recherches sur Diderot et l'Encyclopédie, 37, 2004, p. 121.

2. E. Chambers, *Cyclopaedia, op. cit.*, p. 122.

3. Hume, *Ma vie, op. cit.*, p. 57.

est empruntée au deuxième dialogue (v. 226) de l'*Epilogue to the satires* de Pope[1] – cette appréciation, dis-je, peut traduire la déception d'une trop grande ambition, mais, dans les faits, elle est inexacte. La réception du *Traité* fut certes limitée à un petit nombre de journaux ou de revues, mais elle fut rien moins qu'indifférente.

Les deux premiers volumes du *Traité* avaient paru à Londres en janvier 1739. Selon l'usage, ils furent immédiatement annoncés dans divers journaux ou magazines. Plus significatives que ces annonces furent les « notices », qui n'avaient pas la taille d'une recension critique, mais qui présentaient brièvement l'ouvrage. La première de ces notices fut donnée dans le second numéro de *la Bibliothèque raisonnée des ouvrages des savants de l'Europe*, dans la rubrique des « Nouvelles littéraires de Londres » (avril-juin, 1739, p. 481-482). Le contenu des deux livres y est présenté en quatre phrases, accompagnées d'une formule lapidaire disant de l'auteur qu'il est très original. Cette idée d'originalité revient dans la notice de la *Nouvelle bibliothèque ou histoire littéraire des principaux écrits qui se publient* (IV, oct. 1739, p. 302). La notice de la *Bibliothèque britannique ou histoire raisonnée des ouvrages des savants de la Grande-Bretagne* en dit un peu plus : « C'est un système de logique ou plutôt de métaphysique, aussi original qu'il se puisse, où l'auteur prétend redresser les plus habiles philosophes et en particulier le fameux M. Locke, et où il avance les paradoxes les plus inouïs, jusqu'à soutenir que les opérations de l'esprit ne sont pas libres » (XIV, oct.-déc. 1739, p. 216). De quoi piquer la curiosité du lecteur.

---

1. Allusion relevée par M.A. Box, *The Suasive Art of David Hume*, Princeton, Princeton University Press, 1990, p. 22.

Plus importantes furent les recensions proprement dites. Elles ne furent pas nombreuses[1], mais elles vinrent rapidement et elles furent plutôt de qualité. Il n'y en eut qu'une en langue anglaise, fort longue, dans *the History of the Works of the Learned* (nov. 1739, p. 353-390, et déc. 1739, p. 391-404)[2]. Cette recension est plus que critique, elle est franchement hostile. Son objet est clair : il faut rabattre les prétentions philosophiques de l'auteur du *Traité*, et cela par la réfutation mais aussi par le ridicule. À cette fin, le recenseur concentre ses attaques sur certains passages du texte. Mais il n'est pas dépourvu d'un réel sens philosophique dans le choix des citations qu'il extrait, dans les objections qu'il soulève et dans les arguments qu'il développe.

Plus bienveillantes et plus nuancées furent les recensions parues dans les journaux de langue française édités en Hollande (la censure ayant cours en France) et touchant un lectorat à l'échelle européenne. Celle de la *Nouvelle bibliothèque*, sur deux numéros (VI, juil. 1740, p. 291-316, et VII, sept. 1740, p. 44-63) fournit une analyse du premier livre du *Traité.*, analyse chapitre après chapitre, assez fidèle et plutôt judicieuse, pas toujours parfaite dans ses traductions, mais fournissant au lecteur une information assez détaillée sur les contenus, tout en en soulignant le caractère sceptique.

En avril-juin 1740, la *Bibliothèque raisonnée* se livre à un exercice comparable d'exposition, mais y joint un esprit critique plus incisif. Dans son analyse du premier livre, elle ne prend pas beaucoup de risque, puisqu'elle

1. Voir la liste donnée par Norton et Norton, p. 494-496.
2. L'auteur en est inconnu. Hume, dans une lettre à Hutcheson du 4 mars 1740, y fait allusion comme d'un « article… somewhat abusive ». L'attribution à Warburton est discutée.

fournit une traduction libre de l'*Abstract*, à laquelle sont ajoutés des citations et des commentaires critiques portant moins sur tel ou tel énoncé du *Traité* que sur l'approche intellectuelle de son auteur. Et la recension conclut : « Que ne peut-on attendre d'un génie aussi subtil et aussi profond, quand une fois l'âge aura mûri son goût et qu'il aura eu le temps de méditer de nouveau les matières qu'il a ébauchées » » (p. 353-354). Cette appréciation parut sans doute à Hume fort judicieuse et il est difficile de ne pas considérer que la première *Enquête* est par sa forme une réponse directe à cette critique.

Il y eut également une réception en Allemagne. Dès mai 1739, le *Neue Zeitungen von gelehrten Sachen* et, en décembre 1739, le *Göttingische Zeitungeng von gelehrten Sachen* consacrent chacun une notice à l'ouvrage de Hume. Si la première notice est clairement hostile, la seconde s'en tient à la présentation du livre. À peine un mois plus tard (janvier 1740), dans une courte recension, le second journal fait un bref résumé de l'intention déclarée de Hume dans son introduction ; intention qui n'est pas réalisée dans le corps de l'ouvrage, dit le recenseur qui se plaint de l'obscurité du texte et ironise sur la suffisance de Hume.

Le livre III du *Traité* paraît en novembre 1740. La *Bibliothèque raisonnée* en donne une recension dans sa livraison du printemps XXVI, (avril-mai-juin 1741, p. 412-415). Le recenseur, anonyme, loue Hume d'être plus compréhensible que dans les deux premiers livres, mais doute encore que le texte soit accessible aux lecteurs ordinaires. Il donne le plan de l'ouvrage et n'en rend compte que partiellement. Il s'en prend à la théorie hutchesonienne du sens moral que Hume aurait épousée. D'une manière générale, il est bien informé et offre au lecteur une recension qui, même partielle, ne manque pas d'acuité, mais qui ne montre pas autant de sympathie envers la philosophie de Hume que la précédente recension parue dans le même journal.

DÉFENSE ET ILLUSTRATION DU *TRAITÉ*

Malgré les attentes de son auteur, l'ouvrage paru en 1739 (les deux premiers livres du *Traité*) ne se vend pas. Face à cet échec, l'attitude de Hume reste constante : l'incompréhension du public, insensible à la nouveauté de l'ouvrage, est due à une maladresse d'expression de sa part. Emporté par la fougue de sa jeunesse, il n'a pas pris le temps d'une exposition plus prudente et plus rigoureuse. D'où la nécessité de corriger cet effet malencontreux par des compléments plus charpentés qui éclaireront le public. Mais, de façon caractéristique, à aucun moment Hume ne revient sur le contenu, sauf pour corriger quelques erreurs. Dans l'*Appendice*, il peut avouer l'insuffisance de sa doctrine, mais il ne remet pas en cause ses principes.

L'Abrégé

Dans une lettre à Henry Home[1] qui lui demandait à l'automne 1737 de lui fournir un abrégé de l'ouvrage encore à paraître, Hume s'excuse de ne pouvoir répondre à une telle demande, arguant de la nouveauté du contenu. Deux ans plus tard, piqué par le peu de réaction à la publication du *Traité*, il semble avoir surmonté ses réticences. Probablement rédigé pendant le second semestre de 1739, l'opuscule paraît en mars 1740, sous anonymat, portant le titre : *Abrégé d'un livre récemment publié, intitulé* Traité de la nature humaine, *dans lequel l'argument principal de*

---

1. Lettre du 2 décembre 1737, dans *Lettres*, I, p. 23-24.

ce livre reçoit de nouveaux éclaircissements et de nouvelles explications. Une lettre à Hutcheson du 4 mars 1740 nous apprend qu'il en avait discuté avec l'illustre professeur de Glasgow.

Un temps mise en cause, la paternité de Hume ne fait plus de doute aujourd'hui. Les preuves internes sont nombreuses qui montrent que l'auteur anonyme de l'*Abrégé* non seulement connaissait bien le *Traité* mais était aussi au fait de la perception personnelle que l'auteur du *Traité* avait de son ouvrage. Et l'on a pu multiplier les correspondances textuelles[1].

Pour sa publication, Hume pensait d'abord adresser l'*Abrégé* à la revue *The History of the Works of the Learned*, mais rebuté par la recension que cette revue avait publiée de son ouvrage, il le fait paraître chez l'éditeur Charles Corbett. Une annonce (« une notice ») apparaît en mars 1740 dans la *Bibliothèque britannique*, qui l'attribue à George Turnbull. Une seconde paraît en avril-juin 1740, dans la *Bibliothèque raisonnée*, en même temps que la recension du *Traité*, recension qui fait un large usage de l'*Abrégé*.

L'*Abrégé* a clairement une fonction promotionnelle. Il en résulte un tour d'écriture assez singulier. L'auteur de l'opuscule parle à la première personne et dit « notre auteur » pour désigner l'auteur du *Traité*, tirant ainsi parti pour se dédoubler de la distinction entre la première et la troisième personne. La finalité de l'exercice est claire. Il

1. Pour une analyse complète, voir J. M. Keynes, P. Sraffa, *An Abstract of a Treatrise of Human Nature 1740, A Pamphlet Hitherto unknown by David Hume*, Cambridge, Cambridge University Press, 1938 ; Norton et Norton, II, p. 459-471 ; D. Deleule, *Hume, Abrégé*, Paris, Aubier-Montaigne, 1971, p. 11-26. Ce dernier ouvrage comporte un tableau des correspondances entre l'*Abrégé*, le *Traité* et l'*Enquête sur l'entendement humain*.

s'agit de surmonter les réticences du public face à un ouvrage qui est nouveau dans son contenu au point de paraître paradoxal, et qui est abstrait dans sa méthode au point de se rendre obscur. Assurément, il ne faut point renoncer à en représenter la nouveauté, mais pour la rendre plus compréhensible il convient d'écarter les développements les plus paradoxaux. À cette fin, l'auteur de l'*Abrégé* entend suivre « un argument unique et simple, mais soigneusement développé du début jusqu'à la fin ». Son objet sera donc ce qui, quoique réellement nouveau, présente le moins d'embarras et ce qui est le plus facile à exposer : la doctrine de la causalité.

Sachant que Hume est l'auteur du texte, on peut être indisposé par l'artifice du procédé, somme toute assez peu élégant. Mais ce serait une faute d'en rester là. En effet, d'une part, on voit que le jeune philosophe n'est pas sans prendre conscience des défauts du *Traité* ; et, d'autre part, l'on a une lecture de Hume par Hume, lecture clarificatrice, qui n'est pas sans préfigurer l'entreprise de la future *Enquête sur l'entendement humain*. « L'argument principal » qui est présenté est celui de la causalité, dont l'essentiel est exposé. Cet exposé est suivi de plusieurs clarifications qui sont des mises en valeur en même temps que des réponses à des objections implicites, concernant la nature de l'âme ou la géométrie ; puis, d'un aperçu sur les passions et le libre-arbitre. On conclut sur l'usage original que l'auteur fait du principe d'association.

L'Appendice

Presque deux ans séparent la publication des deux premiers livres et celle du troisième. Deux ans pendant lesquels Hume conserva l'espoir d'une nouvelle édition du premier ouvrage. Espoir qui allait s'amenuisant à mesure que se confirmait la mévente. Mais Hume parle encore d'une seconde édition et se déclare prêt à réparer ses faiblesses, c'est-à-dire à corriger plus ses expressions que ses raisonnements (*App.* 1). Dans cette perspective, il rédige l'*Appendice* et le joint au livre III qui paraît fin 1740. L'opuscule est composé d'une suite de corrections ou d'éclaircissements à apporter au livre I.

La finalité est la même que celle de l'*Abrégé* : surmonter l'incompréhension du lecteur par un travail de répétition et de clarification. Cette clarification prend différentes formes. D'abord, la *reprise argumentée* d'un point de la théorie. Ainsi en va-t-il pour la croyance. Dire de la croyance qu'elle est une idée vive et n'être pas capable de définir ce qu'il faut entendre par cette vivacité, est certainement une faiblesse de définition qui peut indisposer le lecteur. En conséquence, très didactiquement, Hume reprend l'ensemble de son argumentation pour démontrer qu'il n'y a pas d'autre choix que de conclure par cette définition de la croyance, quelque peine qu'on ait à la définir. Et, deuxième forme de clarification, il demande que soient *ajoutés* dans le corps du texte, à des endroits qu'il définit, des paragraphes qui complètent le propos et, éventuellement, le renforcent en le diversifiant (par exemple, l'analyse de l'effet de la poésie, analyse venant conforter l'analyse de l'effet de la croyance). Troisième procédé : l'*aveu*. S'il est un chapitre qui reste problématique, c'est bien celui sur l'identité personnelle (4e partie, sect. 6). Hume en reconnaît volontiers l'insuffisance mais il la justifie en la mettant au compte de la contrariété avérée entre deux principes, également valides, qu'il dégage avec soin. À qui transformerait cet aveu en faiblesse, il répond par une pirouette : le sceptique triomphe.

La correspondance avec Hutcheson

Cette correspondance se réduit à quelques lettres, mais elle est importante car on peut inférer qu'elle eut un effet sur la rédaction finale du troisième livre du *Traité*. Hume est le demandeur. Le professeur de l'Université de Glasgow est alors une autorité reconnue. C'était donc pour Hume une manière d'obtenir une reconnaissance publique, d'obtenir un appui précieux dans le choix d'un éditeur et de mettre à l'épreuve certaines de ses thèses.

Une copie de l'ouvrage de 1739 avait été adressée à Hutcheson. Hume préparait alors une seconde édition de l'ouvrage, seconde édition qui, on le sait, ne verra jamais le jour ; et en même temps il finissait de mettre au point la première édition du livre III, consacré à la morale. Hutcheson se déclara trop occupé pour avoir le temps de lire et de commenter l'ouvrage qu'il avait reçu. Mais une rencontre semble avoir eu lieu entre les deux hommes. Un échange s'ensuivit dont nous avons la trace.

Hume sollicite Hutcheson, alors qu'il est encore engagé dans la mise au point du livre III à paraître. La discussion peut porter sur des points de doctrine (par exemple, sur la question du rapport entre le motif et l'action qu'on dit *morale* ou sur la question du caractère artificiel de la vertu de justice). Mais, peut-être plus essentiellement, essaie-t-il de définir et de justifier le style philosophique qui est le sien. Dans la lettre de 1739, il se dit affecté par le reproche que lui fait Hutcheson d'un manque de chaleur pour la cause de la vertu, chaleur qui devrait se conserver même dans les recherches abstraites. Il se justifie alors en reprenant la distinction qu'il affectionne entre l'anatomiste et le peintre. Ailleurs, il prévient son correspondant que, dans la dernière version du texte, il a corrigé toutes les erreurs et réparé toutes les ignorances auxquelles l'avait poussé sa jeunesse. Et l'on sait qu'il corrigea la conclusion du livre III, pendant l'hiver 1739-1740[1].

La lettre d'un gentleman

À défaut d'emporter l'adhésion des esprits, le *Traité* s'acquit une réputation, celle d'un ouvrage potentiellement dangereux dans son ambition de tout réformer et dans ses conclusions sceptiques. Hume devint donc très jeune une figure publique du scepticisme. Ce qui lui valut de se voir refuser la chaire de Philosophie morale à l'Université d'Édimbourg, à laquelle il postula en 1745. Il lui fut opposé que son scepticisme mettait en danger les intérêts de la religion. Un recueil de citations tirées du *Traité*, toutes à charge, fut mis en circulation par William Wishart, ministre d'église. Une copie de ce document vint entre les mains de Hume, lequel rédigea une lettre en réponse. Le recueil de Wishart *Specimen of the Principles concerning Religion and Morality, etc.* et la réponse de Hume, sous le titre : *A Letter from a Gentleman to his Friend in Edinburgh, containing some observations on A Specimen of the Principles concerning Religion and Morality, said to be maintained in a Book lately published, intituled A Treatise of Human Nature*, firent l'objet d'une publication qui parut en mai 1745.

L'opuscule est d'une facture assez pesante par sa forme et son style d'écriture. Hume commence par reproduire le *specimen* à charge, puis répond point par point. à l'accusation : celle de scepticisme, puis celle d'athéisme, un athéisme qu'induiraient sa représentation du scepticisme et sa doctrine de la causalité : il aurait nié que tout

---

1. Pour plus de détail, voir Norton et Norton, p. 477-488.

commencement d'existence doive avoir une cause, qu'il y ait un pouvoir dans la cause, toutes thèses qui mettraient en cause l'existence de Dieu comme cause première de l'univers. Puis vient la question de l'immortalité de l'âme. Enfin, il réfute l'accusation selon laquelle sa philosophie porterait atteinte aux fondements de la moralité. Tout ceci relève de la dispute et n'apporte rien de vraiment nouveau.

LES PRINCIPES DE LA PRÉSENTE TRADUCTION

La nouvelle édition, monumentale, en 2 volumes, du *Treatise of Human Nature* proposée par D. F. Norton et M. J. Norton[1], à Clarendon Press (Oxford, 2007, pour l'édition en 2 volumes), a remplacé celle de L. A. Selby-Bigge revue et corrigée par P. H. Nidditch (2e éd., Oxford, Clarendon Press, 1978) qui pendant longtemps fut l'édition de référence.

Dans ce travail monumental, les Norton ont collationné toutes les variantes du texte. On ne possède pas le manuscrit du texte et l'on sait qu'il n'y eut du vivant de Hume qu'une seule édition du *Traité*. Toutefois, la comparaison de différentes copies de cette édition révèle sur certaines d'entre elles la présence de corrections ou de variantes manuscrites de la part du philosophe. Les variantes observées concernent surtout le livre III[2]. En ce qui concerne le livre I, elles portent principalement sur des points de composition éditoriale (orthographe, ponctuation, pagination, etc.) sur lesquels, semble-t-il, Hume et l'éditeur

1. Nous sommes redevables à cette remarquable édition pour ses précisions éditoriales et pour certaines références données dans les « annotations de l'éditeur ». Nous signalons nos emprunts par le sigle : (NN).

2. Norton et Norton, II, p. 589-662.

avaient des opinions divergentes ; et, plus rarement, elles changent un mot, une expression, sans modification fondamentale de sens. Au total, ces variantes ne sont pas philosophiquement significatives ou elles disparaissent dans le travail de traduction. Nous ne les avons donc pas retenues. Mais on consultera avec intérêt le travail des Norton (*editing the texts*).

Il fallut attendre la seconde moitié du XIXe siècle pour que, sous le titre *Psychologie de Hume*, soit proposée la traduction du premier livre du *Traité*, traduction assurée par C. Renouvier et F. Pillon et à laquelle était jointe la vieille traduction de Mérian de l'*Enquête sur l'entendement humain* (Berlin, 1758). En 1912, chez Alcan, à Paris, une nouvelle traduction du même premier livre paraît, par M. David, dans le volume 2 des *Œuvres philosophiques choisies de David Hume*, avec une préface de L. Lévy-Bruhl. En 1946, chez Aubier, à Paris, paraît une traduction par A. Leroy de l'ensemble du *Traité*, en deux volumes (le premier volume étant occupé par le premier livre). Cette traduction est rééditée jusqu'à ce que paraisse en format de poche une nouvelle traduction par P. Baranger et P. Saltel (Paris, Flammarion, 1995).

Toute traduction nouvelle a une histoire, celle des traductions qui l'ont précédée et qu'elle ne saurait ignorer. Certes, chacune est dans une relation directe avec le texte. Mais le texte impose à toutes les mots qui le composent ; et la langue dans laquelle elles sont données a aussi ses exigences qui, pour tous, se réduisent à une seule : celle de la traduction juste. De sorte que, lorsqu'un mot, une expression, une tournure, le ton même du discours, a trouvé sa traduction juste, c'est un devoir de la conserver. Idéalement, traduction après traduction, il faudrait pouvoir produire *le* texte français du *Traité* comme Hume en a produit *le* texte anglais. Chose hors de portée puisque, par ailleurs, chaque traduction reste solidaire de son époque et marquée par la personnalité de celui qui l'a entreprise.

Nous nous sommes efforcé de respecter ce principe de la traduction juste. D'où les règles suivantes :

1) Exclure toute traduction qui supposerait un commentaire préalable.

2) Ne pas faire de la langue de Hume une langue savante. Ainsi, vouloir toujours marquer la différence entre *fancy* et *imagination*, quand le plus souvent Hume emploie l'un ou l'autre mot indifféremment, c'est forcer un usage qui reste en anglais très souple. Le traducteur se réglera sur le contexte pour choisir le mot français.

3) Le vocabulaire de Hume comporte beaucoup de mots d'origine latine. Et il arrive souvent que le même mot se trouve dans les deux langues. Mais il faut considérer que ce même mot puisse n'avoir pas la même extension sémantique dans les deux cas, de sorte qu'il peut être préférable de traduire par un mot différent. Ainsi, traduire *connection* par *connexion* est un anglicisme. Le mot français *connexion* signifie une liaison étroite, parfois organique, souvent physique, entre deux termes. Le mot anglais peut avoir ce sens mais il est aussi d'un emploi beaucoup plus général et plus banal, que rend ordinairement notre mot français *liaison*. La traduction donnée au XVIIIe siècle est : *liaison*. Et rappelons qu'un Condillac dit : « la liaison des idées » et non « la connexion des idées ».

4) Pour les mots dont le français n'a pas d'équivalent (*feeling, standard, appearance*, etc.) nous avons fait, non sans quelque arbitraire, varier la traduction selon le contexte.

5) Hume est assez soucieux de l'ordre des mots qui répond à l'ordre des pensées. Nous avons essayé de le respecter, mais il arrive que pour diverses raisons la langue

française préfère une autre disposition de la phrase. En pareil cas, le traducteur est laissé à son jugement. L'esprit de rigueur qui préside à toute traduction n'autorise pas pour autant le charabia. L'écriture et la lecture sont aussi une affaire de goût.

Les notes de Hume sont appelées par des astérisques ; nos propres notes par des chiffres arabes. Tout ce qui est entre crochets est de notre fait.

Nous conformant à un usage qui est maintenant bien établi, nous avons numéroté les paragraphes au sein de chaque section. Dans le même esprit, nous donnons à la suite de ce premier livre le texte de l'*Appendice*. Le texte de l'*Abrégé* sera donné dans le prochain volume, à la suite du second livre. Nous n'avons pas retenu, en raison de son caractère circonstanciel, la *Lettre d'un Gentleman*[1].

1. Nous remercions Laurent Jaffro pour sa relecture et ses conseils, ainsi que Gaël Kervoas pour sa lecture complète et attentive de ces pages.

GLOSSAIRE RAISONNÉ

La langue du Traité

La langue du *Traité* ne présente pas de difficulté particulière. Certes, elle n'a pas, en matière d'expression et de composition, la perfection de celle des *Enquêtes* et des *Essais*. On y perçoit trop la hâte d'un jeune auteur pressé d'accéder à cette gloire littéraire dont il rappellera, le soir de sa vie, qu'elle fut son unique passion[1], et bien déterminé à en imposer au lecteur par ses analyses et ses conclusions aussi péremptoires[2] que « paradoxales » (selon le mot d'un recenseur). Hume, pourtant, n'emploie pas le langage de l'École[3]. Et il ne considère pas que faire œuvre nouvelle autorise de créer une langue philosophique nouvelle. C'est pourquoi, il emploie le langage des productions littéraires ou philosophiques de son temps,

---

1. Hume, *Ma vie*, dans *Essais et traités sur plusieurs sujets*, trad. fr. M. Malherbe, *op. cit.*, p. 55. « My ruling passion », l'expression est de Pope.
2. À titre d'exemple, voir 3, 12, 20 où Hume récapitule son analyse de la probabilité ; ou encore 3, 14, 2 et 3, où le moins qu'on puisse dire est qu'il ne fait pas preuve de modestie.
3. Il peut en faire la critique. Ainsi, pour la notion d'INHESION (inhérence) : à la question : « what they mean by substance and inhesion ? » (4, 5, 2), il faut répondre : « we have no idea of inhesion » (4, 5, 6). Notons que dans ce même chapitre *De l'immatérialité de l'âme*, il manie fort bien l'art de la réfutation scolastique.

langage accessible à tout esprit cultivé et ayant ses modèles :
Addison, Hutcheson ou Pope[1]. Sans doute est-ce une langue
abstraite, mais l'abstraction est moins celle des mots que
celle des objets. Or, il lui est reproché par ses recenseurs
de n'être pas compréhensible. L'un d'entre eux déclare
dans la *Bibliothèque raisonnée* : « Quand on veut réformer
les idées de presque tout le genre humain, et se tracer des
routes nouvelles même aux yeux des philosophes, il serait
naturel de se faire avant toute chose un langage simple et
clair, et que tout le monde pût aisément comprendre »[2].
Reid, quelques quarante ans plus tard, commencera ses
Essays on the intellectual powers of man, par une explication
de mots, où il accusera Hume d'employer les mots du
langage commun d'une manière qui fait violence au sens
commun[3].

Qui veut connaître le succès doit user de la langue de
son public, tout en l'apprêtant pour la rendre plus persuasive
– c'est un vieux principe de rhétorique. Le jeune Hume
n'a certainement pas ignoré ce précepte. Comment alors
a-t-il pu se rendre abscons ?

La réponse est sans doute à chercher dans le fait que,
dans le même temps, il ambitionne de formuler les principes
de la nature humaine en appliquant la méthode expérimentale[4]. Ce projet n'a, certes, en lui-même, rien d'original
et notre philosophe n'est pas le premier à entretenir une
pareille ambition. Il ne manque pas de s'en réclamer et il

1. Voir M.A. Box, *The Suasive Art of David Hume, op. cit.*, p. 20 *sq.*
2. *Bibliothèque raisonnée*, 26, 2 (1741), 411-427. Cela est dit à
propos du troisième livre du *Traité*, paru en 1740.
3. Reid, *Essays on the Intellectual Powers of Man, op. cit.*, I, 1, 6
et 8.
4. Le langage de la philosophie expérimentale est, à l'époque,
tellement répandu qu'il ne peut plus passer pour un langage technique.

s'attache à rendre honorables ses arguments ou ses conclusions en montrant qu'elles satisfont aux canons de la science expérimentale. D'où vient alors le malentendu, d'où vient l'incompréhension déclarée du lecteur ?

En fait, il apparaît que l'accusation est double et qu'à celle de la dénaturation du langage se joint, étroitement mêlée, celle de scepticisme. Ne peut-on observer, en effet, que, tout en réalisant son projet d'une science expérimentale de la nature humaine, Hume lui-même déclare ouvertement son scepticisme ? Or que l'on puisse ainsi tenir les deux choses en même temps, c'est ce qui n'est pas compris : elles paraissent antagoniques. Aussi est-ce le scepticisme qui en l'affaire est retenu, un scepticisme jugé alors excessif et capable de corrompre non seulement le projet annoncé d'une science de la nature humaine mais aussi le langage de cette science. Assurément, l'inverse peut être dit : c'est en brouillant l'évidence des mots que Hume est conduit à des conclusions que tout lecteur sensé réprouve.

Une langue d'usage ne laisse pas d'être une langue régulière. Et la pratique humienne des mots est une pratique régulière. Mais une langue d'usage n'est pas une langue précise, puisque l'usage est toujours une composition d'usages[1]. L'aire sémantique des mots est ouverte, labile, pourrait-on dire. Et cependant, dans l'usage ordinaire, cette fluidité n'est pas un problème. L'on s'entend parce qu'une telle langue, lorsqu'on la parle, supplée à tout ce qu'elle peut comporter d'indétermination ou d'imprécision, en véhiculant tout un corps de représentations, d'évidences, de croyances, inexprimées mais partagées par les locuteurs

---

1. « Le langage commun a rarement introduit entre [les opérations de l'esprit] des distinctions très fines et il a, d'une manière générale, appelé par le même nom toutes celles qui se ressemblent d'assez près » (*Traité*, I, 3, 8, 15).

– ce qui fait le contenu et du sens réputé commun aux
hommes et de la culture de l'époque. Or que ces représentations viennent à perdre leur solidité, que ces évidences
cessent de l'être, que ces croyances soient ébranlées, bref,
que la langue ne puisse plus se reposer sur ce fond commun,
accessible à tous, alors l'imprécision des mots devient un
facteur d'incertitude, leur fluidité sémantique un facteur
d'indétermination.

On relèvera sans doute que beaucoup de philosophies
se sont donné pour tâche, surtout quand il est question des
principes, de combattre le vague des mots, fût-ce au prix
des évidences communes. Mais c'est alors pour leur
substituer les enseignements de la raison philosophique.
Hume est certainement à compter parmi ces philosophes,
il prive le lecteur de cette sécurité verbale qui paraît
indispensable à la compréhension et à la communication
ordinaires. Mais chez lui point d'enseignements fondés
sur l'art philosophique[1]. Ainsi, tout un chacun comprend
le mot *habitude*, qui dénote un phénomène psychologique
connu de tous. Et donc, en raison de cette évidence, à la
fois personnelle et pratique, la signification du mot n'offre
aucune difficulté. Mais Hume ne se soucie pas d'en donner
une définition, quoiqu'il en fasse un principe. Or, de ce
fait, le mot perd son évidence d'usage, sans qu'il s'enrichisse
pour autant d'une quelconque rationalité qui en justifierait
le sens. Dans un empirisme conséquent, un principe ne

1. Il est ainsi avare de définitions. La définition donnée dans la toute
première section de la première partie est d'autant plus remarquable. On
notera que Hume précise comment il emploiera les mots *impression* et
idée. Il s'agit donc d'une définition de mots. Les quelques définitions
qu'il donne, par exemple de la croyance, sont données au terme d'une
argumentation. En cela, Hume se conforme à la pratique empiriste qui
fait de la définition non pas le *terminus a quo*, mais *le terminus ad quem*.

jouit d'aucune évidence rationnelle, il n'est jamais qu'une généralité tirée des phénomènes. On ne peut pas plus dire *ce qu'est* l'habitude qu'on ne peut dire *ce qu'est* l'attraction, quand on est newtonien. Et cependant on peut dire et expliquer les effets de l'habitude comme on peut dire les effets de l'attraction, et de cette façon expliquer les phénomènes en énonçant les lois qui les gouvernent. Une science est possible qui se passe d'évidence.

Mais s'il en est ainsi, sans ce concours de la raison commune ou de la raison philosophique, les franges d'indétermination qui contaminent la signification des mots deviennent un réel problème : inévitablement Hume se heurte à l'imprécision et à l'instabilité du vocabulaire qu'il utilise. À cette difficulté, le jeune auteur répond, nous semble-t-il, par trois moyens différents.

Le premier, le plus immédiat, est cette pratique rhétorique dont notre auteur use très fréquemment qui consiste à doubler les mots. Tantôt, et parfois dans le même paragraphe, deux mots différents sont employés pour dire la même chose. Ainsi a-t-on les paires *custom* et *habit*, *fancy* et *imagination*, *chance* et *hazard* et même, plus rarement, *mind* et *soul*. Ainsi parle-t-on indifféremment d'*act*, d'*action*, d'*operation*, pour signifier l'activité de l'esprit. Tantôt, le mot qui double est un synonyme qui, par simple juxtaposition, permet d'insister sur le mot doublé : *force and liveliness, faint and low ; plain and convincing*, etc. ; ou bien le mot apporte un complément de sens ou une clarification dans une certaine direction : *observation and experience, refin'd and elaborate reasoning, a different object or impression* ; etc.

Prenons l'exemple des termes intensifs. Un terme intensif n'est déterminant que comparativement en établissant un ordre selon le plus et le moins. Ainsi, l'impression et l'idée sont toutes deux des perceptions. Elles n'ont d'autre différence que par leur *manière*, c'est-à-dire, par leur degré de force ou de vivacité. Veut-on *dire* cette différence (et le degré de qualité, comme le degré de quantité entre dans la détermination de la perception considérée) que l'on bute sur le caractère irrémédiablement vague du mot *manner* qui a charge de la dire. Hume multiplie alors les mots, *force, vivacity, liveliness, vigor*, etc., tous termes intensifs permettant de dire que l'impression est plus vive, plus forte, plus ferme, etc., que l'idée.

Mais ajouter un terme intensif à un autre terme intensif, et d'une manière générale multiplier les mots ne fait guère gagner en précision ou en détermination. D'où le second expédient, quelque peu paradoxal, auquel le jeune philosophe a recours à plusieurs reprises : l'appel à l'expérience intérieure, source d'un savoir immédiat : « Il ne sera pas nécessaire d'employer beaucoup de mots à expliquer cette distinction. Chacun percevra de lui-même facilement la différence entre sentir et penser » (1, 1, 1)[1]. Et que celui qui serait en désaccord témoigne de son expérience (ce qui pourrait conduire à un état contradictoire) (4, 6, 1) !

À la multiplication des mots, on joint ainsi l'appel à une expérience dont on attend qu'elle soit partagée (3, 7, 7). Mais on voit la difficulté : cette expérience est par définition particulière, puisque chacun est le seul à connaître son intérieur. Hume est tout à fait conscient de cette faiblesse, et n'a d'autre ressource, chaque fois qu'il recourt à ce procédé, que de jouer de son autorité d'auteur.

---

1. *Traité*, I, 1, 1, 1. *Cf.*, pour l'habitude, *Enquête*, V, 5 ; pour le Soi, *Traité*, I, 4, 6, 3.

Ces deux premiers moyens ne sont que des expédients auxquels l'usage commun a d'ailleurs recours, quand il est en difficulté. Le troisième moyen, lui, n'appartient qu'à Hume. Il est de modifier l'*usage* des mots : il est de substituer à l'usage commun un usage « argumentatif ». Prenons pour exemple l'emploi du mot *view* (*vue*) dans la subtile analyse de la probabilité des causes que propose la douzième section de la troisième partie. Le sens reçu du mot, très plastique, ne fait aucune difficulté : *aspect* (2, 3, 4), *perspective* ou *point de vue* (1, 7, 3 ; 3, 9, 2), *l'action de l'esprit de considérer une chose* (1, 7, 18 ; 3, 8, 14), en particulier *l'action d'embrasser le monde intellectuel des idées* (1, 7, 15 ; 3, 1, 17 ; 3, 8, 4). Mais encore le *projet*, le *dessein* (3, 2, 13), le *simple examen* (de l'idée quand il n'y a pas de croyance : 3, 12, 7) ou la simple *action de se représenter l'objet*, sinon *ce qui est représenté* de l'objet : « *the view of the object* » (3, 12, 18-19). Tous ces sens sont communs et sont reçus de tous. Mais Hume fait davantage : parvenu au cœur de sa doctrine de la probabilité et tirant parti de la plasticité du sens, il passe à un emploi du mot qui le rend étroitement solidaire du raisonnement développé : une *vue* apparaît être alors l'unité de croyance qui entre dans des additions ou des soustractions dont le résultat est une connaissance probable de tel ou tel degré.

Autre exemple, bien connu, l'emploi du mot *objet*. Tous les commentateurs soulignent que tantôt, conformément à l'usage commun, Hume distingue l'objet et la perception qu'en a l'esprit ; tantôt, et expressément, il fait de la perception et de l'objet une seule et unique existence. Or il n'y a pas lieu de dénoncer ici une incohérence. L'usage commun distingue les deux termes et il n'y a pas de raison de briser avec le sens commun dans le discours ordinaire.

En revanche l'analyse de la croyance sensible conduit à la confusion des deux termes et permet au philosophe de déclarer que le sens commun qui distingue les deux termes lorsqu'il parle les confond lorsqu'il croit en l'existence des corps. Il apparaît ainsi que ce n'est pas le sens qui, rendu rigoureux, serait appelé à supporter l'argumentation, mais que c'est l'argumentation qui détermine le sens en vertu de sa fonction. Encore une fois, ce n'est pas substituer un sens nouveau au sens reçu; c'est substituer à l'usage commun un usage étroitement solidaire de l'argument développé. Et cela est possible parce qu'il n'y a chez le philosophe écossais ni concept à définir ni principe premier qu'il faudrait commencer par présenter dans l'évidence. Il n'y a pas de concepts, il n'y a que des idées particulières dérivées des impressions, c'est-à-dire de l'expérience; il n'y a pas de principes premiers, évidents par soi, il n'y a que des propositions générales tirées de l'expérience et qui n'ont d'autre validité que leur fonction explicative.

La conséquence de cette pratique est double : elle est égarante pour le sens commun et elle ne peut apparaître qu'impure aux yeux des philosophes. Égarante pour le sens commun, puisque rien ne va plus de soi. Naturellement, nous faisons des corps des objets dans le monde, extérieurs à l'esprit; et nous le faisons en faisant de la même entité une perception et un objet. Descartes demandait que les idées fussent claires et distinctes. Hume, nous l'avons dit, dissocie les deux critères. La signification des mots dans l'usage reçu est ordinairement assez claire pour que l'on sache de quoi l'on parle. Mais savoir de quoi l'on parle n'est pas pour autant appréhender distinctement ce dont on parle, *a fortiori* n'est pas encore connaître ce dont on parle. Il faut, à cet effet, dégager les traits distinctifs de la chose. Et c'est au raisonnement qu'est confié le travail de la distinction. Pour préciser ces traits distinctifs, il faut analyser ; et pour analyser, il faut construire des arguments. Or, la distinction appelle la distinction, le raisonnement se développe de manière interne par sa propre nécessité. Et plus l'argumentation devient fine, plus ce qui est dénoté perd de sa clarté initiale. « L'entendement, s'il agit seul, et selon ses principes les plus généraux, se détruit complètement lui-même et ne laisse pas le moindre degré d'évidence aux propositions de la philosophie ou de la vie ordinaire » (4, 7, 7) ; et ajoutons : au langage. Arrive le moment où il faut poser son crayon et s'en aller prendre son dîner ou faire une partie de trictrac (4, 7, 9).

Impure aussi pour les philosophes, car dans l'argumentation développée la raison ne trouve pas son compte. Il ne suffit pas à Hume de froisser le sens commun, il faut qu'il chagrine les philosophes. Considérons l'argument développé dans IV, 1 : tout raisonnement, établissant une proposition vraie, doit être validé de manière critique, sachant qu'il est l'œuvre de la raison humaine, laquelle est une faculté faillible dont l'exercice doit être soumis à une évaluation, et cela par le moyen d'un nouveau jugement qui vient diminuer la croyance initiale attachée au premier jugement. Ce faisant, dit Hume, le jugement ayant à juger du jugement, même la connaissance nécessaire dégénère en probabilité. Et le propos se répétant, la conjonction renouvelée de la probabilité du vrai et de la probabilité de la connaissance du vrai, conduit *in fine* à une totale incertitude. Or cette conclusion sceptique est contredite par notre expérience : quoi qu'il en soit de nos doutes, nous continuons de croire et d'avoir foi en notre raison. Un rationaliste ne manquerait pas d'observer que ce seul fait est la preuve que l'argument est faux et qu'il faut le reconsidérer. De sorte que ce serait, très philosophiquement,

raisonnement contre raisonnement. Or, que fait Hume ? Il
tient pour valide l'argument du sceptique, mais ne nie pas
pour autant ce fait que nous continuons de croire. En
conséquence de quoi il donne une explication naturaliste,
fondée sur l'affirmation que « […] reasoning and belief
is some sensation or peculiar manner of conception » (4,
1, 8), affirmation assurément inacceptable pour un
rationaliste. Précisons. Il ne se borne pas à mettre en
concurrence le discours rationaliste (le sceptique est un
rationaliste lors même qu'il retourne la raison contre
elle-même) et le discours naturaliste, il ne passe pas d'un
vocabulaire critique à un vocabulaire explicatif de type
psychologique. En vérité, il naturalise un argument
formellement logique – qu'il conserve – et cela d'une
manière dont il s'explique lorsqu'il déclare : « Notre raison
doit être considérée comme une sorte de cause dont la
vérité est l'effet naturel » (4, 1, 1). Au sein même de l'argument, tirant parti de la tolérance de la langue d'usage qu'il
emploie, il dénature le langage des raisons et le change en
un langage des causes.

Pour ne pas être réduit à cette extrémité de devoir
choisir entre d'une part philosopher et mourir de faim, et
d'autre part prendre son dîner et oublier la philosophie,
nous avons adopté le parti, dans l'analyse qui suit du
vocabulaire de Hume de rester au milieu du gué et d'aborder
son langage entre évidence et analyse, entre rhétorique et
philosophie, entre usage commun et usage argumentatif,
à ce point où les mots conservent encore une force
d'évidence courante, non sans un certain vague, mais où
ils peuvent par rapprochement s'associer par famille et
former des compacités argumentatives caractéristiques.
Dans cet esprit nous avons retenu cinq thèmes.

Faire la science de la nature humaine : la philosophie expérimentale

Hume n'est pas le premier à se réclamer de la philosophie expérimentale, pour justifier la nouveauté de son entreprise[1]. Il en présente brièvement la méthode dans l'introduction (§ 6 *sq.* ; *cf.* 3, 15, 11). Il en reprend le vocabulaire, un vocabulaire passé dans l'usage commun. Il n'utilise le terme savant *induction*, emblématique de la source baconienne, que deux fois, à chaque fois pour dire qu'on n'a pas besoin, sur le point considéré, de cette sorte de raisonnement : « It requires scarce any induction to conclude... » (2, 1, 2 ; *cf.* 3, 7, 7).

Appliquer la méthode expérimentale, qui est *an* ACCURATE *method of thinking* (4, 6, 6) c'est répondre à une exigence de précision ou d'exactitude. L'impression et l'idée sont dites *precise.* Par extension : « a precise definition of causation » (3, 14, 30). La philosophie expérimentale se doit de procéder à « an accurate survey » (1, 1, 4), « an accurate examination » (1, 1, 5) ou « consideration » (2, 4, 25) ou « view » (4, 6, 6) ; Il est aussi question de « an accurate and exact standard » (2, 4, 3), « an accurate and exact reasoning » (4, 7, 3).

Cette précision, cette exactitude, a pour condition le retour à l'EXPERIENCE par décomposition des idées complexes en idées simples et, nouveauté humienne, par renvoi de l'idée à l'impression correspondante, sachant que : « all impressions are clear and precise... » et « by keeping the idea steady and precise » (3, 1, 7).

---

1. Voir l'article « *Experimental philosophy* » dans la *Cyclopaedia* de Chambers.

L'expérience est donc de règle : « that opinion
must necessarily arise from OBSERVATION and EXPERIENCE »
(3, 3, 9 ; et 2, 1, 7 ; 3, 13, 18). Une ambiguïté demeure :
l'expérience est d'un côté ce qui est au terme de l'analyse
et de l'autre ce qui est au principe de la composition. Cette
ambiguïté, disons : ce déséquilibre, est constitutif : c'est
ce de quoi la science part et ce à quoi elle revient. On
retrouve un déséquilibre analogue dans le couple EXPERIENCE
et EXPERIMENT (l'anglais, comme le latin, a deux mots
quand le français n'en a qu'un) : L'*experience* (le mot n'est
jamais au pluriel et a souvent un sens général) est au
fondement de la connaissance, elle est l'observable : « the
science of man... must be laid on experience and
observation » (Intr. 7). *Experiment* renvoie tantôt aux
données initiales d'observation, tantôt à ce qu'on peut
conclure déductivement des principes dans le champ
empirique et qui peut à son tour alimenter de nouvelles
inférences. En toute rigueur baconienne, l'*experientia* est
ce de quoi sont induits les principes et les *experimenta* ce
qu'on déduit des principes (en même temps que les arts)
et ce qui peut servir de base pour une nouvelle induction.
Cette distinction tend à s'effacer au XVIIIe siècle.

Au point de vue méthodique, l'expérience est à la fois
ce qui est à connaître et ce qui fonde la vérité de la
connaissance. Elle est le tout des phénomènes (PHÆNOMENON,
PHÆNOMENA). L'emploi de ce dernier mot, d'origine grecque,
est assez peu fréquent, il appartient exclusivement au
vocabulaire de la philosophie expérimentale. Les
phénomènes peuvent être communs (1, 3, 3), contraires
entre eux (3, 12, 7) ; mais ils sont d'abord à la fois ce qui
est à expliquer (« with assigning new causes and principles
to the phænomena ») (4, 7, 13) et ce qui peut confirmer

ou contrarier une hypothèse (« in seaking for phænomena to prove this proposition... ») (1, 1, 8). Ils doivent être distingués de leur cause : « I shall only premise, that we must distinguish exactly betwixt the phænomenon itself, and the causes, which I shall assign for it » (2, 5, 19). Moins technique et plus fréquent, le correspondant latin APPEARANCE peut signifier les *apparences*, trompeuses ou non (nous traduisons alors par *apparence*), mais il dit souvent l'apparaître lui-même et ce qui se donne en lui dans l'apparition. « Its first principles [of geometry] are still drawn from the general appearance of the objects » (3, 1, 4 ; 3, 1, 6 ; etc.). (Nous traduisons selon le cas par *apparence, apparaître, manière d'apparaître*).

Par définition, un principe (PRINCIPLE) est une proposition première. Mais, en terre empiriste, les principes, lors même qu'ils remplissent cette fonction et fondent le raisonnement (3, 14, 2) ou de nouvelles expériences (*experiments* : 3, 10, 1), sont inférés de l'expérience (« We must endeavour to render all our principles as universal as possible by tracing up our experiments to the utmost » (Intr. 8 ; *cf.* 3, 1, 4 ; etc.). Sous cet aspect, ce ne sont que des propositions plus ou moins générales : aucun principe n'est ultime : « We can give no reason for our most general and most refined principles beside our experience of their reality » (Intr. 9). Conséquence importante : étant général, le principe tolère l'exception[1]. Si universel qu'il soit, il ne fait pas nécessité.

---

1. Ainsi, ayant posé le principe le plus général qui soit, celui de la correspondance de l'impression et de l'idée, Hume fait-il place à une exception où l'idée précède l'impression (*Traité*, I, 1, 10).

Les principes les plus généraux sont les plus raffinés, c'est-à-dire le résultat d'une plus longue analyse (Intr. 9)[1]. Et en fonction de leur degré de généralité, ils prêtent à des raisonnements plus ou moins fins (« refin'd and elaborate reasoning ») (4, 7, 7). Mais ils ne peuvent être privés de leur base empirique : « The first principles are founded on the imagination and the senses » (2, 4, 31). Et aussi longtemps qu'ils n'ont pas été vérifiés, ils demeurent des hypothèses.

Héritage peut-être baconien, mais aussi newtonien, le principe, qui est établi grâce à des raisonnements causaux, est un pouvoir actif (« active principle ») (3, 14, 10). Hume dit former le projet « to explain the nature and principles of the human mind » (1, 2, 1 ; cf. 3, 15, 11 ; 4, 2, 2). En particulier, les principes ont un pouvoir d'union (« the principles of union or cohesion among our simple ideas ») (cf. 3, 6, 12 ; etc.).

L'hypothèse (HYPOTHESIS) est la proposition générale que l'esprit se représente et qui est telle tant qu'elle n'est pas vérifiée par les experiments. Le mot conserve chez Hume son ambivalence. Tantôt, il dénote l'hypothèse non vérifiée et non vérifiable, et donc à écarter : « any hypotheis, that pretends to discover the ultimate original qualities of human nature, ought at first to be rejected as presumptuous and chimerical » (Intr. 8). Tantôt, il dénote telle représentation qui est en cours de vérification : « The present hypothesis will receive additional confirmation » (3, 9, 16), vérification qui est une véritable mise à l'épreuve (trial) (3, 16, 3).

---

1. La notion de refinement est ambivalente. Les mathématiciens pèchent par excès de raffinement lorsqu'ils en appellent à des « spiritual and refined perceptions (i.e. a priori) », (3, 1, 7). Mais la philosophie ne saurait renoncer à développer « a refin'd or elaborate reasoning », (4, 7, 7).

Proche de l'emploi du mot HYPOTHESIS est l'emploi du mot SYSTEM. La même ambivalence peut être observée. « 'Tis certain, that superstition is much more bold in its systems and hypotheses than philosophy » (4, 7, 13). Où l'on retrouve le sens négatif du mot. Mais il peut être pris en valeur positive, comme système explicatif : « But were these hypotheses once remov'd, we might hope to establish a system or set of opinions which… » (4, 7, 14). De sorte que les systèmes peuvent être appréciés selon des valeurs différentes : Ce peut être *my system* (4, 2, 23) ; ce peut être *the vulgar system* qui prend pour valeur le sens commun et qui est opposé au *philosophical system*, fruit d'une raison artificieuse (4, 2, 46). Et, plus dramatiquement : « It is impossible upon any system to defend either our understanding or senses » (4, 2, 57).

Puisqu'il n'y a pas de notions premières, les DEFINITIONS sont rares. À cet égard, la définition de nom donnée de l'impression et de l'idée mérite d'être relevée (1, 1, 1, note). Toute définition d'un objet est stérile, si l'objet n'est pas perçu dans le même temps ; mais s'il y a une telle perception, alors une définition n'est plus nécessaire (2, 4, 22). Les géomètres se leurrent lorsqu'ils prétendent commencer par définir l'égalité ou les lignes droites ou courbes (2, 4, 16 *sq.*). Quand une définition est donnée, elle n'est pas le *terminus a quo* du raisonnement mais *le terminus ad quem* (3, 6, 15) : ainsi de la définition de la relation de cause et d'effet (3, 14, 30).

La théorie de l'idée

Si Hume n'est pas très original dans sa conception de la méthode expérimentale, il l'est davantage dans sa théorie de l'idée, en introduisant la notion d'impression. La reprise, partielle, du premier livre du *Traité*, dans l'*Enquête sur l'entendement humain* peut fausser, par contrecoup, la perception que l'on a du *Traité*. L'objet de l'*Enquête* est le traitement de la causalité, et la part nouvelle que renferme cet ouvrage réside dans la méthodologie critique que le philosophe tire de sa doctrine, et met en œuvre dans les dernières sections de l'ouvrage. En revanche, le traitement des idées y est réduit au minimum utile. Or c'est l'un des mérites de la critique de Thomas Reid[1] d'avoir ramené la discussion sur cette dernière doctrine, bien plus scandaleuse pour le sens commun que le seul traitement de la causalité.

Plusieurs des notions impliquées prêtent à des difficultés terminologiques, sinon pour le traducteur, du moins pour le lecteur.

Le mot le plus général est celui de PERCEPTION. Reid relève que le mot n'est pas employé avec son sens ordinaire, puisque, communément, on distingue la perception de la mémoire, de l'imagination, etc. Hume étend le mot à tout ce qui est dans l'esprit, les passions et les volitions inclues : « To hate, to love, to think, to feel, to see ; all this is nothing but to perceive" (2, 6, 7).

« Nothing is ever present to the mind but perceptions » (2, 6, 8 ; *cf*. 3, 2, 2). Les perceptions sont les objets de l'esprit (« every perception or object of our thought… ») (2, 6, 2). *Perception* vient donc se substituer au mot *idée* qui, selon la définition lockienne, « stands for whatsoever is the object of the understanding, when a man thinks » (*Essay*, I, 1, 8). L'idée cesse d'être en effet le mot le plus général puisque la notion d'impression est introduite. La deuxième transformation du mot *perception* tient à ce que, étant l'objet de la pensée, la perception est l'objet lui-même (2, 6, 2 ; *cf*. 4, 2, 43). Car, si la perception se substitue à

---

1. Reid, *Essays on the Intellectual Powers of Man, op. cit.*, II, 12.

l'idée (« a different perception or idea » (4, 2, 33)), elle n'en assume pas la fonction représentative. En effet, la perception (« thought or perception » (4, 5, 6)) et l'objet, c'est tout un : « There is one single existence, which I call indifferently *object* or *perception* » (4, 2, 14 ; 4, 5, 23 ; etc.), il n'y a pas d'autre réalité qui soit présente à l'esprit (4, 2, 21). Et : « the appearance of a perception in the mind and its existence seem at first sight entirely the same » (4, 2, 37). Toute perception est une existence distincte et séparée (4, 6, 16). Cette identification de la perception et de l'objet, dont Berkeley avait été l'initiateur et dont Hume dit qu'elle est propre au système du sens commun (4, 2, 31) contredit le langage commun qui distingue spontanément entre ce qui est dans l'esprit et ce qui est hors de l'esprit, à savoir les objets dans le monde. Or notre philosophe s'exprime souvent dans ce langage. Il parlera ainsi de « the perception of the sun or ocean » (4, 2, 24). Il dira aussi que le pouvoir causal et la nécessité sont des « qualities of perception, not of objects, and are internally felt by the soul, and not perceiv'd externally in bodies » (3, 14, 24) : une thèse qui est essentielle au traitement de la causalité.

La polysémie du mot *objet* est rendue évidente dans les redoublements rendus indispensables : « the extended object or composition of colour'd points » (2,3, 5) ; « some real object or existence » (2, 3, 17 ; 4, 4, 11) ; « the same object or collection of sensible qualities » (3, 6, 10) ; « a different object or impression » (3, 7, 5) ; « an object or external existence » (4, 5, 19).

L'anglais a deux mots BEING et EXISTENCE pour dénoter d'une manière générale tout être, quel qu'il soit. BEING doit assurément être traduit par *être* dans « a thinking being » (4, 2, 39) ou « the supreme Being » (4, 5, 31). Mais la parfaite symétrie de « an interrupted and independent being » (4, 2, 40) et de « a continued and independent existence » (4, 4, 6) commande de traduire par *existence*. Inversement *existence* pourrait être traduit par *être* dans « existences and objects » (3, 3, 3), dans « any idea of distinct existences » (4, 2, 5) ou dans « the only existences of which we are certain, are perceptions » (4, 2, 47).

La distinction entre l'impression et l'idée « consists in the degrees of force (*force*) and liveliness (*vivacité*) with which they strike upon the mind » (1, 1, 1 ; 3, 7, 5 ; etc.)[1]. La différence n'est donc pas dans le contenu : l'idée est aussi déterminée dans ses degrés de quantité et de qualité que l'impression qui lui correspond, la différence est dans l'intensité de la présence de la perception à l'esprit : « intense and lively » (3, 12, 22). Or toute variation intensive est inquantifiable, et donc indéterminable, et donc indéfinissable. C'est pourquoi, Hume multiplie les mots, des mots irréductiblement vagues. *Lively*, *liveliness* sont très fréquents (1, 1, 12 ; 3, 7, 6 ; etc.). mais on trouve aussi *vivacity* (1, 1, 3). L'examen des binômes montre que le langage de la force domine : « force and liveliness », (1, 1, 1) ; « strong and lively » (3, 5, 5) ; « force and vivacity » (très fréquent) ; strength and vivacity (1, 7, 5) ; « vigour and vivacity » (3, 8, 2). Mais aussi : « Liveliness or brightness » (3, 7, 5). D'où l'emploi récurrent du verbe « to enliven » (ou : « to inliven », « inliven'd » à la forme passive) (traduction : « animé » quand il s'agit de l'esprit, « avivé » quand il s'agit de l'idée). *A contrario*, l'idée est *faint* (« faint images » (1, 1, 1) ; nous traduisons par *atténué*), « faint and low » (1, 1, 1), « faint and languid » (1, 3, 1),

1. Cette différence de degré entre l'impression et l'idée ne doit pas être confondue avec la différence de quantité ou de qualité de toute perception, impression ou idée.

« weaker and fainter » (3, 1, 7), « fainter and more obscure »
(3, 5, 3) ; mais elle n'est pas floue ou vague, puisqu'elle
est aussi déterminée que l'impression.

Ce critère de la vivacité est d'autant plus incertain qu'il
y a des impressions qui sont faibles et des idées qui sont
vives (*cf.* la définition de la croyance causale). Il n'est pas
psychologique : Hume prend le temps de préciser que le
mot *impression* n'exprime pas la manière dont l'impression
est produite dans l'âme, mais cela même qui est présent
dans l'âme (1, 1, 1, note).

L'impression est sentie et l'idée est pensée (1, 1, 1).
Sentir (*to feel*), ce n'est pas penser (*to think*) ; l'impression,
ce n'est pas une idée. C'est néanmoins une perception, un
fait de conscience : « The only existences, of which we
are certain, are perceptions, which being immediately
present to us by consciousness, command our strongest
assent, and are the first foundation of all our conclusions »
(4, 2, 47). On la distingue donc de la sensation qui relève
de la philosophie naturelle (2, 5, 4), puisque cette dernière
est dépendante des « organs of sensation » (3, 2, 2). Cela
dit, l'impression naît de la sensation (2, 3, 2), elle est le
feeling d'une sensation (4, 1, 10 ; 1, 1, 8). D'où par
assimilation : « a certain sensation or impression » (2, 5, 6 ;
cf. 2, 3, 2), « a feeling or sensation » (4, 4, 14). Prise ainsi,
l'impression reste dans une chaîne causale brièvement
rappelée en 4, 4, 13 (*cf.* 4, 2, 45). Et l'on retrouve l'ambiguïté
déjà relevée : tantôt elle est un effet qui a une origine, une
cause, tantôt elle est l'origine elle-même. Naît-elle de
l'objet ? Est-elle produite par un pouvoir créateur de
l'esprit ? Ou nous vient-elle de l'auteur de notre être ?
(3, 5, 2). On pourrait se contenter de dénoncer de la part
de Hume un manque de rigueur dans l'emploi du vocabulaire,
si, pour distinguer entre les impressions de sensation et

les impressions de réflexion (1, 2, 1) il n'avait besoin de
déterminer leur origine respective. En 2, 3, 3 (*Cf.* 1, 1, 10 :
1, 6, 1), il est dit que ce sont les sens qui communiquent
(qui apportent et qui transmettent) (*convey*) à notre esprit
les impressions.

Poser que l'impression est première, c'est poser le
principe même de l'empirisme. Quant à l'idée, « All our
simple ideas in their first appearance are deriv'd from
simple impressions, which are correspondent to them »
(1, 1, 7).

Le mot FEELING est intraduisible, quand il ne signifie
pas le *toucher* (« indivisible to the eye or feeling » (2, 3,
15 ; 2, 5, 13 ; etc.). La différence entre l'impression et l'idée
est une différence de *feeling* ; de même, la différence entre
la mémoire et l'imagination (3, 5, 5) et la différence entre
la simple conception et la croyance » (3, 7, 7) tiennent à
une différence de *feeling* des idées dans la croyance, une
idée peut donc être vive). Le mot étant pris dans un sens
plus général, on dira : « feeling and experience » (3, 7, 8 ;
4, 2, 13).

Quand il n'a pas été possible de remplacer le mot par
une tournure (parfois nous forçons l'usage français en
disant : « un sentir ») nous avons traduit, faute de mieux,
par *sentiment*. Hume emploie fréquemment le mot
SENTIMENT au sens général d'OPINION : « his sentiment or
opinion » (3, 13, 14) ; (« the common sentiment of
metaphysicians » (2, 2, 3 ; *cf.* 3, 13, 19) ; « my sentiments
in that splenetic humour » (4, 7, 10). Le terme emporte
toujours l'idée d'une appréciation qui peut être celle d'une
opinion (4, 2, 56) ou celle d'un goût (« our taste and
sentiment » (3, 8, 12 ; *cf.* 4, 1, 11) ; d'où le couple : « passions
and sentiments » (4, 5, 10). Notre traduction serait donc

forcée si Hume lui-même, élargissant cette connotation, ne déclarait de manière répétée dans l'*Appendice* : « belief consists merely in a certain feeling or sentiment » lequel sentiment s'approche de l'impression (*App.* 2 et 3).

Le premier principe qui est établi est celui de la ressemblance entre les impressions et les idées « in every other particular, except their degree of force and vivacity » (1, 1, 3 ; 3, 7, 5 ; etc.). Et il n'y a pas d'idée abstraite : toute idée, quoique moins vive que l'impression correspondante, est particulière et déterminée dans son degré de quantité et de qualité. La force ou la vivacité de l'impression n'en est pas une propriété : c'est seulement la modalité de sa présence à l'esprit. En vérité, c'est plus que d'une ressemblance dont il s'agit entre l'impression et l'idée, c'est d'une identité : « The ideas I form are exact representations of the impressions I felt » (1, 1, 3) ; « exact copies » (1, 1, 5) ; « exactly similar » (2, 3, 2) ; « adequate representations of objects » (2, 2, 1). Bref, le contenu pensé et pensable de l'idée (simple) est identique au contenu sensible de l'impression (simple). « Impressions and ideas differ only in their strength and vivacity » (1, 7, 5).

Le mot REPRESENTATION est rare. Il est employé à propos de l'idée qui ressemble à l'impression et la représente (1, 1, 3 ; 2, 3, 15), ou encore de l'idée abstraite qui, particulière, est amenée à représenter d'autres idées particulières semblables (1, 7, 6 ; 1, 7, 16). Il renferme l'idée de ce qui est à la ressemblance de quelque autre chose, mais toujours corrélée à l'idée d'une nouvelle présentation (lors même qu'elle est distinguée de cet autre mode présentation seconde qu'est la croyance (3, 12, 7)). En revanche, le mot VIEW est fréquent. Nous en avons déjà parlé. Notons ici qu'en plusieurs occurrences on pourrait le traduire par *représentation*, mais ce serait au prix d'un anachronisme.

L'idée est la représentation de l'impression mais l'impression elle-même n'est pas représentative, puisqu'elle est originaire. C'est pourquoi, l'impression peut être dite aussi bien l'objet : « Ideas always represent the objects or impressions » (2, 3, 11). Pour comprendre la nature de ce singulier propos, qui avait été initié par Berkeley, il faut considérer le second principe : l'impression est antérieure à l'idée. L'impression est « the first *appearance* in the soul » de « all our sensations, passions and emotions » (1, 1, 1). L'idée est la seconde apparition, la seconde présentation, la re-présentation mais dans l'absence, dans l'inactualité, de ce qui était d'abord présent dans l'impression. « We find by experience, that when any impression has been present with the mind, it again makes its appearance there as an idea » (1, 3, 1). Autant dire que la pensée est toujours en retard sur l'expérience sensible qui la suscite, qu'elle n'est qu'un mode second de présence. Mais son pouvoir est ailleurs : dans la liaison des idées, dans la formation des idées complexes.

Le vocabulaire de l'esprit (mind)

The mind of man, the human mind est l'objet de la science de la nature humaine qui en recherche la nature et les principes (1, 2, 1). Son essence est aussi inconnue que celle des corps extérieurs (Intr., 8). La traduction de *mind* est délicate. La fréquence du mot traduit le glissement de la philosophie vers les problèmes de la connaissance. C'est pourquoi on traduit par *esprit*, faute de mieux. Mais il est des cas où il faudrait traduire par *âme*.

La conscience (CONSCIOUSNESS : le mot est peu fréquent) est « a reflected thought or perception » (*App.* 20) ; elle est l'appréhension par l'esprit de ce qui entre en lui, à savoir les perceptions qui le frappent, et qui « make their way into our thought or consciousness » (1, 1, 1 ; *App.* 20) ; dont nous avons « consciousness and memory » (2, 6, 2). L'emploi du mot est borné à l'impression : à chaque fois, il s'agit de la conscience de l'impression prise dans son apparition immédiate (« immediate consciousness » (*App.* 4) (*i. e.* de la conscience sensible : 4, 2, 7) ; à lier à : « intimately conscious » (3, 8, 15). Mais l'on a aussi « consciousness or sensation » (3, 14, 6). L'emploi de l'adjectif CONSCIOUS est plus large : on peut être conscient des perceptions (2, 3, 16) ; d'une opération de l'esprit (3, 8, 10) ; des objets internes (3, 14, 10) ; et, d'une façon qui reste à déterminer, de nous-mêmes (3, 16, 2 ; 4, 2, 10).

SPIRIT est rare. « Neither in body nor spirit » (3, 14, 10 ; *cf.* 3, 14, 20) : en ce sens, c'est un synonyme de *mind*. Au pluriel, *spirits* signifie les *esprits animaux* (2, 2, 5 ; 3, 3, 8 ; etc.).

En revanche, Hume emploie assez fréquemment le mot SOUL (âme). Ce peut être dans le cadre de sa critique de la métaphysique. Le mot est alors pris dans son sens traditionnel : « the immortality of the soul » (3, 9, 14 ; 4, 5, 35), « the immateriality of the soul » (4, 5, 6) ; « the essence of the soul » (4, 5, 23) ; « the substance of the soul » (4, 5, 8 ; 5, 5, 27) ; « the union of soul and body » (4, 5, 30). Mais l'emploi peut être aussi bien celui d'un synonyme de *mind* : « the ultimate principles of the soul » (Intr. 9). On parlera des impressions faisant « their first appearance in the soul » (1, 1, 1) ; et également des « superior faculties of the soul » (3, 1, 7) ; des « emotions

of the soul » (4, 1, 11), de l'âme (*soul*) comparée à une
république (4, 6, 19).

L'esprit (MIND) est souvent distingué du corps (BODY) :
1, 1, 8. Distingué des sens : 2, 5, 19. Il a des dispositions
(4, 2, 35) ; une tendance naturelle (4, 2, 44).

[it]« is a kind of theatre » (4, 6, 4). Il n'est qu'un *heap
of perceptions* (4, 2, 39), de perceptions toujours prises
dans un flux (2, 5, 29). « The identity, which we ascribe
to the mind, is only a fictitious one » (4, 6, 15). Nous
devons le considérer « as a system of different perceptions
or different existences, which are link'd together by the
relation of cause and effect » (4, 6, 19).

L'esprit ne fait pas un SELF. Un SOI : la langue française
n'a pas d'équivalent pour ce marqueur d'identité (*myself,
himself*). Il faut donc traduire par un pronom, c'est-à-dire
choisir entre *moi* et *soi*. La décision se trouve dans la
section IV, 6 : écartant toute fondation par la conscience,
qui conduirait à privilégier le *Je*, cette section aborde
l'identité personnelle sur le mode externe. Cela vaut même
pour moi-même : m'interrogeant sur ma propre identité,
je dois la traiter comme un *Soi* parmi d'autre *Soi* et non
comme un *Moi*. « Le cas est le même que nous nous considérions nous-mêmes ou que nous considérions autrui ».
(4, 6, 18).

L'esprit est réceptif : « The idea of space is CONVEY'D
(*communiquée*) to the mind by two senses, the sight and
touch » (2, 3, 15). Ce propos revient souvent : « the *idea*
of duration…can never be convey'd to the mind by anything
stedfast and unchangeable » (2, 3, 11). *Cf.* « My senses
convey to me only the impressions… » (2, 3, 4 ; 1, 6, 1 ;
etc.) C'est toujours l'idée qui est *convey'd*. Quant à

l'impression, « it becomes present to the mind » (1, 7, 4) ;
« it appears to the mind » (2, 3, 10). L'esprit peut être
lui-même *convey'd* (transporté) d'une idée à une autre (1,
4, 1 ; 1, 6, 1 ; etc.) ; d'une perception à une autre ; ou encore
dans l'inférence causale (3, 9, 2). L'apparition d'un nouvel
individu « conveys the thought to its usual attendant » (3,
6, 14). En 3, 9, 2 : les principes d'association *convey*
(transportent) l'imagination d'une idée à une autre. En 3,
9, 11 : « a resemblance…which *conveys* (communique)
the vivacity of the impression to the related idea ».

Mais l'esprit est aussi actif : « *It takes notice of
impressions*, mais ne saurait créer une seule idée nouvelle
(2, 3, 10). Ses actions portent d'abord sur ses idées. Et
Hume varie les synonymes :
« The same action of the mind » (2, 4, 25 ; 3, 6, 6 ; *cf.* 2,
5, 21). « All actions and sensations of the mind » (4, 2, 7).
« This operation of the mind » (3, 7, 7). « The act of the
mind » (3, 7, 5, n.) ; *cf.* « Belief is an act of the mind »
(3, 9, 13) ; etc. On trouve aussi : « mental actions »
(3, 10, 10) ; « mental operations » (3, 16, 3) ; « mental
powers » (4, 1, 1). Hume parle, d'une façon générale, de
l'opération des causes (3, 14, 26 ; etc.) ; mais, de façon
plus particulière, il réserve le mot OPERATION plutôt pour
dénoter l'activité de l'esprit (« this operation of the mind »
(3, 12, 11 ; *cf.* 4, 2, 3 ; etc.) ; quoiqu'on trouve : « the
operation of bodies » (3, 14, 33). Pour les choses, Hume
utilise de préférence le mot ACTION, qui est d'un emploi
plus large : « That action or motion » (1, 4, 4) ; « the
existence or action of one object » (3, 2, 2) ; « any object
or action » (3, 2, 7) ; etc.

L'esprit a des pouvoirs (POWERS) qui le portent au-delà de ses perceptions. « The mind is endow'd with a power of exciting any ideas it pleases ». Et : « The mind can go beyond what is immediately present to the senses » (3, 2, 2), notamment « in its reasonings from causes or effects » (3, 4, 1).

Hume emploie aussi le mot FACULTY. Tout en dénonçant le sens scolastique de ce dernier mot (4, 3, 10), il en fait un usage ordinaire. L'esprit a des facultés. Au nombre des facultés, on compte la mémoire et l'imagination (1, 3, 1 ; 3, 9, 19), « The operations of that faculty (l'imagination) » (1, 4, 1 ; 3, 7, 7) ; la faculté de raisonner (Intr. 5) ; la croyance elle-même est dite une faculté (3, 12, 22) ; « that faculty which judges » (4, 1, 6). Les facultés sont imparfaites (1, 7, 9). La capacité de l'esprit est limitée (2, 1, 2 ; 2, 4, 1 ; 3, 11, 16 ; etc.).

POWER est synonyme de FACULTY, quoiqu'un peu plus précis : il s'agit du pouvoir efficace (power and efficacy (3, 14, 5)) qui permet à l'esprit d'accomplir une certaine action (1, 5, 5), de produire un effet (une idée (1, 7, 12)). « The power or operating principle » (3, 14, 7). l'idée de la causalité est incluse : « the power, by which one object produces another » (3, 1, 1 ; *cf.* 3, 5, 2 : « The creative power of the mind »). Sachant que *power* n'est pas une qualité de la chose mais une détermination de l'esprit (voir 3, 14, 13, qui récapitule le débat).

L'entendement (UNDERSTANDING) est la faculté de connaître en général : « the human understanding » (1, 7, 15 ; 2, 5, 2 ; etc.). Est étudiée « the nature of our understanding » (4, 1, 5). Peut être synonyme de *mind* : « the same influence on the mind and understanding » (3, 12, 17). L'idée de compréhension lui est attachée (2, 5,

5 ; 3, 2, 4) ; de même l'idée de raisonnement (3, 12, 22). Il peut être distingué des sens (4, 2, 57 ; 4, 7, 10) ; de l'imagination (3, 6, 12 ; 4, 2, 46) ou confondu avec elle (3, 8, 13). Les trois actes qu'on lui attribue communément (conception, jugement et raisonnement) se réduisent au premier (3, 7, 5, note). Mais, au total, « the memory, senses, and understanding are all of them founded on the imagination » (4, 7, 3).

La mémoire (MEMORY) présente un cas intéressant. Venant après que la sensation a cessé, la mémoire a pour contenu des idées. Et pourtant la section 3, 5, a pour titre : « Of the impressions of the senses and memory ». D'où en 3, 5, 5, l'affirmation que la mémoire et l'imagination se distinguent « by the different feeling of the ideas they present » : les idées de la mémoire sont plus fortes et plus vives que les idées de l'imagination. Dans la même section, Hume écarte l'argument que, à la différence de l'imagination, la mémoire conserve l'ordre des perceptions. On notera enfin qu'elle est nécessairement active dans la perception sensible de l'espace et du temps.

La langue anglaise a deux mots : IMAGINATION et FANCY, là où la langue française n'en a qu'un : *imagination*, le mot *fantaisie* ayant pris le sens trop spécialisé de libre créativité ou de caprice. Et l'usage que Hume fait des deux mots ne permet pas de les distinguer de manière tranchée. Ainsi parle-t-il de « the liberty of the imagination to transpose and change its ideas », expression reprise quatre lignes plus bas par : « This liberty of the fancy » (1, 3, 4). On trouve « connexion in the fancy » (1, 4, 2) mais aussi : « an inseparable connexion… is excluded from the imagination » (1, 4, 1 ; *cf.* 1, 4, 4 ; etc.). On trouve « the union of two ideas in the fancy » (1, 5, 1) mais aussi

« simple ideas that are united by the imagination »
(1, 6, 2), On trouve « the conception of the fancy »
(3, 1, 7) mais aussi « makes the imagination to conceive »
(1, 7, 7). La *fancy*, comme faculté libre, peut être distinguée
de la mémoire (mais l'on trouve aussi « memory and
imagination » (1, 2, 1)), ainsi que de l'entendement : « the
understanding and the fancy » (4, 2, 6).

La dualité de sens de l'imagination, tantôt faculté de
représentation (les idées sont dans l'imagination (1, 4, 6)),
tantôt de liaison (1, 4, 4) par le moyen des principes
d'association est également présente sous le terme *fancy* :
« ideas in the fancy » (1, 5, 1) et « association in the fancy »
(3, 8, 7).

En conséquence de quoi, nous traduisons ordinairement
par *imagination* et ne retenons la traduction par *fantaisie*
que dans le cas où le sens du mot anglais se rapproche du
sens du mot français : « the most extravagant fancy »
(3, 11, 6 ; 3, 10, 6 ; etc.).

Le mot REFLECTION est fréquent. Il n'a de signification
exacte que dans deux cas : d'une part, lorsqu'il est pris
dans son sens physique : « Colours reflected from the
clouds (4, 4, 3). « Reflection in an image » (3, 8, 3). D'où
la notion d'image réfléchie, appliquée à l'idée (1, 1, 3) ;
d'autre part, dans la distinction entre sensation et réflexion,
distinction d'origine lockienne, mais reprise et transformée
dans le couple proprement humien : impression de sensation
et impression de réflexion (voir 1, 1, 2). Autrement et le
plus souvent, il est employé sur un registre qui va du sens
très général que lui accorde l'usage : prendre en
considération, examiner avec plus d'attention : « a little
reflection » (4, 5, 15 ; etc.) ; « we need but reflect on that
principle » (3, 1, 7), au sens plus circonscrit d'un acte

méthodique (« the reflection produces the belief without the custom » (3, 8, 14)). Au total, le terme dénote d'une manière ouverte l'ensemble de l'activité cognitive de l'esprit (Intr. 10). Il peut donc apparaître dans des couples variés : « All the purposes of reflection and conversation » (1, 7, 15). « Reflection and attention » (2, 4, 24). « any abstract reasoning or reflection » (3, 1, 1). « From reflection and general rules » (3, 10, 11). « Knowledge and reflection » (3, 12, 13). « Reasoning and reflection » (3, 14, 36). « Custom and reflection » (4, 5, 9). « Moral reflection » (4, 5, 10).

Le savoir

Le vocabulaire de Hume est ici très plastique.

Le savoir est constitué de raisonnements de deux sortes : démonstratifs et probables (« demonstrative or probable REASONINGS » (3, 14, 17)). Cette grande division, d'origine lockienne et reconnue telle par Hume (3, 11, 2), est fondamentale et elle est très régulièrement appliquée par le philosophe : « knowledge and probability » (2, 6, 1) ; « demonstration and probability » (3, 1, 2 ; 3, 11, 7) ; « reason and probability » (3, 16, 2). La connaissance (*knowledge*) est tirée de la seule comparaison des idées (3, 4, 3) : c'est principalement le territoire des mathématiques : « geometrical demonstration » (2, 4, 16). ; elle est soit intuitive, soit démonstrative (3, 1, 2). « A demonstration, if just, admits of no opposite difficulty » (2, 2, 6). La probabilité (*probability*) est fondée sur l'expérience. Touchant la probabilité, quand l'inférence s'accompagne de certitude, on parlera de preuve, PROOF ; autrement, l'on réservera le mot *probabilité* aux raisonnements dont la force de conclusion est moindre (probabilité des chances, probabilité des causes : « from proofs and from probabilities » (3, 11, 2)). Probabilité et possibilité sont « alike in their nature » (3, 12, 18). *Knowledge* peut dégénérer en *probability* (4, 1, 3).

Cette distinction entre la connaissance et la probabilité permet de distinguer deux sortes ou deux degrés d'ASSURANCE. « By knowledge, I mean the assurance arising from the comparison of ideas » (3, 11, 2) ; « If the transference of the past to the future were founded merely on a conclusion of the understanding, it could never occasion any belief or assurance » (3, 12, 22).

Le mot *inférence* (INFERENCE) peut être pris dans un sens général : « inference or reasoning » (3, 2, 7) ; « inference deriv'd from general rules (3, 13, 19). Mais il est le plus souvent réservé à la causalité : « the inference we draw from cause to effect » (3, 2, 15 ; 3, 6, 1 ; etc.). L'inférence est alors distinguée de la connaissance (3, 6, 1) ou de la démonstration (3, 9, 10).

La confusion des deux sortes de savoir est source de fausseté (FALSE) ou de tromperie fallacieuse (FALLACY). « By a kind of fallacy and illusion » (4, 2, 5). Prétendre tirer d'une démonstration la nécessité d'une cause « is fallacious and sophistical » (3, 1, 2). D'une manière générale, *fallacy* dit le caractère trompeur d'une prétention, d'une opinion, d'une démonstration. Les sceptiques veulent prouver « the fallaciousness and imbecility of reason » (4, 1, 12).

Le raisonnement produit l'évidence (4, 6, 1) Rappelons qu'en anglais EVIDENCE peut induire l'idée de preuve. L'évidence (EVIDENCE) est la propriété d'une proposition, d'un principe (1, 3, 4) : « The evidence both in the first principles, and in the deductions » (3, 14, 2) ; l'évidence d'une démonstration (4, 6, 1) ; d'une conclusion (2, 1, 2). L'emploi du mot est alors banal. Il peut être couplé : « force a n d   e v i d e n c e   » (2, 2, 6 ; 3, 13, 5) ; « an evidence and firmness » (2, 4, 16) ; « solidity or evidence » (3, 14, 7) ; « there would be no belief nor evidence » (3, 4, 2).

Plus originale est l'idée de degrés d'évidence : de l'évidence qui naît de la seule comparaison des idées à l'évidence qui, dans les probabilités, s'accompagne d'incertitude (2, 11, 2). Ainsi de l'évidence « of all ancient history » qui diminue à mesure de la longueur de la chaîne de transmission (3, 13, 6).

BELIEF (la croyance) est l'opération de l'esprit dans les raisonnements de causalité. Elle porte sur les choses de fait. Hume répète sa définition : « la croyance est une idée vive produite par une relation avec une impression présente » (3, 7, 6). Elle est une certaine manière de concevoir les idées (« a feeling or manner of conception ») (3, 7, 7) qui permet d'élargir le champ de l'expérience au-delà des impressions des sens et de la mémoire.

ASSENT est souvent un synonyme de BELIEF : « belief or assent which always attends the memory and senses » (3, 5, 7 ; 3, 8, 6 ; etc.). Dans ce cas, l'assentiment n'est pas un acte intellectuel distinct. Il l'est lorsqu'il est rapporté à une proposition (3, 7, 4), à un principe (4, 2, 1), à un système (4, 2, 43). à une opinion (3, 10, 1).

OPINION, qui peut avoir un sens banal (« in my opinion » (2, 4, 10), « common opinion » (2, 1, 5)), est un synonyme de BELIEF : « belief and opinion » (3, 13, 1 ; 3, 7, 7 ; etc.).

Mais aussi de judgment (2, 4, 23 ; 3, 11, 7 ; etc.). En 3, 13, 14, on a « opinion or sentiment ».

Le vocabulaire de la causalité

CAUSATION : « When I receiv'd the relations of resemblance, contiguity and causation, as principles of union among ideas… » (2, 5, 20 ; 4, 5, 12). Des trois relations ou principes d'association, « this of causation is the most extensive » (1, 4, 4). « The idea of production is the same with that of causation » (3, 6, 9). « Reasonings from causation » (3, 7, 3 ; 3, 10, 3 ; etc.). « The belief arises only from causation » (3, 9, 2).

L'adjectif CAUSAL n'est pas employé par Hume. En revanche, il fait un très grand usage du mot INFLUENCE (1, 1, 8 ; 1, 4, 4 ; etc.).

La relation de causalité unit des idées. Mais elle lie également l'impression simple et l'idée correspondante ; elle est alors fondée sur l'antériorité et la ressemblance.

Hume emploie fréquemment le mot OCCASION tantôt au sens ordinaire qui renvoie au caractère événementiel ou circonstanciel de telle ou telle production causale : « upon occasion » (1, 7, 1 ; 1, 7,10, etc.) ; « a more proper occasion » (3, 2, 6) ; tantôt pour dénoter la production causale elle-même : « External objects become known to us only by those perceptions they occasion » (2, 3, 7 ; 3, 12, 22 ; etc.). Et il est dit contre les malebranchiens : « We must reject the distinction betwixt cause and occasion » (3, 14, 32).

Pour dénoter le rapport de causalité lui-même, Hume emploie le mot CONNEXION, que, rompant avec les traductions les plus récentes, nous traduisons par *liaison*, suivant en cela le texte de *La recherche de la vérité* de Malebranche (6, 2, 3 – Hume avait le livre ouvert sous les yeux) et les traductions du XVIIIe siècle le confirment. La liaison des idées est l'opération fondamentale de l'entendement. « As to the connexion that is made by the relation of cause and effect » (1, 4, 2). « 'Tis only causation, which produces such a connexion, as to give us assurance from the existence or action of one object, that 'twas follow'd or preceded by any other existence or action » (3, 2, 2 ; etc.) ; « the connexion of parts in the compound object » (4, 3, 5) est une relation de causalité ; Il peut être question d'une « necessary connexion » (3, 2, 12 ; 3, 6, 3 ; etc.) ; « the understanding never observes any real connexion among objects » (4, 6, 16).

Le mot est souvent associé à des synonymes, pouvant déterminer plus étroitement le sens général. « A connexion or association of ideas » (1, 5, 3) ; « the only connexion or relation of objects » ; « all this chain of argument or connexion of causes and effects » (3, 4, 2) ; « power or connexion » (3, 14, 16 ; cf. 4, 5, 31) ; « connexion and necessity » (3, 14, 23) ; « the constant repetition and connexion » (4, 2, 21) ; « this connexion, tie, or energy » (4, 7, 5). Antonyme : « a connexion or repugnance » (4, 5, 20). *Connexion* est souvent lié à RELATION. « 'Tis sufficient to observe, that there is no relation, which produces a stronger connexion in the fancy » (1, 4, 2).

Le mot n'est pas réservé à la seule relation de causalité, mais est d'un emploi général : les sciences « whose connexion with human nature is more close and intimate » (Intr. 5) ; « The words…have an intimate connexion with certain ideas… » (3, 9, 12) ; « The intimate connexion betwixt these parts of our system ». (2, 4, 2) ; « the connexion betwixt each link of the chain in human testimony » (3, 13, 5) ; « an intimate connexion betwixt those two

principles » (4, 2, 44) ; les fictions de la philosophie ancienne
« have a very intimate connexion with the principles of
human nature » (4, 3, 1).

L'emploi de LINK par Hume est réservé à la chaîne :
c'est le chaînon de la chaine (3, 13, 5) ; « the connexion
of each link » (3, 13, 3) : l'enchaînement de chaque maillon.
TIE est rare : « the ties of government and subordination »
(1, 4, 5) et peut signifier le lien réel qui unirait la cause à
l'effet et que l'on souhaiterait connaître (3, 14, 15) : « that
tie which connects them [the cause and its effect] together »
(4, 7, 5). BOND est rare également : « bond of union »
(1, 4, 1) ; « bond and association » (1, 4, 2) ; « a real bond
among his perceptions » (1, 4, 16).

La causalité est une *relation*. Mais communément on
est porté à entendre par là un *pouvoir*, une *efficace*, une
énergie qui serait placée dans la cause et produirait l'effet.
Hume prend ces mots comme ils viennent ; leur signification
est indéterminée et on peut les substituer les uns aux autres.
« Je commence par observer que les termes d'*efficace*,
d'*action*, de *pouvoir*, de *force*, d'*énergie*, de *nécessité*, de
liaison, et *de qualité productive*, sont tous à peu près
synonymes et qu'il est donc absurde d'employer l'un de
ces termes dans la définition des autres » (3, 14, 4 ; 3,
14, 27). La seule façon de leur donner un sens précis est
de leur faire dire la détermination de l'esprit de passer par
habitude d'un objet présent à l'objet qui l'accompagne
ordinairement : « partant, cette transition habituelle ne fait
qu'un avec le pouvoir et la nécessité » (3, 14, 24).

HABIT, CUSTOM : Le second terme est deux fois plus
employé que le premier, car il est plus commun. Il ne
semble pas y avoir chez Hume de différence significative

d'emploi (voir par exemple 4, 2, 21, où les deux mots sont employés indifféremment). CUSTOM a peut-être un sens plus générique qu'HABIT. Nous traduisons ordinairement par *habitude*, *coutume* ayant en français un sens plus spécialisé. Mais on peut trouver les deux termes accouplés : « custom and habit », *l'accoutumance* et *l'habitude* (3, 5, 6 ; 3, 10, 1). L'on a aussi bien : « an imperfect habit and transition » (3, 12, 3) que : « custom and transition of ideas » (3, 8, 14 ; 3, 13, 2) ; *cf.* « This habit or determination to transfer » (3, 12, 9) ; ou encore : « habit and experience » (3, 13, 8) et « custom and experience » (3, 10, 8). « Custom and repetition » (3, 9, 19) ; « custom and experience » (3, 10, 8 ; 3, 13, 10) ; « custom and reasoning » (4, 2, 21) ; « custom and reflection » (4, 5, 9) ; « custom or a principle of association » (3, 7, 6) ; « custom or relation ».

Pour dénoter le contraire de la causalité (3, 11, 6), Hume emploie le mot HAZARD ou le mot CHANCE, pris absolument, que nous traduisons alors par le mot français *hasard*. CHANCE dit aussi les *chances* dans les raisonnements de probabilité : « Since therefore an entire indifference is essential to chance (*hasard*), no one chance (*chance*) can possibly be superior to another » (3, 11, 5). *Hazard* peut être aussi employé en ce dernier sens (3, 11, 6).

Le mot anglais CIRCONSTANCE a un sens plus large que son correspondant français. Il peut désigner comme ce dernier tout trait accidentel qui mérite d'être pris en compte dans une narration ou dans une analyse historique (3, 5, 4). Mais il peut dénoter aussi le paramètre essentiel, le trait pertinent, le facteur déterminant dans une relation. « 'Tis certain, this circumstance has a considerable influence on the understanding » (3, 13, 1). « When we find that an effect can be produc'd without the concurrence of any particular circumstance... » (3, 13,11).

SOMMAIRE
DES PARTIES ET DES SECTIONS

L'ordre du premier livre du *Traité* est synthétique, il va des perceptions simples aux idées les plus complexes, du donné empirique élémentaire à l'expérience constituée. La première partie fournit la théorie des éléments : les impressions, les idées, les trois principes d'association, les sept relations. La deuxième partie, consacrée aux idées de l'espace et du temps, développe une théorie de la phénoménalité : les perceptions *apparaissent* sensiblement dans un ordre de contiguïté spatiale et temporelle. La troisième partie est consacrée à la seule relation qui, ne pouvant être dérivée de la comparaison des idées et donc devant reposer sur l'expérience, ne peut cependant être tirée simplement de l'expérience : à savoir, la relation causale, laquelle lie entre elles, de manière nécessaire, les diverses perceptions et nous détermine à croire à la réalité composée des faits du monde. La quatrième partie aborde la question de l'identité extérieure des objets du monde et de l'identité intérieure du Soi, fictions qui sont de véritables constructions systématiques outrepassant la réalité de ce qui advient du monde.

Sommaire de la première partie

La théorie humienne de l'idée, dont la nouveauté réside dans l'introduction de la notion d'impression, se réduit, d'une part, aux trois divisions des perceptions de l'esprit humain : celle entre les impressions et les idées, celle entre les perceptions simples et les perceptions complexes, celle entre les impressions de sensation et les impressions de réflexion ; et d'autre part à trois principes généraux : celui de la similitude entre les impressions simples et les idées qui leur correspondent ; celui de l'antériorité de l'impression sur l'idée de sorte que les idées simples dérivent, à leur première apparition, des impressions simples qui leur correspondent et de sorte que les impressions sont dites être la cause des idées ; enfin, le principe de l'association des idées, lui-même, décliné en trois principes de l'imagination. De tout cela, on tire la règle fondamentale que toute idée, si complexe soit-elle, doit pouvoir être réduite à des impressions simples, sachant que le jeu articulé des divisions qu'on vient d'énoncer conduit au principe général – qu'on nommera *le principe d'analyse* – que tout ce qui est différent peut être distingué et donc peut être séparé par l'imagination, et inversement. Et par là-même se pose la question générale qui est le véritable objet de l'étude : par quelles opérations de liaison l'esprit passe-t-il du divers des impressions simples aux objets complexes qui sont les véritables objets de l'entendement ?

La section II complète la section I, en introduisant la division entre les impressions de sensation et les impressions de réflexion (les passions, traitées dans le livre II), lesquelles sont secondes, puisqu'elles sont causées par des idées correspondant à des impressions de sensation.

La suite et la fin de cette première partie sont occupées par la question de la composition des idées, celle de la composition des impressions étant indirectement traitée dans la seconde partie, à propos des idées de l'espace et du temps. En vérité, la distinction entre les impressions et les idées n'est pas aussi tranchée qu'on peut le soupçonner d'abord. Ainsi la mémoire conserve les impressions en les re-présentant sous forme d'idées, idées qu'elle fournit à l'imagination. Mais les idées de la mémoire sont plus vives que les idées de l'imagination et sont donc plus proches des impressions.

Faculté générale de représentation des idées, l'imagination a aussi la libre faculté de lier entre elles ces idées. C'est à elle que l'esprit se doit de passer d'une idée à une autre idée. Et comme, hormis le cas des idées d'existence et d'inexistence, il peut passer de toute idée à toute autre idée, il serait dans un total chaos si trois principes d'association ne s'imposaient et n'introduisaient de la régularité dans la formation des idées complexes : la contiguïté, la ressemblance et la causalité. Ces idées complexes peuvent se diviser en relations, en modes et en substances, ce qu'examinent les sections V et VI, et aussi en idées générales et en idées particulières, ce qu'examine la section VII.

L'association met naturellement en relation deux ou plusieurs idées. Mais le mot de *relation* peut aussi signifier, pour l'entendement, les motifs qu'il a de comparer deux ou plusieurs idées entre elles. Hume présente sept relations de cette sorte qu'il dit *philosophiques*. Quant aux idées de modes et de substances, elles ne sont que des idées de collections d'idées ou de qualités particulières, unies par l'imagination et sans réalité propre.

La dernière section nous assure de l'homogénéité des idées ou des existences que l'imagination réunit en idées complexes : toutes sont particulières, aucune n'est générale par elle-même ou abstraite. Comme Berkeley l'avait déjà établi, une idée générale est toujours une idée particulière dont le nom peut être attribué à d'autres idées particulières ayant une certaine ressemblance avec elle.

Sommaire de la deuxième partie

La question générale est : quelle est l'origine de nos idées de l'espace et du temps ? On répond à la question en appliquant le principe d'analyse. Or, la difficulté est qu'il n'y a pas d'impression séparée qui corresponde à l'idée de l'espace ou du temps, ce qui contrevient au principe. La solution se trouvera dans la thèse que ces deux idées, quoique n'ayant pas d'impression séparée propre, trouvent néanmoins leur origine dans le champ des impressions puisque l'espace et le temps sont la manière sensible d'apparaître d'un divers d'impressions.

Cette partie commence par traiter de la question, fort débattue à l'époque, de l'infinie divisibilité de l'étendue. On y trouvait la preuve de la finitude de l'esprit humain, impuissant à parvenir au terme de la division ; certains en tiraient même un argument sceptique prouvant l'impuissance de la raison et justifiant le fidéisme religieux. L'article « *Zénon d'Élée* » dans *le Dictionnaire historique et critique* de Bayle était connu. Mais Hume avait une bonne raison, interne à son système, de commencer de cette façon. En effet, en l'affaire, il y va du principe d'analyse lui-même : si l'étendue était infiniment divisible, l'esprit ne pourrait jamais arriver à ces simples qui font le matériau de toute connaissance, ce qui invaliderait le principe et, d'une manière générale, toute la théorie des éléments.

Le raisonnement est le suivant : la capacité de l'esprit humain est limitée ; or toute perception finie qui serait infiniment divisible serait composée d'un nombre infini de parties ; la capacité de l'esprit serait donc infinie, ce qui est contradictoire ; c'est pourquoi toute idée ou perception ne peut être composée que d'une quantité finie de perceptions, ou d'idées inférieures, qui ne sont plus divisibles et sont donc simples. Et il en va de même pour les impressions des sens.

La section II établit que ce qui vaut pour les idées vaut pour les objets dont elles sont la représentation adéquate – en l'occurrence pour les plus petites parties de l'étendue. Ce sont des indivisibles, c'est-à-dire des « parties » simples, sans grandeur (car toute grandeur est divisible), et qui diffèrent selon la qualité et selon la position.

Autre conséquence : en toute rigueur et même si en 2, 2, 2, Hume parle d'une « addition des parties » suite à la répétition de l'idée de ce qu'il y a de plus petit, l'espace (ou le temps) ne peut résulter de *l'addition* des indivisibles, car on n'additionne que des grandeurs, lesquelles sont par définition divisibles. La section III dénoue le paradoxe apparent qu'une étendue ou quantité divisible soit constituée d'indivisibles. Et cela en usant du principe de la correspondance entre l'impression et l'idée. De l'espace nous avons une idée, mais nous n'en avons pas d'impression originale. Et cependant un divers d'objets perçus nous donne une idée de l'espace. C'est donc leur situation et leur distance, c'est-à-dire la manière dont ils sont disposés les uns par rapport aux autres, dans leur apparaître, qui nous donne l'idée de l'espace. Ainsi les points indivisibles colorés dont nous avons une impression nous donnent l'idée d'étendue par la *manière* apparente dont ils sont disposés, chaque point jouxtant le précédent sans intermédiaire. Le raisonnement vaut aussi pour l'idée de temps. Cinq notes jouées sur la flûte nous donnent cette idée sans que soit ajoutée aux cinq impressions (aux cinq notes) une sixième impression.

Ainsi réponse est donnée à la question générale de l'origine de nos idées d'espace et de temps. Quant aux sections IV et V, elles se présentent formellement comme des réponses aux objections. Celles-ci portent sur la thèse qui vient d'être établie de la divisibilité finie de l'étendue (et du temps) et sur la définition donnée de l'espace (et du temps) dans la section III. Touchant cette dernière, le terme de « manière d'apparaître » employé mérite d'être précisé. Nous savons qu'il n'y a pas d'impression séparée de l'espace et du temps. Mais il n'y en a pas davantage d'idée distincte et séparée. Les idées d'espace et de temps sont irréductiblement liées à ce qui apparaît en elles, c'est-à-dire aux indivisibles qui font leur contenu et dont elles représentent l'ordre de juxtaposition ou de succession. Et ces indivisibles sont des points auxquels il faut attribuer des qualités sensibles : la couleur, pour la vue, ou la solidité, pour le toucher.

Pour présenter les objections et les réponses qu'il leur apporte, Hume tire directement sa matière de l'article « Zénon d'Élée » du *Dictionnaire* et il suit l'ordre adopté par Bayle : l'objection de la non-entité des points mathématiques, l'argument de la pénétration, la question disputée chez les mathématiciens sur l'existence du point, lorsqu'on le définit comme ce qui n'a ni longueur, ni largeur, ni profondeur, et la discussion subséquente sur l'idée de limite. Or, Hume fait plus que conforter par ses réponses sa thèse des indivisibles : s'aidant toujours de Bayle, il attaque frontalement les « mathématiciens ». Les mathématiques ne sont pas seulement une affaire de définition, mais aussi de démonstration. Or les mathématiciens prétendent qu'il y a des démonstrations qui prouvent que certaines quantités ou grandeurs géométriques sont incommensurables, ce qui semble un argument en faveur de la divisibilité à l'infini de l'espace. Reprenant un thème ancien et répandu, celui de l'imprécision de la géométrie, Hume conteste que les géomètres puissent établir de manière exacte l'égalité (ou l'inégalité) de deux parties d'espace; il rejette l'idéalité dans laquelle les mathématiciens prétendent installer leurs objets et exercer leur méthode; et il présente l'idée d'égalité comme une idée qui ne peut prétendre à une stricte exactitude, n'étant rien que la ressemblance méthodiquement ajustée des deux termes qu'on dit égaux.

Les indivisibles ne sont pas des abstraits qui seraient les termes de la division, mais des points visibles et tangibles distribués selon un certain ordre. On ne saurait en conséquence former l'idée du vide c'est-à-dire d'une étendue ou d'un espace qui ne serait occupé par aucune chose visible ou tangible. La section V est consacrée à cette question de l'idée du vide qui, si elle était admise, remettrait en cause la thèse de l'indivisibilité, l'existence d'un vide entre deux parties de l'espace constituant un intervalle où placer des points intermédiaires. Hume emploie la même méthode que dans la section précédente : il se présente à lui-même trois objections : l'idée du vide est possible; on peut toujours concevoir l'anéantissement d'une partie du monde tandis que les autres parties restent immobiles; l'idée du vide est non seulement possible, elle est nécessaire puisque sans elle nous ne pourrions concevoir le mouvement. À cela Hume répond que la négation d'une idée positive (l'anéantissement, le vide, l'obscurité) ne fait pas une idée positive, qu'en vérité cette idée du vide est une fiction dont on peut expliquer l'origine, à la lumière

des cas où l'esprit fait l'expérience de sensations cinesthési-
ques sans faire l'expérience de points intermédiaires (quand
je meus, par exemple, mes yeux dans une totale obscurité).
Alors, l'imagination, emportée par l'habitude de la
correspondance entre les sensations et les points colorés
ou tangibles, mais contrariée, car n'ayant pas d'impressions
actuelles de ces points, produit cette fiction d'un espace
qui *serait* sans que rien soit en lui.

Sommaire de la troisième partie

Connaître, c'est établir une relation entre deux ou
plusieurs idées. Hume reprend la table des sept sortes de
relations philosophiques établie en I, 5. Il croise deux
critères de distinction. Il y a d'abord la différence entre
les relations qui dépendent de la seule comparaison des
idées et qui sont l'objet de la connaissance au sens strict,
et celles qui, pour être connues, dépendent de l'expérience.
Le deuxième critère est celui de la distinction entre une
saisie intuitive et une saisie démonstrative de la relation.
Dans l'ordre de la connaissance au sens strict, seules les
proportions de quantité et de nombre sont objets de
démonstration, et c'est l'empire des mathématiques. Dans
l'ordre de l'expérience, seule la relation de causalité fait
l'objet d'un raisonnement. Dans les mathématiques, seules
l'algèbre et l'arithmétique reposent strictement sur la pure
comparaison des idées, la géométrie représentant un cas
mixte. Hume n'en dit pas davantage sur cette première
sorte de connaissance et on peut le regretter. Reste à considérer l'inférence causale qui est le mode de connaissance
de la philosophie naturelle (et de la philosophie morale).

On cherche l'origine de l'idée de causalité, sachant
qu'elle n'est pas une qualité qui serait particulière à certains
objets, mais qu'elle est une relation entre deux ou plusieurs

objets. Or connaître, c'est connaître nécessairement. Dans la connaissance au sens strict, la nécessité de la relation est perçue par la simple comparaison des idées. Dans la connaissance causale, connaissance dépendant de l'expérience, la nécessité ne peut être connue intuitivement puisqu'un des deux termes de la relation n'est pas donné mais seulement représentée dans l'idée. Elle ne peut davantage être tirée de l'expérience qui n'offre que la contiguïté des objets concernés et l'antériorité de celui qui est tenu pour la cause. D'où le constat que le fondement de l'expérience de la causalité n'est pas donné dans l'expérience. D'où la double question à résoudre (section II) : Pourquoi une cause est-elle nécessaire à tout début d'existence ? Pourquoi telle cause particulière doit-elle avoir nécessairement tel effet particulier ?

Or, quiconque s'efforce de répondre à la première question (section III), ne peut pas ne pas observer que la proposition, que tout ce qui commence d'exister doit avoir une cause de son existence, est une proposition qui n'est ni intuitivement ni démonstrativement certaine : les idées de la cause et de l'effet sont en effet des idées distinctes, et sont donc des idées séparables. Et Hume réfute trois arguments « métaphysiques » qui prétendent établir le contraire. Aussi cette première question reste-t-elle ouverte. On passe donc à la seconde, mais en opérant un déplacement majeur (dont Hume deviendra coutumier) : on abandonne la recherche du *fondement* des inférences causales – recherche qui sera reprise dans la section XIV – pour passer à l'étude de la *nature* de ces inférences ; on cesse de chercher des *raisons* qui soient propres à fonder les raisonnements de causalité, pour s'intéresser aux *causes* qui les produisent et pour expliquer leur résultat : la croyance.

La section IV présente alors les parties composantes de ces raisonnements, et d'abord les *impressions* des sens et les idées de la mémoire qui médiatement ou immédiatement constituent la base empirique de l'inférence causale. De ces perceptions présentes qui, étant des impressions, sont fortes et vives, l'esprit, par une *transition* facile, passe à *l'idée* de l'objet absent (section V). Cette inférence de l'impression à l'idée n'est pas de l'ordre de la connaissance au sens strict, elle a pour cause la conjonction répétée des deux objets dans l'expérience. Cette conjonction constante, qui est elle-même une relation, n'ajoute rien à celle de la contiguïté et de l'antériorité (elle n'ajoute ni l'idée de pouvoir ni l'idée de nécessité), mais elle est la cause qui détermine l'esprit à passer de la perception de l'objet présent à la perception de l'objet absent comme d'une existence probable, et cela par une transition facile qui est de nature associative (section VI).

L'idée de l'objet absent n'est en elle-même qu'une conception. Mais l'inférence nous fait poser cet objet dans l'existence. Et comme l'inférence n'est pas une déduction nécessaire, elle ne nous mène pas à la certitude, mais à la croyance. Nous croyons à l'existence de l'objet dont nous n'avons en fait qu'une idée. La section VII analyse la nature de cette croyance. Dans la croyance, l'idée de l'objet reste une idée, et la même idée que dans la simple conception. Mais elle en diffère en ceci qu'elle est une idée plus forte et plus vive. Dans l'inférence, non seulement s'opère la transition de l'impression à l'idée, par l'effet de la conjonction constante entre les deux termes, c'est-à-dire, par un effet associatif, mais s'opère encore, par l'effet de l'habitude acquise, un véritable transfert de force et de vivacité, de l'impression à l'idée. D'où la définition de la croyance : une idée vive reliée ou associée à une impression présente. La section VIII confirme cette définition en multipliant les arguments et les exemples, et met en lumière la fonction de l'habitude. L'habitude cause la transition, mais la transition elle-même se fait dans l'imagination en vertu du principe d'association par causalité. La section IX compare l'effet de l'habitude selon chacun des trois principes de l'imagination : seule l'association par causalité conduit à la croyance. La section X étudie l'influence de la croyance (quand l'idée approche l'impression en force et en vivacité) sur la volonté et les passions, puis sur l'imagination, notamment dans le registre de l'éloquence et de la poésie – où Hume se trouve dans la nécessité d'affiner son argument, puisque dans ce champ la vivacité de l'idée ne s'accompagne pas de croyance. Ce pour quoi il lui faut introduire le rôle des règles générales.

Qu'il s'agisse de la probabilité des chances (section XI) ou de la probabilité des causes (section XII), ou même de la probabilité non-philosophique (section XIII), le raisonnement est un raisonnement de causalité. Dans la première (le cas du jet de dé), comme dans les autres, la croyance est produite par l'habitude ; mais l'habitude n'est rien que l'effet sur l'imagination de la conjonction des objets dans l'expérience qu'elle en a. Cette conjonction est plus ou moins parfaite. Dans la probabilité des chances (le cas du lancer de dé), elle n'est pas univoque, puisque l'expérience est ainsi constituée que, s'il est établi qu'un effet sera bien produit (l'une des six faces du dé) toutefois ledit effet peut être indifféremment cet effet-ci ou cet effet-là. L'indécision porte donc sur la nature de l'effet, et non sur son existence. Dans la probabilité des causes, il en va autrement. La force de l'habitude, et donc de la croyance, dépend de la constance de la conjonction des deux perceptions ou objets. Or il se peut que cette conjonction soit plus moins fréquente ou régulière ; il se peut aussi qu'il y ait de la contrariété dans la conjonction, de sorte que l'objet s'accompagne d'effets contraires, se présentant selon divers degrés de fréquence ou de régularité. Et donc l'effet qui se sera montré le plus courant, sera tenu pour le plus vraisemblable. Hume explique comment la croyance, qui est l'effet de l'habitude, est soit affaiblie soit divisée et redistribuée en parties. La section XIII étudie les autres facteurs susceptibles de faire varier ce degré de la croyance, en particulier l'analogie.

La question traitée jusqu'à présent a été la seconde : pourquoi *telle* cause doit-elle avoir *tel* effet nécessairement ? Nulle part, dans son analyse, Hume n'a porté atteinte au caractère nécessaire de la liaison causale, ayant pris soin de démontrer que la reconnaissance de degrés dans la croyance est à rapporter à la seule question de la détermination de l'effet inféré, sachant qu'un effet *doit* être inféré. Assurément, dans l'autre question : pourquoi tout commencement d'existence a-t-il nécessairement une cause ?, cet aspect de la détermination disparaît et reste la question première de la nécessité de la relation causale. D'où le retour qu'accomplit la section XIV : quelle est l'impression qui donne naissance à cette idée de nécessité ? Ne pouvant être connue par simple comparaison des deux objets ni tirée d'une impression qui serait celle d'un pouvoir ou d'une efficace particulière inscrite dans les choses, mais apparaissant quand se répète la même liaison entre lesdits objets, cette idée de nécessité doit se tirer de la détermination de l'esprit à passer du premier objet au second, à la faveur de la répétition, détermination qui constitue une impression seconde, une impression interne à l'esprit. La section XIV développe les différentes parties de cette doctrine, en analyse les conséquences et se livre à une critique en règle de l'idée d'un pouvoir ou d'une efficace qui serait dans les choses. La nécessité est donc quelque chose qui existe dans l'esprit et non dans les choses.

La section XV tire de cette analyse de l'opération qui est celle de l'esprit dans les raisonnements de causalité, huit règles qui sont les linéaments d'une raison correctrice, mais ne développe pas le point. La section XVI confirme la doctrine, en l'étendant à la question souvent débattue de la raison des animaux.

Sommaire de la quatrième partie

L'idée de nécessité ne dit rien que la détermination de l'esprit de passer d'une idée à l'autre (par simple comparaison, dans la connaissance) ou d'une impression à l'idée causalement reliée (dans la probabilité). Elle est donc l'idée d'une opération de l'esprit. La raison perd ici son caractère fondateur et se comporte comme une cause dont la vérité est l'effet naturel. Et cette liaison avec la vérité, son effet, n'est pas toujours vérifiée, puisqu'il arrive que nous nous trompions. De sorte que toute certitude ou toute croyance doit être contrôlée par un jugement second qui l'apprécie et qui en diminue par là-même le degré de certitude. Et ce travail critique vaut même pour les vérités qui sont de l'ordre de la connaissance au sens strict. De sorte que toute connaissance, quelle qu'elle soit (même mathématique), dégénère en probabilité et de sorte que toute probabilité finit par s'anéantir. Cette déqualification de la raison par la raison elle-même, que la section I étudie, fait le fond du scepticisme humien. La raison ne peut plus être la règle à la fois des choses et de l'esprit, elle est seulement une certaine détermination de l'esprit à croire, qui est à contrôler par un jugement qui à son tour est à contrôler, etc. Ce qui conduirait à un scepticisme intégral si cette détermination à croire ne l'emportait naturellement, à la fin, contre les arguments sceptiques.

La troisième partie traitait de la relation de causalité, la quatrième traite de la relation d'identité. L'identité est une relation, elle est commune à tout être dont l'existence a quelque durée dans le temps. Ainsi des corps du monde extérieur : ils sont supposés demeurer identiques lors même que je ne les perçois pas. Ainsi du Soi : il est supposé demeurer identique à lui-même lors même qu'il change dans le temps. De l'identité, il n'y a pas d'impression : ce n'est pas une donnée empirique. L'expérience ne donne que des impressions qui sont des existences périssables, puisqu'elles se succèdent les unes aux autres, et qui ne sont ni sujet ni objet, puisqu'elles sont dépourvues d'identité. La question est donc : comment l'esprit en vient à accorder une identité aux corps extérieurs et au Soi ? Et répondre à cette première question sera répondre à une seconde : comment l'esprit en vient-il à faire la distinction entre les objets extérieurs et le Soi et à former la théorie de la double existence ?

La section II commence par rappeler que nous ne doutons pas de cette vérité fondamentale qu'il existe des corps. Quoi qu'il en soit des arguments sceptiques, nous sommes déterminés à y croire. La question à poser est donc : quelles *causes* nous déterminent à croire à l'existence des corps ? Plus précisément : à croire à l'existence continue des corps, ainsi qu'à leur existence distincte, c'est-à-dire, extérieure à l'esprit et indépendante de l'esprit ? En réponse, Hume commence par examiner si ce sont les sens, la raison ou l'imagination qui nous permettent d'entretenir cette croyance. Les perceptions des sens sont simples, elles ne nous livrent pas l'idée d'une double existence (l'existence de la perception, qui serait intérieure, et l'existence de l'objet, qui serait extérieure), ne pouvant délivrer ni l'idée d'une existence continue ni celle d'une existence distincte ou indépendante (§ 4-13). Cette croyance ne relève pas davantage de la raison : le commun des hommes confond ses perceptions et les objets, la distinction entre les deux termes étant une construction philosophique (§ 15).

Reste donc l'imagination. La notion de l'existence continue et distincte de nos impressions qui sont des existences internes et périssables, suppose que certaines de leurs qualités rencontrent les qualités de l'imagination. Les impressions/objets qui sont supposées avoir une existence extérieure témoignent d'une certaine constance : elles sont prises dans des rapports spatio-temporels analogues, dans des suites qui laissent transparaître des ressemblances. Cette constance n'est pas parfaite : il arrive que les corps changent de position et de qualité. Toutefois, même changeants, ils restent dans une dépendance mutuelle qui a assez de régularité ; dans le changement une cohérence d'ordre subsiste. Portée par cette cohérence relative, l'imagination qui en prend l'habitude finit par poser plus de régularité qu'elle n'en observe, ce qui lui fait supposer que les impressions/objets considérées sont pourvues d'une existence continue lors même que la perception en est interrompue. Mais cette cohérence ne suffirait pas, si elle n'était appuyée de l'effet qu'a sur l'imagination la constance des perceptions considérées : là aussi, l'imagination va plus loin et passe de cette constance perçue (ces similitudes d'ordres) à l'idée d'une existence continue ; laquelle n'est évidemment pas perçue et qui est donc une fiction, puisque cela revient à supposer une identité dans le temps : de deux séquences ressemblantes de perceptions/objets, mais distinctes dans le temps, l'imagination, s'abandonnant à la facilité, passe à la fiction d'une seule et unique suite de perceptions/objets, jouissant d'une existence continue et demeurant les mêmes dans deux moments distincts de temps. Et cette propension suscite la croyance (§ 16-35). Mais l'imagination se trouve alors devant une contradiction : ce qui est donné, ce sont bien deux ou plusieurs perceptions, deux ou plusieurs suites de perceptions qui sont distinctes dans le temps. Elle échappe à la contradiction en tirant de l'existence continue l'existence distincte et de là l'existence extérieure des perceptions/objets, c'est-à-dire l'existence des corps dans le monde (§ 36-43). Mais les philosophes n'ont pas de peine à montrer que la contradiction n'est pas levée et, en conséquence, ils distinguent entre le phénomène intérieur à l'esprit (deux ou plusieurs impressions distinctes dans le temps) et l'objet, le corps, posé dans l'extériorité comme demeurant identique à lui-même. Mais ce n'est là qu'un palliatif et ce dernier système, philosophique, n'est lui-même qu'un produit de l'imagination qui contient toutes les difficultés de la position du sens commun, plus quelques-unes qui lui sont propres (§ 43-55). Et pourtant, malgré cet embarras de la raison, nous continuons de croire à l'existence extérieure des corps (§ 56-57).

La théorie philosophique de la double existence distingue entre l'existence intérieure de l'impression et l'existence extérieure des corps. Mais l'impression donnée dans l'expérience est telle ou telle qualité sensible (le rouge, le solide) alors que le corps, lui, est un composé de qualités (le crayon que j'ai devant moi, qui est rouge et solide). Il faut donc ajouter à la question de l'existence extérieure des corps celle de leur composition. L'identité du corps posée dans l'extériorité du monde a charge de réunir un divers de qualités ou de propriétés. Ce qui a conduit les philosophes à donner dans la notion de substance. Les sections III et IV examinent cette nouvelle dimension de l'identité. La philosophie ancienne (section III) procède à la manière du sens commun. Elle confond plusieurs perceptions différentes, régulièrement unies par une étroite relation, en une seule et unique substance ; laquelle n'est rien dans son contenu que du divers aggloméré. Mais, cette confusion étant grossière, les philosophes anciens finissent par distinguer entre, d'une part, la substance qui est le sujet, un sujet censé demeurer le même en permanence dans ce qu'il est (dans son essence) et, d'autre part, les attributs, à savoir le divers successif des qualités rassemblées, changées en accidents de la substance. La philosophie moderne (section IV), plus critique et plus prudente, tient le divers des qualités ou des propriétés comme un divers simplement phénoménal et la substance pour un quelque chose inconnu qui ne s'impose que par l'unité synthétique qu'il a charge d'assurer. Mais il faut donner de l'épaisseur à ce principe dont nous n'avons pas d'idée. Les Modernes sont donc amenés à distinguer entre les qualités premières qui sont réelles et les qualités secondes qui sont seulement phénoménales et qui sont essentiellement variables. Hume procède à la réfutation de cette distinction, qui n'est qu'une fiction de l'imagination, chargée en vain de dissiper la contrariété initialement renfermée dans la doctrine de la double existence.

À la différence du monde matériel, le monde intellectuel n'est pas affecté par cette contrariété : ce que nous connaissons de lui s'accorde avec lui. Or la conscience étant toujours la conscience de telle perception particulière, l'esprit n'est rien qu'un flux de consciences particulières, dépourvu d'identité. Cette identité, les philosophes l'attachent soit à une substance, une substance spirituelle qui soit un principe d'inhérence, soit à un Soi personnel. La section V montre que nous n'avons pas l'idée d'une substance qui serait l'âme et aborde longuement la question de son immatérialité, c'est-à-dire de ce prédicat par lequel on prétend la définir. Contre les matérialistes, on peut tenir qu'un objet peut exister et pourtant n'être nulle part : il y a des perceptions qui sont étendues et d'autres qui ne le sont pas. L'imagination, qui cherche toujours à passer aisément d'une perception à l'autre, renforce leurs relations par celle de conjonction locale. Mais l'immatérialiste rencontre une difficulté symétrique : il a beau dire que toute perception est une pensée, l'idée d'étendue est parfaitement semblable à l'étendue, et donc certaines perceptions sont étendues et, de ce fait, peuvent être associées par conjonction locale. Et, assez perfidement, Hume entreprend de prouver que les théologiens qui sont immatérialistes ne raisonnent pas autrement que Spinoza et conclut que la question de la substance de l'âme est absolument inintelligible.

La section VI aborde la question de l'identité personnelle : l'identité ne doit pas être attachée à une réalité réputée substantielle, mais au Soi de la personne, laquelle est consciente d'elle-même. Mais la conscience ne nous donne jamais que telle perception particulière, jamais le principe auquel toute perception est censée se rapporter. L'esprit n'est qu'une collection de perceptions différentes qui se succèdent très rapidement. L'idée d'un sujet d'inhérence est une pure fiction. Mais ici la discussion n'est pas purement verbale ou philosophique, car nous avons un fort penchant à supposer que nous jouissons d'une existence invariable et ininterrompue pendant tout le cours de notre vie. Pour expliquer ce penchant, Hume reprend rapidement le raisonnement qu'il avait élaboré pour l'existence des corps : quand l'imagination passe par une transition facile d'une perception à une autre, elle est portée à les confondre et à changer la succession en identité. Il y a cependant une difficulté. Dans le cas des corps, la confusion concerne le contenu des perceptions qui se succèdent. Dans le cas du Soi, la confusion concerne la succession elle-même des perceptions, c'est-à-dire les moments du temps. Comment du flux même des perceptions tirer l'existence d'un Soi qui continue d'être dans l'incessant écoulement de ce flux ? Pour répondre à cette question, Hume, reprenant Locke, met en regard les différentes sortes d'identité, en allant de la question de l'identité d'une masse matérielle que l'on diminuerait progressivement, à celle de l'identité d'une république qui se conserve alors que ses membres ne cessent de changer et que ses lois se renouvellent. L'identité personnelle est de cette dernière sorte.

La conclusion dans la section VII de cette quatrième partie, et en même temps de ce premier livre, est un morceau de bravoure qui dit la passion du sceptique, lorsqu'il découvre que les opérations les plus fondamentales de notre esprit ne doivent rien à la raison mais tout à l'imagination et que, dans cette dernière, règne une contrariété entre le principe qui nous fait raisonner à partir de la cause et de l'effet, et ce même principe qui nous convainc de l'existence continue des objets extérieurs, quand ceux-ci ne sont plus présents aux sens. Mais la nature finit toujours par l'emporter et nous détermine à vivre, penser et agir.

TRAITÉ DE LA NATURE HUMAINE

UN ESSAI POUR INTRODUIRE
LA MÉTHODE EXPÉRIMENTALE DE RAISONNEMENT
DANS LES SUJETS MORAUX

Rara temporum felicitas, ubi sentire, quae velis ;
et quae sentias, dicere licet
(Tacite)[1]

Livre I, *De l'entendement*

---

1. « Rare bonheur d'une époque où il est permis de penser ce qu'on veut et de dire ce qu'on pense », Tacite, *Histoires*, livre I, 1.

AVERTISSEMENT

Le dessein qui est le mien dans le présent ouvrage est assez expliqué dans l'*Introduction*. Le lecteur doit seulement observer que tous les sujets que je me suis proposé d'aborder ne sont pas traités dans ces deux volumes. Les sujets de l'*entendement* et des *passions* forment à eux seuls une chaîne complète de raisonnement[1] ; et je voulais tirer parti de cette division naturelle afin d'éprouver le goût du public. Si j'ai la bonne fortune de rencontrer le succès, je poursuivrai par l'examen de la *morale*[2], de la *politique* et de la *critique*[3] qui complètera ce *Traité de la nature humaine*. Je tiens l'approbation du public pour la plus grande récompense de mes travaux ; mais je suis déterminé à accepter son jugement, quel qu'il soit, pour ma plus grande instruction.

1. Ces deux volumes présentent les principes actifs de la nature humaine dans la connaissance (l'entendement) et dans la vie active (les passions).

2. La morale sera traitée dans le troisième livre qui paraîtra en 1740. Mais rien ne paraîtra touchant la politique et la critique. Rapporté à cette ambition déclarée, le *Traité* est donc un ouvrage inachevé.

3. La critique est au XVIIIe siècle l'art de juger, en particulier du beau et de ses productions.

INTRODUCTION

1. Rien n'est plus habituel ni plus naturel chez ceux qui se vantent de découvrir quelque chose de nouveau dans le monde de la philosophie et des sciences, que de faire valoir leur propre système en décriant tout autre qui l'aurait précédé. Et certes, s'ils se contentaient de se plaindre de cette ignorance où nous sommes encore touchant les plus importantes questions qui peuvent se présenter devant le tribunal de la raison humaine, rares seraient ceux qui, formés aux sciences, ne les applaudiraient pas de bon cœur. Il est facile à tout homme de jugement et de savoir, de percevoir le manque de fondement des mêmes systèmes qui se sont acquis le plus grand crédit et qui ont porté au plus haut leur prétention à un raisonnement exact et profond. Des principes acceptés de confiance, des conséquences maladroitement déduites de ces principes, un défaut de cohérence dans les parties et d'évidence dans le tout, voilà ce qu'on rencontre partout dans les systèmes des philosophes les plus éminents et ce qui semble avoir fait tomber en disgrâce la philosophie elle-même[1].

2. Et il n'est pas besoin d'une connaissance si approfondie pour découvrir l'état d'imperfection où se trouvent présentement les sciences ; même la foule peut,

---

1. Critique des « novateurs » qui, tel Bacon ou Descartes, ont besoin pour construire leur système de dénoncer l'état de la philosophie. Percevoir cet état est à la portée de tout homme de culture.

de l'extérieur, juger par le bruit et la clameur qu'elle entend
que tout ne va pas bien à l'intérieur. Il n'y a rien qui ne
soit sujet à discussion, rien qui ne prête à des opinions
contraires chez les savants. La question la plus banale
n'échappe pas à la controverse ; quant aux plus importantes,
nous sommes en peine d'en décider avec certitude. Les
disputes se multiplient comme si toute chose était incertaine ;
et elles sont menées avec la plus grande chaleur, comme
si toute chose était certaine. Dans tout ce remuement, ce
n'est pas la raison qui remporte le prix, mais l'éloquence[1] ;
et nul ne doit désespérer de rallier des prosélytes à
l'hypothèse la plus extravagante, s'il a assez d'art pour la
représenter sous des couleurs favorables. La victoire n'est
pas remportée par les hommes en armes qui manient la
pique et l'épée, mais par les trompettes, les tambours et
les musiciens du régiment.

3. De là vient, je crois, ce préjugé commun à l'encontre
de toute espèce de raisonnement métaphysique, préjugé
que l'on trouve même chez ceux qui se donnent pour
profession l'étude et qui apprécient à leur juste valeur toutes
les autres parties des Lettres[2]. Par raisonnement métaphysique
ils n'entendent pas les raisonnements d'une branche
particulière de la science, mais toute espèce d'argument
qui est abstrus en quelque façon et qui exige une certaine
attention pour être compris. Nous nous sommes si souvent
donné en vain de la peine dans de telles recherches qu'il
nous est devenu habituel de les rejeter sans hésiter et que
nous décrétons que, si jamais il nous faut être la proie
d'erreurs ou d'illusions, elles seront du moins naturelles

1. Dans l'*Enquête sur l'entendement humain*, section 1, l'éloquence
sera tenue pour la méthode de la philosophie facile.
2. *Lettres* : ensemble des connaissances acquises par l'étude et
pouvant être partagées par tout esprit ouvert au savoir.

et divertissantes. Et rien en vérité sinon le scepticisme le plus déterminé, joint à un grand degré d'indolence, ne saurait justifier cette aversion pour la métaphysique. Car si jamais la vérité est à la portée des aptitudes humaines, il est certain qu'elle doit se trouver à des profondeurs qui la rendent abstruse ; et espérer l'atteindre sans peine, alors que les plus grands génies n'y sont pas parvenus, malgré tous leurs efforts, c'est à l'évidence une entreprise qu'il faut juger parfaitement vaine et présomptueuse[1]. Je ne prétends pas à cet avantage dans la philosophie que je vais développer et je tiens que ce serait une forte présomption contre elle qu'elle fût très aisée et très évidente[2].

4. Il est évident que toutes les sciences ont une relation plus ou moins grande à la nature humaine, et que, si loin qu'elles semblent s'en écarter, elles y reviennent encore par une voie ou par une autre. Même les *mathématiques*, la *philosophie naturelle*[3] et la *religion naturelle* dépendent

---

1. Comparer avec l'introduction (§ 1-5) des *Principes de la connaissance humaine* de Berkeley (désormais : *Principes*), dans *Œuvres*, I, trad. fr. M. Phillips, Paris, PUF, 1985. Ce thème, fréquemment développé, accompagne le développement de la philosophie expérimentale. Les principes, n'étant pas accessibles par la voie courte d'une connaissance *a priori*, ne peuvent se découvrir qu'au prix d'une recherche de plus en plus fine et de plus en plus abstruse. Encore ne parvient-on jamais aux premiers principes. Et c'est le propre de la mauvaise métaphysique que d'avoir cette prétention et d'en appeler à l'évidence pure des propositions premières.

2. Alors que beaucoup d'auteurs de l'époque dénoncent la vanité des systèmes de métaphysique mais continuent d'en valoriser l'idée, Hume en prend ici la défense en arguant de la nécessité de l'abstraction qui lui est traditionnellement reprochée.

3. La philosophie naturelle est la science de la nature physique distinguée de la philosophie morale qui est la science de la nature humaine. Réflexive quant à sa source, la philosophie morale est expérimentale quant à sa méthode et ne diffère point de la philosophie naturelle.

en quelque mesure de la science de *l'homme*, puisqu'elles relèvent de la connaissance des hommes et que c'est par leurs pouvoirs et leurs facultés qu'ils en jugent. Il est impossible de dire quels changements et quels perfectionnements nous pourrions introduire dans ces sciences, si nous étions pleinement instruits de l'étendue et de la force de l'entendement humain et si nous pouvions expliquer la nature des idées que nous employons et des opérations auxquelles nous nous livrons dans nos raisonnements. Et ces perfectionnements sont d'autant plus à souhaiter dans la religion naturelle qu'elle ne se borne pas à nous instruire de la nature des puissances supérieures, mais porte ses vues au-delà, jusqu'à leurs dispositions à notre égard et nos devoirs envers elles. En sorte que nous ne sommes pas seulement les êtres qui raisonnons, mais aussi l'un des objets sur lesquels nous raisonnons.

5. Si donc les sciences mathématiques, la philosophie naturelle et la religion naturelle dépendent à ce point de la connaissance de l'homme, que peut-on attendre touchant les autres sciences qui sont plus étroitement et plus intimement liées à la nature humaine ? L'unique fin de la logique est d'expliquer les principes et les opérations de notre faculté de raisonner, ainsi que la nature de nos idées. La morale et la critique regardent nos goûts et nos sentiments ; et la politique considère les hommes comme étant réunis en société, dans une dépendance mutuelle. Ces quatre sciences de la *logique*, de la *morale*, de la *critique* et de la *politique* renferment presque tout ce qu'il peut nous importer de connaître ou tout ce qui peut servir au perfectionnement ou à l'ornement de l'esprit humain[1].

----

1. Cette place accordée à la science de la nature humaine, une science qui reste à faire, mais qui est la plus grande et la plus importante de toutes, est un véritable lieu commun. Bacon disait déjà en 1622 : « Cette

6. Dès lors, le seul expédient d'où espérer le succès dans nos recherches philosophiques est d'abandonner cette ennuyeuse méthode de retardement qui a été la nôtre jusqu'à présent et, au lieu de nous emparer de temps à autre d'un château ou d'un village installé sur la frontière, de foncer directement sur la capitale ou sur le centre de ces sciences qui n'est autre que la nature humaine elle-même ; une fois que nous en serons maîtres, nous pourrons partout ailleurs espérer une victoire facile. De cette position nous pourrons étendre nos conquêtes sur toutes ces sciences qui concernent de plus près la vie humaine, puis, à loisir, aller plus avant dans la découverte de celles qui sont les objets d'une pure curiosité. Il n'est aucune question d'importance dont la solution ne soit pas comprise dans la science de l'homme ; et il n'en est aucune dont on puisse décider avec quelque certitude avant que d'être instruit de cette science. En prétendant donc expliquer les principes de la nature humaine, nous proposons en fait un système complet des sciences, bâti sur un fondement presque entièrement nouveau, le seul sur lequel elles puissent reposer avec quelque sécurité[1].

---

science [de nous-mêmes], plus elle est importante pour nous, et plus elle exige de notre part d'étude et d'application. C'est pour l'homme la fin de toutes les sciences ». Mais Bacon continuait d'en faire une partie de la science de la nature. (*De augmentis*, IV, 1, § 2). Un siècle plus tard, un Francis Hurcheson ignore ce point et déclare tout uniment, dans les premières lignes de la préface à sa célèbre *Inquiry into the original of our ideas of beauty and virtue* (London, 1725), trad. fr. A.-D. Balmès, Paris, Vrin, 1991, p. 41 : « Il n'y a pas de partie de la philosophie de plus grande importance qu'une juste connaissance de la nature humaine et de ses divers pouvoirs et dispositions ».

1. La science de la nature n'est donc pas seulement la science la plus importante pour la vie pratique des hommes, elle est aussi, dans l'ordre de la connaissance, la première des sciences.

7. Et de même que la science de l'homme est le seul fondement solide pour les autres sciences, de même le seul fondement solide que nous puissions donner à cette science doit être cherché dans l'expérience et l'observation. Et ce n'est pas une réflexion étonnante que de considérer que l'application de la philosophie expérimentale aux objets moraux devait survenir plus d'un siècle après son application aux objets naturels, puisque nous trouvons en fait qu'il y eut à peu près le même intervalle entre les origines de ces sciences et que, en comptant de Thalès à Socrate, l'écart de temps est presque égal à celui qui sépare de Bacon plusieurs philosophes récents* qui en Angleterre ont commencé à mettre la science de l'homme sur un pied nouveau, et qui ont retenu l'attention et suscité la curiosité du public. Tant il est vrai que, si d'autres nations peuvent rivaliser avec nous dans la poésie et nous surpasser dans plusieurs arts d'agrément, les perfectionnements qui se font dans le domaine de la raison et de la philosophie ne peuvent être dus qu'à une terre de tolérance et de liberté.

8. Et n'allons pas penser qu'un tel perfectionnement dans la science de l'homme fera moins d'honneur à notre pays natal que celui qui l'a précédé dans la philosophie naturelle ; estimons plutôt qu'il sera pour nous un plus grand titre de gloire, en raison de la plus grande importance de cette science et de la nécessité où elle est d'une pareille réforme. Car il me semble évident que, l'essence de l'esprit nous étant aussi inconnue que l'essence des corps extérieurs, nécessairement il nous est tout aussi impossible de nous former une notion de ses pouvoirs et de ses facultés autrement que par des expériences menées avec soin et

* Mr. Locke, Lord Shaftesbury, Dr. Mandeville, M. Hutcheson, Dr. Butler, etc.

exactitude, ainsi que par l'observation des effets particuliers qui résultent des différentes circonstances et situations où il se trouve[1]. Et bien que nous devions nous efforcer de rendre tous nos principes aussi universels que possible en poussant au plus loin nos expériences et en expliquant tous les effets à partir des causes les plus simples et les moins nombreuses, il reste certain que nous ne pouvons aller au-delà de l'expérience ; et toute hypothèse qui prétendrait découvrir les qualités primitives et ultimes de la nature humaine doit d'emblée être rejetée pour son caractère présomptueux et chimérique.

9. Je ne pense pas qu'un philosophe qui s'appliquerait avec tant de zèle à l'explication des principes ultimes de l'âme se révélerait un grand maître en cette science de la nature humaine qu'il se ferait fort de développer, ni qu'il manifesterait une grande connaissance de ce qui satisfait naturellement l'esprit humain. Car rien n'est plus certain, le désespoir a sur nous presque le même effet que la jouissance, et nous n'avons pas plus tôt pris connaissance de l'impossibilité de satisfaire un désir que le désir s'évanouit. Quand nous voyons que nous avons atteint l'extrême limite de la raison humaine, nous nous reposons, sans demander davantage ; quoique nous soyons pleinement convaincus de notre ignorance et que nous percevions que nous ne pouvons donner d'autre raison à nos principes les plus généraux et les plus subtils que notre expérience de

---

1. Ceci est une conséquence de l'application de la méthode expérimentale : les lois et les principes, étant inférés de l'expérience, ne disent, sur le mode de la généralité, que les causes qui produisent les phénomènes considérés. Hume reprend ici, mais en l'appliquant à l'esprit, une critique largement répandue de toute prétention à connaître l'essence des choses.

leur réalité[1]. Ce qui est la raison avancée par le commun des hommes, et ce qu'on aurait pu découvrir sans étude préalable comme le phénomène le plus singulier et la plus extraordinaire. Et de même que cette impossibilité d'aller plus avant suffit à satisfaire le lecteur, de même l'auteur peut-il tirer une satisfaction plus rare encore du libre aveu de son ignorance et de sa prudence à ne point tomber dans cette erreur où tant et tant sont tombés, d'imposer au monde leurs conjectures et leurs hypothèses comme étant les principes les plus certains. Quand ce contentement et cette satisfaction mutuelle peuvent s'établir entre le maître et l'élève, je ne sais pas ce qu'on peut encore demander à la philosophie.

10. Mais si cette impossibilité d'expliquer les principes ultimes devait être tenue pour un défaut de la science de l'homme, j'ose affirmer que c'est un défaut qu'elle partage avec toutes les sciences et tous les arts auxquels nous pouvons nous employer, qu'ils soient de ceux qu'on cultive dans les écoles des philosophes ou de ceux qui sont pratiqués dans les échoppes des plus modestes artisans. Aucun ne peut aller au-delà de l'expérience ni établir des principes qui ne soient fondés sur cette autorité. La philosophie morale a certes ce désavantage particulier qui ne se trouve pas dans la philosophie naturelle, que, quand il lui faut recueillir ses expériences, elle ne peut les produire à dessein, en les préméditant, et de manière à répondre à toute difficulté particulière qui peut surgir. Quand j'ai à connaître les effets

---

1. *Cf.* Locke, *An essay concerning human understanding*, ed. by P.H. Nidditch, Oxford, Clarendon Press, 1975 ; *Essai sur l'entendement humain* (désormais : *Essai*), I, 1, 4, trad. fr. J.-M. Vienne, Paris, Vrin, 2001 et 2006. Voir l'article « Ignorance », d'inspiration lockienne et très complet, dans la *Cyclopaedia* de Chambers (désormais : *Cyclopaedia*, suivi du nom de l'entrée).

d'un corps sur un autre dans telle ou telle situation, il me suffit de les placer dans cette situation et d'en observer les résultats. Mais si je devais, en philosophie morale, tenter de lever de la même manière un doute, en me plaçant dans un cas identique à celui que je considère, il est évident que cette réflexion et cette préméditation viendraient perturber l'opération de mes principes naturels au point qu'il deviendrait impossible de former une juste conclusion à partir du phénomène. Nous devons donc dans cette science glaner nos expériences par le moyen d'une observation scrupuleuse de la vie humaine et les recueillir telles qu'elles apparaissent, selon le cours ordinaire du monde, dans la conduite des hommes dans la société, dans leurs affaires et dans leurs plaisirs. Par la réunion et une comparaison judicieuse d'expériences de cette sorte, nous pouvons espérer établir sur elles une science qui ne sera pas inférieure en certitude et qui sera bien supérieure en utilité à toute autre science relevant de la compréhension humaine[1].

---

1. On ne saurait expérimenter en philosophie morale puisque l'opération même de l'expérimentation viendrait modifier les phénomènes à étudier.

DE L'ENTENDEMENT

LES IDÉES : LEUR ORIGINE, LEUR COMPOSITION, LEUR LIAISON, LEUR ABSTRACTION, ETC.

SECTION I
L'origine des idées

1. Toutes les perceptions de l'esprit humain se ramènent à deux genres distincts que j'appellerai les *impressions* et les *idées*. Leur différence consiste dans les degrés de force et de vivacité avec lesquels elles frappent l'esprit et font leur chemin dans notre pensée ou notre conscience. Les perceptions qui entrent avec le plus de force et de violence, nous pouvons les nommer les *impressions* ; et sous ce vocable je comprends toutes nos sensations, nos passions et nos émotions telles qu'elles font leur première apparition dans l'âme. Par *idées*, j'entends les images affaiblies de ces impressions dans la pensée et dans le raisonnement, telles que sont, par exemple, toutes les perceptions suscitées par le présent discours, avec pour seule exception celles qui naissent de la vue ou du toucher, ainsi que le plaisir ou le désagrément immédiats dont elles peuvent être l'occasion. Je ne crois pas qu'il faille employer beaucoup de mots pour expliquer cette distinction. Chacun percevra

aisément de lui-même la différence entre sentir et penser[1]. Dans leurs degrés ordinaires, elles sont aisément distinguées ; mais il peut se faire que dans des cas particuliers elles soient très proches les unes des autres. Ainsi, dans le sommeil, dans la fièvre ou dans la folie, ou dans toutes les émotions violentes de l'âme, nos idées peuvent se rapprocher de nos impressions. De même, inversement, il arrive parfois que nos impressions soient si affaiblies et amoindries que nous ne pouvons les distinguer de nos idées. Mais en dépit de cette proche ressemblance dans quelques cas, elles sont en général si différentes que personne ne peut hésiter à les ranger sous des chefs distincts ni à assigner à chacune un nom particulier pour marquer leur différence*.

2. Il y a une autre division de nos perceptions qu'il sera bon d'observer et qui s'étend à la fois à nos impressions et à nos idées. C'est la division entre *simple* et *complexe*.

---

* Je fais ici un emploi des termes *impression* et *idée* dans un sens différent du sens habituel et j'espère qu'on m'accordera cette facilité. Je ne fais peut-être que restaurer le mot *idée* dans son sens primitif duquel Mr. Locke l'avait détourné en le faisant valoir pour toutes nos perceptions. Par le terme *impression* je ne voudrais pas qu'on pense que j'exprime la manière dont nos perceptions vives se produisent dans l'âme, mais simplement les perceptions elles-mêmes, pour lesquelles il n'y a pas que je sache de nom particulier ni en anglais ni dans une autre langue. [Locke définissait ainsi l'idée : « Tout ce que l'esprit perçoit en lui-même, tout ce qui est l'objet immédiat de la perception, de la pensée ou de l'entendement, je l'appelle *idée* », II, 8, 8 ; *cf.* avant-propos, 8].

1. Sentir, c'est donc percevoir, quoique ce ne soit pas penser. L'impression ne doit pas être réduite à la sensation, qui est le phénomène corporel. Comparer avec Malebranche, *De la recherche de la vérité*, éd. par J.-C. Bardout, Paris, Vrin, 2006 (désormais : *Recherche*), III, 1, 1, 1. « La pensée seule est essentielle à l'esprit. Sentir et imaginer n'en sont que des modifications ». Et surtout Berkeley, *Principes*, 33-36, dont Hume semble avoir adopté, en même temps qu'une partie du vocabulaire, la distinction entre les idées qui sont imprimées sur les sens et les idées de l'imagination.

Les perceptions simples – les impressions et les idées simples – sont celles qui n'admettent ni distinction ni séparation. Les perceptions complexes sont le contraire des précédentes : on peut y distinguer des parties. Bien qu'une couleur, une saveur et une odeur particulières soient des qualités qui sont toutes réunies dans cette pomme, il est facile de percevoir qu'elles ne sont pas identiques, mais qu'à tout le moins on peut les distinguer les unes des autres[1].

3. Après avoir, par ces divisions, donné à nos objets un ordre et un arrangement, nous pouvons maintenant nous employer à considérer, avec une exactitude d'autant plus grande, leurs qualités et leurs relations. La première circonstance qui frappe mes yeux est la grande ressemblance entre nos impressions et nos idées sur tous les points autres que leur degré de force et de vivacité. Les unes semblent être d'une certaine façon le reflet des autres, de sorte que toutes les perceptions de l'esprit sont doubles et qu'elles apparaissent à la fois comme des impressions et des idées. Quand je ferme les yeux et pense à ma chambre, les idées que je forme sont l'exacte représentation des impressions que j'ai senties ; et il n'y a aucune circonstance de l'une qui ne se retrouve en l'autre. Si je parcours mes autres perceptions, je trouve encore la même ressemblance et la même représentation. Les idées et les impressions paraissent toujours se correspondre. Cette circonstance me paraît remarquable et retient un moment mon attention.

4. Mais à regarder les choses de plus près, je découvre que je me suis laissé entraîner trop loin par la première apparence et que je dois user de la distinction des perceptions en simples et complexes pour limiter cette assertion générale

---

1. Voir Locke, *Essai*, II, 11, 6-7 et II, 12, 1. Hume a pu trouver dans la *Cyclopaedia* de Chambers, art. : « Idées », une synthèse assez complète de la doctrine lockienne et de ses antécédents.

que toutes nos idées et nos impressions se ressemblent.
J'observe que beaucoup de nos idées complexes n'ont
jamais eu d'impressions qui leur correspondent et que
beaucoup de nos impressions complexes ne sont jamais
exactement copiées en idées. Je peux m'imaginer une ville
comme la Nouvelle Jérusalem dont le sol est pavé d'or et
dont les murs sont en rubis, bien que je n'aie jamais rien
vu de tel. J'ai vu Paris, mais affirmerai-je que je peux me
former une idée de cette ville, qui représente parfaitement
toutes ses rues et ses maisons, dans leurs vraies et justes
proportions ?

5. Je perçois donc que, bien qu'il y ait en général une
grande ressemblance entre nos impressions *complexes* et
nos idées *complexes*, toutefois la règle qu'elles sont l'exacte
copie les unes des autres n'est pas universellement vraie.
Mais considérons ce qu'il en est de nos perceptions *simples*.
Après l'examen le plus exact dont je sois capable, j'ose
affirmer que la règle vaut ici sans exception et que toute
idée simple a une impression simple qui lui ressemble, et
que toute impression simple a une idée correspondante.
L'idée de rouge que nous nous formons dans l'obscurité
et l'impression qui frappe nos yeux en plein soleil diffèrent
seulement en degré, mais non en nature. Qu'il en soit ainsi
de toutes nos impressions et de toutes nos idées simples,
c'est ce qu'on ne saurait prouver en les énumérant une à
une. Chacun peut ici se satisfaire sur ce point en en
parcourant autant qu'il voudra. Mais si quelqu'un s'avisait
de nier cette ressemblance universelle, je ne connais pas
d'autre moyen de le convaincre qu'en lui demandant de
produire une seule impression simple qui n'ait pas d'idée
correspondante ou une idée simple qui n'ait pas une
impression correspondante. S'il ne répond pas à ce défi,
et il est certain qu'il ne le peut, alors, de son silence et de

ce que nous observons pour notre part, nous pouvons tirer que notre conclusion est établie[1].

6. Ainsi nous voyons que toutes les idées simples et toutes les impressions simples se ressemblent. Et comme les impressions et les idées complexes sont formées à partir d'elles, nous pouvons affirmer d'une manière générale que ces deux espèces de perceptions se correspondent exactement. Ayant découvert cette relation, qui ne demande pas davantage d'examen, je suis curieux de mettre à jour quelque autre de leurs qualités. Considérons ce qu'il en est de leur existence et lesquelles, des impressions et des idées, sont les causes et lesquelles les effets.

7. Le *complet* examen de cette question est le sujet du présent traité ; c'est pourquoi nous nous contenterons ici d'établir cette unique proposition générale *que toutes nos idées simples, à leur première apparition, dérivent des impressions simples qui leur correspondent et qu'elles représentent exactement.*

8. Si je cherche des phénomènes pour prouver cette proposition, je n'en trouve que de deux genres ; mais dans chaque genre, ils sont manifestes, nombreux et concluants. Je m'assure d'abord, par une nouvelle revue, de ce que j'ai déjà affirmé, à savoir que toute impression simple s'accompagne d'une idée correspondante et toute idée simple d'une impression correspondante. Cette constante conjonction des perceptions qui se ressemblent me permet de conclure immédiatement qu'il y a une forte liaison entre nos impressions et nos idées, lorsqu'elles se correspondent,

---

1. Hume recourt assez souvent à cet argument *du défi*. Locke le nomme l'argument d'ignorance (*Essai*, IV, 17, 20). Les principes n'étant que des généralités, l'universalité qu'on leur prête n'est pas telle qu'ils doivent *a priori* valoir en tout cas.

et que l'existence des unes a une considérable influence sur l'existence des autres. Une conjonction si constante dans un nombre si considérable de cas, ne naît jamais par hasard, mais prouve clairement que les impressions dépendent des idées ou que les idées dépendent des impressions. Afin de connaître dans quel sens va cette dépendance, je considère l'ordre de leur *première apparition* et je découvre, par une constante expérience, que les impressions simples précèdent toujours leurs idées correspondantes, mais n'apparaissent jamais dans l'ordre contraire. Pour donner à un enfant l'idée de l'écarlate ou de l'orange, du doux ou de l'amer, je lui présente les objets ou, en d'autres mots, je lui communique ces impressions, mais je ne tombe pas dans l'absurdité d'essayer de produire les impressions en suscitant les idées. Nos idées, à leur apparition, ne produisent pas leurs impressions correspon-dantes et nous ne percevons aucune couleur ni n'éprouvons aucune sensation, simplement en y pensant. Inversement, nous trouvons que toute impression de l'esprit ou du corps est constamment suivie d'une idée qui lui ressemble et qui ne diffère qu'en degrés de force et de vivacité. La conjonction constante de nos perceptions semblables est une preuve convaincante que les unes sont la cause des autres ; et la priorité des impressions est une preuve toute aussi forte que nos impressions sont les causes de nos idées, et non que nos idées sont les causes de nos impressions.

9. À titre de confirmation, je considère un autre phénomène, clair et convaincant : chaque fois que, par quelque accident, les facultés qui sont à la source de certaines impressions sont empêchées dans leurs opérations, comme lorsqu'on naît aveugle ou sourd, non seulement les impressions sont perdues mais aussi leurs idées correspondantes ; en sorte qu'il n'apparaît jamais trace

dans l'esprit ni des unes ni des autres. Et ceci n'est pas seulement vrai quand les organes de la sensation sont entièrement détruits, mais aussi quand ils n'ont jamais eu l'occasion de s'exercer pour produire une impression particulière. Nous ne pouvons nous former une juste idée de la saveur d'un ananas, sans avoir effectivement goûté ce fruit[1].

10. Il y a cependant un phénomène contradictoire propre à prouver qu'il n'est pas absolument impossible que des idées précèdent leurs impressions correspondantes. On admettra volontiers, je crois, que les diverses idées distinctes des couleurs qui entrent par les yeux ou les diverses idées des sons qui sont communiqués par l'ouïe, sont réellement différentes les unes des autres tout en se ressemblant. Or si c'est vrai des différentes couleurs, il faut que ce le soit aussi des différentes nuances de la même couleur : il faut que chacune produise une idée distincte qui est indépendante des autres. Car si l'on niait cela, il serait possible, par une gradation continue des nuances, d'amener insensiblement une couleur à celle qui s'en trouve la plus éloignée ; et si vous ne posez pas que les termes moyens sont différents vous ne pouvez sans absurdité nier que les termes extrêmes soient identiques. Supposez donc qu'une personne jouisse de la vue depuis trente ans et qu'elle se soit rendue parfaitement familière des couleurs de toute sorte, à l'exception d'une nuance particulière, disons, de bleu, nuance qu'il ne lui a jamais été donné de rencontrer. Placez

---

1. L'argument est commun, mais il rapporte ordinairement les idées aux sens, alors que Hume l'utilise ici pour rapporter les idées aux impressions. *Cf.* Locke : « Il est clair que ces perceptions sont produites en nous par des causes extérieures affectant nos sens, puisque ceux à qui font défaut les organes d'un sens ne peuvent jamais obtenir que les idées appartenant à ce sens soient produites dans leur esprit » (*Essai*, IV, 11, 4).

devant elle toutes les différentes nuances de bleu, à l'exception de celle-ci, en allant graduellement de la plus foncée à la plus claire ; il est évident qu'elle détectera une lacune là où la nuance manque, et aura le sentiment qu'il y a à cet endroit une plus grande distance entre les couleurs contiguës qu'à tout autre endroit. Or je demande : lui est-il possible, par sa seule imagination, de suppléer à ce manque et de se rendre présente l'idée de cette nuance particulière, bien qu'elle ne lui ait jamais été transmise par ses sens ? Peu, je pense, seront ceux qui seront d'avis qu'elle n'en est pas capable ; ce qui peut servir de preuve que les idées simples ne sont pas toujours dérivées des impressions correspondantes. Toutefois, ce cas est si particulier et si singulier qu'il n'est guère la peine de le retenir et qu'il ne mérite pas, à lui tout seul, de nous faire revenir sur notre maxime générale[1].

11. Mais outre cette exception, il peut n'être pas inutile de remarquer ici que le principe de la priorité des impressions sur les idées doit se comprendre avec cette autre limitation que, de même que nos idées sont les images de nos impressions, de même nous est-il possible de former des idées secondaires qui sont les images d'idées primaires, comme cela apparaît de notre présent raisonnement à leur sujet. Ce n'est pas tant, à proprement parler, une exception à la règle que son développement. Les idées produisent des images d'elles-mêmes dans de nouvelles idées ; mais comme les premières idées sont censées être dérivées des impressions, il reste vrai que toutes nos impressions simples procèdent soit médiatement soit immédiatement de leurs impressions correspondantes.

---

1. L'exception n'invalide pas le principe, puisque le principe n'étant que général tolère l'exception.

12. Tel est le premier principe que je pose dans la science de la nature humaine. Et il ne faut pas que son apparence simple le fasse dédaigner. Car il est remarquable que la question qui est la nôtre, de savoir si ce sont nos impressions ou nos idées qui sont les premières, est la même que celle qui a fait tant de bruit sous d'autres termes, quand on disputait de savoir s'il y a des idées innées ou si toutes nos idées sont dérivées de la sensation et de la réflexion. Observons que pour prouver que les idées d'étendue ou de couleur ne sont pas innées, les philosophes ne font rien d'autre que montrer qu'elles sont transmises par les sens. Pour prouver que les idées de passion ou de désir ne sont pas innées, ils observent que nous avons fait d'abord en nous-mêmes l'expérience de ces émotions. Or si nous examinons soigneusement ces arguments, nous trouverons qu'ils ne prouvent rien sinon que les idées sont précédées par d'autres perceptions plus vives, desquelles elles sont dérivées et qu'elles représentent. J'espère que cette mise au clair de la question chassera toutes les disputes à son sujet et rendra ce principe d'un plus grand usage dans nos raisonnements, qu'il ne semble l'avoir été jusqu'à présent.

SECTION II
Division du sujet

1. Puisqu'il apparaît que nos impressions simples précèdent les idées qui leur correspondent et que les exceptions sont très rares, la méthode semble exiger que nous examinions nos impressions avant de considérer nos idées. Les impressions peuvent être divisées en deux sortes : les impressions de *sensation* et les impressions de *réflexion*. Celles de la première sorte surgissent dans l'âme originellement, de causes inconnues. Celles de la seconde

sorte dérivent en grande partie de nos idées, et cela dans l'ordre suivant. Une impression frappe d'abord les sens et nous fait percevoir le chaud ou le froid, la soif ou la faim, le plaisir ou la douleur de diverses sortes. De cette impression, l'esprit prend une copie, copie qui demeure après que l'impression a cessé ; et c'est cela que nous appelons une idée. L'idée de plaisir ou de douleur, quand elle revient dans l'âme, produit les nouvelles impressions de désir ou d'aversion, d'espoir ou de crainte, ce que nous pouvons proprement appeler des *impressions de réflexion*, puisqu'elles en dérivent. Ces impressions sont à leur tour copiées par la mémoire et l'imagination et deviennent des idées, lesquelles à leur tour, peut-être, donnent naissance à d'autres impressions et d'autres idées. De sorte que les impressions de réflexion ne sont antérieures qu'aux idées qui leur correspondent, mais sont postérieures aux idées de sensation et en dérivent. L'examen de nos sensations relève plus de l'anatomie et de la philosophie naturelle que de la philosophie morale et l'on ne s'y arrêtera donc pas à présent. Et comme les impressions de réflexion, à savoir les passions, les désirs et les émotions, qui méritent principalement notre attention, naissent surtout de nos idées, il faut prendre en sens inverse la méthode qui semble à première vue plus naturelle, et afin d'expliquer la nature et les principes de l'esprit humain, rendre compte en particulier des idées avant de passer aux impressions. C'est pour cette raison que j'ai choisi ici de commencer par les idées[1].

---

1. Hume reprend la distinction faite par Locke, concernant l'origine de nos idées : la sensation et la réflexion (*Essai*, II, 1, 3-4) ; mais l'applique aux impressions. S'il explique comment les impressions de réflexion naissent des idées de sensation, il renvoie sans autre détail à l'anatomie, à l'étude de l'origine des impressions de sensation. Ceci n'est pas sans créer un certain flottement dans l'emploi du mot qui indique tantôt un phénomène corporel (on parlera ainsi des « organes de sensation »),

SECTION III
Des idées de la mémoire et de l'imagination

1. L'expérience nous apprend que, lorsqu'une impression a été présente à l'esprit, elle y fait de nouveau son apparition en tant qu'idée ; ce qu'elle peut faire d'une double façon : soit qu'à sa nouvelle apparition elle conserve une part considérable de sa vivacité primitive, et elle est alors comme intermédiaire entre l'impression et l'idée, soit qu'elle ait entièrement perdu cette vivacité, et elle est alors une parfaite idée. La faculté par laquelle nous répétons nos impressions de la première manière est appelée *la mémoire*, et l'autre *l'imagination*. Il est évident à première vue que les idées de la mémoire sont beaucoup plus vives et beaucoup plus fortes que les idées de l'imagination, et que la première de ces deux facultés peint ses objets avec des couleurs plus relevées qu'aucune de celles qu'emploie la seconde. Quand nous nous souvenons d'un événement passé, l'idée de cet événement s'impose avec force à l'esprit, tandis que dans l'imagination la perception est affaiblie et languissante et ne peut sans difficulté être conservée ferme et uniforme par l'esprit sur une longue période de temps. Il y a donc ici une différence sensible entre la première et la seconde espèces d'idées. Mais c'est de quoi on parlera davantage par la suite*.

---

* Troisième partie, section 5.

tantôt un phénomène mental (« … to our consciousness or sensation » (3, 14, 6) ; « feeling or sensation » (4, 4, 14). Dans le second livre du *Traité* (II, 2, 1, 1), Hume est un peu plus précis. Les impressions de sensation sont des impressions primitives qui naissent directement « de la constitution des corps, des esprits animaux ou de l'application des objets aux organes extérieurs ».

2. Il y a une autre différence entre ces deux sortes d'idées qui n'est pas moins évidente et qui est la suivante : ni les idées de la mémoire ni les idées de l'imagination, ni les idées vives ni les idées affaiblies ne peuvent faire leur apparition dans l'esprit sans que les impressions qui leur correspondent les aient précédées pour leur frayer la voie ; et pourtant l'imagination n'est pas astreinte au même ordre ni à la même forme que les impressions primitives, tandis que la mémoire est, en quelque sorte, enchaînée à cet égard, et n'a aucun pouvoir de variation[1].

3. Il est évident que la mémoire conserve la forme primitive sous laquelle se sont présentés les objets et que, toutes les fois que nous nous en écartons en nous rappelant quelque chose, cela vient d'un défaut ou d'une imperfection attachée à cette faculté. Peut-être, pour mieux mener son récit, un historien peut-il rapporter avant un autre un événement qui lui était en fait postérieur, mais alors il note ce désordre, s'il fait preuve d'exactitude, et de cette façon replace l'idée dans sa juste position. Il en est de même quand nous nous souvenons des lieux et des personnes que nous avons connus antérieurement. Le principal exercice de la mémoire n'est pas de conserver les idées simples, mais de garder leur ordre et leur position. Bref, ce principe repose sur un si grand nombre de phénomènes ordinaires

---

1. Double différence : 1. Les idées de la mémoire sont vives, celles de l'imagination ne le sont pas. La mémoire est ainsi proche des sens et Hume en vient même à parler d'une « impression of the memory or senses » (3, 4, 1). 2. La mémoire n'a pas la liberté de composition qu'a l'imagination. Elle conserve l'ordre des perceptions. Pour cette raison elle ne devrait pas être concernée par les principes d'association qui sont les principes de l'imagination. Mais, en 3, 5, 3, Hume réduit l'importance de cette seconde différence, car l'esprit n'a pas le moyen de comparer l'ordre de la mémoire avec ce qui serait l'ordre réel des choses ou des événements.

et triviaux que nous pouvons nous épargner le trouble d'y insister plus longtemps.

4. La même évidence s'impose à nous concernant notre second principe *de la liberté de l'imagination à transposer et changer ses idées*. Les fables que nous trouvons dans les poèmes et les romans ne laissent place ici à aucun doute. La nature y est totalement bouleversée et il n'est question que de chevaux ailés, de dragons crachant le feu et de géants monstrueux. Et cette liberté de la fantaisie ne paraîtra pas étrange si nous considérons que toutes nos idées sont copiées de nos impressions et qu'il n'y a pas deux impressions qui soient parfaitement inséparables. Sans compter que c'est là une conséquence évidente de la division des idées en simples et complexes. Partout où l'imagination perçoit une différence entre les idées, elle peut aisément produire une séparation.

SECTION IV
De la liaison ou de l'association des idées

1. Comme toutes les idées simples peuvent être séparées par l'imagination et réunies de nouveau sous la forme qu'il lui plaît, rien ne serait plus inexplicable que les opérations de cette faculté, si elle n'était guidée par certains principes universels qui la mettent, dans une certaine mesure, en accord avec elle-même en tous lieux et en tous temps. Si les idées étaient totalement flottantes et dépourvues de liaison, le hasard seul les joindrait et il serait impossible que les mêmes idées simples s'organisent régulièrement en idées complexes (comme elles le font communément) faute d'un lien qui les unisse, d'une certaine qualité associative par laquelle une idée introduit naturellement une autre. Ce principe d'union des idées ne doit pas être

considéré comme une liaison infrangible, car l'on a déjà
exclu cela de la part de l'imagination[1]. Nous ne pouvons
pas davantage conclure que sans lui l'esprit ne saurait
joindre deux idées, car rien n'est plus libre que cette faculté.
Mais nous devons seulement le regarder comme une force
douce qui l'emporte communément et qui est la cause pour
laquelle, entre autres choses, les langues se correspondent
si étroitement –, la nature, en quelque sorte, indiquant à
chacune les idées simples qui sont les plus propres à être
unies dans une idée complexe. Les qualités d'où provient
cette association et par lesquelles l'esprit est de la sorte
porté d'une idée à l'autre, sont au nombre de trois : *la
ressemblance, la contiguïté* dans le temps ou dans le lieu,
la cause et l'effet[2].

2. Je crois qu'il n'est guère nécessaire de prouver que
ces qualités produisent une association entre les idées et
qu'à l'apparition d'une idée elles en introduisent
naturellement une autre. Il est manifeste que dans le cours
de notre pensée et dans la constante révolution de nos
idées, notre imagination saute facilement d'une idée à une

1. Voir Première partie, section 1, § 3.
2. Ce thème de l'association des idées, promu à jouer un rôle majeur
dans la philosophie de Hume, n'a en lui-même rien d'original. Hume
avait pu lire Hobbes (*Léviathan*, I, 3, 1-2), traitant de la consécution des
pensées dans l'esprit, Malebranche (*Recherche*, II, 1, 5 ; II, 3, 6), sur le
rapport de la liaison des idées avec les traces dans le cerveau. Ou encore
Locke qui introduit dans la quatrième édition de l'*Essai sur l'entendement
humain* un chapitre entier consacré à l'association des idées (II, 33),
faisant le partage entre les liaisons naturelles des idées et celles qui sont
dues au hasard et à la coutume. Locke est repris par Chambers, *Cyclopaedia*,
« Association ». Hutcheson, dans *An Essay on the nature and conduct
of the passions and affections* (*Essay*), ed. by A. Garrett, Indianapolis,
Liberty Fund, 2002, p. 20, affirme que, par association, le plaisir ou la
douleur peuvent être communiqués à une idée initialement indifférente.
Dans l'*Abstract*, 35, Hume déclare que son originalité tient non pas à
l'énoncé du principe mais à l'usage qu'il en fait.

autre qui est à sa *ressemblance* et que cette qualité, à elle seule, est pour l'imagination un lien, une association suffisante. Il est également évident que, de même que les sens, lorsqu'ils changent d'objets, sont dans la nécessité de procéder à ce changement de manière régulière et de les prendre comme ils se présentent, *contigus* les uns aux autres, de même l'imagination doit acquérir par une longue habitude la même méthode de pensée et parcourir les parties de l'espace et du temps lorsqu'elle conçoit ses objets[1]. Quant à la liaison qui se fait par la *relation de cause à effet*, nous aurons plus loin l'occasion de l'examiner à fond et donc nous n'insisterons pas sur elle pour le moment. Qu'il suffise d'observer qu'il n'y a pas de relation qui produise une plus forte liaison dans l'imagination et qui fasse qu'une idée en rappelle plus promptement une autre que la relation de cause à effet entre leurs objets.

3. Pour comprendre toute l'étendue de ces relations, nous devons considérer que deux objets sont liés ensemble dans l'imagination, non seulement quand l'un est immédiatement à la ressemblance ou dans la contiguïté de l'autre, ou qu'il en est la cause, mais aussi quand s'interpose entre eux un troisième objet qui entretient avec les deux premiers l'une de ces relations. Cela peut s'étendre très loin, quoiqu'on doive observer en même temps que chaque écart affaiblit considérablement la relation. Des cousins de quatrième degré sont liés par *causalité*, si l'on me permet d'employer ce terme, mais ils ne le sont pas aussi étroitement que des frères et bien moins encore que des enfants et des parents. D'une manière générale, on peut observer que

---

1. Si l'imagination a toute liberté de comparer une idée à une autre, pour en apprécier la ressemblance ou la différence, et de sauter de la première à la seconde si éloignées soient-elles, il n'en va pas de même pour la contiguïté qui l'asservit à l'ordre du temps et de l'espace.

toutes les relations de sang relèvent de la cause et de l'effet et sont jugées proches ou lointaines selon le nombre de causes qui, opérant la liaison, s'interposent entre les personnes.

4. Des trois relations mentionnées ci-dessus, celle de causalité est la plus étendue. Deux objets peuvent être considérés comme placés dans cette relation, soit que l'un soit la cause de l'une des actions ou des mouvements de l'autre, soit que le premier soit la cause de l'existence du second. Car, comme cette action ou ce mouvement n'est rien que l'objet lui-même considéré sous un certain jour, et comme l'objet demeure le même en toutes ses différentes situations, il est facile d'imaginer comment pareille influence d'un objet sur l'autre peut les lier dans l'imagination.

5. Poussant plus loin dans cette voie, remarquons que deux objets sont liés par la relation de cause à effet, non seulement quand l'un est la cause d'un mouvement ou d'une action quelconque de l'autre, mais aussi quand il a le pouvoir de les produire. Et telle est, observons-le, la source de toutes les relations d'intérêt et de devoir par lesquelles les hommes agissent les uns sur les autres dans la société et sont tenus dans les liens du gouvernement et de la subordination. Un maître est celui qui par sa situation, qu'il la doive à la force ou à un accord, a le pouvoir de diriger en certaines choses les actions d'un autre que nous appelons son serviteur. Un juge est celui qui dans toutes les causes débattues peut déterminer par son opinion la possession ou la propriété d'une chose entre les membres de la société. Quand une personne détient un pouvoir, rien n'est requis pour le transformer en action que l'exercice de sa volonté ; et *cela* est considéré dans tous les cas comme

possible et dans un grand nombre comme probable, spécialement dans les cas d'autorité, où l'obéissance du sujet constitue pour son supérieur un plaisir et un avantage[1].

6. Tels sont donc ces principes d'union ou de cohésion entre nos idées simples, principes qui dans l'imagination tiennent lieu et place de la liaison infrangible qui les unit dans notre mémoire. C'est une sorte d'*attraction* qui, nous le verrons, a dans le monde mental des effets aussi extraordinaires que dans le monde naturel et qui se manifeste sous des formes tout aussi nombreuses et variées[2]. Ses effets sont partout visibles ; mais quant à ses causes, elles restent largement inconnues et doivent être réduites à des qualités primitives de la nature humaine que je ne prétends pas expliquer. Rien n'est plus nécessaire à un vrai philosophe que de réprimer le désir de chercher des causes à tout prix et, s'il a réussi à établir une doctrine sur un nombre suffisant d'expériences, de s'en contenter, voyant que la poursuite de son étude le mènerait à des spéculations obscures et incertaines. En pareil cas, ses recherches seraient bien mieux employées à l'examen des effets de son principe que de ses causes.

7. Parmi les effets de cette union ou association des idées, il n'y en a pas de plus remarquables que ces idées

1. La relation de causalité ne concerne pas moins la sphère de l'activité humaine que le monde naturel. Posséder le pouvoir de produire un effet, c'est déjà produire un effet. La jouissance d'un droit de propriété sur un objet a pour effet d'interdire à autrui d'en avoir la jouissance. Le pouvoir est ici considéré comme un phénomène parmi d'autres.

2. Dans l'article « Attraction » de la *Cyclopaedia*, Chambers souligne la généralité du principe chez Newton, un principe qui ne dénote pas un mode d'action particulier de la nature, « mais seulement une tendance en général, un *conatus accedendi*, à quelque cause, physique ou métaphysique, qu'un tel effet soit dû : que ce soit à un pouvoir inhérent aux corps eux-mêmes ou à l'impulsion d'un agent externe ».

complexes qui sont le sujet ordinaire de nos pensées et de nos raisonnements et qui naissent généralement de quelque principe d'union entre nos idées simples. Ces idées complexes se divisent en *relations*, en *modes* et en *substances*[1]. Nous examinerons rapidement et dans l'ordre chacune de ces espèces d'idées et nous joindrons quelques considérations générales sur nos idées *générales* et *particulières*, avant de quitter le présent sujet, qu'on peut considérer comme formant les éléments de cette philosophie.

SECTION V
Des relations

1. Le mot *relation* est communément employé en deux sens très différents l'un de l'autre. Tantôt, il dit cette qualité par laquelle deux idées sont liées ensemble dans l'imagination et qui fait que l'une introduit l'autre naturellement de la manière que nous venons de dire ; tantôt, il dit cette circonstance particulière selon laquelle, même quand deux idées sont arbitrairement unies dans la fantaisie, nous jugeons bon de les comparer[2]. Dans le langage commun, c'est toujours dans le premier sens que nous employons le mot *relation* ; et c'est seulement en philosophie que nous l'étendons jusqu'à signifier tout sujet

___

1. Cette division est empruntée à Locke (*Essai*, II, 12, 3). Hume inverse l'ordre de présentation.

2. Le résultat de l'exercice naturel des principes d'association est la mise en relation de deux ou plusieurs idées. La relation est alors la transition se faisant d'une idée à l'autre : il s'agit alors de la relation naturelle. La relation philosophique est la « circonstance particulière », *i.e.* la notion (Kant dirait : la catégorie) sous laquelle, par un acte volontaire, l'entendement compare deux ou plusieurs idées. L'activité de l'entendement ne se réduit donc pas aux opérations naturelles de l'imagination. Voir *Cyclopaedia*, « relation ».

particulier de comparaison, en l'absence de tout principe opérant la liaison. Ainsi les philosophes feront de la distance une vraie relation, car l'idée nous en vient par la comparaison des objets. Mais communément nous disons *que rien ne peut être plus distant que telle chose avec telle autre chose, que rien ne peut avoir moins de relation*, comme si la distance et la relation étaient deux choses incompatibles.

2. Ce pourrait sembler une tâche sans fin que d'énumérer toutes ces qualités qui rendent les objets susceptibles de comparaison et qui produisent les idées de relation *philosophique*; mais à bien les considérer, nous découvrirons sans peine qu'elles peuvent être comprises sous sept chefs généraux qu'on peut regarder comme les sources de toute relation *philosophique*[1].

3. 1. La première est la *ressemblance*. Elle est la relation sans laquelle ne peut exister aucune relation philosophique, car des objets n'admettront jamais de comparaison s'ils n'ont quelque degré de ressemblance. Mais bien que la ressemblance soit nécessaire à toute relation philosophique, il ne s'ensuit pas qu'elle produise toujours une liaison ou une association d'idées. Quand une qualité devient très générale et qu'elle est commune à un grand nombre d'individus, elle ne conduit directement l'esprit à aucun d'entre eux mais, offrant un trop grand choix à la fois, elle empêche par-là l'imagination de se fixer sur aucun objet en particulier.

4. 2. L'*identité* peut être tenue pour une seconde espèce de relation. Cette relation, je la prends ici dans son sens

---

1. La liste qui suit n'est pas autrement justifiée. Hume paraît en être l'auteur, même si Locke consacre deux chapitres à la relation (*Essai*, II, 25 et 26); II, 26 étant consacré à la causalité et à « quelques autres relations », et *Essai*, II, 27 à l'identité et à la diversité.

strict, comme s'appliquant aux objets qui restent constants et invariables ; sans examiner la nature et le fondement de l'identité personnelle que je traiterai le temps venu. De toutes les relations, la plus universelle est celle d'identité puisqu'elle est commune à tout être dont l'existence a quelque durée.

5. 3. Après l'identité, les relations les plus universelles et les plus compréhensives sont celles de l'*espace* et du *temps* qui sont à l'origine d'un nombre infini de comparaisons telles que : *distant, contigu, au-dessus, au-dessous, avant, après,* etc.

6. 4. Tous les objets qui admettent la *quantité* ou le *nombre* peuvent être comparés à ce titre ; ce qui est une autre source particulièrement fertile de relations.

7. 5. Quand deux objets possèdent en commun une même *qualité*, les *degrés* auxquels ils la possèdent constituent une cinquième sorte de relation. Ainsi de deux objets, qui sont tous deux pesants, l'un peut être plus lourd ou moins lourd que l'autre. Deux couleurs qui sont de même sorte peuvent néanmoins être de nuance différente, et à ce titre supporter d'être comparées.

8. 6. La relation de *contrariété* peut à première vue paraître comme une exception à la règle *qu'aucune relation d'aucune sorte ne peut subsister sans un certain degré de ressemblance*. Mais considérons qu'il n'y a pas deux idées qui soient contraires par elles-mêmes, à l'exception de celles d'existence et de non-existence, lesquelles sont pleinement ressemblantes puisqu'elles impliquent toutes les deux l'idée de l'objet, quoique la seconde exclue l'objet de tous les temps et de tous les lieux où il est supposé ne pas exister.

9. 7. Tous les autres objets, tels que le feu et l'eau, le chaud et le froid, n'apparaissent contraires qu'à l'expérience ou que par la contrariété de leurs *causes* ou de leurs *effets*. Cette relation de cause à effet fait une septième relation philosophique, elle est aussi une relation naturelle. La ressemblance à l'œuvre dans cette relation sera expliquée par la suite.

10. 8. On pourrait naturellement s'attendre à ce que je joigne la *différence* aux autres relations. Mais je la tiens plutôt pour la négation de la relation que pour quelque chose de réel et de positif. La différence est de deux sortes selon qu'on l'oppose à l'identité ou à la ressemblance. La première est dite une différence de *nombre*, la seconde une différence de *genre*.

SECTION VI
Des modes et des substances

1. Je demanderais volontiers à ces philosophes qui fondent tant de leurs raisonnements sur la distinction de la substance et de l'accident et qui imaginent que nous avons des idées claires de l'une et de l'autre, si l'idée de *substance* est dérivée des impressions de sensation ou des impressions de réflexion. Si elle nous est transmise par nos sens, je demande : lequel ? Et de quelle manière ? Si elle est perçue par les yeux, ce doit être une couleur ; si elle est perçue par les oreilles, ce doit être un son ; par le palais, un goût ; et ainsi des autres sens. Mais il n'y a personne, je crois, pour affirmer que la substance soit une couleur, un son ou un goût. L'idée de substance doit donc être dérivée d'une impression de réflexion, si jamais elle existe réellement. Mais les impressions de réflexion se résolvent en nos passions et en nos émotions, et aucune de celles-ci ne saurait représenter une substance. Nous

n'avons donc aucune idée de substance autre que celle d'une collection de qualités particulières et nous ne signifions rien d'autre quand nous en parlons ou raisonnons à leur sujet[1].

2. L'idée de substance, aussi bien que celle de mode, n'est rien qu'une collection d'idées simples qui sont unies par l'imagination et auxquelles est attribué un nom particulier qui nous permet de nous rappeler ou de rappeler à autrui ladite collection. Mais la différence entre ces idées est la suivante : les idées particulières qui forment une substance sont communément rapportées à un *quelque chose* inconnu auquel on les suppose inhérentes ; ou, refuserait-on une pareille fiction, elles sont à tout le moins tenues pour très étroitement et inséparablement liées par les relations de contiguïté et de causalité. Avec cet effet que toute nouvelle idée simple dont nous découvrons qu'elle présente la même liaison avec les autres, nous l'agrégeons immédiatement au groupe, même si elle n'entrait pas dans notre première conception de la substance. Ainsi, notre idée de l'or peut être d'abord la couleur jaune, le poids, la malléabilité, la fusibilité ; mais une fois que nous avons découvert qu'il se

1. Cette critique de la distinction d'origine aristotélicienne entre la substance et l'accident et la critique subséquente de la notion d'essence consomment la rupture de l'empirisme moderne avec la philosophie scolastique. Mais cette rupture n'était pas sans variations. Alors que chez Locke, la critique étant faite, il faut néanmoins, en prenant appui sur un nom général, poser un sujet, un « je ne sais quoi » inconnaissable, qui serve de support à l'unité des qualités qui sont réunies dans l'idée complexe (*Essai*, II, 23, 4), chez Berkeley cette unité supposée des qualités de la chose se réduit à l'unité du nom qui ne fait alors que dénoter l'agrégat des qualités réunies (Berkeley, *Principes*, I, 1). Voir encore Hutcheson, *An inquiry into the original of our ideas of beauty and virtue*, trad. cit., p. 52. Hume adopte une position nuancée. La fiction du quelque chose inconnu porte au-delà de la seule unité du nom.

dissout dans l'eau régale[1], nous joignons cette qualité aux autres et nous supposons qu'elle appartient à la substance tout autant que si son idée avait depuis le début fait partie du composé. Le principe d'union, étant considéré comme la pièce capitale de l'idée complexe, laisse entrer toute idée qui survient ensuite et il la comprend ainsi que les autres qui s'étaient d'abord présentées.

3. Que cela ne puisse se faire dans les modes, c'est une chose évidente, si nous considérons leur nature. Les idées simples dont sont formés les modes, soit représentent des qualités qui ne sont pas unies par contiguïté ou causalité mais qui sont dispersées entre différents sujets ; soit, si elles sont toutes unies ensemble, le principe qui les unit n'est pas considéré comme le fondement de l'idée complexe. L'idée de la danse est un exemple de la première sorte de modes ; celle de la beauté de la seconde sorte. On saisit sans peine la raison pour laquelle de telles idées complexes ne peuvent recevoir aucune nouvelle idée sans que soit changé le nom qui distingue le mode.

SECTION VII
Des idées abstraites

1. Une question très importante a été soulevée concernant les idées abstraites ou générales : sont-elles générales ou particulières dans la conception qu'en a l'esprit ? Un grand philosophe* a contesté l'opinion généralement reçue à ce sujet et a affirmé que toutes les idées générales ne sont rien que des idées particulières jointes à un certain terme

* Dr Berkeley. [Berkeley, *Principes*, intr., 12 *sq.*].

1. L'eau régale ou eau royale est un mélange d'acide chlorhydrique et d'acide nitrique concentrés, réputé dissoudre l'or et d'autres métaux nobles.

qui leur donne une signification plus étendue et qui fait qu'elles rappellent, quand il est besoin, d'autres individus qui leur sont semblables. Comme je considère que c'est là une des plus grandes et des plus appréciables découvertes qui aient été faites ces dernières années dans la République des Lettres, j'essaierai de la confirmer par quelques arguments qui, je l'espère, la mettront définitivement hors de doute et de discussion.

2. Il est évident que, quand nous formons la plupart de nos idées générales, sinon toutes, nous faisons abstraction de tout degré particulier de quantité et de qualité ; il est aussi évident qu'un objet ne cesse pas de relever de telle ou telle espèce particulière, au vu de la moindre modification de son étendue, de sa durée et de ses autres propriétés. Il n'est donc pas interdit de penser que nous nous trouvons devant un dilemme manifeste, un dilemme propre à décider de la nature de ces idées abstraites qui ont tant prêté aux spéculations des philosophes. L'idée abstraite d'homme représente des hommes de toute taille et de toute qualité ; ce qu'elle ne peut faire, conclut-on, qu'en représentant d'emblée toutes les tailles possibles et toutes les qualités possibles ou qu'en n'en représentant aucune en particulier. Or, comme on a jugé absurde de défendre la première proposition, puisqu'elle impliquerait une capacité infinie de l'esprit, on s'est communément déterminé en faveur de la seconde et on a supposé que les idées abstraites ne représentent aucun degré de quantité ou de qualité. Que cette inférence soit erronée, je vais essayer maintenant de le montrer, d'abord en prouvant qu'il est totalement impossible de percevoir une quantité ou une qualité sans se former une notion précise de ses degrés ; ensuite, en montrant que, bien que la capacité de l'esprit ne soit pas infinie, nous pouvons cependant nous former d'emblée

une notion de tous les degrés possibles de quantité et de qualité, d'une manière qui, toute imparfaite qu'elle soit, puisse servir à toutes les fins de la réflexion et de la conversation.

3. Commençons par la première proposition, *que l'esprit ne peut se former une notion de quantité ou de qualité sans se former une notion précise de leurs degrés*. Nous pouvons la prouver par les trois arguments suivants. Premièrement, nous avons déjà noté que tous les objets qui sont différents peuvent être distingués, et que tous les objets qui peuvent être distingués peuvent être séparés par la pensée et l'imagination. Et nous pouvons ajouter ici que ces propositions sont également vraies dans l'ordre inverse, et que tous les objets qui peuvent être séparés peuvent aussi être distingués, et que tous les objets qui peuvent être distingués sont aussi différents. Car comment pourrions-nous séparer ce qui ne peut être distingué ou distinguer ce qui n'est pas différent ? Afin donc de savoir si l'abstraction implique la séparation, il suffit de la considérer sous ce jour et d'examiner si toutes les circonstances dont nous faisons abstraction dans nos idées générales sont telles qu'elles puissent se distinguer et être différentes de ces autres circonstances que nous retenons comme parties essentielles de ces idées. Mais il est d'emblée évident que la longueur précise d'une ligne n'est pas différente ni ne peut être distinguée de la ligne elle-même ; ni non plus le degré précis de telle qualité de cette qualité elle-même. Ces idées n'admettent donc pas plus de séparation qu'elles n'admettent de distinction ni de différence. Elles sont donc jointes l'une à l'autre dans la conception ; et, en dépit de toutes nos abstractions et de toutes nos subtilités, l'idée générale de ligne a, quand elle apparaît dans l'esprit, un degré précis de quantité et de qualité ; quoiqu'on puisse

lui faire représenter d'autres idées qui ont des degrés différents de qualité et de quantité.

4. Deuxièmement, il est reconnu qu'aucun objet ne peut apparaître aux sens ou, en d'autres mots, qu'aucune impression ne peut devenir présente à l'esprit sans être déterminée dans ses degrés de quantité et de qualité. La confusion qui enveloppe parfois nos impressions ne vient que de ce qu'elles sont affaiblies et instables, et non d'une capacité de l'esprit à recevoir une impression qui n'aurait dans son existence réelle ni de degré ni de proportion particulière. Ce serait une contradiction dans les termes – et la plus formelle de toutes les contradictions[1] – à savoir qu'il est possible pour la même chose d'être et de ne pas être à la fois.

5. Or, puisque toutes nos idées sont dérivées des impressions et n'en sont que la copie et la représentation, tout ce qui est vrai des unes doit être admis des autres. Les impressions et les idées ne diffèrent que par leur force et leur vivacité. La conclusion précédente[2] ne se fonde sur aucun degré particulier de vivacité. Elle ne peut donc être affectée par aucune variation de cet ordre. Une idée est une impression plus faible ; et comme une forte impression doit nécessairement avoir une quantité et une qualité

1. L'impression serait et ne serait pas à la fois puisqu'elle serait donnée (et donc déterminée dans ses degrés de quantité et de qualité) mais elle serait donnée générale, c'est-à-dire sans ses degrés de quantité et de qualité. La contradiction entre l'existence et la non-existence est la seule contradiction qui soit, à strictement parler (Voir Troisième partie, section 15, § 1).

2. Voir le paragraphe précédent : à savoir qu'aucune impression ne peut devenir présente à l'esprit sans être déterminée dans ses degrés de quantité et de qualité.

déterminées, il faut qu'il en aille de même pour sa copie ou son représentant.

6. Troisièmement, c'est un principe généralement reçu en philosophie[1] que toute chose dans la nature existe individuellement et qu'il est totalement absurde de supposer un triangle réellement existant dont les côtés et les angles n'auraient pas de proportion précise[2]. Si donc c'est absurde *en fait et en réalité*, ce doit être aussi absurde en *idée*, puisque rien de quoi nous pouvons former une idée claire et distincte n'est absurde et impossible. Mais former l'idée d'un objet et former une idée simplement, c'est la même chose, la référence de l'idée à un objet étant une dénomination extrinsèque dont elle ne porte en elle-même ni la marque ni le caractère. Or, comme il est impossible de former l'idée d'un objet qui possède quantité et qualité sans en posséder tel degré précis, il s'ensuit qu'il est tout aussi impossible de former une idée qui ne soit pas limitée ou bornée sous ce double aspect. Les idées abstraites sont donc en elles-mêmes individuelles quoiqu'elles puissent devenir générales en tant que représentations. L'image dans l'esprit est seulement celle d'un objet particulier, quoique nous l'employions dans nos raisonnements comme si elle était universelle.

7. Cet emploi des idées qui outrepasse leur nature vient de ce que nous rassemblons tous leurs degrés possibles de quantité et de qualité d'une manière qui, toute imparfaite qu'elle soit, peut servir les desseins de la vie ; et c'est la

1. Thèse défendue par Locke (*Essai*, III, 2, 6) et par Berkeley (*Trois Dialogues*, trad. fr. J.-M. Beyssade, Paris, PUF, 1987 (désormais *Dialogues*), p. 59.
2. L'exemple du triangle est développé par Locke dans *Essai*, IV, 7, 9 et discuté par Berkeley dans *Principes*, intr., 13.

seconde proposition que je me suis proposé d'expliquer. Quand nous avons trouvé une ressemblance entre plusieurs objets* qui se présentent souvent à nous, nous leur attribuons à tous le même nom, quelque différence que nous observions dans les degrés de leur quantité et de leur qualité, et quelque autre différence qui apparaisse entre elles. Une fois que nous avons acquis une habitude de cette sorte, le seul fait d'entendre ce nom fait revivre l'idée de l'un de ces objets et pousse l'imagination à la concevoir dans toutes ses circonstances et ses proportions particulières. Mais comme par hypothèse le même nom a été souvent attribué à d'autres individus qui sont différents sous plusieurs aspects de cette idée qui est immédiatement présente à l'esprit, le nom, qui n'est pas capable de faire revivre l'idée de tous ces individus, ne fait que toucher l'âme, si je puis dire, et fait revivre l'habitude que nous avons acquise en les examinant. Ils ne sont pas de fait réellement présents à l'esprit, mais seulement en puissance; et nous ne les formons pas tous dans notre imagination, quoique nous soyons en état de

* App· Il est évident que même des idées simples différentes peuvent avoir entre elles une similitude ou une ressemblance; et il n'est pas nécessaire que la circonstance par où elles se ressemblent soit distincte et séparable de celle par où elles diffèrent. *Bleu* et *vert* sont des idées simples différentes, mais se ressemblent davantage que *bleu* et *écarlate*, quoique leur parfaite simplicité exclue toute possibilité de séparation ou de distinction. Il en va de même pour les sons, les goûts, les parfums particuliers. Ils admettent une infinité de ressemblances, si on les compare dans leur apparence générale, sans avoir en commun aucune circonstance identique. Et c'est de quoi nous pouvons être certains, touchant même ces deux termes très abstraits *simple idée*. Ils comprennent sous eux toutes les idées simples. Elles se ressemblent par leur simplicité. Et cependant, en raison de leur propre nature qui exclut toute composition, la circonstance par laquelle ils se ressemblent, ne peut être distinguée ni séparée du reste. C'est le même cas pour tous les degrés d'une qualité. Ils se ressemblent tous et cependant la qualité, en tout individu, ne se distingue pas du degré. App·

porter notre examen sur tel ou tel d'entre eux selon que nous y sommes poussés par notre dessein du moment ou par la nécessité. Le mot éveille une idée individuelle à laquelle se joint une certaine habitude et cette habitude fait surgir telle ou telle autre idée individuelle quand il est besoin. Mais comme la production de toutes ces idées auxquelles le nom est attribué est dans la plupart des cas impossible, nous abrégeons le travail en restreignant le champ de notre observation, sans que cet abrègement nous cause beaucoup d'inconvénient dans nos raisonnements.

8. C'est en effet l'une des circonstances les plus extraordinaires en cette affaire, qu'une fois que l'esprit a fait surgir l'idée individuelle sur laquelle on raisonne, l'habitude conjointe, étant ranimée par le terme général ou abstrait, suggère promptement quelque autre individu, s'il se trouve que le raisonnement où l'on est entré ne s'accorde pas avec lui. Ainsi, si nous disons le mot *triangle* et formons l'idée d'un triangle équilatéral particulier qui y corresponde et qu'ensuite nous affirmions que les trois angles d'un triangle sont égaux entre eux, les autres individus que sont les triangles scalènes et isocèles et que nous avions d'abord négligés se pressent en nombre et nous font percevoir la fausseté de la proposition, bien qu'elle soit vraie lorsqu'elle se rapporte à l'idée que nous avions formée. Si l'esprit ne suggère pas toujours ces idées quand il est besoin, cela tient à quelque imperfection dans ses facultés : une imperfection qui engendre souvent de faux raisonnements et des sophismes. Mais ceci se produit surtout avec les idées qui sont abstruses et composées. En d'autres occasions, l'habitude fait sentir plus pleinement son effet et c'est rarement que nous tombons dans de pareilles erreurs.

9. Bien plus ! Si entière est l'habitude que la même idée peut être jointe à plusieurs mots différents et employée

dans différents raisonnements sans risque d'erreur. Ainsi l'idée d'un triangle équilatéral haut d'un pouce peut nous servir à parler d'une *figure*, d'une *figure rectiligne*, d'une *figure régulière*, d'un *triangle* et d'un *triangle équilatéral*. Tous ces termes sont donc accompagnés, dans ce cas, de la même idée ; mais comme on a l'habitude de les employer d'une manière plus ou moins large, ils éveillent les habitudes particulières qui les accompagnent et font ainsi que l'esprit veille à ce qu'aucune conclusion ne soit formée qui soit contraire aux idées ordinairement comprises sous eux.

10. Avant que ces habitudes ne soient devenues entièrement parfaites, il se peut que l'esprit ne se contente pas de former l'idée d'un seul individu, mais souhaite en considérer plusieurs afin de s'assurer du sens qu'il donne et de mesurer l'étendue de la collection qu'il veut exprimer par le terme général. Pour fixer le sens du mot *figure*, nous pouvons agiter dans notre esprit les idées de cercles, de carrés, de parallélogrammes, de triangles de différentes tailles et proportions, et ne point rester sur une seule image ou idée. Quoi qu'il en soit, il est certain *que* nous formons l'idée d'individus toutes les fois que nous employons un terme général ; *que* rarement ou jamais nous ne pouvons venir au bout de ces individus et *que* ceux qui restent ne sont représentés que par cette habitude qui nous permet de les rappeler quand une occasion présente le requiert. Telle est donc la nature de nos idées abstraites et de nos termes généraux ; et c'est de cette manière que nous expliquons le paradoxe précédent, *que certaines idées sont particulières par leur nature et générales par leur représentation*. Une idée particulière devient générale en étant attachée à un terme général ; c'est-à-dire, à un terme qui par une conjonction coutumière a rapport à beaucoup

d'autres idées particulières et les rappelle promptement dans l'imagination.

11. La seule difficulté qui peut demeurer sur ce sujet, doit être touchant cette habitude qui rappelle si promptement toute idée particulière quand il en est besoin, et qui est excitée par le mot ou le son auquel nous l'attachons communément. Je crois que la meilleure façon de donner une explication satisfaisante de cet acte de l'esprit, est de présenter d'autres exemples analogues et d'autres principes qui facilitent son exercice. Expliquer les causes dernières de nos actions mentales est impossible ; c'est assez si nous pouvons en donner une explication tirée de l'expérience et de l'analogie.

12. Premièrement, j'observe que quand nous mentionnons un grand nombre, tel que mille, l'esprit n'en a généralement pas d'idée adéquate, mais se contente du pouvoir de produire une telle idée par l'idée adéquate qu'il a des décimales sous lesquelles le nombre est compris[1]. Cette imperfection dans nos idées n'est cependant jamais sentie dans nos raisonnements ; c'est là, semble-t-il, un cas parallèle au cas présent des idées universelles.

13. Deuxièmement, nous avons plusieurs exemples d'habitudes qu'un seul mot peut faire revivre. Ainsi, celui qui a appris par cœur les périodes d'un discours ou une suite de vers, retrouvera le souvenir du tout qu'il peine à se remémorer, par le mot ou l'expression qui est au tout début.

14. Troisièmement, je crois que quiconque examine l'état de son esprit quand il raisonne, m'accordera que

---

1. L'esprit ne peut pas énumérer mille individus, mais retient que le nombre 1 000 est composé de quatre chiffres.

nous n'attachons pas d'idées complètes et distinctes à chaque terme dont nous faisons usage et que, lorsque nous parlons de *gouvernement*, d'*église*, de *négociation*, de *conquête*, nous explicitons rarement dans notre esprit toutes les idées simples dont ces idées complexes sont composées. Notons pourtant que, malgré cette imperfection, nous pouvons éviter de dire des absurdités sur de tels sujets et percevoir toute espèce de contrariété entre les idées, aussi bien que si nous en avions une pleine compréhension. Ainsi, si au lieu de dire *que dans la guerre les plus faibles ont toujours recours à la négociation*, nous disons *qu'ils ont toujours recours à la conquête*, l'habitude que nous avons acquise d'accorder aux idées certaines relations, accompagne encore les mots et nous fait percevoir immédiatement l'absurdité de cette proposition ; de la même manière qu'une idée particulière peut nous servir à raisonner sur d'autres idées qui en diffèrent pourtant par plusieurs circonstances.

15. Quatrièmement, comme les individus sont réunis ensemble et placés sous un terme général eu égard à la ressemblance qu'ils ont entre eux, cette relation doit faciliter leur accès dans l'imagination et faire qu'ils soient plus promptement suggérés quand l'occasion s'en présente. Et, à la vérité, si nous considérons le cours ordinaire de la pensée, dans la réflexion ou dans la conversation, nous avons toute raison de nous en convaincre. Rien n'est plus admirable que la promptitude avec laquelle l'imagination suggère ses idées et les présente à l'instant même où elles deviennent nécessaires ou utiles. La fantaisie court d'un bout à l'autre de l'univers pour rassembler les idées propres à tout sujet qu'on voudra. C'est comme si tout le monde intellectuel des idées se soumettait d'un coup à notre vue et que nous ne fissions rien d'autre que de recueillir les

plus propres à ce que nous poursuivons. Il n'y a pourtant pas d'autres idées présentes que celles qui sont ainsi rassemblées par une sorte de faculté magique de l'âme qui, quoiqu'étant toujours très parfaite chez les plus grands génies et constituant proprement ce que nous appelons le *génie*, reste entièrement inexplicable malgré tous les efforts de l'entendement humain.

16. Peut-être ces quatre réflexions permettront-elles d'écarter toutes les difficultés attachées à l'hypothèse que je viens de proposer concernant les idées abstraites et qui est si contraire à celle qui a jusqu'à présent prévalu en philosophie. Mais, à dire vrai, je me repose surtout sur ce que j'ai déjà prouvé concernant l'impossibilité des idées générales d'après la méthode ordinaire de les expliquer. Nous devons certainement chercher quelque nouveau système sur ce chapitre et il n'y en a manifestement aucun, sinon celui que j'ai proposé. Si les idées sont particulières par leur nature et si elles sont en même temps en nombre fini, c'est seulement par l'habitude qu'elles peuvent devenir générales, quant à leur représentation, et contenir sous elles un nombre infini d'autres idées.

17 Avant de quitter ce sujet, je voudrais employer les mêmes principes pour expliquer cette *distinction de raison* dont on a tant parlé et qui est si mal comprise dans les écoles[1]. De cette sorte est la distinction entre la figure et

---

1. Distincte de la *realis distinctio*, qui établit une distinction entre des choses différentes, et de la *modalis distinctio* qui distingue entre deux choses dont l'une peut exister sans l'autre mais non inversement, la *distinctio rationis*, en usage chez les Scolastiques, permet de distinguer par la pensée entre la chose réelle et son essence, entre l'essence de la chose et ses propriétés, etc. Arnaud et Nicole en font dans leur *Logique*, I, 4, un mode d'abstraction : bien qu'il n'y ait pas des lignes sans largeur ou des surfaces sans profondeur, les géomètres traitent des lignes en

le corps figuré, le mouvement et le corps mu. La difficulté d'expliquer cette distinction naît du principe qui a été expliqué ci-dessus *que toutes les idées qui sont différentes sont séparables*. Car il s'ensuit que si la figure est différente du corps, leurs idées doivent pouvoir être séparées aussi bien que distinguées ; et que si elles ne sont pas différentes, leurs idées ne peuvent être séparées ni distinguées. Et donc, qu'entend-on par distinction de raison, puisque cette distinction n'implique ni différence ni séparation ?

18. Pour écarter cette difficulté, nous devons avoir recours à l'explication que nous avons donnée des idées abstraites. Il est certain que l'esprit n'aurait jamais rêvé de distinguer la figure du corps figuré, alors que, en réalité, on ne peut les distinguer, les prendre pour différents, les séparer, s'il n'avait observé que cette simplicité même peut renfermer un grand nombre de ressemblances et de relations différentes. Ainsi, quand un bloc de marbre blanc se présente, nous recevons seulement l'impression d'une couleur blanche disposée selon une certaine forme, et nous ne sommes pas capables de séparer ni de distinguer la couleur de la forme. Mais observant ensuite un globe de marbre noir et un cube de marbre blanc et les comparant à notre premier objet, nous découvrons deux ressemblances séparées dans ce qui paraissait précédemment et ce qui est réellement parfaitement inséparable. Avec un peu plus de pratique, nous commençons à distinguer la figure de la couleur par une *distinction de raison* ; c'est-à-dire, nous considérons la figure et la couleur ensemble puisque, de

faisant abstraction de la largeur, et des surfaces en faisant abstraction de la profondeur. Dans son *Dictionnaire*, article « Zénon d'Élée » 5, Bayle rejetait déjà la distinction de raison et ses applications (par exemple, de la couleur et de la chose colorée).

fait, elles sont la même chose et ne peuvent être distinguées, mais nous les voyons aussi sous différents aspects, selon les ressemblances dont elles sont susceptibles. Quand nous voulons considérer seulement la figure du globe de marbre blanc, nous formons en réalité une idée à la fois de la figure et de la couleur, mais tacitement nous portons notre regard sur sa ressemblance avec le globe de marbre noir. Et, de la même manière, quand nous voulons considérer sa seule couleur, nous tournons notre regard vers sa ressemblance avec le cube de marbre blanc. De cette façon nous accompagnons nos idées d'une sorte de réflexion que l'habitude nous rend en grande partie insensible. Quiconque demande que nous considérions la figure d'un globe de marbre blanc sans penser à sa couleur, demande quelque chose d'impossible ; mais son intention est que nous considérions la couleur et la figure ensemble tout en ayant en vue la ressemblance avec le globe de marbre noir ou avec tout autre globe de la couleur et de la substance qu'on voudra.

Deuxième partie

DES IDÉES DE L'ESPACE ET DU TEMPS

Section I
De l'infinie divisibilité de nos idées
de l'espace et du temps

1. Il advient souvent que tout ce qui prend un air de paradoxe et vient contrarier les notions premières et les moins prévenues des hommes, soit embrassé par les philosophes, qui s'empressent de marquer la supériorité de leur science, censée découvrir des opinions si éloignées de la conception du vulgaire. Par ailleurs, tout ce qui, nous étant proposé, cause la surprise et l'admiration, procure une telle satisfaction à l'esprit qu'il s'abandonne à ces agréables émotions et ne se persuadera jamais que son plaisir est entièrement sans fondement. De ces dispositions où sont les philosophes et leurs disciples naît leur complaisance mutuelle : les premiers avancent mille opinions étranges et inexplicables et les seconds les épousent avec empressement. De cette mutuelle complaisance, je ne saurais donner un exemple plus criant que la doctrine de l'infinie divisibilité, par l'examen de laquelle j'aborderai le présent sujet des idées de l'espace et du temps.

2. Il est universellement admis que la capacité de l'esprit humain est limitée et qu'il ne pourra jamais atteindre à une pleine et adéquate conception de l'infini ; et, ne l'admettrait-on pas, que la chose serait rendue suffisamment évidente par l'observation et l'expérience la plus claire. Il est aussi évident que tout ce qui est capable d'être divisé *in infinitum* se compose nécessairement d'un nombre infini de parties et qu'il est impossible d'imposer une limite au nombre des parties sans en même temps imposer une limite à la division. Il est à peine besoin d'une induction pour en conclure que l'*idée* que nous formons d'une qualité[1] finie n'est pas infiniment divisible et que, par les distinctions et les séparations adéquates, nous pouvons ramener cette idée à des idées inférieures qui seront parfaitement simples et indivisibles. En rejetant que l'esprit ait une capacité infinie, nous supposons qu'il peut arriver à un terme dans la division de ses idées. Il n'y a aucun moyen d'échapper à l'évidence de cette conclusion.

3. Il est donc certain que l'imagination atteint un *minimum* et peut faire surgir en elle une idée dont elle ne peut concevoir de subdivision et qu'elle ne saurait diminuer encore sans l'anéantir totalement. Quand vous me parlez de la millième ou de la dix millième partie d'un grain de sable[2], j'ai une idée distincte de ces nombres et de leurs différentes proportions ; mais les images que je forme dans

---

1. Le texte anglais dit : « of any finite quality », alors qu'on attendrait « of any finite quantity ». Voir la discussion sur ce point par Norton et Norton, II, p. 707, qui, malgré la formule « finite quantity » en 2, 4, 14, et le fait que nulle part la notion d'une « finite quantity » ne soit abordée, maintiennent la lecture du texte, Hume parlant par ailleurs d'une « real quality of extension » qui peut être composée (2, 2, 2 et 4, 5, 15).

2. Hume reprend Locke, *Essai*, II, 29, 16. Berkeley distingue entre le minimum visible et le minimum tangible (*Une nouvelle théorie de la vision*, in *Œuvres*, I, 54).

mon esprit pour représenter les choses elles-mêmes ne
diffèrent en rien les unes des autres ni ne sont inférieures
à l'image par laquelle je me représente le grain de sable
lui-même, image qui est censée les excéder si
considérablement. Tout ce qui est composé de parties peut
être rendu distinct en ses parties et tout ce qui peut être
ainsi distingué peut être séparé. Mais, quoi que nous
puissions imaginer de la chose, l'idée d'un grain de sable
ne peut être distinguée ni séparée en vingt, et encore moins
en mille, dix-mille ou en un nombre infini d'idées
différentes[1].

4. Il en va pour les impressions des sens comme il en
va pour les idées de l'imagination. Faites une tache d'encre
sur un papier, fixez de vos yeux cette tache et éloignez-
vous à une distance telle qu'à la fin vous cessez de la voir :
il est manifeste que, juste avant de s'évanouir, l'image ou
l'impression était parfaitement indivisible. Ce n'est pas
faute de rayons lumineux frappant l'œil que les parties
minuscules des corps éloignés ne suscitent pas d'impression
sensible, mais parce que ces parties sont repoussées au-delà
du point où leurs impressions, réduites à un minimum, ne
pouvaient plus être diminuées de nouveau. Le microscope
ou le télescope qui les rend visibles n'engendre pas de
nouveaux rayons de lumière mais il étale ceux qui n'ont
cessé d'en émaner et, par ce moyen il fait une double
chose : il donne des parties aux impressions qui, à l'œil
nu, apparaissent simples et sans composition et il porte
vers un minimum qui était précédemment imperceptible.

---

1. L'idée d'un minimum indivisible dans la perception sensible des
choses est banale. Sans remonter à Bacon qui se posait la question de
savoir comment on peut s'affranchir des sens, on y cherche plutôt, un
siècle plus tard, la preuve de la finitude de l'esprit humain. Voir Locke,
Essai, II, 29, 16.

5. Nous pouvons de là percevoir l'erreur de l'opinion commune selon laquelle la capacité de l'esprit est limitée des deux côtés et que l'imagination ne peut se former une idée adéquate de ce qui va au-delà d'un certain degré de petitesse aussi bien que de grandeur. Rien ne peut être plus petit que certaines idées que nous formons dans notre imagination ou que certaines images qui apparaissent à nos sens, puisque ce sont des idées et des images qui sont parfaitement simples et indivisibles. Le seul défaut de nos sens est de nous donner des images disproportionnées des choses et de représenter petit et sans composition ce qui est en réalité grand et composé d'un grand nombre de parties. De cette erreur, nous n'avons pas conscience, mais tenant les impressions de ces petites parties qui apparaissent à nos sens pour égales ou presque égales aux objets et découvrant par la raison qu'il y a d'autres objets considérablement plus petits, nous concluons trop hâtivement que ces objets sont de taille inférieure à toute idée de notre imagination ou à toute impression de nos sens. Il est pourtant certain que nous pouvons former des idées qui ne seront pas plus grandes que le plus petit atome renfermé dans les esprits animaux d'un insecte mille fois plus petit qu'une mite[1]. Et nous devrions plutôt conclure que notre difficulté est de pouvoir élargir assez nos conceptions pour nous former une juste notion d'une mite ou même d'un insecte

---

1. L'argument est le suivant : Les partisans de l'infinie divisibilité de l'espace tiennent qu'il n'en va pas de même pour l'objet et pour l'idée : la division des idées, s'arrête à des idées simples et indivisibles. Mais l'expérience montre que ces idées indivisibles sont relatives, que le microscope nous en livre des plus petites, preuve que la division des objets s'est poursuivie et peut encore se poursuivre à l'infini. Hume retourne l'argument : le microscope prouve que l'imagination peut atteindre des idées plus petites et qu'il n'y a pas de raison de découpler la division des idées et la division des objets, comme le réaffirme le premier paragraphe de la section suivante en introduisant l'idée d'adéquation.

mille fois plus petit qu'une mite. Car, afin de nous former une juste notion de ces animaux, nous devons avoir une idée distincte qui représente chacune de leurs parties ; ce qui, selon le système de l'infinie divisibilité, est totalement impossible, et ce qui, selon le système des parties indivisibles ou des atomes, est extrêmement difficile, en raison du grand nombre et de la multiplicité de ces parties.

SECTION II
De l'infinie divisibilité de l'espace et du temps

1. Chaque fois que les idées sont des représentations adéquates des objets, tout ce qui vaut pour les idées : relations, contradictions, concordances, vaut pour les objets ; et, nous pouvons l'observer d'une manière générale, nous avons là le fondement de toute connaissance humaine[1]. Or nos idées sont des représentations adéquates des plus petites parties de l'étendue ; et par quelques divisions et subdivisions que l'on suppose ces parties obtenues, elles ne peuvent jamais devenir inférieures à certaines idées que nous nous formons. La conséquence manifeste est que tout ce qui *apparaît* impossible et contradictoire quand on

---

1. Une partie obtenue par division d'une étendue est encore étendue. La thèse adverse tire profit de ce constat pour affirmer que la division va à l'infini, mais qu'au-delà d'un certain seuil l'imagination ne peut plus se représenter les parties obtenues, par trop de petitesse ou trop de grandeur. En regard, dans cette section II, Hume pose le principe de l'adéquation de l'idée (dans l'imagination) et de la chose, de l'apparaître et de la réalité et, dans les raisonnements qui suivent, il procède de l'idée à la réalité. Dans le § 9, il justifie son procédé par l'argument de la possibilité : toute idée d'une étendue est divisible en parties mais l'imagination s'arrête à une idée qu'elle ne peut plus diviser et qui est donc indivisible ; cette idée d'une quantité divisible en autant d'idées indivisibles n'est pas contradictoire ; il est donc *possible* qu'il en aille ainsi pour toute étendue dans la réalité. Une définition des idées adéquates est donnée par Locke dans l'*Essai* II, 31, 1.

compare les idées, doit être impossible et contradictoire *réellement*, et cela sans autre forme de discussion.

2. Toute chose susceptible d'être divisée à l'infini contient un nombre infini de parties ; sinon, la division s'arrêterait net aux parties indivisibles où nous arriverions bientôt[1]. D'où : si une étendue finie est infiniment divisible, il n'est pas contradictoire de supposer qu'une étendue finie contient un nombre infini de parties. Et *vice versa*, s'il est contradictoire de supposer qu'une étendue finie contient un nombre infini de parties, aucune étendue finie ne peut être infiniment divisible. Mais qu'une pareille supposition soit absurde, je m'en convaincs aisément en considérant mes idées claires. Je prends d'abord la plus petite idée que je puisse former d'une partie d'étendue, et, étant certain qu'il n'y a rien de plus petit que cette idée, je conclus que tout ce que je découvre par son moyen doit être une qualité réelle de l'étendue. Ensuite, je reproduis cette idée une fois, deux fois, trois fois, etc., et je découvre que l'idée composée d'étendue née de cette répétition augmente toujours, qu'elle devient double, triple, quadruple, etc., et s'enfle jusqu'à devenir une masse considérable, plus grande ou plus petite selon que je reproduis plus ou moins la même idée. Quand j'arrête d'additionner des parties, l'idée d'étendue cesse d'augmenter. Et, si je devais mener l'addition jusqu'à l'infini, je perçois clairement que l'idée d'étendue devrait devenir aussi infinie. Sur quoi je conclus que l'idée d'un nombre infini de parties est individuellement la même que l'idée d'une étendue infinie, qu'aucune étendue finie n'est susceptible de contenir un nombre infini de

---

1. Voir Bayle, *Dictionnaire historique et critique* (désormais : *Dictionnaire*), 5ᵉ éd., 1740. « Zénon d'Élée », [F], p. 539 ; *Cyclopaedia*, « Divisibilité ».

parties et, par conséquent, qu'aucune étendue finie n'est infiniment divisible*.

3. Je peux ajouter un autre argument, proposé par un auteur réputé**, qu'aucune étendue finie n'est infiniment divisible ; et cet argument me semble très fort et très beau. Il est évident que l'existence en soi n'appartient qu'à l'unité et ne s'applique jamais au nombre, sinon en raison des unités dont le nombre est composé. Vingt hommes peuvent être dits exister, mais c'est seulement parce que un, deux trois, quatre hommes, etc., existent ; et si vous niez l'existence de ceux-ci, il est clair que celle de ceux-là s'écroule. Il est donc totalement absurde de supposer qu'un nombre existe et de nier dans le même temps l'existence des unités ; et puisque l'étendue est toujours un nombre, comme le veut le sentiment commun des métaphysiciens, et ne se résout jamais en quelque unité ou quantité indivisible, il s'ensuit que l'étendue ne peut absolument pas exister. Il est vain de répondre que toute quantité déterminée d'étendue constitue une unité, une unité admettant un nombre infini de fractions et toujours renouvelable dans ses subdivisions. Car par la même règle ces vingt hommes *peuvent être considérés comme une*

* On m'a objecté que l'infinie divisibilité suppose seulement un nombre infini de parties *proportionnelles* et non de parties *aliquotes*, et qu'un nombre infini de parties proportionnelles ne forme pas une étendue infinie. Mais cette distinction est totalement frivole. Que ces parties soient dites aliquotes ou proportionnelles, elles ne peuvent être inférieures à ces petites parties que nous concevons ; et donc elles ne peuvent former une étendue moindre par leur conjonction. [Quand un continuum physique est divisé en deux, puis chacune des deux parties également en deux, etc., les parties obtenues sont proportionnelles. Quand le même continuum est divisé en parties qui, répétées diverses fois, sont égales au tout, l'on a des parties aliquotes. Voir *Cyclopaedia*, « Aliquot part »].

** Monsieur Malezieu [Nicolas Malézieu, *Éléments de géométrie*, Paris, Boudot, 1705, livre IX, « Réflexions sur les incommensurables »].

unité. Tout le globe terrestre, que dis-je, tout l'univers *peut être considéré comme une unité.* Ce terme d'unité est simplement une dénomination fictive que l'esprit peut appliquer à toute quantité d'objets qu'il rassemble ; et une telle unité ne peut pas plus exister isolément que le nombre ne le peut, puisqu'elle est en réalité un vrai nombre. Mais l'unité qui peut exister isolément et dont l'existence est nécessaire à celle de tout nombre, est d'un autre genre, et doit être parfaitement indivisible et impossible à résoudre en une unité moindre.

4. Tout ce raisonnement vaut aussi pour le temps, en s'accompagnant d'un argument additionnel qu'il peut être bon de relever. C'est une propriété inséparable du temps et qui, en quelque sorte, constitue son essence, que ses diverses parties se succèdent les unes aux autres et qu'aucune d'entre elles, même contiguë, ne peut coexister avec une autre[1]. Pour la même raison que l'année 1737 ne peut coïncider avec la présente année 1738, chaque moment doit être distinct des autres et leur être postérieur ou antérieur. Il est donc certain que le temps, tel qu'il existe, doit être composé de moments indivisibles. Car, si dans le temps, nous ne pouvions jamais mettre un terme à la division et si chaque moment, succédant à un autre, n'était pas parfaitement un et indivisible, alors il y aurait un nombre infini de moments ou parties de temps coexistant ; ce qu'on reconnaîtra, je pense, comme une contradiction flagrante.

5. L'infinie divisibilité de l'espace implique celle du temps, comme le prouve la nature du mouvement. Si donc la première est impossible, la seconde doit l'être également.

---

1. Dans l'espace, la disposition des simples est de l'ordre de la juxtaposition. Dans le temps, la disposition des simples est de l'ordre de la succession.

6. Je ne doute pas que le défenseur le plus obstiné de la doctrine de l'infinie divisibilité ne concède de bon gré que ces arguments sont des difficultés et qu'il est impossible de leur donner une réponse qui soit parfaitement claire et satisfaisante. Mais observons que rien n'est plus absurde que cette habitude d'appeler une *difficulté* ce qui a l'ambition d'être une *démonstration*, et d'essayer ainsi d'éluder ce qu'il y a de fort et d'évident en elle. Ce n'est pas dans les démonstrations mais dans les probabilités que les difficultés peuvent se présenter et un argument en contrebalancer un autre et diminuer son autorité. Une démonstration, si elle est juste, ne laisse place à aucune difficulté qui s'opposerait à elle ; et si elle n'est pas juste, elle n'est rien qu'un simple sophisme et par conséquent ne peut jamais prêter à difficulté. Ou elle est irrésistible ou elle n'a aucune espèce de force. Et donc parler d'objection ou de réponse et mettre en balance des arguments dans une question comme celle-ci, c'est avouer soit que la raison humaine n'est rien d'autre qu'un jeu de mots soit que la personne même qui tient pareil propos n'a pas une compétence qui soit à la mesure de tels sujets. Les démonstrations peuvent être difficiles à comprendre du fait de l'abstraction du sujet, mais une fois qu'on les a comprises, elles ne peuvent comporter des difficultés qui viendraient affaiblir leur autorité.

7. Il est vrai que les mathématiciens ont coutume de dire que de forts arguments se trouvent également de l'autre côté de la question et que la doctrine des points indivisibles est aussi sujette à des objections insurmontables. Avant d'examiner ces arguments et ces objections plus en détail, je les prendrai ici en groupe et je vais tenter de prouver, d'un seul coup, par un raisonnement court et décisif, qu'il est totalement impossible qu'ils aient un juste fondement.

8. C'est une maxime établie en métaphysique que *tout ce que conçoit l'esprit enferme l'idée d'une existence possible*; ou, en d'autres termes, que *rien de ce que nous imaginons n'est absolument impossible*. Nous pouvons former l'idée d'une montagne d'or et en conclure qu'une telle montagne peut effectivement exister. Nous ne pouvons pas former l'idée d'une montagne sans vallée, et donc nous la tenons pour impossible.

9. Or il est certain que nous avons une idée de l'étendue; sinon, pourquoi parlerions-nous et raisonnerions-nous à son sujet? Il est également certain que cette idée, telle que la conçoit l'imagination, quoiqu'elle soit divisible en des parties ou en des idées moindres, n'est pas infiniment divisible ni n'est composée d'un nombre infini de parties. Car cela excède la compréhension de nos facultés limitées. Voici donc une idée de l'étendue qui est composée de parties ou d'idées inférieures qui sont parfaitement indivisibles. Et donc, cette idée n'implique pas de contradiction. Et donc il est possible que l'étendue existe réellement conformément à cette idée. Et donc tous les arguments qui sont employés contre la possibilité des points mathématiques ne sont qu'arguties scolastiques et ne méritent pas notre attention.

10. Ces conséquences, nous pouvons les pousser d'un pas plus loin et conclure que toutes les prétendues démonstrations de l'infinie divisibilité de l'étendue sont également sophistiques, puisqu'il est certain que ces démonstrations ne peuvent être justes sans que soit prouvée l'impossibilité des points mathématiques[1];

---

1. Points mathématiques ou points indivisibles, supposés composer une quantité ou une étendue divisible. Voir *Dictionnaire*, « Zénon d'Élée », [G], p. 540. Pour une discussion sur ce sujet aux consonances métaphysiques et religieuses, voir Arnaud et Nicole, *La logique ou l'art de penser*, IV, 1.

une preuve à laquelle nous ne saurions prétendre sans absurdité.

SECTION III
Des autres qualités de nos idées d'espace et de temps

1. Il n'est pas de découverte qui aurait pu être faite plus heureusement pour décider de toutes les controverses concernant les idées, que celle mentionnée ci-dessus, à savoir que les impressions précèdent toujours les idées et que toute idée dont l'imagination est fournie fait d'abord son apparition dans une impression correspondante. Les perceptions relevant de ce dernier genre sont toutes si claires et si évidentes qu'il est presque impossible, même pour l'esprit qui les forme, de dire exactement leur nature et leur composition. Appliquons ce principe afin d'approfondir la nature de nos idées d'espace et de temps.

2. J'ouvre les yeux, je les tourne vers les objets qui m'environnent, je perçois un grand nombre de corps visibles, je ferme à nouveau les yeux et, considérant la distance qui est entre ces corps, j'acquiers l'idée d'étendue. Comme toute idée est dérivée d'une impression qui lui est exactement semblable, les impressions qui sont semblables à cette idée d'étendue doivent être soit des sensations qui sont dérivées de la vue, soit des impressions internes naissant de ces sensations.

3. Nos impressions internes sont nos passions, nos émotions, nos désirs et nos aversions. D'aucune d'entre elles, je crois, on ne fera le modèle duquel l'idée d'espace est dérivée. Il ne reste donc que les sens qui puissent nous communiquer cette impression originelle. Mais quelle impression nos sens nous communiquent-ils ici ? Voilà la question principale, voilà ce qui décide sans appel de la nature de l'idée.

4. La table qui est devant moi suffit à elle seule, par la vue que j'en ai, à me donner l'idée d'étendue. Cette idée lui est donc empruntée et elle représente une impression qui à ce moment apparaît aux sens. Mais mes sens ne m'apportent que les impressions de points colorés, disposés d'une certaine manière. Si l'œil est sensible à quelque autre chose, je désire qu'on me l'indique. Mais s'il est impossible de montrer rien de plus, nous pouvons conclure avec certitude que l'idée d'étendue n'est rien que la copie de ces points colorés et de leur manière d'apparaître[1].

5. Supposez que les points dans l'objet étendu ou dans la composition de points colorés dont nous avons reçu notre première idée d'étendue, soient de couleur pourpre ; il suit qu'à chaque fois que cette idée sera répétée non seulement nous placerons les points dans le même ordre les uns par rapport aux autres, mais nous leur conférerons cette couleur précise qui est la seule dont nous ayons la connaissance. Mais, après avoir fait l'expérience d'autres couleurs, le violet, le vert, le blanc, le noir, et de toutes leurs différentes compositions, et découvrant une ressemblance dans la disposition des points colorés dont elles se composent, nous négligeons les différences de couleur autant qu'il se peut et nous formons une idée abstraite que nous fondons sur la seule disposition des points ou sur leur manière d'apparaître, sur leur façon de s'agencer. Bien plus, même quand la ressemblance s'étend au-delà des

---

1. *The manner of their appearance*. Il n'y a pas d'impression propre de l'espace, l'espace n'est pas un phénomène, et néanmoins il relève bien du champ des impressions ou des phénomènes – condition pour que l'esprit puisse s'en faire une idée. Il est la forme selon laquelle les impressions apparaissent. Pour parler comme Kant, il est la forme de la phénoménalité, mais forme non *a priori*, n'y ayant pas de différence dans l'impression entre l'être et l'apparaître.

objets d'un seul sens et que les impressions du toucher se trouvent être semblables aux objets de la vue dans la disposition de leurs parties, cela n'empêche pas l'idée abstraite de représenter les deux sortes en raison de leur ressemblance. Toutes les idées abstraites ne sont en réalité rien que des idées particulières considérées sous un certain jour ; mais étant attachées à des termes généraux, elles sont capables de représenter une grande variété et de comprendre des objets qui, semblables sous certains traits, sont par d'autres fort différents les uns des autres.

6. L'idée de temps, étant dérivée de la succession de nos perceptions de toutes sortes, les idées aussi bien que les impressions, les impressions de réflexion aussi bien que les impressions de sensation, – l'idée de temps, dis-je, nous fournira l'exemple d'une idée abstraite qui comprend une variété plus grande encore que celle de l'espace et qui est cependant représentée dans l'imagination par l'idée individuelle particulière d'une quantité et d'une qualité déterminée[1].

7. De même que c'est de la disposition des objets visibles et des objets tangibles que nous recevons l'idée d'espace, de même est-ce de la succession des idées et des impressions que nous formons l'idée de temps ; et il n'est pas possible que le temps apparaisse jamais seul ou soit seul pris en considération par l'esprit. Un homme plongé dans un profond sommeil ou fort occupé d'une pensée, est insensible au temps. Et selon que ses perceptions se succèdent les unes aux autres avec une rapidité plus ou moins grande, la même durée apparaît à son imagination plus longue ou plus courte. Il a été remarqué par un grand

---

1. L'ensemble de l'argument peut être répété pour l'idée de temps, l'ordre de coexistence étant remplacé par l'ordre de succession.

philosophe * que nos perceptions se heurtent en cela à certaines limites que la nature et la constitution originelles de notre esprit ont fixées et qu'au-delà de ces limites il n'est pas d'influence des objets externes sur nos sens qui soit susceptible de hâter ou de retarder notre pensée. Si vous faites tourner un charbon enflammé avec rapidité, il présentera aux sens l'image d'un cercle de feu, sans laisser apparaître un intervalle de temps entre ses révolutions ; simplement parce qu'il est impossible à nos perceptions de se succéder les unes aux autres avec autant de rapidité que celle du mouvement à se communiquer aux objets extérieurs. Chaque fois que nous n'avons pas de perceptions qui se succèdent, nous n'avons pas de notion du temps, même s'il y a une réelle succession dans les objets. De ces phénomènes et de beaucoup d'autres encore, nous pouvons conclure que le temps ne peut apparaître à l'esprit, soit seul, soit accompagné d'un objet fixe et invariable, mais qu'il se découvre toujours par quelque succession *percevable* d'objets changeants.

8. À titre de confirmation, nous pouvons ajouter l'argument suivant qui me semble parfaitement décisif et convaincant. Il est évident que le temps ou la durée est constituée de parties différentes. Car autrement nous ne pourrions concevoir une durée qui soit plus longue ou plus courte. Il est évident aussi que ces parties ne coexistent pas ; car cette qualité de la coexistence des parties appartient à l'espace et c'est ce qui la distingue de la durée. Or, comme le temps est composé de parties qui ne sont pas coexistantes, un objet qui ne change pas, ne produisant que des impressions coexistantes, n'en produit aucune qui puisse nous donner l'idée de temps. En conséquence de quoi, cette idée doit être dérivée de la succession d'objets

* Mr. Locke [*Essai*, II, 14, 7-11].

changeants, et le temps, à sa première apparition, ne peut jamais être détaché d'une pareille succession.

9. Ayant donc trouvé que le temps, à sa première apparition à l'esprit, est toujours joint à une succession d'objets changeants, et qu'autrement il ne peut jamais venir à notre connaissance, nous devons maintenant examiner s'il peut être conçu sans que nous concevions quelque succession d'objets et s'il peut seul former une idée distincte dans l'imagination.

10. Afin de savoir si des objets qui sont joints dans l'impression peuvent être séparés dans l'idée, il nous suffit de considérer s'ils diffèrent les uns des autres ; auquel cas il est manifeste qu'ils peuvent être conçus séparément. Toute chose qui est différente peut être distinguée et toute chose qui peut être distinguée peut être séparée, selon les maximes énoncées plus haut[1]. Si au contraire, les choses ne sont pas différentes elles ne peuvent être distinguées ; et si elles ne peuvent être distinguées, elles ne peuvent être séparées. Mais c'est précisément le cas en ce qui concerne le temps, rapporté à nos perceptions successives. L'idée du temps n'est pas dérivée d'une impression particulière qui se mêlerait à d'autres, et qui pourrait en être clairement distinguée ; mais elle naît entièrement de la manière dont ces impressions apparaissent à l'esprit, sans être l'une du nombre. Cinq notes jouées sur la flûte nous donnent l'impression et l'idée du temps, quoique le temps ne soit pas une sixième impression qui se présente à l'oreille ou à quelque autre sens. Et il n'est pas non plus une sixième impression que par réflexion l'esprit trouverait en lui-même. Ces cinq sons, faisant leur apparition de cette manière particulière, ne suscitent pas d'émotion dans l'esprit ni ne

1. Voir *Traité*, I, 1, 3, 4 ; I, 1, 7, 3.

produisent une affection qui, étant observée de lui, pourrait donner naissance à une nouvelle idée. Car c'est ce qui est nécessaire pour produire une nouvelle idée de réflexion; et l'esprit, en retournant mille fois toutes ses idées de sensation, ne saurait jamais en extraire quelque idée originale nouvelle, à moins que la nature n'ait ainsi façonné ses facultés qu'il sente quelque impression originale nouvelle naître d'une telle contemplation. Mais ici il prend seulement connaissance de la *manière* dont les différents sons font leur apparition; une manière qu'il peut ensuite considérer sans considérer ces sons particuliers, et joindre à d'autres objets. Assurément, il doit avoir les idées de plusieurs objets; et il ne lui est pas possible sans ces idées de parvenir à aucune conception du temps; et puisque cette conception n'apparaît pas comme une impression distincte première, elle ne peut manifestement être rien d'autre que différentes idées ou impressions ou objets disposés d'une certaine manière, c'est-à-dire se succédant les uns les autres.

11. Je sais que certains prétendent que l'idée de durée peut être appliquée en un sens propre à des objets qui ne changent aucunement; et c'est, je crois, l'opinion commune des philosophes aussi bien que du vulgaire. Mais pour se convaincre de sa fausseté, il suffit de réfléchir à la conclusion précédente que l'idée de durée est toujours dérivée d'une succession d'objets changeants et ne peut jamais être communiquée à l'esprit par quelque chose de stable et dépourvu de changement. Car il s'ensuit inévitablement que, puisque l'idée de durée ne peut être dérivée d'un tel objet, elle ne peut jamais lui être appliquée avec quelque propriété ou exactitude, et que toute chose qui ne change pas ne peut être dite avoir de la durée. Les idées représentent toujours les objets ou les impressions dont elles sont

dérivées et ne peuvent jamais, sauf fictivement, représenter ou être appliquées à d'autres. Par quelle fiction nous appliquons l'idée de temps à cela même qui ne change pas, et supposons, comme cela est commun, que la durée est la mesure du repos aussi bien que du mouvement, nous le verrons par la suite*.

12. Il y a un autre argument, tout à fait décisif, qui conforte la présente doctrine concernant nos idées de l'espace et du temps. Cet argument se fonde uniquement sur le principe simple *que nos idées sont composées de parties qui sont indivisibles*. Cet argument mérite d'être examiné.

13. Sachant que toute idée qui peut être distinguée peut être aussi séparée, prenons l'une de ces idées indivisibles et simples dont l'idée composée d'*étendue* est formée et, la séparant de toutes les autres et, la considérant à part, formons un jugement sur sa nature et ses qualités.

14. Il est clair qu'elle n'est pas l'idée d'étendue. Car l'idée d'étendue consiste en parties et cette idée est, par hypothèse, parfaitement simple et indivisible. N'est-elle donc rien ? C'est absolument impossible. Car, comme l'idée composée d'étendue, qui est réelle, est composée de telles idées, dans la supposition qu'elles seraient autant de non-entités, on aurait une existence réelle composée de non-entités ; ce qui est absurde. Ici donc je dois demander : *quelle idée avons-nous d'un point simple et indivisible ?* Il n'y a pas lieu de s'étonner que ma réponse paraisse quelque peu nouvelle, car la question a été rarement pensée. Nous ne cessons de disputer sur la nature des points mathématiques mais nous nous interrogeons rarement sur la nature de leurs idées.

* Section 5.

15. L'idée est portée à l'esprit par deux sens, la vue et le toucher ; jamais rien n'apparaît étendu qui ne soit visible ou tangible. L'impression composée qui représente l'étendue consiste en plusieurs impressions moindres qui sont invisibles pour l'œil ou le toucher et qu'on peut appeler des impressions d'atomes ou de corpuscules dotés de couleur et de solidité. Mais ce n'est pas tout. Il n'est pas seulement requis que ces atomes soient colorés ou tangibles afin de se découvrir à nos sens, il est aussi nécessaire que nous conservions l'idée de leur couleur ou de leur tangibilité afin de les embrasser par notre imagination. Il n'y a rien que l'idée de leur couleur ou de leur tangibilité qui puisse les rendre concevables par l'esprit. Si vous ôtez les idées de ces qualités sensibles, elles ne sont plus rien du tout pour la pensée ou l'imagination.

16. Or telles sont les parties, tel est le tout. Si un point n'est pas considéré comme coloré ou tangible, il ne peut nous communiquer aucune idée ; et donc l'idée d'étendue qui est composée des idées de ces points ne peut d'aucune façon exister. Mais si l'idée d'étendue peut exister réellement, et nous sommes conscients qu'elle existe, ses parties doivent aussi exister ; et à cette fin elles doivent être considérées comme colorées ou tangibles. Nous n'avons donc aucune idée d'espace ou d'étendue que nous ne regardions comme un objet de notre vue ou de notre toucher.

17. Le même raisonnement prouvera que les moments indivisibles du temps doivent être remplis par quelque objet ou existence réelle dont la succession forme la durée et la rend concevable par l'esprit.

SECTION IV
Réponses aux objections

1. Notre système de l'espace et du temps est composé de deux parties qui sont étroitement liées l'une à l'autre. La première repose sur la chaîne de raisonnement suivante. La capacité de l'esprit n'est pas infinie ; en conséquence, aucune idée d'étendue ou de durée ne se compose d'un nombre infini de parties ou d'idées inférieures, mais seulement d'un nombre fini, et ces parties sont simples et indivisibles. Il est donc possible que l'espace et le temps existent conformément à cette idée. Et, si c'est possible, alors il est certain qu'ils existent réellement conformément à cette idée, puisque leur divisibilité à l'infini est entièrement impossible et contradictoire.

2. Ce dont on tire l'autre partie de notre système qui en est la conséquence. Les parties en lesquelles les idées d'espace et de temps se résolvent, deviennent à la fin indivisibles ; et ces parties indivisibles, n'étant rien en elles-mêmes, restent inconcevables si elles ne sont pas remplies par quelque chose de réel et d'existant. Les idées d'espace et de temps ne sont donc pas des idées distinctes ou séparées, mais seulement les idées de la manière ou de l'ordre selon lesquels ces objets existent. En d'autres termes, il est impossible de concevoir un vide ou une étendue sans une matière, ou un temps sans quelque succession ou changement dans une existence réelle[1]. L'étroite liaison entre ces parties de notre système est la raison pour laquelle nous examinerons ensemble les objections qui ont été dressées contre toutes deux, en

---

1. S'il y avait un espace intermédiaire, la division pourrait se poursuivre.

commençant par celles qui sont opposées à la divisibilité finie de l'étendue.

3. I. La première de ces objections que je relèverai est plus propre à prouver la liaison et la dépendance mutuelle des deux parties, qu'à en détruire l'une ou l'autre. Il a été souvent soutenu dans les écoles que l'étendue doit être divisible à l'infini, parce que le système des points mathématiques est absurde ; et que le système est absurde parce qu'un point mathématique est une non-entité et qu'en conséquence il ne peut jamais en étant conjoint à d'autres former une existence réelle. Cet argument serait parfaitement décisif s'il n'y avait pas un moyen terme entre l'infinie divisibilité de la matière et la non-entité des points mathématiques. Or, de toute évidence, il y a un tel moyen terme qui consiste à attribuer une couleur ou une solidité à ces points[1]. Et l'absurdité des deux extrêmes est une démonstration de la vérité et de la réalité de ce moyen terme. Le système des points *physiques* serait un autre moyen terme mais il est trop absurde pour nécessiter une réfutation. Une étendue réelle, et c'est ce qu'un point physique est supposé être, ne peut jamais exister sans des parties différentes les unes des autres. Et partout où les objets sont différents, ils peuvent être distingués et séparés par l'imagination.

4. II. La seconde objection est tirée de la nécessité qu'il y aurait d'une *pénétration*, si l'étendue consistait en points mathématiques[2]. Un atome simple et indivisible qui en touche un autre doit nécessairement le pénétrer ; car il est impossible qu'il puisse le toucher par ses parties externes,

1. Les points mathématiques ont des qualités physiques, couleur ou solidité, mais, à la différence des points physiques, ils ne sont pas étendus.

2. Voir *Cyclopaedia*, « Solidity » : la pénétration est « l'action par laquelle une chose entre dans une autre ou prend la même place (de sorte que les deux objets occupent un seul et même lieu) ».

sa parfaite simplicité étant supposée, laquelle exclut qu'il ait des parties. Il doit donc le toucher intimement, et dans toute son essence, *secundum se, tota et totaliter*[1] ; ce qui est la définition même de la pénétration. Mais la pénétration est impossible : les points mathématiques sont, par voie de conséquence, également impossibles.

5. Je répondrai à cette objection en introduisant une plus juste idée de la pénétration. Supposez que deux corps ne contenant aucun vide à l'intérieur de leur circonférence s'approchent l'un de l'autre et s'unissent de telle façon que le corps qui résulte de leur union ne soit pas plus étendu que l'un ou l'autre des deux. C'est ce que nous ne manquons pas de signifier lorsque nous parlons de pénétration. Mais il est évident que cette pénétration n'est rien que l'anéantissement de l'un des deux corps et la conservation de l'autre, sans que nous soyons capables de distinguer précisément celui qui est conservé et celui qui est anéanti. Avant l'approche, nous avons l'idée de deux corps ; après, nous avons l'idée d'un seul. Il est impossible pour l'esprit de conserver la moindre notion de différence entre deux corps de même nature, existant dans le même lieu et en même temps.

6. Prenant en ce sens la pénétration, à savoir l'anéantissement d'un corps quand il en approche un autre, je demande à qui que ce soit s'il voit une nécessité à ce qu'un point tangible ou coloré soit anéanti à l'approche d'un autre également coloré et tangible. Tout au contraire, ne perçoit-il pas de manière évidente que de l'union de ces points résulte un objet qui est composé et divisible et en lequel on peut distinguer deux parties, dont chacune conserve son existence distincte et séparée, malgré sa

1. Par soi, totalement et complètement.

contiguïté à l'autre ? Qu'il vienne en aide à son imagination en concevant ces points comme étant de couleur différente pour mieux prévenir leur réunion et leur confusion. Un point bleu et un point rouge peuvent certainement demeurer contigus sans pénétration ni anéantissement. Car s'ils ne le peuvent qu'advient-il d'eux ? Est-ce le rouge ou le bleu qui sera anéanti ? Ou, si ces couleurs s'unissent en une seule, quelle nouvelle couleur produisent-elles par leur réunion ?

7. Ce qui, avant tout, donne lieu à ces objections, et ce qui en même temps rend si difficile d'y répondre d'une manière satisfaisante, c'est l'infirmité et l'instabilité de notre imagination et de nos sens quand nous les employons sur des objets aussi petits. Faites une tache d'encre sur un papier et éloignez-vous à une distance telle que la tache devienne totalement invisible. Vous verrez en revenant et en vous rapprochant que la tache devient d'abord visible par courts intervalles, puis qu'elle demeure toujours visible, puis qu'elle gagne en force dans sa coloration, mais sans qu'augmente sa masse, et que, après cela, quand elle s'est accrue au point d'être réellement étendue, il est encore difficile pour l'imagination de la morceler en ses parties composantes, tant elle a peine à concevoir un objet aussi petit qu'un simple point. Cette faiblesse affecte la plupart de nos raisonnements sur le présent sujet et fait qu'il est presque impossible de répondre aux nombreuses questions qui s'élèvent à son sujet, d'une manière qui soit intelligible et dans des termes propres.

8. III. Beaucoup d'objections ont été tirées des *mathématiques* à l'encontre de l'indivisibilité des parties de l'étendue ; bien qu'à première vue cette science paraisse plutôt favorable à la présente doctrine ; et si elle lui est

contraire dans ses *démonstrations*, elle s'accorde parfaitement avec elle dans ses *définitions*. Et donc mon présent
travail est de défendre les définitions et de réfuter les
démonstrations[1].

9. Une surface se *définit* comme ce qui a longueur et
largeur, mais non profondeur ; une ligne comme ce qui a
longueur, mais ni largeur ni profondeur. Un point est défini
comme ce qui n'a ni longueur ni largeur ni profondeur. Il
est évident que tout ceci est parfaitement inintelligible
pour toute supposition autre que celle de la composition
de l'étendue par des points indivisibles ou par des atomes.
Comment, autrement, une chose pourrait-elle exister sans
longueur ni largeur ni profondeur ?

10. J'observe que deux réponses différentes ont été
données à cet argument. Ni l'une ni l'autre n'est selon moi
satisfaisante. La première est que les objets de la géométrie,
les surfaces, les lignes et les points, dont elle examine les
proportions et les positions, sont de pures idées dans l'esprit
et que non seulement ils n'ont jamais existé mais encore
qu'ils ne sauraient jamais exister dans la nature[2]. Ils n'ont
jamais existé, car nul ne prétendra tirer une ligne ou rendre
une surface qui soit entièrement conforme à la définition.
Ils ne sauraient jamais exister, car, partant de ces idées
mêmes, nous pouvons produire des démonstrations qui, à
partir de ces idées mêmes, prouvent qu'ils sont impossibles.

11. Mais peut-on imaginer rien de plus absurde et de
plus contradictoire que ce raisonnement ? Toute chose qui
peut se concevoir par une idée claire et distincte implique
nécessairement la possibilité de son existence ; et quiconque

---

1. *Dictionnaire*, « Zénon d'Élée », [G], p. 541.
2. Ce qui supposerait une opération d'abstraction que Hume a exclue
dans sa définition de l'idée abstraite (1, 7, 7).

prétend par un argument tiré de l'idée claire prouver l'impossibilité de son existence, affirme en réalité que nous n'en avons pas d'idée claire parce que nous en avons une idée claire. Il est vain de rechercher une contradiction en toute chose qui est distinctement conçue par l'esprit. Si la chose impliquait une contradiction, il serait impossible qu'elle soit jamais conçue.

12. Il n'y a donc pas de voie moyenne entre reconnaître au moins la possibilité de points indivisibles et nier leur idée ; et c'est sur ce dernier principe que se fonde la *seconde* réponse à l'argument ci-dessus. On a prétendu* que, bien qu'il soit impossible de concevoir une longueur sans largeur, cependant, par une abstraction sans séparation, nous pouvons considérer l'une sans prendre en compte la seconde, de même que nous pouvons penser à la longueur du chemin entre deux villes en en ignorant la largeur. La longueur est inséparable de la largeur à la fois dans la nature et dans notre esprit ; mais cela n'exclut pas une considération partielle et une *distinction de raison*, de la manière qui a été exposée ci-dessus[1].

13. En réfutant cette réponse, je n'insisterai pas sur l'argument que j'ai déjà suffisamment exposé, que s'il est impossible pour l'esprit de parvenir à un *minimum* dans ses idées, alors, sa capacité doit être infinie, de manière à comprendre le nombre infini de parties dont se composerait l'idée qu'il a d'une étendue, quelle qu'elle soit. Je vais essayer ici de relever de nouvelles absurdités dans ce raisonnement.

* *L'art de penser*. [A. Arnaud et P. Nicole, *Logique ou l'art de penser*, 1, 5, 5].

1. Voir *Traité*, I, 1, 7, 17-18.

14. Une surface limite un solide, une ligne une surface, un point une ligne[1]. J'affirme que si les *idées* de point, de ligne, de surface, n'étaient pas indivisibles, il nous serait impossible de concevoir ces limites. Car supposons ces idées infiniment divisibles ; et que l'imagination tente de se fixer sur l'idée de la dernière surface, de la dernière ligne ou du dernier point obtenu : immédiatement elle voit cette idée se morceler en parties. Qu'elle s'empare de la dernière de ces parties, elle perd sa prise par une nouvelle division ; et ainsi à l'infini, sans possibilité pour elle d'arriver à une idée qui serait le terme. Le nombre de fractionnements ne la rapproche pas plus de l'ultime division que la première idée qu'elle avait formée. Toute particule se dérobe par un nouveau fractionnement, comme le mercure quand nous tentons de le saisir. Mais comme, dans les faits, il doit y avoir quelque chose qui termine l'idée de toute quantité finie, et comme cette idée qui sert de terme ne peut elle-même être composée de parties ou d'idées inférieures – sinon, ce serait la dernière de ses parties qui finirait l'idée, etc. – j'ai là une preuve claire que les idées de surface, de ligne et de point, n'admettent pas de division, celle de surface en profondeur, celle de la ligne en largeur et profondeur et celle du point en toute dimension.

15. Les scolastiques étaient si sensibles à la force de cet argument que certains d'entre eux soutenaient que la nature avait mêlé aux particules de matière qui sont divisibles à l'infini un certain nombre de points mathématiques afin de donner des limites aux corps ; et d'autres éludaient la force de ce raisonnement par une masse d'arguties et de distinctions inintelligibles[2]. Mais

1. Euclide, *Éléments de géométrie*, 1, déf. 3 ; 6 ; 13 : « On appelle terme ou *limite* ce qui est l'extrémité de quelque chose ».
2. Hume reprend Bayle (*Dictionnaire*, « Zénon d'Élée » [G] p. 541).

des deux côtés, ces adversaires renonçaient à la victoire. Celui qui se dérobe avoue tout autant la supériorité de son ennemi que celui qui loyalement rend les armes.

16. Ainsi, il apparaît que les définitions données par les mathématiques détruisent les prétendues démonstrations, et que, si nous avons l'idée de points, de lignes, de surfaces indivisibles, en conformité avec la définition, leur existence est certainement possible. Mais, si nous n'avons pas une telle idée, il nous est impossible de concevoir comment une figure se termine, conception sans laquelle il ne peut y avoir de démonstration géométrique.

17. Mais je vais plus loin et je soutiens qu'aucune de ces démonstrations n'a un poids suffisant pour établir un principe tel que celui de l'infinie divisibilité ; et cela parce que, touchant des objets si petits, ce ne sont pas proprement des démonstrations, étant construites sur des idées qui ne sont pas exactes et sur des maximes qui ne sont pas précisément vraies. Quand la géométrie décide d'une chose relative aux proportions d'une quantité, nous ne devons pas rechercher la plus grande *précision* et exactitude. Aucune de ses preuves ne va jusque-là. Elle prend les dimensions et les proportions des figures d'une manière juste mais grossière, et avec quelque liberté. Ses erreurs ne sont jamais considérables et elle n'errerait pas si elle n'aspirait pas à une telle perfection absolue[1].

18. Je demande d'abord aux mathématiciens ce qu'ils entendent lorsqu'ils disent qu'une ligne ou une surface est *égale*, *plus grande* ou *plus petite* qu'une autre. Que l'un d'eux me réponde, à quelque parti qu'il appartienne, soit

1. Récusant la division à l'infini, Hume ne peut pas ne pas rencontrer la question de la mesure des grandeurs continues et conclure à son inexactitude constitutive.

qu'il soutienne que l'étendue est composée de points indivisibles soit qu'elle est constituée de quantités divisibles à l'infini. Des deux côtés, cette question sera cause d'embarras.

19. Il y a peu de mathématiciens, sinon aucun, qui défendent l'hypothèse de points indivisibles. Et pourtant ce sont ceux-là qui ont la réponse la plus rapide et la plus juste à la question présente. Il leur suffit de dire que les lignes ou les surfaces sont égales quand les nombres de points sont égaux en chacune ; et que, selon que la proportion des nombres varie, la proportion des lignes et des surfaces varie aussi. Mais, bien que cette réponse soit *juste*, autant qu'évidente, cependant je soutiens que ce critère de l'égalité est *entièrement inutile*, et que ce n'est jamais par une telle comparaison que nous déterminons si les objets sont égaux ou inégaux entre eux. Car, comme ces points qui entrent dans la composition d'une ligne ou d'une surface, qu'ils soient perçus par la vue ou par le toucher, sont si petits et se confondent si facilement qu'il est presque impossible pour l'esprit de compter leur nombre, un tel calcul ne nous fournira jamais un critère par lequel juger des proportions. Personne ne pourra jamais déterminer par un exact dénombrement si un pouce a moins de points qu'un pied, ou un pied qu'une aune[1] ou quelque mesure plus grande ; et pour cette raison nous ne considérons guère, sinon jamais, ce procédé comme un critère de l'égalité ou de l'inégalité[2].

---

1. Ancienne mesure de longueur, une aune étant équivalente à 1,18 mètre environ.

2. Une égalité stricte supposerait que les deux grandeurs comparées soient exactement déterminées. Or, notre esprit est trop borné pour pouvoir dénombrer les points indivisibles qui les constituent. Les mathématiciens en tirent argument pour soutenir la divisibilité à l'infini des grandeurs continues. Hume en conclut au caractère approché des rapports d'égalité que l'on établit.

20. Quant à ceux qui imaginent que l'étendue est divisible à l'infini, il leur est impossible d'user de cette réponse ou de déterminer l'égalité d'une ligne ou d'une surface par le dénombrement de ses parties composantes. Car, puisque, selon leur hypothèse, la figure la plus petite aussi bien que la plus grande contient un nombre infini de parties, et puisque des nombres infinis ne peuvent être, à proprement parler, ni égaux ni inégaux entre eux, l'égalité ou l'inégalité de différentes portions d'espace ne peut jamais dépendre d'une quelconque proportion dans le nombre de leurs parties. Il est vrai qu'on peut dire que l'inégalité d'une aune et d'un yard tient au nombre différent de pieds dont ils sont composés et l'inégalité d'un pied et d'un yard au nombre de pouces. Mais comme cette quantité que nous appelons un pouce dans l'un est supposée égale à celle que nous appelons un pouce dans l'autre, et comme il est impossible pour l'esprit de trouver cette égalité en poursuivant à l'infini ces renvois à des quantités inférieures, il est évident qu'à la fin nous devons fixer un critère de l'égalité qui soit différent du dénombrement des parties.

21. Certains* prétendent que l'égalité est mieux définie par la congruence et que deux figures sont égales si, l'une étant placée sur l'autre, toutes leurs parties correspondent et se touchent. Afin de juger de cette définition, considérons que, puisque l'égalité est une relation, elle n'est pas à proprement parler une propriété des figures elles-mêmes, mais qu'elle naît seulement de la comparaison que l'esprit fait entre elles. Et donc, si elle consiste dans cette super-position imaginaire et ce contact mutuel des parties, nous

---

* Voir les *Mathematical Lectures* du Dr. Barrow.[Isaac Barrow, *The Usefulness of Mathematical Learning Explained and Demonstrated, being Mathematical Lectures*, 1685, lect. 11].

devons avoir du moins une notion distincte de ces parties et nous devons concevoir leur contact. Or il est manifeste que dans cette conception nous pousserions ces parties à la plus grande petitesse qui puisse se concevoir, puisque le contact de larges parties ne rendrait jamais les figures égales. Mais les plus petites parties que nous puissions concevoir sont des points mathématiques ; et, en conséquence, ce critère de l'égalité est le même que celui qui est tiré de l'égalité du nombre de points ; un critère dont nous avons déjà déterminé qu'il est juste mais inutile. Nous devons donc chercher ailleurs la solution à la présente difficulté.

22. App. Beaucoup de philosophes refusent de fixer un quelconque critère *d'égalité* et affirment qu'il suffit de présenter deux objets qui sont égaux, pour donner une juste notion de cette proportion. Toutes les définitions, disent-ils [1], sont stériles sans la perception de tels objets ; et quand nous percevons de tels objets, nous n'avons plus besoin de définitions. J'approuve entièrement ce raisonnement et j'affirme que la seule notion utile de l'égalité, ou de l'inégalité, se tire de l'apparence globale et de la comparaison d'objets particuliers. Car app. il est évident que l'œil, ou plutôt l'esprit, est souvent capable de déterminer à première vue les proportions des corps, et de les déclarer égaux, plus grands ou plus petits entre eux, sans examiner ni comparer le nombre de leurs petites parties. De tels jugements ne sont pas seulement communs mais dans de nombreux cas certains et infaillibles. Quand on

1. Aristote, *Analytiques postérieurs*, I, 10, 76 b 20. Locke, *Essai*, II, II, 15, 4. Joseph Butler, *The Analogy of Religion, Natural and Revealed* ; trad. fr., *L'analogie de la religion*, Paris, 1821 (désormais : *Analogie*), Dissertation 1, « Of personal identity » 2.

présente la mesure d'un yard et celle d'un pied, l'esprit ne peut pas davantage contester que le premier soit plus long que le second qu'il ne peut douter des principes qui sont les plus clairs et les plus évidents.

23. Il y a donc trois proportions que l'esprit distingue dans la manière d'apparaître générale de ses objets et qu'il nomme par les mots suivants : *plus grand*, *plus petit* et *égal*. Mais bien que les arrêts qu'il rend concernant ces proportions soient parfois infaillibles, néanmoins, ils ne le sont pas toujours. Et nos jugements de cette sorte n'échappent pas plus au doute et à l'erreur que ceux qui portent sur quelque autre sujet. Souvent, après révision et réflexion, nous corrigeons notre première opinion et nous déclarons égaux des objets que nous avions d'abord jugés inégaux ou regardons un objet comme étant plus petit, quoiqu'il fût apparu auparavant plus grand que tel autre. Et ce n'est pas la seule correction à laquelle se plient ces jugements de nos sens ; mais souvent nous découvrons notre erreur en juxtaposant les objets ; ou, lorsque nous ne pouvons agir ainsi, en usant d'une mesure commune et invariable qui, étant successivement appliquée aux deux objets, nous informe de leurs proportions différentes. Et même cette correction est susceptible d'une nouvelle correction et de différents degrés d'exactitude, selon la nature de l'instrument qui nous sert à mesurer les corps et le soin que nous mettons à la comparaison.

24. Quand donc notre esprit s'est accoutumé à de pareils jugements et à leurs corrections, et qu'il voit que la même proportion qui fait que deux figures présentent à l'œil une apparence qui nous les fait dire égales, les fait aussi se correspondre l'une à l'autre, ainsi qu'à toute mesure commune qui sert à les comparer, alors nous nous formons

une notion mixte de l'égalité, tirée à la fois de la méthode la plus lâche et de la méthode la plus stricte de comparaison. Mais nous n'en restons pas là. Car, comme une saine raison nous convainc qu'il y a des corps qui sont de beaucoup plus petits que ceux qui apparaissent à nos sens, et comme une fausse raison pourrait nous persuader qu'il y a des corps *infiniment* plus petits, nous percevons clairement que nous n'avons en notre possession ni instrument ni art de la mesure qui suffisent à nous préserver de toute erreur et de toute incertitude. Nous avons le sentiment que l'addition ou la soustraction de l'une de ces petites parties n'est discernable ni à l'apparaître ni au moyen de la mesure ; et, comme nous imaginons que deux figures qui étaient égales auparavant ne peuvent être encore égales après cette soustraction ou cette addition, nous versons dans l'idée imaginaire d'un critère d'égalité qui viendrait corriger très exactement les apparences et les mesures, et réduire entièrement les figures à cette proportion. Ce critère est manifestement imaginaire. Car comme l'idée même d'égalité est celle d'une apparence particulière, corrigée par juxtaposition ou par le moyen d'une mesure commune, la notion de toute correction qui irait au-delà de ce dont nous possédons les instruments ou l'art, est une pure fiction de l'esprit, aussi inutile qu'incompréhensible. Mais bien que ce critère ne soit qu'imaginaire, la fiction en est cependant très naturelle ; et rien n'est plus habituel pour l'esprit que de procéder de cette manière pour toute action, même après qu'a cessé la raison qui l'avait fait commencer. On le voit très clairement avec le temps : bien qu'il soit évident que nous n'avons pas de moyen exact de déterminer les proportions entre ses parties – moins exactement encore que pour l'étendue – cependant les diverses corrections introduites dans nos mesures, et leurs différents degrés d'exactitude, nous ont donné la notion obscure et implicite d'une parfaite et entière égalité. Le cas est le même en bien d'autres sujets. Un musicien qui observe que son oreille devient chaque jour plus fine et qui ne cesse de se corriger à force de réflexion et d'attention, persévère dans cette pratique, lors même qu'il n'a plus sujet de le faire et qu'il entretient la notion d'une tierce ou d'une octave complète, sans pouvoir dire d'où il tire son critère[1]. Un peintre forge la même fiction, en ce qui regarde les couleurs, un mécanicien en ce qui regarde le mouvement. Celui-là s'imagine que la *lumière* et l'*ombre*, celui-ci que la *rapidité* et la *lenteur* sont susceptibles d'une comparaison et d'une égalité exactes, par-delà les jugements des sens.

25. Nous pouvons appliquer le même raisonnement aux *courbes* et aux *droites*. Rien n'est plus apparent aux sens que la distinction entre une ligne courbe et une ligne droite ; et il n'y a pas d'idées qui soient plus aisées à former que les idées de ces objets. Mais si aisément que nous formions ces idées, il est impossible d'en produire une définition permettant de fixer la limite précise entre ces deux sortes de lignes. Quand nous traçons des lignes sur un papier ou sur une surface continue, il y a un certain ordre en vertu duquel ces lignes progressent d'un point à l'autre et, par-là, produisent l'impression entière d'une ligne courbe ou d'une ligne droite ; mais cet ordre est parfaitement inconnu et rien n'est observé que l'apparence d'ensemble. Ainsi, même en adoptant le système des points indivisibles, nous ne pouvons former pour ces objets que la notion lointaine d'un critère inconnu. En adoptant celui de la divisibilité infinie, nous ne pouvons même pas aller jusque-là, et nous en sommes réduits à prendre l'apparence

1. Voir *Cyclopaedia*, art. « Geometry ».

générale comme étant la règle par laquelle nous déterminons si la ligne est courbe ou droite. Mais bien que nous ne puissions donner une définition parfaite de ces lignes ni avancer une méthode parfaitement exacte, nous permettant de distinguer entre l'une et l'autre, cela ne nous empêche pas de corriger la première apparence en la considérant de plus près et en la rapportant à une règle dont la rectitude, éprouvée dans des essais répétés, nous procure une plus grande assurance. Et c'est de ces corrections et en poursuivant la même action de l'esprit, même quand la raison nous manque, que nous formons pour ces figures l'idée flottante d'un critère parfait, sans être capables de l'expliquer ni de le comprendre.

26. Il est vrai que les mathématiciens prétendent donner la définition exacte de la ligne droite, lorsqu'ils disent : *c'est le chemin le plus court entre deux points*. Mais, d'abord, j'observe que cette définition est plus proprement la découverte d'une des propriétés de la ligne droite que sa juste définition. Car je demande à quiconque si, à la mention d'une ligne droite, il ne pense pas immédiatement à une manière particulière d'apparaître, de cette sorte, et si ce n'est pas par accident seulement qu'il prend en considération cette propriété ? Une ligne droite peut être comprise seule, mais la définition proposée est inintelligible sans comparaison avec d'autres lignes que nous concevons plus étendues. Dans la vie courante, c'est une maxime établie que le chemin le plus droit est toujours le plus court ; l'absurdité ne serait pas moindre que de dire que le chemin le plus court est toujours le plus court, si notre idée de la ligne droite n'était pas différente de l'idée du chemin le plus court entre deux points.

27. Ensuite, je répète ce que j'ai déjà établi, que nous n'avons pas plus d'idée précise de l'égalité et de l'inégalité, du plus court et du plus long, que d'une ligne droite ou d'une ligne courbe ; et, en conséquence, que l'une ne peut jamais nous procurer un parfait critère pour l'autre. Une idée exacte ne peut jamais être construite sur une idée flottante et indéterminée.

28. L'idée de *surface plane* est aussi peu susceptible d'un critère précis que celle de ligne droite ; et nous n'avons pas d'autre moyen de distinguer une telle surface que par sa manière d'apparaître en général. C'est en vain que les mathématiciens représentent une surface plane comme étant produite par le déplacement d'une ligne droite. On leur objectera immédiatement que notre idée de surface est aussi indépendante de cette façon de former une surface que notre idée de l'ellipse l'est de celle d'un cône ; que notre idée de ligne droite n'est pas plus précise que celle de surface plane ; qu'une ligne droite peut se déplacer irrégulièrement et ainsi former une figure très différente d'une surface plane ; et donc que nous devons supposer qu'elle se déplace selon deux lignes droites, parallèles l'une à l'autre et dans le même plan – description qui explique la chose par elle-même et tourne dans un cercle.

29. Il apparaît donc que les idées les plus essentielles à la géométrie, celle d'égalité et d'inégalité, celle de ligne droite et de surface plane, sont loin d'être exactes et déter- minées, selon notre manière commune de les concevoir. Non seulement nous sommes incapables de dire, en cas du moindre doute, quand de telles figures particulières sont égales, quand telle ligne est une ligne droite et telle surface une surface plane ; mais encore sommes-nous incapables

de former une idée de cette proportion[1] ou de ces figures, qui soit ferme et invariable. Il ne nous reste que d'en appeler au jugement faible et faillible que nous tirons de la manière d'apparaître des objets et de le corriger au compas ou par une mesure commune ; et si nous y joignons la supposition de quelque correction supplémentaire, c'est une correction qui est soit inutile soit imaginaire. C'est en vain que nous aurions recours à l'argument commun et ferions la supposition d'une divinité qui, omnipotente, serait capable de former une figure géométrique parfaite et de décrire une ligne droite sans courbe ni inflexion. Comme le critère dernier de ces figures ne dérive de rien d'autre que des sens et de l'imagination, il est absurde de parler d'une perfection qui va au-delà de ce que ces facultés peuvent juger, puisque la vraie perfection d'une chose consiste dans sa conformité à son critère.

30. Or, puisque ces idées sont si flottantes et incertaines, je serais trop heureux de demander au mathématicien quelle assurance infaillible il a touchant non seulement les propositions les plus complexes et les plus obscures de sa science, mais aussi les principes les plus communs et les plus évidents. Comment me prouvera-t-il par exemple que deux lignes droites ne peuvent avoir un segment commun ? Ou qu'il est impossible de tirer plus d'une ligne droite entre deux points ? Me dirait-il que ces opinions sont manifestement absurdes et contraires à nos idées claires que je lui répondrais que je ne nie pas que, lorsque deux lignes droites convergent l'une vers l'autre selon un angle appréciable, il est absurde d'imaginer qu'elles ont un segment commun. Mais, supposant que ces deux lignes s'approchent d'un pouce tous les vingt lieues, je ne vois

---

1. C'est-à-dire, de l'égalité.

pas d'absurdité à affirmer qu'à leur contact elles deviennent une unique ligne. Car, je vous le demande, par quelle règle, par quel critère jugez-vous quand vous affirmez que la ligne où j'ai supposé qu'elles coïncidaient ne peut constituer la même ligne droite que ces deux lignes qui forment entre elles un angle aussi petit ? Vous devez certainement avoir quelque idée d'une ligne droite avec laquelle cette ligne ne s'accorde pas. Voulez-vous donc dire qu'elle ne prend pas les points dans le même ordre et selon la même règle qui est particulière et essentielle à une ligne droite ? Si oui, je dois vous informer que, outre le fait qu'en jugeant de cette manière, vous admettez que l'étendue est composée de points indivisibles (ce qui va peut-être au-delà de vos intentions), outre cela, dis-je, je dois vous informer que ce n'est pas là le critère à partir duquel vous formez l'idée d'une ligne droite ; et, si cela était, il n'y a pas une telle solidité dans nos sens et dans notre imagination pour qu'ils déterminent quand un tel ordre est violé ou respecté. Le critère premier d'une ligne droite n'est en réalité rien d'autre qu'une certaine manière d'apparaître en général ; et il est évident qu'on peut faire coïncider les lignes droites, sans qu'elles cessent de répondre à ce critère, il est vrai corrigé par tous les moyens, praticables ou imaginables.

31. ᴬᵖᵖ· De quelque côté que les mathématiciens se tournent, ils se heurtent au dilemme suivant. Pour juger de l'égalité ou de toute autre proportion, ou ils recourent au critère précis et exact, c'est-à-dire : à l'énumération des petites parties indivisibles ; et ils emploient alors un critère qui dans la pratique n'est d'aucune utilité et qui, de fait, établit l'indivisibilité de l'étendue qu'ils s'efforcent de discréditer. Ou ils emploient, comme c'est le plus souvent le cas, le critère imprécis qui se tire de la comparaison des objets d'après leur manière d'apparaître en général,

comparaison corrigée par la mesure et la juxtaposition ; et
leurs premiers principes, quoique certains et infaillibles,
sont alors trop grossiers pour prêter à des inférences aussi
subtiles que celles qu'ils en tirent communément. Les
premiers principes sont fondés sur l'imagination et les
sens. Et donc la conclusion ne saurait aller au-delà de ces
facultés, et encore moins les contredire ^App^.

32. Ceci peut nous ouvrir quelque peu les yeux et nous
laisser voir qu'aucune démonstration géométrique de
l'infinie divisibilité de l'étendue ne peut avoir le degré de
force que nous attribuons naturellement à tout argument
soutenu par de si magnifiques prétentions. En même temps
nous pouvons découvrir la raison pour laquelle la géométrie
manque d'évidence sur ce seul point, alors que tous ses
autres arguments commandent notre plein assentiment et
notre entière approbation. Et, en vérité, il paraît plus utile
de donner la raison de cette exception que de montrer que
nous devons réellement la faire et regarder tous les arguments
mathématiques en faveur de l'infinie divisibilité comme
totalement sophistiques. Car il est évident que, puisqu'aucune
idée de quantité n'est infiniment divisible, on ne peut
imaginer d'absurdité plus aveuglante que d'essayer de
prouver que la quantité admet elle-même une pareille
division, et de prouver cela au moyen d'idées qui sont en
l'affaire directement opposées. Et de même que cette
absurdité est aveuglante par elle-même, de même il n'est
aucun argument fondé sur elle qui ne s'accompagne d'une
nouvelle absurdité et n'enveloppe une évidente contradiction.

33. Je pourrais donner en exemple ces arguments en
faveur de l'infinie divisibilité qui sont tirés du *point de
contact*. Je sais qu'il n'est aucun mathématicien qui accepte
d'être jugé sur les diagrammes qu'il trace sur le papier,

ces diagrammes étant, à l'écouter, des esquisses très
approximatives qui servent seulement à véhiculer avec
plus de facilité certaines idées qui constituent le vrai
fondement de tout notre raisonnement. Ce que j'approuve.
Et je suis prêt à faire reposer la controverse sur ces seules
idées. J'invite donc notre mathématicien à former aussi
exactement qu'il le peut les idées d'un cercle ou d'une
ligne droite et je lui demande alors si, venant à concevoir
leur contact, il peut les concevoir comme se touchant en
un point mathématique ou s'il doit nécessairement imaginer
qu'ils coïncident sur un certain espace. Quelque parti qu'il
embrasse, il se jette dans d'égales difficultés. S'il affirme
qu'en traçant ces figures dans son imagination il peut
imaginer qu'elles se touchent seulement en un point, il
admet la possibilité de cette idée, et donc de la chose. S'il
dit que dans sa conception du contact de ces lignes, il doit
les faire coïncider, il reconnaît par-là le caractère fallacieux
des démonstrations géométriques, lorsqu'elles sont portées
au-delà d'un certain degré de petitesse ; car, très certainement,
il possède de telles démonstrations contre la coïncidence
d'un cercle et d'une ligne droite. En d'autres termes, il
peut prouver qu'une idée, à savoir : celle de coïncidence,
est *incompatible* avec deux autres idées, celles de cercle
et de ligne droite ; quoique, dans le même temps il
reconnaisse que ces idées sont *inséparables*.

SECTION V
Suite du même sujet

1. Si la seconde partie de mon système est vraie, *que
l'idée d'espace ou d'étendue n'est rien que l'idée de points
visibles ou tangibles distribués dans un certain ordre*, il
s'ensuit que nous ne pouvons former l'idée d'un vide ou
d'un espace dans lequel il n'y aurait rien de visible ni de

tangible. Ce point prête à trois objections que j'examinerai ensemble parce que la réponse que je donnerai à l'une est une conséquence de celle dont j'userai pour les deux autres[1].

2. Les hommes, dira-t-on d'abord, n'ont cessé au fil des siècles de disputer du vide et du plein, sans avoir été capables de mener l'affaire à une solution finale[2]. Et, même aujourd'hui, les philosophes s'estiment libres de prendre un parti ou l'autre, selon que leur fantaisie les porte d'un côté ou de l'autre. Mais, quelque fondement qu'on puisse donner à une controverse touchant les choses elles-mêmes, on peut arguer que le seul fait de la dispute s'avère décisif concernant l'idée, et qu'il est impossible que les hommes aient pu raisonner si longuement au sujet du vide, le réfuter ou le défendre, sans avoir la notion de ce qu'il réfutait ou défendait.

3. Ensuite, cet argument serait-il contesté, que la réalité ou du moins la possibilité de *l'idée* du vide peut être prouvée par le raisonnement suivant. Toute idée est possible, qui est la conséquence nécessaire et infaillible d'idées qui sont possibles. Or, tout en admettant que le monde soit à présent

---

1. La conception de l'espace comme étant composé de points inétendus distincts et disposés d'une certaine façon, et réels parce que colorés ou solides, exclut qu'on puisse former l'idée du vide.

2. « Y a-t-il une telle chose dans la nature qu'un vide absolu ou l'univers est-il complètement plein, et y a-t-il un plein absolu ? La question a été disputée par les philosophes de toutes les époques ». *Cyclopaedia*, « Vacuum ». Chambers reprend la distinction traditionnelle entre le *vacuum coacervatum*, obtenu par anéantissement, et le *vacuum interspersum*, disséminé entre les corps. D'où, dans le texte de Hume, successivement, le contenu de la seconde objection (l'argument métaphysique du § 3) et celui de la troisième objection (l'argument physique du § 4). L'argument de l'anéantissement est souvent avancé (voir les nombreuses références données par Norton et Norton, dans leur édition du *Traité*, II, p. 722 *sq.*, auxquelles on peut ajouter Hobbes, *De corpore*, II, 7, 1.

plein, nous pouvons aisément le concevoir privé de mouvement ; et cette idée sera certainement reconnue possible. Il faut aussi admettre la possibilité de concevoir l'anéantissement d'une partie de la matière par la toute-puissance divine, les autres parties restant au repos. Car, comme toute idée qui peut être distinguée peut être séparée par l'imagination, et comme toute idée qui peut être séparée par l'imagination, peut être conçue comme existant séparément, il est évident que l'existence d'une particule de matière n'implique pas plus l'existence d'une autre que la figure carrée dans un corps n'implique une figure carrée dans tout autre corps. Ceci étant accordé, voyons ce qui résulte du concours de ces deux idées possibles, du *repos* et de l'*anéantissement*, et ce que nous devons penser résulter de l'anéantissement de tout l'air et de toute la matière subtile contenus dans une chambre, en supposant que les murs restent en l'état, sans mouvement ni altération. Il y a certains métaphysiciens qui répondent que, puisque la matière et l'étendue sont la même chose, l'anéantissement de l'une implique nécessairement l'anéantissement de l'autre et que, n'y ayant plus de distance entre les murs de la chambre, ils se touchent, de la même manière que ma main touche le papier qui est juste devant moi. Mais, bien que cette réponse soit très répandue, je mets au défi ces métaphysiciens de concevoir la chose selon leur hypothèse ou d'imaginer que le plancher et le plafond ainsi que tous les côtés opposés de la chambre se touchent, tout en continuant d'être au repos et de conserver la même position. Car, comment est-il possible que les deux murs qui vont du Sud au Nord, se touchent tandis qu'ils touchent les bouts opposés des deux murs qui vont de l'Est à l'Ouest ? Et comment le plancher et le plafond peuvent-ils se rejoindre tandis qu'ils sont séparés par les quatre murs qui se tiennent dans une position contraire ? Si vous changez leur position, vous supposez un mouvement. Si vous concevez qu'il y a quelque chose entre eux, vous supposez une nouvelle création. Mais, si l'on s'en tient strictement aux deux idées du *repos* et de l'*anéantissement*, il est évident que l'idée qui en résulte n'est pas celle du contact entre les parties, mais quelque chose d'autre qui, conclut-on, est l'idée d'un vide.

4. La troisième objection mène les choses encore plus loin et non seulement elle affirme que l'idée du vide est réelle et possible, mais qu'elle est aussi nécessaire et inévitable. Cette assertion est fondée sur le mouvement que nous observons dans les corps, lequel mouvement, prétend-on, serait impossible et inconcevable sans un vide où doit pouvoir se mouvoir tout corps qui laisse sa place à un autre. Je ne m'attarderai pas sur cette objection, parce qu'elle relève principalement de la philosophie naturelle, laquelle n'entre pas dans notre centre d'intérêt.

5. Afin de répondre à ces objections, nous devons prendre la chose assez à fond et considérer la nature et l'origine de plusieurs idées, de peur d'engager le débat sans avoir saisi parfaitement le sujet de la controverse. Il est évident que l'idée d'obscurité n'est pas une idée positive, mais qu'elle est seulement la négation de la lumière ou, pour parler plus proprement, la négation des objets colorés et visibles. Un homme qui, jouissant de la vue, se trouve totalement privé de lumière, a beau tourner les yeux de tous côtés, il ne reçoit aucune perception qui ne lui soit commune avec un aveugle-né ; et il est certain qu'un aveugle-né n'a d'idée ni de la lumière ni de l'obscurité. La conséquence est que ce n'est pas du simple retrait des objets visibles que nous recevons l'impression d'une

étendue sans matière, et que l'idée d'une totale obscurité ne peut jamais être la même que celle du vide[1].

6. Supposons encore qu'un homme reste suspendu dans les airs et qu'il soit transporté sans heurts par une puissance invisible ; il est évident qu'il n'est sensible à rien et que de ce mouvement qui ne varie pas il ne reçoit jamais l'idée d'étendue ni, en vérité, aucune idée. Supposons même qu'il meuve ses membres en tous sens, il n'en recevra pas davantage cette idée. Il éprouve dans ce cas une certaine sensation, une certaine impression dont les parties, se succédant les unes aux autres, peuvent lui donner l'idée de temps, mais ne sont certes pas disposées de la manière qu'il faut pour qu'il acquiert l'idée d'espace ou d'étendue[2].

7. Ainsi, puisqu'il apparaît que l'obscurité et le mouvement, toute chose visible et tangible étant ôtée, ne peuvent jamais nous donner l'idée d'une étendue sans matière, c'est-à-dire, l'idée d'un vide, nous arrivons à la question suivante : peuvent-ils nous communiquer cette idée, quand ils sont mêlés à quelque chose de visible et de tangible ?[3]

8. Il est communément admis par les philosophes que tous les corps qui se présentent à l'œil apparaissent comme s'ils étaient peints sur une surface plane et que les différents degrés d'éloignement qu'ils ont avec nous se découvrent plus par la raison que par les sens. Quand j'élève ma main devant moi, doigts écartés, ceux-ci sont séparés par la couleur bleue du firmament aussi parfaitement qu'ils

1. Premier argument : l'idée du vide obtenue par anéantissement de la matière est donc une simple idée négative.

2. Comparer avec Berkeley, *Principes*, I, 116.

3. Deuxième argument, concernant le vide comme intervalle (*vacuum interspersum*) : il n'y en a pas de perception propre.

pourraient l'être par n'importe quel objet visible que je placerais entre eux. Afin donc de savoir si la vue peut nous communiquer l'impression et l'idée du vide, nous devons supposer qu'au sein d'une obscurité totale des corps lumineux se présentent à nous, dont la lumière ne découvre que ces corps eux-mêmes, sans nous donner aucune impression des objets environnants.

9. Nous devons faire une supposition parallèle concernant les objets de notre toucher. Il n'y a pas à supposer un retrait complet de tous les objets tangibles : nous devons admettre que quelque chose est perçu par le toucher et qu'après un intervalle et un mouvement de la main ou d'un autre organe de sensation, quelque autre objet du toucher est rencontré, puis, ce dernier étant délaissé, un autre encore ; et ainsi de suite, autant qu'il nous plaira. La question est de savoir si ces intervalles ne nous procurent pas l'idée d'une étendue sans corps[1].

10. Commençons par le premier cas. Il est évident que, lorsque seuls deux corps lumineux apparaissent à l'œil, nous pouvons percevoir s'ils sont joints ou séparés, et s'ils sont séparés par une grande ou une petite distance ; si, d'aventure, la distance varie, nous pouvons percevoir son augmentation ou sa diminution, grâce au mouvement des

---

1. Nous déplaçons notre main et par intervalles notre main touche un corps. Nous avons alors une sensation du corps. Dans les intervalles, nous avons certes la sensation du mouvement de notre main, mais nous ne faisons pas l'expérience de points qui seraient intermédiaires. La question est donc : de quel objet faisons-nous l'expérience dans notre sensation ? Les partisans du vide répondent que nous faisons l'expérience du vide, une chose réelle. En cela, ils sont rejoints par « notre manière naturelle de penser » (ci-dessous, § 11). Nous pensons spontanément la distance entre deux corps comme un vide. L'idée du vide est donc aussi une fiction naturelle.

corps. Mais, comme la distance n'est pas dans ce cas une chose colorée ou visible, on peut penser qu'il y a ici un vide ou une pure étendue, qui non seulement est intelligible à l'esprit mais est aussi manifeste aux sens eux-mêmes.

11. C'est là notre manière naturelle et très familière de penser ; mais c'est aussi ce que nous apprendrons à corriger par un peu de réflexion. Nous pouvons observer que, lorsque deux corps se présentent là où régnait auparavant une complète obscurité, le seul changement que nous puissions découvrir réside dans l'apparition de ces deux objets et que tout le reste continue d'être, comme auparavant, une parfaite négation de la lumière et de tout objet coloré ou visible. Ce n'est pas seulement vrai de ce qui peut être dit éloigné de ces corps, mais aussi de la distance elle-même qui les sépare, celle-ci n'étant elle-même qu'obscurité, négation de la lumière, sans parties, sans composition, invariable et indivisible. Or, puisque cette distance ne cause aucune perception qui serait différente de ce qu'un homme aveugle reçoit de ses yeux ou de ce qui se transmet à nous dans la nuit la plus noire, elle doit partager les mêmes propriétés. Et comme la cécité et l'obscurité ne nous procurent pas d'idées de l'étendue, il est impossible que la distance obscure et indistincte qui sépare deux corps puisse jamais produire cette idée.

12. La seule différence entre une obscurité absolue et l'apparition de deux ou plusieurs objets lumineux visibles consiste, comme je l'ai dit, dans les objets eux-mêmes et dans la manière dont ils affectent nos sens. Les angles que forment entre eux les rayons de lumière qui en émanent, le mouvement qui est requis de l'œil lorsqu'il passe de l'un à l'autre et les différentes parties des organes qu'ils affectent, tout cela produit les seules perceptions à partir

desquelles nous puissions juger de la distance. Mais comme ces perceptions sont chacune simples et indivisibles, elles ne peuvent jamais nous donner l'idée d'étendue[1].

13. Nous pouvons illustrer ce point en considérant le sens du toucher et la distance imaginaire ou l'intervalle séparant des objets tangibles ou solides. Je suppose deux cas : celui d'un homme restant suspendu en l'air et bougeant ses membres en tous sens sans rien rencontrer de tangible ; et celui d'un homme qui, touchant quelque chose de tangible, le laisse et, après un mouvement dont il a conscience, perçoit un autre objet tangible. Et je demande alors en quoi consiste la différence entre les deux cas. Personne n'hésitera à déclarer qu'elle consiste seulement dans la perception de ces objets et que la sensation qui naît du mouvement, est dans les deux cas la même. Et comme cette sensation n'est pas capable de nous transmettre une idée de l'étendue quand elle ne s'accompagne pas de quelque autre perception, elle ne peut davantage nous donner cette idée quand elle se mêle aux impressions d'objets tangibles, puisque ce mélange ne produit en elle aucune altération.

14. Mais bien que le mouvement et l'obscurité, soit seuls soit accompagnés d'objets tangibles et visibles, ne nous transmettent pas l'idée du vide ou d'une étendue sans matière, ils sont cependant la cause pour laquelle nous imaginons faussement que nous pouvons nous former une telle idée. Car il y a une étroite relation entre ce mouvement

---

1. Au § 22 de l'appendice, Hume revient sur cette affirmation, observant que lesdits angles ne sont pas connus de l'esprit et donc qu'ils ne peuvent nous instruire de la distance.

et cette obscurité, d'une part, et d'autre part une étendue réelle, une composition d'objets visibles et tangibles[1].

15. Premièrement, nous pouvons observer que deux objets visibles surgissant du fond d'une complète obscurité affectent les sens de la même manière et forment le même angle, par les rayons qui en émanent et convergent dans l'œil, que si la distance qui les sépare était remplie par des objets visibles nous donnant une vraie idée d'étendue. La sensation du mouvement est également la même quand rien de tangible ne s'interpose entre les deux corps, que lorsque nous touchons un corps composé dont les différentes parties sont placées au-delà les unes des autres.

16. Deuxièmement, nous apprenons de l'expérience que deux corps qui sont ainsi placés qu'ils affectent les sens de la même manière que deux autres qui ont entre eux une certaine étendue d'objets visibles, sont capables de recevoir la même étendue, sans impulsion ni pénétration perceptibles, et sans que soit changé l'angle sous lequel ils apparaissent aux sens. De la même manière, lorsqu'il y a un objet que nous ne pouvons toucher après un autre sans marquer un intervalle ni sans percevoir dans notre main ou notre organe de sensation la sensation que nous appelons *mouvement*, l'expérience nous montre qu'il est possible que les mêmes objets soient touchés avec la même sensation de mouvement tandis que s'intercale l'impression d'objets solides et tangibles accompagnant la sensation.

---

1. L'idée du vide étant une fiction que naturellement nous formons, il faut rendre compte de la façon dont elle est produite, à savoir par la confusion de deux idées, ou plus précisément de deux opérations de l'esprit offrant de la ressemblance. Hume présente ici (§ 18-21) ce phénomène mental que l'on retrouve dans la formation de la croyance en l'existence extérieure des choses (4, 2, 24) et de la croyance en l'identité personnelle (4, 6, 6).

En d'autres mots, une distance invisible et intangible peut être convertie en une distance visible et tangible, sans aucun changement pour les objets distants.

17. Troisièmement, nous pouvons observer, comme une autre relation entre ces deux sortes de distance, qu'elles ont presque les mêmes effets sur tous les phénomènes naturels. Car, comme toutes les qualités telles que la chaleur, le froid, la lumière, l'attraction, etc. diminuent en proportion de la distance, on observe peu de différence, que cette distance soit marquée par des objets composés et sensibles ou qu'elle soit connue seulement par la manière dont les objets distants affectent les sens.

18. Voici donc trois relations entre la distance qui communique l'idée d'étendue et cette autre qui n'est occupée par aucun objet coloré ou solide. Les objets distants affectent les sens de la même manière, qu'ils soient séparés par l'une ou l'autre distance ; la seconde espèce de distance se trouve capable de recevoir la première et les deux diminuent également la force de toute qualité.

19. Ces relations entre les deux sortes de distance nous donnent clairement la raison pour laquelle l'une a souvent été prise pour l'autre et pourquoi nous imaginons que nous avons une idée de l'étendue sans avoir l'idée d'un objet de la vue ou du toucher. Car nous pouvons établir comme une maxime générale de cette science de la nature humaine que partout où il y a une étroite relation entre deux idées, l'esprit est prompt à les prendre l'une pour l'autre et dans tous ses discours et ses raisonnements à user de l'une en lieu et place de l'autre. Ce phénomène survient en tant d'occasions et il est d'une telle conséquence que je ne peux m'empêcher de faire un arrêt pour en examiner les causes. Je préviens seulement que nous devons distinguer

exactement entre le phénomène lui-même et les causes
que je lui assignerai et que nous ne devons pas imaginer,
s'il se trouve quelque incertitude en celles-ci, que celui-là
soit également incertain. Le phénomène peut être réel et
mon explication chimérique. La fausseté de celle-ci n'est
pas la conséquence de la fausseté de celui-là, bien qu'en
même temps nous puissions observer qu'il nous est très
naturel de tirer une telle conséquence, ce qui est un exemple
évident du principe même que j'essaie d'expliquer.

20. Quand j'ai retenu les relations de *ressemblance*, de
contiguïté et de *causalité* comme principes d'union entre
les idées, sans porter mon examen sur leurs causes, ce fut
plus par le souci d'appliquer ma première maxime selon
laquelle nous devons à la fin nous contenter de l'expérience,
que faute de pouvoir développer quelque chose de séduisant
et de plausible sur ce sujet. Il m'aurait été facile de procéder
à une dissection imaginaire du cerveau et de montrer
pourquoi, lors de la conception d'une idée, les esprits
animaux s'acheminent par toutes les traces contiguës, et
suscitent les autres idées qui sont en relation avec elle.
Mais bien que j'aie négligé un avantage que j'aurais pu
retirer de ce sujet au moment d'expliquer les relations
d'idées, je crains de devoir ici y avoir recours afin de rendre
compte des erreurs qui naissent de ces relations. J'observerai
donc que, l'esprit étant doté du pouvoir de susciter toute
idée qu'il lui plaît, chaque fois qu'il dépêche les esprits
dans la région du cerveau où l'idée est placée, ces esprits
suscitent toujours l'idée quand, avec précision, ils s'acheminent par les traces appropriées et fouillent la cellule qui
appartient à l'idée. Mais comme leur mouvement est
rarement direct et, de manière naturelle, dévie tant soit peu
d'un côté ou de l'autre, il s'ensuit que, tombant dans les
traces contiguës, ils présentent d'autres idées qui sont

reliées, en lieu et place de celle que l'esprit désirait primitivement examiner. De ce changement nous ne sommes pas
toujours conscients mais, restant engagés dans le même
train de pensée, nous faisons usage de l'idée reliée qui nous
est présentée et nous l'employons dans notre raisonnement
comme si elle était la même que celle que nous poursuivions.
Telle est la cause de beaucoup d'erreurs et de sophismes
en philosophie, comme on l'imaginera naturellement et
comme il serait aisé de le montrer, s'il en était besoin.

21. Des trois relations mentionnées ci-dessus, celle de
la ressemblance est la source d'erreur la plus fertile ; et,
en vérité, il y a peu de fautes de raisonnement qui pour
une grande part ne puisent à cette origine. Non seulement,
les idées qui se ressemblent sont reliées les unes aux autres,
mais encore les actions de l'esprit auxquelles nous nous
livrons quand nous les considérons, sont si peu différentes
que nous sommes incapables de les distinguer. Cette
dernière circonstance est de grande conséquence ; et nous
pouvons observer d'une manière générale que, chaque fois
que les actions de l'esprit, lorsqu'il forme deux idées, sont
les mêmes ou se ressemblent, nous sommes très sujets à
confondre ces idées et à prendre l'une pour l'autre. Ce
dont nous verrons beaucoup d'exemples au fil de ce traité.
Mais, bien que la ressemblance soit la relation qui est le
plus immédiatement source d'erreur dans les idées,
cependant les autres relations, de causalité et de contiguïté,
ne sont pas sans concourir au même effet. Et ce serait assez
pour le prouver que de produire les figures des poètes et
des orateurs, s'il était aussi habituel que raisonnable dans
les sujets de métaphysique d'aller extraire nos arguments
de ce côté. Mais de peur que les métaphysiciens ne jugent
la chose offensante pour leur dignité, je tirerai une preuve
de l'observation qu'on peut faire touchant la plupart des

discours qu'ils tiennent, à savoir qu'il est habituel aux hommes d'employer les mots pour les idées et, quand ils raisonnent, de parler au lieu de penser. Nous employons les mots pour les idées, parce qu'ils sont communément si étroitement liés que l'esprit les prend aisément les uns pour les autres. Et c'est aussi la raison pour laquelle nous substituons l'idée d'une distance qui n'est considérée ni comme visible ni comme tangible à l'étendue qui n'est rien que la composition de points visibles ou tangibles, disposés dans un certain ordre. Les deux relations de *causalité* et de *ressemblance* concourent à la production de cette erreur. La première espèce de distance, apparaissant convertible dans la seconde, se donne sous cet aspect comme une sorte de cause ; et la similitude de leur manière d'affecter les sens et de diminuer toute qualité, forme la relation de ressemblance.

22. Après cette suite de raisonnements et d'explications de mes principes, je suis maintenant prêt à répondre à toutes les objections qui ont été avancées, qu'elles soient tirées de la *métaphysique* ou de la *mécanique*. Les fréquentes disputes concernant le vide ou une étendue sans matière ne prouvent pas la réalité de l'idée qui en fait l'objet, n'y ayant rien de plus commun que de voir les hommes se tromper sur ce point, surtout quand, par l'effet d'une relation étroite, une autre idée vient se présenter, qui peut être l'occasion de leur erreur.

23. Nous pouvons faire presque la même réponse à la seconde objection qui se tire de la conjonction des idées de repos et d'anéantissement. Quand toute chose est anéantie dans la chambre, sachant que les murs demeurent tels qu'ils sont, il faut se représenter cette chambre à peu près de la même façon qu'à présent, où l'air qui la remplit n'est pas l'objet des sens. Cet anéantissement laisse *l'œil* appréhender

encore la distance fictive qui se découvre par le moyen des différentes parties affectées de l'organe et par les degrés de lumière et d'ombre ; et le *toucher* appréhender encore la distance fictive qui consiste en une sensation de mouvement dans la main ou dans quelque autre membre du corps. En vain chercherions-nous plus loin. De quelque côté que nous tournions le sujet, nous découvrirons que ce sont les seules impressions qu'un tel objet peut produire après l'anéantissement supposé ; et l'on a déjà remarqué que les impressions ne peuvent donner naissance qu'aux idées qui leur ressemblent.

24. Puisqu'un corps placé entre deux autres peut être supposé anéanti sans produire de changement en ceux qui le bordent de chaque côté, il est facile de concevoir comment il peut être recréé sans produire davantage d'altération. Or le mouvement d'un corps a à peu près le même effet que sa création. Les corps distants ne sont pas plus affectés dans un cas que dans l'autre. Cela suffit à satisfaire l'imagination et prouve qu'il n'y a rien qui fasse difficulté dans un tel mouvement. Puis l'expérience entre en jeu pour nous persuader que deux corps situés de la manière qu'on a dite ont réellement la capacité de recevoir un corps entre eux et qu'il n'y a pas d'empêchement à convertir la distance invisible et intangible en une distance visible et tangible. Si naturelle que soit cette conversion, nous ne pouvons être sûrs qu'elle soit praticable avant d'en avoir fait l'expérience.

25. Il me semble avoir ainsi répondu aux trois objections mentionnées ci-dessus[1] ; bien que, dans le même temps, j'ai le sentiment que peu se satisferont de ces réponses et proposeront immédiatement de nouvelles objections et de

1. Voir les § 2-4 de cette section.

nouvelles difficultés. On dira probablement que mon raisonnement ne résout en rien la question et que j'explique seulement la manière dont les objets affectent les sens, sans essayer de rendre compte de leur nature et de leurs opérations réelles. Bien qu'il n'y ait rien de visible ou de tangible qui s'interpose entre deux corps, cependant nous trouvons *par expérience* que ceux-ci peuvent être placés par rapport à l'œil de la même manière, et demander le même mouvement de la main passant de l'un à l'autre, que s'ils étaient séparés par quelque chose de visible et de tangible. Et c'est encore *par expérience* que nous trouvons que cette distance invisible et intangible a la capacité de recevoir un corps ou de devenir visible et tangible. Voilà le tout de mon système, et en aucune de ses parties n'ai-je essayé d'expliquer la cause qui sépare les corps de cette manière et leur donne la capacité d'en recevoir d'autres entre eux, sans impulsion ni pénétration.

26. Je réponds à cette objection en plaidant coupable et en confessant que mon intention n'a jamais été de pénétrer la nature des corps ou d'expliquer les causes secrètes de leurs opérations. Car, outre qu'une entreprise de ce genre n'entre pas dans mon présent propos, je redoute qu'elle ne soit hors de la portée de l'entendement humain et que nous ne puissions jamais prétendre connaître les corps autrement que par les propriétés externes qui se découvrent d'elles-mêmes à nos sens. Quant à ceux qui essaient de pousser les choses plus loin, je ne saurais approuver leur ambition tant que je ne verrai pas, ne fût-ce que dans un cas, qu'ils ont rencontré le succès. Mais à présent je me contente de connaître parfaitement la manière dont les objets affectent mes sens et leurs liaisons mutuelles, autant que m'en informe l'expérience. Ce qui suffit à la conduite

de la vie ; ce qui suffit aussi à ma philosophie qui prétend seulement expliquer la nature et les causes de nos perceptions, de nos impressions ou de nos idées [1].

1. App. Aussi longtemps que nous bornons nos spéculations à ce que les objets apparaissent à nos sens, sans entrer dans des investigations concernant leur nature et leurs opérations réelles, nous sommes à l'abri des difficultés et nous ne saurions être embarrassés par aucune question. Ainsi, si l'on demande : la distance invisible et intangible qui sépare deux objets, est-elle quelque chose ou rien ?, il est aisé de répondre qu'il y a *quelque chose*, à savoir une propriété des objets, qui affecte les *sens* de telle manière particulière. Si l'on demande : deux objets ayant telle distance particulière entre eux se touchent-ils ou non ? Il sera répondu que cela dépend de la définition du mot *toucher*. Si l'on dit que les objets se touchent lorsqu'il n'y a rien de *sensible* qui soit intercalé entre eux, ces objets se touchent. Si l'on dit des objets qu'ils *se touchent* quand leurs images frappent des parties contiguës de l'œil et quand la main *touche* les deux objets successivement, sans aucun mouvement intermédiaire, ces objets ne se touchent pas. Les objets apparaissent à nos sens toujours de manière fiable et aucune difficulté ne peut jamais s'élever, sinon de l'obscurité des termes que nous employons. [*Dictionnaire*, « Zénon d'Élée », [G], p. 542].

Mais si nous poussons nos recherches au-delà de ce que les objets apparaissent à nos sens, je crains fort que la plupart de nos conclusions ne soient pleines de scepticisme et d'incertitude. Ainsi, si l'on demande : la distance invisible ou intangible est-elle ou non, toujours remplie par un *corps* ou par quelque chose qui, suite à un perfectionnement de nos organes, pourrait devenir visible ou tangible ?, il me faut admettre que je n'ai aucun argument décisif qui me fasse pencher d'un côté ou de l'autre ; bien que je sois porté à l'opinion contraire qui est plus conforme aux notions vulgaires et populaires. Si l'on entend comme il faut la philosophie *newtonienne*, on pourra voir qu'elle n'emporte rien de plus. Le vide est affirmé ; ce qui est dire que les corps sont placés de manière à recevoir entre eux des corps, et cela sans impulsion ou pénétration. La nature réelle de cette position des corps reste inconnue. Nous ne connaissons que ses effets sur les sens et le pouvoir qu'elle a de recevoir un corps. Rien n'est plus conforme à cette philosophie qu'un modeste scepticisme porté à un certain degré, et qu'un honnête aveu d'ignorance sur des sujets qui excèdent toute capacité humaine. App.

27. Je conclurai ce sujet de l'étendue par un paradoxe qui s'expliquera aisément à partir du précédent raisonnement. Ce paradoxe est le suivant : s'il vous plaît de donner à la distance invisible et intangible ou, en d'autres mots, à la capacité de devenir une distance visible et tangible, le nom de *vide*, alors l'étendue et la matière sont la même chose et cependant il y a du vide. Si vous ne voulez pas donner ce nom, alors le mouvement est possible dans le plein, sans nulle impulsion *in infinitum*, sans retour sur lui-même et sans pénétration. Mais, de quelque manière que nous nous exprimions, nous devons toujours avouer que nous n'avons nulle idée d'une étendue réelle sans la remplir d'objets sensibles ni sans en concevoir les parties comme étant visibles ou tangibles.

28. Quant à la doctrine que le temps n'est que la manière dont certains objets réels existent, nous pouvons observer qu'elle prête aux mêmes objections que la doctrine similaire relative à l'étendue. Si c'est assez prouver que nous avons l'idée de vide que de disputer et de raisonner à son sujet, pour la même raison nous devons avoir l'idée de temps sans que soit requise une existence qui change, puisqu'il n'y a pas de sujet de dispute plus fréquent et plus commun. Mais qu'en réalité nous n'ayons pas une telle idée, est une chose certaine. Car d'où la dériver ? Naît-elle d'une impression de sensation ou de réflexion ? Présentez-la nous d'une manière distincte pour que nous puissions en connaître la nature et les qualités. Mais si vous ne pouvez présenter *une telle impression*, soyez certain que vous faites erreur quand vous vous imaginez avoir *une telle idée*.

29. Mais bien qu'il soit impossible de montrer l'impression de laquelle serait dérivée l'idée de temps sans que soit requise une existence qui change, nous pouvons

cependant présenter les apparences qui nous font imaginer que nous avons une telle idée. Car nous pouvons observer qu'il y a une continuelle succession de perceptions dans notre esprit, de sorte que, l'idée de temps nous étant toujours présente, quand nous considérons un objet fixe à cinq heures et regardons le même à six, nous sommes portés à lui appliquer cette idée de la même manière que si tout moment se signalait par une position différente ou par une altération de l'objet. La première et la seconde apparitions de l'objet, étant comparées à la succession de nos perceptions, semblent aussi éloignées que si l'objet avait réellement changé. À quoi nous pouvons ajouter que, comme l'expérience nous le montre, l'objet était susceptible d'un certain nombre de changements entre ces apparitions ; et aussi que la durée sans changement, ou plutôt la durée fictive, a le même effet sur chaque qualité en l'augmentant ou en la diminuant que cette succession qui est évidente aux sens. Ces trois relations nous portent à confondre nos idées et à imaginer que nous pouvons former l'idée de temps et de durée, en l'absence de tout changement ou succession.

SECTION VI
De l'idée d'existence et d'existence extérieure

1. Il peut n'être pas inutile, avant de clore ce sujet, d'expliquer les idées d'existence et d'existence extérieure ; idées qui ont leurs difficultés comme les idées d'espace et de temps. Par ce moyen, nous serons d'autant mieux préparés à l'examen de la connaissance et de la probabilité, entendant parfaitement toutes les idées particulières susceptibles d'entrer dans notre raisonnement.

2. Il n'est d'impression ou d'idée d'aucune sorte dont nous ayons conscience ou mémoire, qui ne soit conçue comme existante; et il est évident que de cette conscience est dérivée l'idée la plus parfaite et l'assurance la plus complète de l'*être*. De là, nous pouvons former un dilemme, le plus clair et le plus probant qu'on puisse imaginer, à savoir que, puisque nous ne nous souvenons jamais d'une idée ou d'une impression sans lui attribuer l'existence, l'idée d'existence doit ou bien dériver d'une impression distincte se joignant à toute perception ou à tout objet de notre pensée, ou bien ne faire qu'un avec l'idée de la perception ou de l'objet[1].

3. De même que ce dilemme est une conséquence évidente du principe que toute idée naît d'une impression qui lui est semblable, de même notre choix entre les deux propositions du dilemme ne fait pas davantage de doute. Loin qu'il y ait une impression distincte accompagnant toute impression ou toute idée, je ne pense pas qu'il y ait deux impressions distinctes qui soient inséparablement conjointes. Bien que certaines sensations puissent être unies à un moment donné, nous découvrons rapidement qu'elles admettent d'être séparées et d'être présentées à part. Et ainsi, quoique toute impression et toute idée dont nous avons le souvenir soient considérées comme existantes, l'idée d'existence n'est pas dérivée d'une impression particulière.

---

1. Dans sa doctrine qu'il n'y a pas d'idée séparée de l'existence, Hume a été précédé par Locke, *Essai*, II, 7, 7, et par Berkeley, *Principes*, I, 81 *sq*. Mais la démonstration, par l'application du principe de séparation des perceptions, lui est propre (alors que pour Berkeley, une telle idée de l'existence serait obtenue par abstraction, ce qui ne se peut). Dans l'article « Existence » de la *Cyclopaedia*, Chambers emploie encore le langage de l'École, mais renferme potentiellement la thèse.

4. L'idée d'existence ne fait donc qu'un avec l'idée de ce que nous concevons être existant. Réfléchir à une chose simplement et y réfléchir comme existante, ne fait aucune différence. Cette idée, quand elle est jointe à l'idée d'un objet, ne lui ajoute rien. Tout ce que nous concevons, nous le concevons comme existant. Toute idée qu'il nous plaît de former est l'idée d'un être et l'idée d'un être est toute idée qu'il nous plaît de former.

5. Quiconque conteste cela doit nécessairement mettre en lumière cette impression distincte de laquelle l'idée d'entité est dérivée, et il doit aussi prouver que cette impression est inséparable de toute perception que nous croyons être existante. Chose impossible, pouvons-nous conclure sans hésitation.

6. Notre précédent raisonnement touchant la *distinction* des idées en l'absence d'une réelle *différence* ne nous sera ici d'aucune utilité[1]. Cette sorte de distinction est fondée sur les différentes ressemblances que la même idée simple peut avoir à différentes idées. Mais aucun objet ne peut être présenté comme ressemblant à tel autre quant à son existence et comme différent des autres sous le même titre ; puisque tout objet qui est présenté doit nécessairement être existant.

7. Un semblable raisonnement rendra compte de l'idée d'existence extérieure. Nous pouvons observer qu'il est universellement admis par les philosophes, et la chose est assez évidente par elle-même, que rien n'est jamais présent à l'esprit que ses perceptions, impressions et idées, et que les objets extérieurs ne nous sont connus que par les perceptions qu'ils occasionnent. Haïr, aimer, penser, toucher, voir, tout ceci n'est rien que percevoir.

1. Voir *supra*, I, 1, 7.

8. Or, puisque rien n'est jamais présent à l'esprit que ses perceptions et puisque toutes les idées sont dérivées de quelque chose qui était antérieurement présent à l'esprit, il suit qu'il nous est impossible de réussir à concevoir ou à former l'idée de quelque chose qui serait spécifiquement différent des idées et des impressions. Fixons, autant qu'il nous est possible, notre attention hors de nous-mêmes ; faisons courir notre imagination jusqu'aux cieux, jusqu'aux limites les plus éloignées de l'univers, jamais nous n'avancerons réellement d'un pas hors de nous-même ; jamais nous ne pourrons concevoir d'autre sorte d'existence que ces perceptions qui sont apparues dans ce cercle étroit. C'est l'univers de l'imagination et nous n'avons pas d'autres idées que celles qui s'y produisent.

9. Le plus loin que nous puissions aller vers la conception d'objets extérieurs, supposés *spécifiquement* différents de nos perceptions, c'est d'en former une idée relative, sans prétendre embrasser les objets en relation. Généralement parlant, nous ne les supposons pas spécifiquement différents, mais nous leur attribuons seulement différentes relations, liaisons et durées. Mais nous reviendrons plus longuement là-dessus[1].

1. Quatrième partie, section 2.

TROISIÈME PARTIE

DE LA CONNAISSANCE
ET DE LA PROBABILITÉ[1]

SECTION I
De la connaissance

1. Il y a sept sortes différentes de relations philosophiques*, à savoir : la *ressemblance*, l'*identité*, les *relations de temps et de lieu*, *les proportions de quantité ou de nombre*, les *degrés de qualité*, la *contrariété* et la *causalité*[2]. Ces relations peuvent être divisées en deux classes : celles qui dépendent entièrement des idées que nous comparons ensemble, et celles qui peuvent changer

---

* Première partie, section 5, [où la distinction entre relations naturelles et relations philosophiques est présentée et où ces dernières qui font fonction de « sujets de comparaison » sont détaillées].

1. La distinction entre la connaissance (au sens restreint du mot : *knowledge*, qui est un sens fréquent dans le texte humien) et la probabilité, qui est aussi un mode de connaissance (au sens large du mot) est ancienne. Au plus proche, elle est réélaborée par Locke, la connaissance étant la perception de la convenance ou de la disconvenance entre deux idées (*Essai*, 4, 1, 1-2). Voir la longue note de Norton et Norton, p. 729-731.

2. Locke distinguait quatre sortes de convenance ou disconvenance : identité ou diversité, relation, coexistence ou liaison nécessaire, existence réelle (*Essai*, 4, 1, 3 *sq*.).

sans aucun changement dans les idées[1]. C'est de l'idée
même de triangle que nous tirons la relation d'égalité qu'il
y a entre ses trois angles et deux droits; et cette relation
est invariable aussi longtemps que notre idée demeure la
même. Au contraire, les relations de *contiguïté* et de *distance*
entre deux objets peuvent changer par une simple
modification de leur lieu, sans qu'aucun changement
n'intervienne en eux ou dans leurs idées; et le lieu dépend
de cent accidents différents qui ne peuvent être anticipés
par l'esprit. Il en va de même avec l'*identité* et la *causalité*.
Deux objets, quoique se ressemblant parfaitement et même
paraissant en un même lieu à des temps différents, peuvent
être numériquement différents. Et comme le pouvoir par
lequel un objet en produit un autre ne se laisse jamais
découvrir par leurs seules idées, il est évident que *la cause
et l'effet* sont des relations dont nous sommes instruits par
l'expérience et non par quelque réflexion ou raisonnement
abstraits. Il n'y a pas un seul phénomène, même le plus
simple, dont on puisse jamais rendre compte à partir des
qualités des objets, telles qu'elles nous apparaissent, ou
que nous puissions prévoir sans nous aider de notre mémoire
et de notre expérience.

2. Il apparaît donc que des sept relations philosophiques
il n'y en a que quatre qui, dépendant des seules idées,
peuvent être des objets de connaissance et de certitude.
Ce sont la *ressemblance*, la *contrariété*, les *degrés de
qualité* et les *proportions de quantité ou de nombre*. Trois
de ces relations se découvrent à première vue et relèvent
plus proprement du domaine de l'intuition que de la
démonstration. Quand deux objets se *ressemblent*, cette
ressemblance saute à l'œil ou plutôt à l'esprit, et demande
rarement un second examen. Il en va de même avec la

---

1. Cette distinction est rappelée dans le livre III (I, 1, 9) du *Traité*.

contrariété et avec les *degrés de qualité*. Nul ne peut douter un seul instant que l'existence et la non-existence ne se détruisent l'une l'autre et ne soient parfaitement incompatibles et contraires. Et, bien qu'il soit impossible de juger exactement des degrés d'une qualité telle que la couleur, le goût, le chaud, le froid, quand leur différence est très petite, il est cependant possible de décider que l'une est supérieure ou inférieure à l'autre, quand cette différence est marquée. Et cette décision, nous la prononçons toujours à première vue, sans étude ni raisonnement.

3. Nous sommes à même de procéder de la même manière dans la détermination *des proportions de quantité et de nombre*, et de saisir d'une seule vue la supériorité ou l'infériorité d'un nombre sur l'autre ou d'une figure sur l'autre, spécialement quand la différence est très grande et remarquable. Quant à l'égalité ou à toute proportion exacte, nous ne pouvons guère faire plus d'un seul regard que l'estimer ; sauf pour de très petits nombres ou pour des parties d'étendue très limitées, que nous appréhendons en un instant et pour lesquelles nous percevons l'impossibilité où nous sommes de tomber dans une erreur considérable. Dans tous les autres cas, nous devons établir les proportions avec quelque liberté ou procéder d'une manière plus artificielle.

4. J'ai déjà observé que la géométrie, cet *art* par lequel nous déterminons les proportions des figures, quoique surpassant de loin, en universalité et en exactitude, les jugements flottants des sens et de l'imagination n'atteint jamais une précision et une exactitude qui soient parfaites[1]. Ses premiers principes sont encore tirés de la manière d'apparaître en général des objets, laquelle ne peut nous

---

1. Voir *supra*, *Traité*, I, 2, 4, 17 *sq.*

fournir aucune garantie quand nous examinons la prodigieuse petitesse dont la nature est capable. Nos idées semblent nous donner la parfaite assurance que deux lignes droites ne peuvent avoir de segment commun ; mais, si nous considérons ces idées, nous verrons qu'elles supposent toujours une inclinaison sensible des deux lignes et que, quand l'angle qu'elles forment est extrêmement petit, nous n'avons pas de modèle de ligne droite assez précis pour nous assurer de la vérité de cette proposition. Il en va de même pour la plupart des décisions premières des mathématiques.

5. Il ne reste donc que l'algèbre et l'arithmétique à se présenter comme des sciences où nous pouvons porter une chaîne de raisonnement à n'importe quel degré de complexité, tout en conservant une exactitude et une certitude parfaite. Nous disposons d'une règle précise par laquelle juger de l'égalité et des proportions des nombres ; et selon qu'ils répondent ou non à cette règle, nous déterminons leurs relations sans risque d'erreur. Quand deux nombres sont ainsi combinés que l'un a toujours une unité pour répondre à toute unité de l'autre, nous les déclarons égaux. Et c'est par manque d'une telle règle d'égalité en ce qui concerne l'étendue que la géométrie peut difficilement être tenue pour une science parfaite et infaillible[1].

6. Mais ici il peut être bon de prévenir une difficulté qui naîtrait de ce que je viens d'affirmer, à savoir que la géométrie, bien qu'elle n'atteigne pas à cette précision ni

---

1. La géométrie n'est pas une science parfaite et infaillible, c'est pourquoi elle peut aussi être dite un art. Voir E. Chambers, *Cyclopaedia*, édition de 1728, préface : « le manque de clarté et de précision dans nos perceptions [...] fait que la géométrie elle-même diffère peu d'un art » (dans notre traduction, dans *Recherches sur Diderot et l'Encyclopédie*, 37, oct. 2004, p. 59).

à cette certitude parfaites qui sont propres à l'arithmétique
et à l'algèbre, reste cependant bien supérieure aux jugements
imparfaits de nos sens et de notre imagination. La raison
pour laquelle j'impute du défaut à la géométrie tient à ce
que ses principes premiers et fondamentaux sont tirés des
apparences seules ; et que l'on peut s'imaginer que ce défaut
doive toujours lui être attaché et l'empêcher d'atteindre
jamais, dans la comparaison des objets ou des idées, à une
exactitude plus grande que ne le peuvent à eux seuls notre
œil et notre imagination. Je ne nie pas que ce défaut soit
assez présent pour l'empêcher d'aspirer jamais à une pleine
certitude ; mais puisque ces principes fondamentaux
dépendent des apparences les plus faciles et les moins
trompeuses, ils confèrent à leurs conséquences un degré
d'exactitude dont elles ne sont pas susceptibles par elles-
mêmes. Il est impossible à l'œil de décider que les angles
d'un chiliogone sont égaux à 1996 angles droits, ou
d'avancer une conjecture qui s'approche de cette proportion ;
mais quand il décide que les lignes droites ne peuvent
coïncider, que nous ne pouvons pas tirer plus d'une ligne
droite entre deux points donnés, ses erreurs ne sont jamais
de grande conséquence. Et c'est la nature et l'utilité de la
géométrie que de nous reconduire à des apparences qui,
en raison de leur simplicité, ne peuvent nous jeter dans une
erreur considérable.

7. Je saisis ici l'occasion de me livrer à une seconde
observation concernant nos raisonnements démonstratifs,
observation que suggère ce même sujet des mathématiques.
Il est habituel chez les mathématiciens de prétendre que
les idées qui sont leurs objets sont d'une nature si subtile
et si spirituelle qu'elles ne tombent pas sous la conception
de l'imagination mais demandent pour être appréhendées
une vue qui soit pure et intellectuelle, vue dont les seules

facultés supérieures de l'âme sont capables. Cette même notion a cours dans beaucoup de parties de la philosophie et il en est fait principalement usage pour expliquer nos idées abstraites et pour montrer comment nous pouvons former, par exemple, l'idée d'un triangle qui ne soit ni isocèle ni scalène, ni limité à telle longueur particulière ou à telle proportion de ses côtés. Il est facile de voir pourquoi les philosophes sont si friands de cette notion de perceptions subtiles et spirituelles qui leur permettent de masquer mainte absurdité et de se soustraire aux décisions des idées claires en convoquant des idées obscures et incertaines de cette sorte. Mais pour détruire cet artifice, il nous suffit de considérer de nouveau le principe que nous avons si souvent rappelé *que toutes nos idées sont copiées de nos impressions.* Car de ce principe nous pouvons immédiatement conclure que, puisque toutes les impressions sont claires et précises, les idées qui en sont la copie doivent être de même nature et ne peuvent jamais renfermer, sinon par notre faute, rien d'aussi obscur ni d'aussi compliqué. Par sa nature même, une idée est plus faible et plus atténuée qu'une impression ; mais, puisque sous tout autre aspect elle est identique, elle ne peut renfermer un bien grand mystère. Si sa faiblesse la rend obscure, il nous appartient de remédier à ce défaut, autant qu'il est possible, en la maintenant invariable et précise ; et tant que nous n'avons pas fait cela, il est vain de prétendre raisonner et philosopher.

SECTION II

De la probabilité et de l'idée de la cause et de l'effet

1. Voilà tout ce que je pense nécessaire d'observer touchant les quatre relations qui sont au fondement de la science. Quant aux trois autres qui ne dépendent pas de l'idée et qui peuvent être absentes ou présentes même

lorsque *celle-ci* demeure inchangée, il convient de les expliquer de plus près. Ces trois relations sont l'*identité*, la *position dans le temps et dans l'espace* et la *causalité*.

2. Toute espèce de raisonnement n'est rien qu'une *comparaison* et la découverte des relations, constantes ou inconstantes, que deux ou plusieurs objets ont entre eux. Cette comparaison, nous pouvons la faire, que les deux objets soient présents aux sens, qu'aucun des deux ne le soit ou qu'un seul le soit. Quand les deux objets sont présents aux sens en même temps que la relation, *cela* s'appelle une perception plutôt qu'un raisonnement ; et il n'y a pas dans ce cas d'exercice de la pensée ni aucune action à proprement parler, mais la réception purement passive des impressions par l'intermédiaire des organes de la sensation[1]. Dans cet esprit, nous ne saurions prendre comme un raisonnement aucune des observations que nous pouvons faire sur l'*identit*é ou sur les *relations de temps et de lieu*, puisqu'en aucune l'esprit ne peut aller au-delà de ce qui est immédiatement présent aux sens, que ce soit pour découvrir l'existence réelle ou les relations des objets. Seule la causalité produit une liaison qui, à partir de l'existence ou de l'action d'un objet, nous donne l'assurance que cette existence ou cette action fut suivie ou précédée par une autre existence ou une autre action ; et nous ne pouvons avoir recours dans un raisonnement aux deux autres relations, qu'autant qu'elles affectent cette première

1. Dans la préface à la *Cyclopaedia*, (*op. cit.*, p. 60 *sq.*), Chambers distingue entre la science qui est passive (elle reçoit la vérité) et l'art qui est actif (il applique la science à des fins particulières). Hume introduit la distinction dans le champ de la science : l'esprit est passif quand il appréhende dans leur relation les deux objets qui lui sont donnés dans l'expérience ; il est actif, quand un seul objet lui étant donné, il se porte vers un second, allant ainsi au-delà de son expérience. Ce qui est le cas (et le seul cas) dans les raisonnements de causalité.

relation ou sont affectées par elle. Il n'y a rien dans les objets pour nous persuader qu'ils sont toujours *éloignés* ou toujours *contigus* ; et quand par l'expérience ou l'observation nous découvrons que leur relation est sur ce point invariable, nous concluons toujours qu'il y a quelque *cause* secrète qui les sépare ou les unit. Le même raisonnement s'étend à *l'identité*. Nous ne laissons de supposer qu'un objet peut demeurer individuellement le même, bien qu'il soit tantôt absent tantôt présent aux sens, et nous lui attribuons une identité, en dépit de l'interruption de notre perception, toutes les fois que nous concluons que, si nous avions constamment gardé l'œil ou la main sur lui, il nous aurait communiqué une perception invariable et ininterrompue. Mais cette conclusion qui va au-delà des impressions de nos sens ne peut être fondée que sur la liaison de *cause* et d'*effet* ; et nous ne pourrions autrement avoir toute assurance que l'objet n'a pas changé à notre insu, si forte soit la ressemblance du nouvel objet à celui qui était précédemment présent à nos sens. Toutes les fois que nous découvrons une ressemblance aussi parfaite, nous examinons si elle est ordinaire pour cette espèce d'objets, et s'il est possible ou probable qu'une cause intervienne dans la production du changement et de la ressemblance. Et selon que nous nous déterminons dans un sens ou dans l'autre touchant ces causes et ces effets, nous formons notre jugement touchant l'identité de l'objet.

3. Il apparaît ainsi que de ces trois relations qui ne dépendent pas uniquement des idées, la seule qui puisse être poursuivie au-delà de nos sens et nous informer d'existences et d'objets que nous ne voyons pas ou que nous ne touchons pas, est la *causalité*. C'est donc cette relation que nous allons essayer d'expliquer plus longuement, avant de quitter le sujet de l'entendement.

4. Pour commencer de manière régulière, nous devons considérer l'idée de causalité et voir de quelle origine elle est dérivée. Il est impossible de raisonner avec justesse sans entendre parfaitement l'idée sur laquelle on raisonne ; et il est impossible d'entendre parfaitement une idée sans la reconduire à son origine et sans examiner l'impression première de laquelle elle naît. L'examen de l'impression donne de la clarté à l'idée et l'examen de l'idée donne de la clarté à tout le raisonnement.

5. Jetons donc notre regard sur deux objets quelconques que nous nommons l'un la *cause* et l'autre l'*effet*, et tournons-les de tous les côtés afin de découvrir l'impression qui produit une idée d'une si prodigieuse conséquence. Je perçois à première vue que je ne dois pas la chercher dans une des *qualités* particulières des objets puisque, quelle que soit la qualité à laquelle je m'arrête, je trouve toujours un objet qui ne la possède pas et n'en tombe pas moins sous la dénomination de *cause* ou d'*effet*. Et, en vérité, il n'est rien de tout ce qui existe de manière externe ou de manière interne, qui ne puisse être considéré comme une cause ou comme un effet, bien qu'il soit évident qu'il n'y a aucune qualité qui appartienne universellement à tous les êtres et leur donne le droit à cette dénomination[1].

6. L'idée de causalité doit donc être dérivée de quelque *relation* entre les objets, et c'est cette relation que nous devons maintenant essayer de découvrir. Je découvre

1. Hume brise avec la tradition née d'Aristote (et avec le sens commun) : la causalité n'est pas une qualité entrant dans la nature de la cause ni ne se confond avec une de ses qualités.. Elle est une relation. Mais l'esprit ne la perçoit pas davantage comme relation, les deux relations qu'il perçoit entre les deux objets reliés étant la contiguïté et l'antériorité de l'objet-cause sur l'objet-effet (c'est-à-dire l'espace et le temps dont nous faisons l'expérience, au sens défini dans la partie précédente).

d'abord que, quels que soient les objets qui sont considérés comme des causes ou comme des effets, ils sont *contigus* et que rien ne peut opérer dans un temps et dans un lieu qui seraient si peu que ce soit éloignés du temps et du lieu de son existence[1]. Bien que des objets distants puissent parfois sembler se produire l'un l'autre, on trouve d'ordinaire, après examen, qu'ils sont liés par une chaîne de causes qui sont contiguës les unes aux autres ainsi qu'aux objets distants ; et quand, dans tel ou tel cas particulier nous ne pouvons découvrir cette liaison, nous présumons encore qu'elle existe. Nous pouvons donc considérer la relation de *contiguïté* comme essentielle à celle de causalité ; du moins pouvons-nous la supposer telle, conformément à l'opinion générale, jusqu'à ce que nous ayons une occasion plus propice[2] de clarifier ce point, en examinant quels objets sont ou non susceptibles de juxtaposition et de conjonction.

7. La seconde relation que j'observerai comme étant essentielle aux causes et aux effets, n'est pas admise aussi universellement et elle prête à la controverse. C'est celle de la priorité temporelle de la cause sur l'effet. Certains prétendent qu'il n'est pas absolument nécessaire que la cause précède son effet, mais qu'un objet ou une action, au tout premier moment de son existence, peut exercer sa qualité productive et donner naissance à un autre objet ou à une autre action qui lui est parfaitement contemporaine. Mais, outre que l'expérience dans la plupart des cas semble contredire cette opinion, nous pouvons établir cette relation de priorité par une sorte d'inférence ou de raisonnement. C'est une maxime établie à la fois en philosophie naturelle

1. C'est en philosophie naturelle tout ramener à l'impulsion. L'attraction est alors un problème.
2. Quatrième partie, section 5.

et en philosophie morale qu'un objet qui existe si peu de temps que ce soit dans sa pleine perfection sans en produire un autre, n'est pas la seule cause de ce dernier, mais qu'il reçoit l'assistance de quelque autre principe qui le pousse hors de son état d'inactivité et lui fait exercer cette énergie qu'il possède secrètement. Or si une cause pouvait être parfaitement contemporaine de son effet, il est certain, selon cette maxime, que toutes devraient l'être, puisque toute cause qui retarde son opération si peu que ce soit ne s'exerce pas au moment précis où elle aurait pu opérer, et par suite n'est pas proprement une cause. La conséquence ne serait rien moins que la destruction de cette succession de causes que nous observons dans le monde et, à la vérité, le total anéantissement du temps. Car si une cause était contemporaine de son effet et cet effet contemporain de son effet, et ainsi de suite, il est clair qu'il n'y aurait pas une telle chose que la succession et que tous les objets devraient être coexistants.

8. Si cet argument apparaît satisfaisant, fort bien. S'il ne le paraît pas, je prie le lecteur de m'accorder la même liberté que dans le cas précédent, celle de le supposer. Car il découvrira que l'affaire n'a pas beaucoup d'importance.

9. Ayant ainsi découvert ou supposé que les deux relations de *contiguïté* et de *succession* sont essentielles aux causes et aux effets, me voici arrêté net et ne pouvant aller plus avant, à ne considérer qu'un seul cas de cause et d'effet. Dans un choc, le mouvement d'un corps est regardé comme la cause du mouvement d'un autre. Quand nous considérons ces objets avec la plus grande attention, nous voyons seulement qu'un corps s'approche d'un autre et que son mouvement précède le mouvement de cet autre, mais sans intervalle sensible. Il est vain de nous torturer à pousser *plus loin* notre pensée et notre réflexion sur ce

sujet. Nous ne pouvons aller *plus loin* en considérant ce cas particulier.

10. Abandonnerait-on ce cas et prétendrait-on définir une cause en disant que c'est une chose qui en produit une autre, que ce serait manifestement ne rien dire. Car que signifie-t-on par *production*? Qui peut donner une définition de ce mot qui ne soit pas la même que la définition de la causalité? Je désire que celui qui le peut me la donne; s'il ne le peut pas, il tourne dans un cercle et donne un synonyme au lieu d'une définition.

11. Nous contenterons-nous alors de ces deux relations de contiguïté et de succession, estimant qu'elles nous apportent une idée complète de la causalité? En aucune façon. Un objet peut être contigu et antérieur à un autre objet, sans qu'on le considère comme sa cause. Il y a une *liaison nécessaire*, à prendre en considération[1]; et cette relation est d'une bien plus grande importance que les deux précédentes.

12. Parvenu à ce point, de nouveau je tourne l'objet de tous les côtés afin de découvrir la nature de cette liaison nécessaire et de dégager l'impression ou les impressions desquelles cette idée peut être dérivée. Quand je tourne mon regard vers les *qualités connues* des objets, je découvre immédiatement que la relation de cause et d'effet ne dépend d'elles aucunement. Quand je considère leurs *relations*, je ne trouve que celles de contiguïté et de succession; et j'ai déjà dit que je les tenais pour imparfaites et insuffisantes. Désespérant du succès, affirmerai-je que je possède là une idée qui n'est pas précédée d'une impression semblable?

---

1. Malebranche avait déjà posé « qu'une cause véritable est une cause entre laquelle et son effet l'esprit aperçoit une liaison nécessaire » (*Recherche*, 6, 2, 3, p. 280).

Ce serait donner une trop forte preuve de légèreté et d'inconstance, puisque le principe contraire a été déjà si fermement établi qu'il ne tolère plus aucun doute, du moins tant que nous n'avons pas examiné de plus près la difficulté présente.

13. Nous devons donc procéder comme ceux qui, étant à la recherche d'une chose qui leur est cachée et qui ne la trouvant pas dans le lieu qu'ils attendaient, battent la campagne alentour, sans vue ni dessein déterminés, dans l'espoir que leur bonne fortune les guidera à la fin jusqu'à ce qu'ils recherchent. Il nous faut laisser de côté l'examen direct de la question concernant la nature de cette *liaison nécessaire* qui entre dans notre idée de la cause et de l'effet et tâcher d'introduire d'autres questions dont l'examen, nous fournira peut-être un indice du moyen de clarifier la présente difficulté[1]. De ces questions, il s'en présente deux que je vais maintenant examiner.

14. Premièrement, pour quelle raison déclarons-nous *nécessaire* que toute chose dont l'existence a un commencement ait aussi une cause ?

15. Deuxièmement, pourquoi concluons-nous que telles causes particulières doivent avoir *nécessairement* tels effets particuliers ? Et quelle est la nature de l'*inférence* que nous tirons des unes aux autres, et de la *croyance* que nous plaçons en elle ?[2]

---

1. Ce détour est déterminant. Outre son effet dramatique (l'idée de causalité n'est donnée ni *a priori* ni *a posteriori*), il permet d'introduire un nouveau mode de questionnement : quelle est la cause qui fait que nous en venons à attribuer une cause à tout début d'existence et à conserver déterminée la relation entre la cause et l'effet ? L'idée de nécessité reste au cœur des deux questions posées.

2. On reconnaît dans les deux questions posées ici les deux questions du principe métaphysique de raison : Pourquoi quelque chose plutôt que rien ? Pourquoi ceci plutôt que cela ?

16. J'observerai seulement, avant d'aller plus avant, que, bien que les idées de cause et d'effet dérivent des impressions de réflexion autant que des impressions de sensation, cependant, à des fins de brièveté, je mentionne ordinairement les secondes comme l'origine de ces idées ; je désire toutefois que tout ce que je dis de celles-ci soit étendu à celles-là. Les passions sont liées à leurs objets, et entre elles, non moins que les corps extérieurs sont liés entre eux. Et donc la même relation de cause et d'effet qui vaut pour les uns doit être commune à tous les autres.

SECTION III

Pourquoi une cause est toujours nécessaire

1. Commençons avec la première question, qui porte sur la nécessité de la cause. C'est une maxime générale en philosophie *que tout ce qui commence d'exister doit avoir une cause de son existence.* Une maxime qu'on tient communément pour accordée dans tous les raisonnements, sans qu'il en soit donné ou exigé de preuve ; et qu'on suppose fondée sur l'intuition et relevant de ces maximes que les hommes peuvent nier du bout des lèvres mais dont, en réalité, au fond de leur cœur, ils ne sauraient douter[1]. Mais si nous l'examinons en référence à l'idée de la connaissance présentée ci-dessus, nous ne trouverons en elle aucune trace d'une telle certitude intuitive ; bien au contraire, nous découvrirons qu'elle est d'une nature tout à fait étrangère à cette sorte de conviction[2].

1. *Cf.* Samuel Clarke, *A Demonstration of the Being and Attributes of God,* trad. fr. A. Jacques, 1843, dans le *Œuvres philosophiques* de Samuel Clarke (désormais : *A Demonstration*), Paris, Charpentier, proposition 2, p. 13.

2. « Mais permettez-moi de vous dire que je n'ai jamais affirmé une proposition aussi absurde selon laquelle une chose pourrait survenir sans

2. Toute certitude procède de la comparaison des idées et de la découverte de relations qui restent inaltérables aussi longtemps que les idées demeurent les mêmes. Ces relations sont la *ressemblance*, les *proportions dans la quantité et le nombre*, les *degrés de qualité* et la *contrariété*; aucune d'entre elles n'est impliquée dans la proposition que *ce qui a un commencement a aussi une cause de son existence*. Cette proposition n'est donc pas intuitivement certaine. Du moins, celui qui affirmerait qu'elle l'est, serait-il dans la nécessité de nier que les relations citées soient les seules relations infaillibles et de trouver, impliquée en elle, quelque autre relation de même sorte, qu'il serait alors assez temps d'examiner.

3. Mais voici un argument qui prouve sur-le-champ que la précédente proposition n'est ni intuitivement ni démonstrativement certaine. Nous ne pourrons jamais démontrer qu'une cause est nécessaire pour toute nouvelle existence ou toute nouvelle modification d'existence, sans montrer en même temps qu'il est impossible qu'une chose puisse jamais commencer d'exister sans un principe producteur; et si cette dernière proposition ne peut être prouvée, nous devons à jamais désespérer de prouver la première. Or que cette dernière proposition ne soit absolument pas susceptible d'une preuve démonstrative, nous pouvons nous en convaincre en considérant que, toutes les idées distinctes étant séparables les unes des autres et les idées de la cause et de l'effet étant évidemment distinctes, il nous est facile de concevoir qu'un objet n'existe pas à ce moment puis qu'il existe à cet autre, sans

cause. J'ai seulement soutenu que notre certitude de la fausseté de cette proposition ne procède ni de l'intuition ni d'une démonstration, mais d'une autre source » (lettre à John Stewart, fév. 1754, *Letters*, 1, p. 187).

y joindre l'idée distincte d'une cause ou d'un principe producteur. Et donc, la séparation de l'idée de cause d'avec l'idée de commencement d'existence est parfaitement possible pour l'imagination ; partant, la séparation effective de ces objets est possible dès lors qu'elle n'implique pas de contradiction ni d'absurdité ; et partant elle ne saurait être réfutée par aucun raisonnement portant sur les seules idées ; ce sans quoi il est impossible de démontrer la nécessité d'une cause[1].

4. Et, de fait, le moindre examen nous fait voir que toutes les démonstrations qui ont été produites à l'appui de la nécessité des causes sont fallacieuses et sophistiques. Tous les points de temps et de lieu, disent certains philosophes[*], où nous pouvons supposer qu'un objet commence d'exister, sont en eux-mêmes égaux ; et, à moins d'une cause qui soit particulière à un temps et à un lieu et qui par ce moyen détermine et fixe l'existence, celle-ci demeurera inévitablement en perpétuel suspens ; et l'objet ne pourra jamais commencer d'être, faute de quelque chose qui en fixe le commencement. Mais je demande : y a-t-il plus de difficulté à supposer que le temps et le lieu soient fixés sans une cause que de supposer que l'existence soit déterminée de cette manière ? La première question qui se pose sur ce sujet est toujours *si* l'objet existera ou non. La seconde est *quand* et *où* il commencera d'exister. Si

---

[*] Mr. Hobbes. [Hume reprend le texte de Hobbes, *Of Liberty and Necessity*, dans *English Works of Thomas Hobbes*, ed. by W. Molesworth, London 1839-1844, IV, p. 276 ; trad. fr. F. Lessay, *De la liberté et de la nécessité*, Paris, Vrin, 1993, p. 112].

[1]. Si la maxime considérée pouvait être intuitivement ou démonstrativement certaine, la relation de causalité serait une relation d'idées et non une relation de faits.

l'absence de cause est intuitivement absurde dans un cas, elle doit l'être dans l'autre. Et si, dans un cas, cette absurdité n'est pas claire sans une preuve, elle en demandera également une dans l'autre cas. L'absurdité donc d'une supposition ne peut jamais être la preuve de celle de l'autre ; puisqu'elles sont sur le même pied et doivent rester debout ou s'effondrer par le même raisonnement.

5. Le second argument* que je trouve employé sur ce chapitre, souffre d'une égale difficulté. Il dit : toute chose doit avoir une cause ; car si une chose n'avait pas de cause, elle se produirait elle-même, c'est-à-dire elle existerait avant d'avoir existé, ce qui est impossible. Mais manifestement ce raisonnement n'a rien de concluant puisqu'il suppose que, tout en niant la cause, nous tenions encore pour accordé ce que nous nions expressément, à savoir qu'il doit y avoir une cause, qui passe dès lors pour être l'objet lui-même ; et cela est sans nul doute une évidente contradiction. Mais dire qu'une chose est produite ou, pour m'exprimer plus proprement, vient à l'existence sans une cause n'est pas affirmer qu'elle est à elle-même sa propre cause ; tout au contraire, l'exclusion de toutes les causes externes exclut *a fortiori* la chose même qui est créée. Un objet qui existe absolument sans cause n'est certainement pas sa propre cause ; et quand vous affirmez que ceci suit de cela, vous supposez ce qui est précisément en question et tenez pour accordé qu'il est totalement impossible qu'une chose puisse jamais commencer d'exister sans une cause, mais que, un certain principe producteur ayant été exclu, on doive encore avoir recours à un autre.

* Dr Clarke et d'autres. [Clarke, *A Demonstration*, proposition 2. Pour d'autres références, voir Norton et Norton, p. 736].

218 LIVRE I, *DE L'ENTENDEMENT* – TROISIÈME PARTIE

6. Il en va exactement de même avec le troisième argument* qui a pu être employé pour démontrer la nécessité de la cause. Tout ce qui est produit sans une cause est produit par *rien* ou, en d'autres mots, n'a rien pour cause. Mais *rien* ne peut jamais être une cause, pas plus qu'il ne peut être quelque chose ou être égal à deux angles droits[1]. Par la même intuition que nous percevons que *rien* n'est pas égal à deux angles droits ou n'est pas quelque chose, nous percevons qu'il ne peut jamais être une cause ; et en conséquence nous ne manquons pas de percevoir que tout objet a une cause réelle de son existence.

7. Je crois qu'il ne sera pas nécessaire d'employer beaucoup de mots pour montrer la faiblesse de cet argument, après ce que j'ai dit du précédent. Tous ces arguments sont fondés sur le même faux raisonnement et procèdent du même tour de pensée. Il suffit seulement d'observer que, quand nous excluons toutes les causes, nous les excluons réellement et ne supposons pas que *rien* ou l'objet lui-même soient les causes de l'existence ; et en conséquence nous ne pouvons tirer aucun argument de l'absurdité de ces suppositions pour prouver l'absurdité de cette exclusion. Si toute chose doit avoir une cause, il suit que, exclusion faite des autres causes, nous devons accepter l'objet ou *rien* comme causes. Mais c'est précisément le point en question qui est de savoir si toute chose doit avoir une cause ou non ; et donc qui, selon tout juste raisonnement, ne devrait jamais être tenu pour accordé.

8. Il y en a qui, plus frivolement encore, disent que tout effet doit avoir une cause, parce que c'est impliqué dans

* Mr. Locke. [*Essai*, 4, 10, 3 : que le néant ne saurait produire quelque chose].

1. Hume paraphrase Locke (*id.*). Voir aussi Clarke, *A Demonstration*, proposition 1. « des causes de l'athéisme ».

l'idée même de l'effet. Tout effet nécessairement présuppose une cause, *effet* étant un terme relatif qui a *cause* pour corrélat. Mais ceci ne prouve pas que tout être doit être précédé par une cause ; pas plus qu'il ne suit de ce que tout époux doit avoir une épouse, que tout homme doive être marié. Le véritable état de la question est de savoir si tout objet qui commence d'exister doit nécessairement son existence à une cause ; et j'affirme que ceci n'est ni intuitivement ni démonstrativement certain ; et j'espère l'avoir prouvé suffisamment par les arguments qui précèdent.

9. Puisque ce n'est pas de la connaissance ou d'un raisonnement scientifique que nous tirons l'opinion de la nécessité d'une cause pour toute nouvelle production, cette opinion doit nécessairement naître de l'observation et de l'expérience. Et donc la question qui vient naturellement doit être celle-ci : *comment l'expérience donne-t-elle naissance à un tel principe ?* Mais comme je trouve qu'il serait plus à propos de fondre cette question dans la suivante : *pourquoi concluons-nous que telles causes particulières doivent nécessairement avoir tels effets particuliers et pourquoi formons-nous des inférences qui vont des unes aux autres ?* nous ferons de cette dernière le sujet de notre prochaine étude. Peut-être, trouverons-nous à la fin que la même réponse sert aux deux questions.

SECTION IV
Des parties qui composent nos raisonnements sur la cause et l'effet

1. Bien que l'esprit dans ses raisonnements sur les causes et les effets porte son regard au-delà des objets qu'il voit ou dont il se souvient, il ne doit jamais en perdre totalement la vue ni raisonner seulement sur ses propres idées, sans que s'y mêlent des impressions ou, du moins,

des idées de la mémoire, idées qui sont équivalentes aux impressions. Quand nous inférons des effets d'après des causes, nous devons établir l'existence de ces causes; et nous n'avons que deux moyens de le faire, soit par une perception immédiate de notre mémoire ou de nos sens, soit par une inférence d'après d'autres causes, causes dont nous devons à leur tour nous assurer de la même manière, soit par une impression présente soit par une inférence d'après *leurs* causes, et ainsi de suite, jusqu'à ce que nous parvenions à un objet que nous voyons ou dont nous nous souvenons. Il nous est impossible de mener nos inférences à l'infini; et la seule chose qui puisse les arrêter est une impression de la mémoire ou des sens, qui ne laisse plus de place pour le doute ou la recherche.

2. Pour prendre un exemple, choisissons quelque point d'histoire et considérons la raison pour laquelle nous y apportons foi ou nous le rejetons. Ainsi, nous croyons que César fut tué dans le Sénat aux ides de mars; et cela parce que ce fait est établi sur le témoignage unanime des historiens qui tous s'accordent à assigner à l'événement ce temps et ce lieu précis. Sont présents ici à notre mémoire ou à nos sens certains caractères ou lettres; et ces caractères, nous nous souvenons également qu'ils ont été employés comme les signes de certaines idées; et ces idées furent soit dans l'esprit de ceux qui furent immédiatement présents à cette action et qui les reçurent directement de l'événement, soit tirées du témoignage d'autres personnes et ce témoignage, à son tour, d'un autre témoignage, jusqu'à ce que, par une gradation visible, nous arrivions à ceux qui furent les témoins oculaires et les spectateurs de l'événement. Il est évident que toute cette chaîne argumentative, toute cette liaison de causes et d'effets repose d'abord sur ces caractères ou ces lettres que nous avons sous les yeux ou

dont nous nous souvenons, et que sans l'autorité de la mémoire ou des sens tout notre raisonnement serait chimérique et dépourvu de fondement. Chaque anneau de la chaîne serait alors suspendu à un autre, mais il n'y aurait rien de fixe au bout qui pût soutenir le tout ; et, par conséquent, il n'y aurait ni croyance ni preuve. Et c'est bien ainsi qu'il en va pour tous les arguments *hypothétiques* ou tous les raisonnements fondés sur une supposition, n'y ayant en eux ni impression présente ni croyance à une existence réelle.

3. Je n'ai pas besoin d'observer qu'on ne saurait opposer à la présente doctrine l'objection que nous pouvons raisonner sur nos conclusions ou nos principes passés, sans avoir recours aux impressions d'où ils naquirent d'abord. Car, quand bien même ces impressions se seraient entièrement effacées de notre mémoire, la conviction qu'elles suscitèrent peut subsister encore ; et il est également vrai que tous nos raisonnements sur les causes et les effets dérivent à l'origine de quelque impression de la même manière que l'assurance où nous sommes d'une démonstration procède toujours d'une comparaison d'idées, assurance qui peut persister une fois la comparaison oubliée.

SECTION V
Des impressions des sens et de la mémoire

1. Ainsi, dans cette sorte de raisonnement fondé sur la causalité, nous employons des matériaux qui sont d'une nature mêlée et hétérogène et qui, quoique liés ensemble, restent essentiellement différents les uns des autres. Tous nos arguments concernant les causes et les effets se composent à la fois d'une impression de la mémoire ou des sens et de l'idée de l'existence qui produit l'objet de

l'impression ou qui est produite par cet objet. Nous avons donc ici trois choses à expliquer : premièrement, l'impression originelle ; deuxièmement, la transition à l'idée de la cause ou de l'effet qui est lié ; troisièmement, la nature et les qualités de cette idée.

2. Pour ce qui est des *impressions* qui proviennent des sens, leur cause ultime est, à mon opinion, parfaitement inexplicable par la raison humaine et il sera à jamais impossible de décider avec certitude si elles proviennent immédiatement de l'objet ou si elles sont produites par le pouvoir créateur de l'esprit ou dérivent de l'auteur de notre être. Une telle question n'est d'ailleurs pas essentielle à notre présent propos. Nous pouvons tirer des inférences de la cohérence de nos perceptions, qu'elles soient vraies ou fausses, qu'elles représentent exactement la nature ou qu'elles soient de simples illusions des sens[1].

3. Quand nous recherchons le trait qui distingue la *mémoire* de l'imagination, nous ne pouvons pas ne pas percevoir immédiatement qu'il ne peut se trouver dans les idées simples qu'elle nous présente, puisque ces deux facultés empruntent leurs idées simples aux impressions et qu'elles ne peuvent jamais aller au-delà de ces perceptions originelles. Elles ne se distinguent pas davantage l'une de l'autre par l'arrangement de leurs idées complexes. Car, bien que ce soit une propriété particulière à la mémoire de préserver l'ordre et la position originelle de ses idées, tandis que l'imagination les transpose et les modifie comme il lui plaît, cette différence ne suffit pas toutefois à les

1. L'étude de la sensation étant renvoyée à l'anatomie et à la philosophie naturelle (1, 2, 1), Hume ne s'y aventure que très brièvement, en 2, 5, 20 et en 4, 2, 45. L'impression n'est pas à prendre comme le processus physiologique, mais comme la donnée mentale originelle. *Cf.* le deuxième livre, 1, 1, 1, tout aussi bref.

distinguer dans leur opération et à nous les faire distinguer l'une de l'autre, puisqu'il est impossible de rappeler les impressions passées afin de les comparer avec nos idées présentes et de voir si leur arrangement est exactement semblable. Et donc, puisque la mémoire n'est connue ni par l'ordre de ses idées *complexes* ni par la nature de ses idées *simples*, il s'ensuit que ce qui la différencie de l'imagination repose dans sa force et sa vivacité supérieures. Qu'un homme se livre à sa fantaisie en feignant une suite passée d'aventures, il n'aurait aucune possibilité de distinguer cette fiction d'un souvenir de même sorte, si les idées de l'imagination n'étaient plus faibles et plus obscures.

4. ᴬᵖᵖ· Il arrive souvent que, lorsque deux hommes se sont trouvés engagés dans une certaine suite d'actions, l'un s'en souvienne bien mieux que l'autre et qu'il ait toutes les difficultés du monde à faire que son compagnon s'en remémore le cours. C'est en vain qu'il revient sur plusieurs circonstances, qu'il mentionne le moment, le lieu, la compagnie, ce qui fut dit, ce qui fut fait de toutes parts ; jusqu'à ce qu'il en vienne enfin à quelque heureuse circonstance qui fait revivre le tout et redonne à son ami une parfaite mémoire de chaque chose. Ici, la personne qui oublie commence par recevoir du discours de l'autre toutes les idées, avec les mêmes circonstances de temps et de lieu, bien qu'il les tienne pour de pures fictions de l'imagination. Mais dès qu'est mentionnée la circonstance qui éveille sa mémoire, les mêmes idées apparaissent alors dans une nouvelle lumière et sont en quelque manière senties autrement qu'auparavant. Sans aucune autre modification que la manière dont on les sent, elles deviennent immédiatement des idées de la mémoire et emportent l'assentiment.

5. Puis donc que l'imagination peut représenter tous les mêmes objets que la mémoire peut nous offrir et puisque ces facultés ne se distinguent que par la manière différente de *sentir* les idées qu'elles présentent, il peut être bon de considérer quelle est la nature de ce sentiment. Et je crois ici que chacun m'accordera volontiers que les idées de la mémoire sont plus *fortes* et plus *vives* que celles de la fantaisie. ᴬᵖᵖ· Un peintre qui voudrait représenter telle ou telle passion ou émotion cherchera à se donner le spectacle d'une personne agitée par une émotion de cette sorte, afin de vivifier ses idées et de leur procurer une force et une vivacité supérieures à celles qui se trouvent dans celles qui sont de simples manifestations de l'imagination. Plus récent en est le souvenir plus claire en est l'idée ; et qu'après un long intervalle il veuille revenir à la contemplation de son objet, il trouve alors toujours que l'idée en est très effacée sinon totalement oblitérée. Nous sommes souvent pris de doute concernant les idées de la mémoire quand elles deviennent très faibles et sans force ; et nous sommes en peine de déterminer si une image procède de la fantaisie ou de la mémoire, quand elle ne se peint pas sous les vives couleurs qui distinguent cette dernière faculté. Je pense me souvenir d'un tel événement, dit-on, mais je n'en suis pas sûr. Une longue période de temps l'a presque effacé de ma mémoire et me laisse incertain s'il est ou non le pur produit de ma fantaisie.

6. Et de même qu'une idée de la mémoire, en perdant sa force et sa vivacité, peut dégénérer à ce point qu'elle soit prise pour une idée de l'imagination, de même, inversement, une idée de l'imagination peut acquérir une telle force et une telle vivacité qu'elle passe pour une idée de la mémoire et en contrefait les effets sur la croyance et

le jugement. La chose est connue dans le cas des menteurs qui, par la fréquente répétition de leurs mensonges, en viennent à la fin à y croire et à s'en souvenir comme autant de réalités, l'accoutumance et l'habitude ayant en ce cas, comme en d'autres, la même influence sur l'esprit que la nature et y imprimant l'idée avec une égale force et une égale vigueur.

7. Il apparaît ainsi que la *croyance* ou l'*assentiment* qui accompagne toujours la mémoire et les sens n'est rien que la vivacité des perceptions qu'ils présentent, et que cela seul les distingue de l'imagination. Croire, c'est en ce cas éprouver une impression immédiate des sens ou cette même impression répétée dans la mémoire. C'est simplement la force et la vivacité de la perception qui constituent le premier acte du jugement et donnent son fondement au raisonnement que nous construisons dessus, quand nous formons la relation de cause et d'effet[1].

SECTION VI
De l'inférence de l'impression à l'idée

1. Il est facile d'observer, à prendre cette relation de plus près, que l'inférence que nous faisons de la cause à l'effet ne dérive pas de la seule inspection de ces objets particuliers ni d'un quelconque approfondissement de leur essence qui nous ferait découvrir que l'un dépend de l'autre. Il n'y a pas d'objet qui implique l'existence d'un autre, si nous nous bornons à considérer ces objets en eux-mêmes

---

1. La croyance ou l'assentiment n'est rien que la vivacité même de l'impression. *Cf.* la note de 3, 7, 5, où Hume réduit à la conception les trois actes classiquement distingués de la conception, du jugement et du raisonnement.

et à ne point porter notre regard au-delà des idées que nous en formons. Une telle inférence s'élèverait à une connaissance et impliquerait qu'il y eût une contradiction absolue et une impossibilité à concevoir une chose différente. Mais comme toutes les idées distinctes sont séparables, il est évident qu'il n'existe aucune impossibilité de cette sorte. Nous passons d'une impression présente à l'idée d'un objet, mais nous aurions pu tout aussi bien avoir séparé l'idée de l'impression et lui avoir substitué quelque autre idée.

2. C'est donc seulement par *expérience* que nous pouvons inférer l'existence d'un objet à partir de l'existence d'un autre. La nature de l'expérience est celle-ci. Nous nous souvenons d'avoir eu de fréquents exemples de l'existence d'une certaine espèce d'objets et nous nous souvenons aussi que les individus d'une autre espèce d'objets les ont toujours accompagnés et se sont présentés avec eux dans un ordre régulier de contiguïté et de succession. Ainsi nous nous souvenons avoir vu cette espèce d'objet que nous appelons une *flamme* et avoir ressenti cette espèce de sensation que nous appelons la *chaleur*. Nous nous rappelons également leur constante conjonction dans tous les cas passés. Sans autre cérémonie, nous appelons l'un la *cause* et l'autre l'*effet* et inférons l'existence de l'un à partir de l'existence de l'autre. Dans tous ces cas qui nous instruisent de la constante conjonction de causes particulières et d'effets particuliers, tant la cause que l'effet ont été perçus par les sens et remémorés ; mais dans tous les cas où nous raisonnons sur eux, seul l'un est perçu ou remémoré tandis que l'autre s'ajoute en conformité avec notre expérience passée.

3. Ainsi, chemin faisant[1], nous avons insensiblement découvert une nouvelle relation entre la cause et l'effet, alors que nous nous y attendions le moins et que nous étions entièrement occupés par un autre sujet. Cette relation est leur *conjonction constante*[2]. La contiguïté et la succession ne suffisent pas à nous faire prononcer que deux objets sont l'un la cause et l'autre l'effet, sauf si nous percevons que ces deux relations se conservent en plusieurs cas. Nous voyons maintenant l'avantage qu'il y a eu à quitter l'examen direct de cette relation, pour découvrir la nature de cette *liaison nécessaire* qui en fait une partie aussi essentielle. Il y a lieu d'espérer que par ce moyen nous parviendrons enfin au but que nous nous sommes fixé; quoique, à dire vrai, cette relation nouvellement découverte de la conjonction constante ne semble guère nous faire progresser sur notre voie. Car elle n'implique rien de plus que ceci : des objets semblables ont toujours été placés dans des relations semblables de contiguïté et de succession; et il semble évident, du moins à première vue, que nous ne puissions jamais de cette façon découvrir quelque idée nouvelle, n'ayant que le pouvoir de multiplier, mais non d'enrichir les objets de notre esprit. On peut penser que ce que nous ne pouvons apprendre d'un objet unique, nous ne pourrons jamais l'apprendre de cent, tous de même

1. Contiguïté et succession sont comme données avec les impressions qu'elles lient. La conjonction constante n'ajoute aucune information à la contiguïté et à la succession. Elle n'est rien que la mémoire dans l'esprit de l'expérience passée. Et elle ne peut pas plus fonder en raison le principe que l'expérience future sera semblable à l'expérience passée. Mais elle est bien la cause de nos inférences.

2. Voir Malebranche, *Recherche*, 3, 2, 3, p. 446 : « les hommes ne manquent jamais de juger qu'une chose est cause de quelque effet, quand l'un et l'autre sont [constamment] joints ensemble, supposé que la véritable cause de cet effet leur soit inconnue ».

sorte et en tout point parfaitement ressemblants. De même que nos sens nous présentent dans un cas unique deux objets, deux mouvements, deux qualités, selon certaines relations de succession et de contiguïté, de même notre mémoire ne fait que nous présenter une multitude de cas où nous trouvons toujours des corps, des mouvements ou des qualités semblables, dans des relations semblables. De la simple répétition d'une impression passée, serait-ce à l'infini, il ne naîtra jamais une idée originale nouvelle telle que celle de liaison nécessaire ; et le nombre des impressions n'a ici pas plus d'effet que si nous nous limitions à une seule. Mais, quoique ce raisonnement semble juste et limpide, cependant, comme ce serait une folie de désespérer trop tôt, nous maintiendrons le fil de notre discours ; et, ayant observé qu'après la découverte de la conjonction constante de deux objets, nous tirons toujours une inférence d'un objet à un autre, nous examinerons à présent la nature de cette inférence et celle de la transition de l'impression à l'idée. Peut-être apparaîtra-t-il à la fin que la liaison nécessaire dépend de l'inférence au lieu que ce soit l'inférence qui dépende de la liaison nécessaire[1].

4. Puisqu'il apparaît que la transition d'une impression qui est présente à la mémoire ou aux sens, à l'idée d'un objet que nous nommons *la cause* ou *l'effet*, est fondée[2] sur l'*expérience* passée et sur notre souvenir de leur

---

1. Ce renversement est un véritable déplacement : on espérait trouver le fondement de l'inférence dans la liaison nécessaire ; on expliquera comment l'inférence cause la liaison nécessaire.

2. Hume emploie de manière équivoque le verbe *fonder*. Tantôt, il signifie *donner la raison de* par une démonstration, tantôt, il signifie *donner la cause de* dans une explication. Tous les déplacements auxquels se livre Hume ont une unique fonction : remplacer les raisons par des causes, sachant qu'expliquer un effet par sa cause n'est pas en donner la raison.

conjonction constante, la question qui suit est de savoir si l'expérience produit l'idée par le moyen de l'entendement ou par celui de l'imagination ; si c'est par la raison que nous sommes déterminés à faire la transition ou si c'est par une certaine association et relation de perceptions. Si c'était la raison qui nous déterminait, elle procèderait en s'appuyant sur le principe que *les cas dont nous n'avons pas eu d'expérience, doivent ressembler à ceux dont nous avons eu une expérience* et que *le cours de la nature demeure toujours uniformément le même*. Afin donc de clarifier ce point, considérons tous les arguments sur lesquels une telle supposition serait susceptible d'être fondée ; et comme ils doivent se tirer soit de la *connaissance* soit de la *probabilité*, jetons notre regard sur chacun de ces degrés d'évidence et voyons s'ils apportent une juste conclusion de cette nature [1].

5. Notre précédente méthode de raisonnement nous convaincra aisément qu'il ne peut y avoir d'argument démonstratif capable de prouver que *les cas dont nous n'avons pas eu d'expérience ressemblent à ceux dont nous avons eu l'expérience*. Ne serait-ce que parce que nous pouvons concevoir un changement dans le cours de la nature, ce qui prouve assez qu'un tel changement n'est pas absolument impossible. Se former d'une chose une idée claire est un indéniable argument en faveur de sa possibilité, et c'est assez pour réfuter toute prétendue démonstration contraire.

---

1. L'évidence d'une connaissance vraie est entière, puisque la connaissance est fondée sur l'intuition ou la démonstration ; et elle suscite une totale certitude. L'évidence de la probabilité, qui est fondée sur l'expérience, est susceptible de degrés, et nous devons alors mesurer notre assentiment. Cette notion des degrés d'évidence est déjà chez Locke, *Essai*, IV, 2, 1.

6. La probabilité nous découvrant non point des relations d'idées, en tant qu'idées, mais seulement des relations d'objets, il faut qu'elle soit fondée pour une part sur les impressions de notre mémoire et de nos sens et, pour une autre part, sur nos idées. Si aucune impression ne se mêlait à nos raisonnements probables, la conclusion serait entièrement chimérique. Et si des idées n'y étaient pas mêlées, l'action de l'esprit observant la relation serait à proprement parler une sensation et non pas un raisonnement. Il est donc nécessaire que dans tous les raisonnements probables quelque chose soit présent à l'esprit, que l'on voit ou dont on se souvient, et que de ce quelque chose on infère quelque autre chose qui lui est liée et qu'on ne voit pas et dont on ne se souvient pas.

7. La seule liaison ou relation d'objets qui puisse nous conduire au-delà des impressions immédiates de notre mémoire et de nos sens, est celle de cause à effet, et cela parce qu'elle est la seule sur laquelle nous puissions fonder une inférence valide qui se porte d'un objet à un autre. L'idée de la cause et de l'effet est dérivée de l'*expérience*, laquelle nous informe que, dans tous les cas passés, tels objets particuliers ont été constamment joints ensemble. Et comme un objet semblable à l'un ou à l'autre de ces objets est supposé immédiatement présent sous forme d'impression, de là nous présumons l'existence d'un objet semblable à celui qui l'accompagne ordinairement. Selon cette vue des choses, qui est, je crois, indiscutable en tous points, la probabilité est fondée sur la présomption d'une ressemblance entre les objets dont nous avons eu l'expérience et ceux dont nous n'avons pas eu d'expérience ; et donc il est impossible que cette présomption puisse procéder de la probabilité. Un même principe ne peut être à la fois la cause et l'effet d'un autre ; et c'est là peut-être la seule

proposition concernant cette relation qui soit intuitivement ou démonstrativement certaine.

8. Se proposerait-on d'éluder cet argument et, sans décider si notre raisonnement sur ce sujet relève de la démonstration ou de la probabilité, prétendrait-on que toutes les conclusions tirées des causes et des effets sont construites sur un solide raisonnement, que je ne demanderais qu'une seule chose : que l'on présente ce raisonnement afin qu'il soit examiné. Peut-être dira-t-on qu'instruits par l'expérience de la constante conjonction de certains objets, nous raisonnons de la manière suivante. Il se trouve que tel objet en produit toujours un autre. Il est impossible qu'il puisse avoir cet effet à moins d'être doté d'un pouvoir de production. Le pouvoir implique nécessairement l'effet. Et donc nous sommes légitimement fondés à conclure de l'existence d'un objet à celle de cet autre objet qui l'accompagne ordinairement. La production passée implique nécessairement un pouvoir, le pouvoir implique une nouvelle production. Et la nouvelle production est ce que nous inférons du pouvoir et de la production passée.

9. Il me serait facile de montrer la faiblesse de ce raisonnement, si je voulais faire usage de ce que j'ai déjà pu observer[1], que l'idée de *production* est la même que celle de *causalité*, et qu'il n'est pas d'existence impliquant certainement et démonstrativement un quelconque pouvoir dans aucun autre objet ; ou encore si c'était le moment d'anticiper ce que j'aurai l'occasion de remarquer par la suite[2] sur l'idée que nous formons de pouvoir et d'efficacité. Mais comme une telle façon de procéder peut sembler affaiblir mon système, en en faisant reposer une partie sur

1. Voir *Traité*, I, 3, 2, 10.
2. Voir *Traité*, I, 3, 14, 4 *sq.*

une autre, ou nourrir une certaine confusion dans mon raisonnement, je m'efforcerai de soutenir ma présente assertion sans une telle assistance.

10. Et donc accordons momentanément que la production d'un objet par un autre implique dans un cas donné un pouvoir et que ce pouvoir soit lié à son effet. Mais, comme il a été déjà prouvé[1] que le pouvoir ne réside pas dans les qualités sensibles de la cause et qu'il n'y a rien que les qualités sensibles qui nous soient présentes, je demande pourquoi, dans d'autres cas, vous présumez que le même pouvoir existe encore, à la seule apparition de ces qualités. Votre recours à l'expérience passée ne décide rien dans le cas présent et, au mieux, elle prouve seulement que l'objet même qui en produisit un autre était à l'instant donné doté d'un tel pouvoir; mais jamais il ne sera prouvé que le même pouvoir se conserve dans le même objet ou dans la même collection de qualités sensibles; et, encore moins, qu'un pouvoir semblable est toujours joint à des qualités sensibles semblables. Direz-vous que nous faisons l'expérience que le même pouvoir continue d'être uni au même objet, que je renouvèlerai ma question : *pourquoi de cette expérience formons-nous une conclusion qui va au-delà des cas passés dont nous avons eu l'expérience?* Si vous répondez à cette question de la même manière qu'à la précédente, votre réponse prêtera encore à une nouvelle question de même sorte, et ainsi *in infinitum* – ce qui prouve clairement que le raisonnement précédent n'a aucun fondement valide.

11. Ainsi non seulement la raison échoue à découvrir la *liaison ultime* des causes et des effets mais, même après que nous avons été informés par l'expérience de leur *constante conjonction*, nous ne pouvons obtenir d'elle

1. Voir *Traité*, I, 3, 2, 5.

qu'elle nous dise de manière convaincante pourquoi nous étendons cette expérience au-delà des cas particuliers qui sont tombés sous notre observation. Nous supposons, sans être aucunement capables de le prouver, qu'il doit y avoir une ressemblance entre ces objets dont nous avons eu l'expérience et ceux qui défient notre capacité à les découvrir.

12. Nous avons déjà pris connaissance de certaines relations qui nous font passer d'un objet à un autre, même s'il n'y a pas de raison qui nous détermine à cette transition[1] ; et nous pouvons établir comme une règle générale que partout où l'esprit, de manière constante et uniforme, opère une transition sans aucune raison, il est influencé par ces relations. Or c'est précisément le cas. La raison ne peut jamais nous découvrir la liaison d'un objet avec un autre, même aidée de l'expérience et de l'observation de leur constante conjonction dans tous les cas passés. Et donc, quand l'esprit passe de l'idée ou de l'impression d'un objet à l'idée d'un autre ou à la croyance qu'il en a, il n'est pas déterminé par la raison mais par certains principes qui associent entre elles les idées de ces objets et les unissent dans l'imagination. Si les idées n'avaient pas plus d'union dans l'imagination que n'en semblent en avoir les objets pour l'entendement, nous ne pourrions jamais faire aucune inférence allant des causes aux effets ni accorder aucune croyance à une chose de fait. L'inférence dépend donc uniquement de l'union des idées[2].

---

1. Voir *supra*, les § 2-3.
2. Nos inférences causales (en vérité, tous les raisonnements de la philosophie naturelle et de la philosophie morale) ont donc pour fondement non pas la raison, mais les principes de l'imagination qui font transiter notre esprit d'une idée à l'autre, d'une manière régulière, sachant qu'il pourrait en aller autrement.

13. Ces principes d'union entre les idées, je les ai ramenés à trois principes généraux et j'ai affirmé que l'idée ou l'impression d'un objet introduit naturellement l'idée d'un autre objet qui lui ressemble, qui lui est contigu ou qui est lié causalement à lui. Ces principes, je le reconnais, ne sont ni des causes *infaillibles* ni les *seules* causes d'union entre les idées. Ce ne sont pas des causes infaillibles, car on peut pendant quelque temps concentrer son attention sur un unique objet sans regarder plus loin. Ce ne sont pas les seules causes, car la pensée se meut manifestement d'un mouvement très irrégulier lorsqu'elle parcourt ses objets ; et elle peut sauter du ciel sur la terre, d'une extrémité de la création à l'autre, sans aucune méthode ni aucun ordre certain. Mais bien que je reconnaisse cette faiblesse dans ces trois relations et cette irrégularité dans l'imagination, j'affirme cependant que les seuls principes *généraux* qui associent les idées sont la ressemblance, la contiguïté et la causalité.

14. En vérité, il y a un principe d'union entre les idées qui peut paraître à première vue différent de ces trois principes ; mais on verra qu'au fond il dépend de la même origine. Quand l'expérience montre que tout individu d'une certaine espèce d'objets est constamment uni à un individu d'une autre espèce, l'apparition de tout nouvel individu de l'une ou l'autre espèce conduit naturellement la pensée à celui qui l'accompagne habituellement. Ainsi, telle idée particulière étant communément attachée à tel mot particulier, il suffit d'entendre le mot pour produire l'idée correspondante. Et il sera presque impossible à l'esprit, même au prix des plus grands efforts, d'empêcher cette transition. En ce cas, il n'est nullement nécessaire qu'en entendant tel son en particulier nous ayons à faire retour

à une expérience passée pour considérer quelle idée a été habituellement liée à ce son. D'elle-même, l'imagination tient lieu de cette réflexion et elle est si habituée à passer du mot à l'idée qu'il n'y a aucun délai entre l'audition de l'un et la conception de l'autre.

15. Mais bien que je reconnaisse qu'on ait là un véritable principe d'association entre les idées, j'affirme qu'il n'est autre que celui qui associe les idées de cause et d'effet et qu'il est une partie essentielle de tous nos raisonnements reposant sur cette relation. Nous n'avons d'autre notion de la cause et de l'effet que celle de certains objets qui se sont *toujours trouvés joints ensemble* et qui dans tous les cas passés se sont montrés inséparables. Nous ne pouvons pénétrer la raison de cette conjonction. Nous observons seulement la chose elle-même et trouvons toujours que, forts de leur constante conjonction, les objets s'unissent dans l'imagination. Quand l'impression de l'un nous devient présente, nous nous formons immédiatement l'idée de ce qui l'accompagne habituellement. En conséquence, nous pouvons poser comme une part de la définition de l'opinion ou de la croyance, que *c'est une idée liée ou associée à une présente impression*.

16. Ainsi, bien que la causalité soit une relation *philosophique*, puisqu'elle implique la contiguïté, la succession et une constante conjonction, toutefois c'est seulement dans la mesure où elle est une relation *naturelle* et où elle produit une union entre nos idées que nous sommes capables de raisonner sur elles ou d'en tirer des inférences.

SECTION VII
De la nature de l'idée ou de la croyance

1. L'idée de l'objet est une partie essentielle de la croyance qu'on lui accorde, mais elle n'est pas le tout. Nous concevons beaucoup de choses auxquelles nous ne croyons pas. Afin donc de découvrir plus complètement la nature de la croyance, ou les qualités des objets auxquels nous donnons notre assentiment, pesons les considérations suivantes.

2. Il est évident que tous les raisonnements par les causes ou par les effets se terminent en conclusions qui portent sur des faits, c'est-à-dire qui portent sur l'existence des objets ou de leurs qualités. Il est aussi évident que l'idée d'existence ne diffère en rien de l'idée de l'objet et que vouloir concevoir comme existante une chose qu'on a d'abord simplement conçue, n'apporte en réalité aucune addition ou altération à l'idée initiale. Ainsi, quand nous affirmons que Dieu existe, nous formons simplement l'idée d'un être qui est tel qu'il nous est représenté ; et l'existence que nous lui attribuons ne se conçoit pas par une idée particulière que nous joindrions à l'idée de ses autres qualités et que nous pourrions de nouveau séparer et distinguer d'elles. Mais je vais plus loin. Non content d'affirmer que la conception de l'existence d'un objet n'ajoute rien à sa simple conception, je soutiens pareillement que la croyance à son existence ne joint pas d'idées nouvelles à celles qui composent l'idée qu'on en a. Quand je pense à Dieu, quand je le pense comme existant et quand je crois qu'il existe, l'idée que je m'en forme n'augmente ni ne diminue. Mais comme il est certain qu'il y a une grande différence entre la simple conception de l'existence d'un objet et la croyance à cette existence, et comme cette

différence ne réside pas dans les parties ou dans la composition de l'idée que nous concevons, il s'ensuit qu'elle doit résider dans la *manière* dont nous la concevons.

3. Supposez qu'en ma présence une personne avance des propositions auxquelles je ne donne pas mon assentiment, telles que : *César mourut dans son lit ; l'argent est plus fusible que le plomb* ou *le mercure est plus lourd que l'or* ; il est évident que, malgré mon incrédulité, je comprends clairement ce qu'elle veut dire et forme les mêmes idées qu'elle-même forme. Mon imagination est dotée des mêmes pouvoirs que la sienne et il ne lui est pas possible de concevoir une quelconque idée que je ne puisse concevoir, ni d'en joindre une que je ne puisse pas joindre. Je demande donc en quoi consiste la différence entre croire et ne pas croire à une proposition. La réponse est facile touchant les propositions qui sont prouvées par intuition ou par démonstration. Dans ce cas, celui qui donne son assentiment non seulement conçoit les idées conformément à la proposition, mais il est nécessairement déterminé à les concevoir de cette manière particulière, soit immédiatement soit par l'intermédiaire d'autres idées. Tout ce qui est absurde est inintelligible ; et il n'est pas possible pour l'imagination de concevoir une chose qui soit contraire à une démonstration. Mais, comme dans les raisonnements qui sont de causalité et qui sont relatifs aux choses de fait, cette nécessité absolue n'a pas cours et comme l'imagination est libre de concevoir les deux côtés de la question, je demande derechef *en quoi consiste la différence entre l'incrédulité et la croyance*, puisque, dans les deux cas, la conception de l'idée est également possible et requise.

4. Ce ne sera pas une réponse satisfaisante que de dire d'une personne qui ne donne pas son assentiment à la proposition que vous avancez, qu'après avoir conçu l'objet

de la même manière que vous, elle le conçoit immédiatement après d'une manière différente et s'en forme des idées différentes. Cette réponse n'est pas satisfaisante, non parce qu'elle contiendrait quelque fausseté, mais parce qu'elle ne découvre pas toute la vérité. Il est reconnu que, dans tous les cas où nous sommes en désaccord avec quelqu'un, nous concevons les deux aspects de la question ; mais comme nous ne pouvons croire qu'à un seul, il suit évidemment que la croyance doit faire quelque différence entre la conception à laquelle nous donnons notre assentiment, et celle à laquelle nous ne le donnons pas. Nous pouvons mêler, unir, séparer, confondre et varier nos idées de cent façons différentes ; tant que n'apparaît pas quelque principe qui impose l'une de ces différentes situations, nous n'avons pas en réalité d'opinion. Et ce principe, puisqu'il est clair qu'il n'ajoute rien à nos idées précédentes, peut seulement changer la *manière* dont nous les concevons.

5. Toutes les perceptions de l'esprit se partagent en deux sortes : les impressions et les idées. Elles ne diffèrent les unes des autres que par leurs degrés de force et de vivacité. Nos idées sont copiées de nos impressions et elles les représentent dans toutes leurs parties. Si vous voulez varier en quelque façon l'idée d'un objet particulier, vous pouvez seulement accroître ou diminuer sa force et sa vivacité[1]. Si vous voulez y apporter quelque autre changement, elle représente alors un objet différent ou une impression différente. Il en va comme pour les couleurs. Telle nuance particulière d'une couleur peut acquérir un nouveau degré de vivacité ou d'éclat, sans aucune autre variation. Mais si vous produisez quelque autre variation, ce n'est plus la même nuance ni la même couleur. De sorte

---

1. Voir la correction apportée dans le § 22 de l'*Appendice*.

que, la croyance ne faisant varier que la manière dont nous concevons l'objet, elle peut seulement donner à nos idées une force et une vivacité additionnelle. Une opinion ou une croyance peut donc être très exactement définie comme *une idée vive reliée ou associée à une impression présente*[*].

[*] Saisissons l'occasion de relever ici une erreur très remarquable qui, à force d'être rabâchée dans les écoles, est devenue une sorte de maxime établie, et qui est universellement reçue par tous les logiciens. Cette erreur consiste en la division commune des actes de l'entendement en *conception, jugement* et *raisonnement*, et dans les définitions qui en sont données. La conception est définie comme le simple examen d'une ou de plusieurs idées; le jugement comme la séparation ou la réunion de différentes idées; le raisonnement comme la séparation ou la réunion de différentes idées par l'intermédiaire d'autres idées qui montrent la relation qu'elles ont entre elles. Mais ces distinctions et définitions sont fautives à bien des titres. Car, d'abord, il est loin d'être vrai que dans tout jugement que nous formons, nous unissions deux idées différentes, puisque dans la proposition *Dieu est* ou dans toute autre ayant trait à l'existence, l'idée d'existence n'est pas une idée distincte que nous unissons à celle de l'objet et qui par cette union serait à même de former une idée composée. Ensuite, de même que nous sommes ainsi capables de former une proposition qui renferme une seule idée, de même pouvons-nous exercer notre raison sans employer plus de deux idées et sans avoir recours à une troisième qui serve d'intermédiaire entre elles. Nous inférons une cause immédiatement de son effet et cette inférence n'est pas seulement une véritable espèce de raisonnement, elle est aussi la plus forte de toutes et elle est plus convaincante que lorsque nous interposons une autre idée pour relier les deux extrêmes. D'une manière générale, ce que nous pouvons affirmer touchant ces trois actes de l'entendement, c'est que, pris sous le jour qui convient, ils se réduisent tous au premier et ne sont rien que des manières particulières de concevoir nos objets. Que nous considérions un seul objet ou plusieurs, que nous nous arrêtions sur ces objets ou que nous passions des uns aux autres, quelle que soit la forme ou l'ordre sous lequel nous les envisageons, l'acte de l'esprit n'excède pas la simple conception; et la seule différence remarquable qui se présente en cette occasion, survient quand nous joignons la croyance à la conception et sommes persuadés de la vérité de ce que nous concevons. Cet acte de l'esprit n'a jamais été encore expliqué par aucun philosophe; et j'ai donc toute liberté de présenter mon hypothèse à son sujet, à savoir

6. Rappelons les points principaux des arguments qui nous conduisent à cette conclusion. Quand nous inférons l'existence d'un objet de l'existence d'autres objets, quelque objet doit toujours être présent soit à la mémoire soit aux sens, pour servir de fondement au raisonnement, puisque l'esprit ne peut poursuivre ses inférences à l'infini. La raison ne peut jamais nous garantir que l'existence d'un objet doit toujours impliquer celle d'un autre, de sorte que, quand nous passons de l'impression de l'un à l'idée de l'autre ou à la croyance, nous ne sommes pas déterminés par la raison mais par l'habitude ou par un principe d'association. Mais la croyance est quelque chose de plus que la simple idée. C'est une manière particulière de former une idée ; et, comme la même idée ne peut être variée que par la variation de ses degrés de force et de vivacité, il s'ensuit, au total, que la croyance est une idée vive produite par la relation à une impression présente, selon la définition donnée ci-dessus.

7. ᴬᵖᵖ· Cette opération de l'esprit, qui forme la croyance à tout ce qui est de l'ordre du fait, semble avoir été jusqu'à maintenant l'un des plus grands mystères de la philosophie, bien qu'il n'ait été personne pour soupçonner qu'il y avait une quelconque difficulté à l'expliquer. Pour ma part, je trouve qu'il y a en l'affaire une difficulté considérable et que, même quand je pense comprendre parfaitement le

qu'il consiste seulement en une forte et ferme conception de l'idée, conception qui s'approche dans une certaine mesure d'une impression immédiate.[L'usage était plutôt d'en citer quatre. « [La logique] consiste dans les réflexions que les hommes ont faites sur les quatre principales opérations de leur esprit, concevoir, juger, raisonner, ordonner » (Arnaud et Nicole, *Logique, op. cit.*, intr.). Hume peut s'être inspiré de Malebranche : « Il n'y a point d'autre différence de la part de l'entendement entre une simple perception, un jugement et un raisonnement » – à la perception des rapports près (*Recherche*, I, 2, 1)].

sujet, je suis en peine de trouver les termes pour exprimer ce que je veux dire. Par une induction que je trouve très évidente, je conclus qu'une opinion ou une croyance n'est rien qu'une idée, qu'elle est différente d'une fiction, non pas par la nature ni par l'ordre de ses parties, mais par la *manière* dont elle est conçue. Mais quand je veux expliquer cette *manière*, j'ai peine à trouver un mot qui réponde pleinement à la chose et je suis obligé d'avoir recours au sentiment de chacun afin de lui donner une notion parfaite de cette opération de l'esprit. Une idée à laquelle on donne son assentiment *se sent* différemment d'une idée fictive qui nous est présentée par la fantaisie seule. Et ce sentiment différent, j'essaie de l'expliquer en parlant d'un degré supérieur de *force*, de *vivacité*, de *solidité*, de *fermeté* ou de *stabilité*. Cette variété de mots qui peut sembler si peu philosophique n'a pour but que d'exprimer cet acte de l'esprit qui nous rend les réalités plus présentes que les fictions, qui fait qu'elles ont davantage de poids dans la pensée et leur donne une influence supérieure sur les passions et l'imagination. Pourvu que nous nous accordions sur la chose, il est inutile que nous disputions des mots. L'imagination a le commandement de toutes ses idées et peut les joindre, les mêler et les varier de toutes les façons possibles. Elle peut concevoir les objets dans toutes les circonstances de lieu et de temps. Elle peut, en quelque sorte, nous les placer devant les yeux sous leurs vraies couleurs, exactement comme s'ils avaient existé. Mais comme il est impossible que cette faculté puisse jamais, par elle-même, atteindre à la croyance, il est évident que la croyance ne consiste ni en la nature ni en l'ordre de nos idées, mais dans la manière dont l'esprit les conçoit et les sent. J'avoue qu'il est impossible d'expliquer parfaitement ce sentiment ou cette manière de concevoir. Nous pouvons faire usage de mots qui expriment quelque chose qui s'en approche. Mais son nom véritable et propre est *croyance*, un terme que chacun comprend assez dans la vie commune. Et en philosophie nous ne pouvons faire plus qu'affirmer qu'elle est quelque chose que *sent* l'esprit et qui distingue les idées du jugement des fictions de l'imagination. Elle leur donne plus de force et d'influence ; elle les fait apparaître de plus grande importance ; elle les fixe dans l'esprit, elle fait d'elles les principes qui gouvernent toutes nos actions. App.

8. De plus, cette définition[1] apparaîtra entièrement conforme au sentiment et à l'expérience de chacun. Rien n'est plus évident : les idées auxquelles nous donnons notre assentiment sont plus fortes, plus fermes, plus vives, que les rêveries vagabondes d'un bâtisseur de châteaux. Soit un livre que l'un parcourt comme un roman et l'autre comme une histoire vraie. Les deux reçoivent les mêmes idées et dans le même ordre ; l'incrédulité de l'un et la croyance de l'autre ne les empêchent pas de s'entendre sur le sens exact donné par l'auteur. Les mots de ce dernier produisent chez l'un et chez l'autre les mêmes idées, et pourtant son témoignage n'a pas la même influence sur les deux. Le second a une conception plus vive des événements. Il entre plus profondément dans l'esprit des personnages. Il se représente leurs actions, leurs caractères, leurs amitiés, leurs inimitiés. Il va même jusqu'à se forger la notion de leurs traits, de leur mine, de leur personne. Tandis que le premier, qui n'accorde aucun crédit au témoignage de l'auteur, entretient une conception plus lâche, plus languide de tous ces détails, et n'étaient le style et l'ingéniosité de la composition, il n'en retire qu'un médiocre divertissement.

1. Définition donnée *supra* à la fin du § 5.

SECTION VIII
Des causes de la croyance

1. Ayant ainsi expliqué la nature de la croyance et montré qu'elle consiste en une idée vive qui est en relation avec une impression présente, poursuivons en examinant de quels principes elle dérive et ce qui donne à l'idée sa vivacité[1].

2. J'élèverais volontiers au rang de maxime générale de la science de la nature humaine que, *lorsqu'une impression nous devient présente, non seulement elle transporte l'esprit aux idées qui lui sont reliées, mais elle leur communique également une partie de sa force et de sa vivacité.* Toutes les opérations de l'esprit dépendent dans une large mesure de la disposition où il se trouve au moment où il les accomplit ; et selon que les esprits sont plus ou moins excités et que l'attention est plus ou moins fixée, l'action aura toujours plus ou moins de vigueur et de vivacité. Quand donc un objet se présente qui stimule et anime la pensée, toute action dans laquelle l'esprit est engagé sera plus forte et plus vive, aussi longtemps qu'il restera dans cette disposition. Or il est évident que le maintien de cette disposition dépend entièrement des objets auxquels l'esprit s'emploie et que tout nouvel objet donne naturellement une nouvelle direction aux esprits et change

---

1. Hume réalise ici son programme d'une science expérimentale de l'entendement humain. Ayant établi la nature de la croyance et n'en ayant pas fait un principe absolument premier, il en recherche les causes, la cause la plus générale étant que l'impression présente communique sa force, sa charge d'existence (si l'on peut dire) à l'idée reliée. Et, à titre de confirmation, il propose des exemples, des « expériences » vérifiant le principe établi dans sa généralité, du concours dans la croyance d'une impression et d'une relation. Les exemples donnés concernent d'abord la ressemblance et la contiguïté, puis la causalité. À la section 10, il étudiera les effets de la croyance.

la disposition ; de même, à l'inverse, quand l'esprit reste constamment attaché au même objet ou passe aisément et insensiblement d'objets en objets qui sont en relation, la disposition a une durée beaucoup plus longue. De là vient que l'esprit, une fois animé par une impression présente, en vient à se former une idée plus vive des objets reliés, la disposition s'étendant de l'un à l'autre par une transition naturelle. Le changement d'objets est si aisé que l'esprit en a à peine le sentiment et qu'il s'applique à concevoir l'idée reliée avec toute la force et la vivacité qu'il a acquise de la présente impression.

3. Si, à considérer la nature de la relation et cette facilité de transition qui lui est essentielle, nous pouvons nous convaincre de la réalité de ce phénomène, c'est fort bien. Mais je dois avouer que, pour prouver un principe aussi important, c'est dans l'expérience que je place d'abord ma confiance[1]. Commençons donc par observer, et ce sera ma première expérience pour appuyer mon présent propos, que, si vous produisez sous mes yeux le portrait d'un ami absent, l'idée que j'ai de lui est évidemment rendue plus vive par la *ressemblance*, et que toute passion qu'occasionne cette idée, qu'elle soit de joie ou de chagrin, acquiert une nouvelle force et une nouvelle vigueur. À la production de cet effet concourent à la fois une relation et une impression présente. Si le portrait n'est pas ressemblant à l'ami ou du moins ne l'a pas pour objet, il ne saurait conduire ma pensée jusqu'à lui. Et si le portrait est absent aussi bien que la personne, quoique l'esprit puisse passer de la pensée de l'un à la pensée de l'autre, il sent que son idée est plus affaiblie qu'avivée par cette transition. Nous

---

1. Tout le chapitre a la forme, peu discrète, d'une leçon de philosophie expérimentale.

prenons plaisir à voir le portrait d'un ami quand ce portrait est placé devant nous, mais lorsqu'il est ôté nous préférons considérer l'ami directement plutôt que d'appréhender son reflet sous la forme d'une image qui est également distante et obscure.

4. On peut voir dans les cérémonies de la religion catholique[1] romaine des expériences de même nature. Les dévots de cette étrange superstition, pour excuser les mômeries qu'on leur reproche, ont coutume d'alléguer qu'ils ressentent l'effet bénéfique de ces mouvements extérieurs, de ces postures, de ces actions : leur dévotion est avivée, leur ferveur stimulée ; elles iraient s'affaiblissant, si elles n'étaient dirigées que vers des objets lointains et immatériels. Nous symbolisons, disent-ils, les objets de notre foi, dans des modèles et des images sensibles et par le moyen de ces modèles nous nous les rendons plus présents que nous ne pouvons le faire par une simple vue ou contemplation intellectuelle. Les objets sensibles ont toujours une plus grande influence sur l'imagination que les autres ; et cette influence, ils la communiquent rapidement aux idées auxquelles ils sont reliés et qui leur ressemblent. J'inférerai seulement de ces pratiques et de ce raisonnement, que l'effet de la ressemblance, qui est d'aviver l'idée, est très commun ; et comme, en chaque cas, une ressemblance et une impression présente doivent concourir, nous ne manquons pas d'expériences pour prouver la réalité du principe précédent[2].

1. La charge contre la religion catholique est courante dans l'Angleterre protestante de l'époque, dans le contexte de la rivalité à la fois religieuse et politique des deux sectes. En Écosse, existe un parti catholique qui reste fidèle aux Stuarts. La charge porte souvent sur l'eucharistie et sur le culte des saints, point de désaccord entre les deux églises.

2. Le principe énoncé au début du § 2.

5. Nous pouvons donner plus de force à ces expériences par d'autres expériences d'un genre différent, en considérant les effets de la *contiguïté* aussi bien que ceux de la *ressemblance*. Il est certain que la distance diminue la force de toute idée, et que, à notre approche, tout objet, lors même qu'il ne se découvre pas à nos sens, agit sur l'esprit avec une influence qui imite une impression immédiate. Penser à un objet transporte aisément l'esprit à ce qui est contigu à l'objet ; mais c'est seulement la présence effective de l'objet qui l'y transporte avec une vivacité supérieure. Quand je suis à quelques milles de ma demeure, tout ce qui s'y rapporte me touche de plus près que lorsque j'en suis éloigné de deux cents lieux ; bien que, même à cette distance, le fait de songer à quelque chose qui se trouve dans le voisinage de mes amis et de ma famille m'en communique naturellement l'idée. Mais comme dans ce dernier cas les deux objets de l'esprit sont des idées ; bien qu'il y ait une transition facile de l'un à l'autre, cette transition seule n'est pas capable de donner une vivacité supérieure à aucune des deux idées, faute d'une impression immédiate[1].

---

1. App. *Naturane nobis, inquit, datum dicam, an errore quodam, ut, cum ea loca videamus, in quibus memoria dignos viros acceperimus multum esse versatos, magis moveamur, quam siquando eorum ipsorum aut facta audiamus, aut scriptum aliquod legamus ? Velut ego nunc moveor. Venit enim mihi Platonis in mentem : quem accepimus primum hic disputare solitum : Cujus etiam illi hortuli propinqui non memoriam solum mihi afferunt, sed ipsum videntur in conspectu meo hic ponere. Hic Speusippus, hic Xenocrates, his ejus auditor Polemo ; cujus ipsa illa sessio fuit, quam videmus. Equidem etiam curiam nostram, Hostiliam dico, non hanc novam, quae mihi minor esse videtur postquam est major, solebam intuens Scipionem, Catonem, Laelium, nostrum vero in primis avum cogitare. Tanta vis admonitionis inest in locis ; ut non sine causa ex his memoriae ducta sit disciplina.* Cicero, *de Finibus*, lib. 5. App. [« Est-ce une disposition naturelle ou bien je ne sais quelle illusion ?

6. Nul ne peut douter que la causalité ait la même influence que les deux autres relations, de ressemblance et de contiguïté. Les esprits superstitieux affectionnent les reliques des saints et des personnes sacrées pour la même raison qu'ils recherchent les modèles et les images, afin de vivifier leur dévotion et de se procurer une conception plus intime et plus forte de ces vies exemplaires qu'ils désirent imiter. Or il est évident que l'une des meilleures reliques qu'un dévot puisse se procurer serait une chose sortie des mains du saint ; et si ses vêtements et ses affaires peuvent être pris sous ce jour, c'est parce qu'ils furent jadis à sa disposition, qu'ils furent maniés et affectés par lui ; à cet égard, ils sont à considérer comme des effets imparfaits et comme liés à lui par une chaîne de conséquences qui est plus courte qu'aucune de celles qui nous instruisent de la réalité de son existence. Ce phénomène prouve clairement qu'une impression présente jointe à une relation de causalité peut aviver une idée et en conséquence produire

---

Mais quand nous voyons les lieux où nous savons que les hommes dignes de mémoire ont beaucoup vécu, nous sommes plus émus que quand nous entendons parler d'eux ou que nous lisons quelqu'un de leurs écrits. Ainsi, moi, en ce moment, je suis ému. Platon se présente à mon esprit, Platon qui le premier, dit-on, fit de cet endroit le lieu habituel de ses entretiens ; et les petits jardins, qui sont là près de nous, non seulement me rendent présente sa mémoire, mais me remettent, pour ainsi dire, son image devant les yeux. Ici se tenait Speusippe, ici Xénocrate, ici le disciple de Xénocrate, Polémon, qui s'asseyait d'ordinaire à la place que nous voyons là. À Rome aussi, quand je voyais notre curie (j'entends la curie Hostilia et non pas la curie nouvelle qui me paraît plus petite depuis qu'on l'a faite plus grande), je pensais toujours à Scipion, à Caton, à Lélius et tout particulièrement à mon aïeul. Les lieux ont un tel pouvoir de rappel que, non sans raison, on les a utilisés pour créer un art de la mémoire » (Cicéron, *Des termes extrêmes des biens et des maux*, 5, 1, 2, trad. fr. J. Martha, Paris, Les Belles Lettres, 1967)].

la croyance ou l'assentiment, selon la définition que nous en avons donnée précédemment[1].

7. Mais pourquoi chercher d'autres arguments pour prouver qu'une impression présente jointe à une relation ou à une transition de l'imagination peut aviver une idée, quand cet exemple même de nos raisonnements de cause à effet, suffit à lui seul à cette fin ? Il est certain que nous devons avoir une idée de toute chose de fait à laquelle nous croyons. Il est certain que cette idée naît uniquement d'une relation à une présente impression. Il est certain que la croyance ne rajoute rien à l'idée mais change seulement notre manière de la concevoir et la rend plus forte et plus vive. La présente conclusion touchant l'influence de la relation est la conséquence immédiate de tous ces pas successifs, et chaque pas me paraît sûr et infaillible. Il n'entre rien dans cette opération de l'esprit sinon une impression présente, une idée vive et une relation ou une association dans l'imagination entre l'impression et l'idée. C'est pourquoi il ne peut y avoir aucun soupçon d'erreur.

8. Mais pour mettre plus complètement toute cette affaire en pleine lumière, considérons-la comme une question de philosophie naturelle que nous devrions résoudre par l'expérience et l'observation[2]. Je suppose qu'un objet se présente à moi ; de cet objet je tire une certaine conclusion et me forme des idées auxquelles je suis dit croire et donner mon assentiment. Il est évident ici, que, quand bien même on penserait que cet objet qui est présent à mes sens et cet autre dont j'infère l'existence par raisonnement, s'influencent mutuellement par leurs pouvoirs ou leurs

1. Voir *supra*, § 2.
2. § **8**-11 : nouvel exposé de la doctrine qui place au centre la notion d'habitude.

qualités particulières, cependant, comme le phénomène de la croyance que nous examinons à présent est purement interne, ces pouvoirs et ces qualités, étant entièrement inconnus, ne sauraient participer à sa production. C'est l'impression présente qui doit être considérée comme la cause réelle et vraie de l'idée et de la croyance qui l'accompagne. Nous devons donc essayer de découvrir par des expériences les qualités particulières qui la rendent capable de produire un effet aussi extraordinaire.

9. J'observe d'abord que l'impression présente ne produit pas cet effet par son propre pouvoir, par sa propre efficace, et quand je la considère en elle-même, comme une perception unique, limitée au moment présent. Je vois qu'une impression dont je ne puis, lors de sa première apparition, tirer aucune conclusion, peut devenir ensuite le fondement de la croyance, après que j'ai fait l'expérience de ses conséquences habituelles. Il nous faut, en toute occurrence, avoir observé la même impression dans divers cas passés et avoir observé qu'elle est constamment jointe à quelque autre impression. Ce point est confirmé par une telle multitude d'expériences qu'il ne souffre pas le moindre doute.

10. D'une seconde observation je conclus que la croyance qui accompagne la présente impression et qui est produite par un certain nombre d'impressions et de conjonctions passées – je conclus, dis-je, que cette croyance naît immédiatement, sans aucune nouvelle opération de la raison ou de l'imagination. C'est de quoi je puis être certain puisque jamais je n'ai conscience d'une telle opération et ne trouve rien en ce sujet sur quoi la fonder. Or, comme nous donnons le nom d'*habitude* à tout ce qui procède d'une répétition passée, sans nouveau raisonnement ou

sans nouvelle conclusion[1], nous pouvons établir comme une vérité certaine que toute croyance qui suit d'une impression présente, dérive de cette seule origine. Quand nous sommes habitués à voir deux impressions jointes ensemble, l'apparition ou l'idée de l'une nous porte immédiatement à l'idée de l'autre.

11. Pleinement satisfait sur ce point, je conduis une troisième série d'expériences afin de savoir si, en sus de la transition habituelle, il est besoin d'autre chose pour produire ce phénomène de la croyance. Et donc je change la première impression en une idée. J'observe alors que, quoique la transition habituelle à l'idée qui est reliée ait toujours lieu, cependant il n'y a en réalité ni croyance ni persuasion. Une impression présente est donc absolument nécessaire pour toute cette opération. Et quand ensuite je compare une impression à une idée et que je trouve que leur seule différence consiste en leur degré différent de force et de vivacité, je conclus, tout bien considéré, que la croyance est une conception plus vive et plus intense d'une idée, résultant de la relation de celle-ci à une impression présente.

12. Ainsi tous les raisonnements de probabilité ne sont qu'une espèce de sensation. Ce n'est pas seulement en poésie et en musique que nous devons suivre notre goût et notre sentiment, c'est aussi en philosophie. Quand je suis convaincu d'un principe, ce n'est rien qu'une idée qui frappe plus fortement mon esprit. Quand je donne la préférence à une suite d'arguments plutôt qu'à une autre,

---

1. Hume donne ici une définition nominale de l'habitude qui ne dit rien de plus que l'effet sur l'esprit d'une répétition passée. L'important est que cet effet soit immédiat, sans le secours d'une opération nouvelle. L'habitude fait que l'esprit passe immédiatement de l'impression présente à l'idée qui lui est constamment liée.

je ne fais rien que décider d'après le sentiment que j'ai de la supériorité de leur influence. Les objets n'ont entre eux aucune liaison qu'on puisse découvrir et ce n'est pas par un autre principe que l'habitude agissant sur l'imagination que nous pouvons inférer de l'apparition de l'un l'existence d'un autre.

13. Il n'est pas inutile d'observer ici que l'expérience passée sur laquelle reposent tous nos jugements concernant la cause et l'effet, peut agir sur notre esprit d'une manière si insensible que nous n'y prêtons pas la moindre attention et que nous pouvons même en rester ignorants jusqu'à un certain point. Un voyageur qui s'arrête quand il croise sur son chemin une rivière, anticipe les conséquences qu'il y aurait à poursuivre plus avant ; et la connaissance qu'il a de ces conséquences lui est communiquée par son expérience passée, laquelle l'instruit de telles et telles conjonctions certaines de causes et d'effets. Mais pouvons-nous penser qu'en cette circonstance il fasse réflexion sur une expérience passée et que, pour découvrir les effets de l'eau sur les corps animaux, il se remémore des cas qu'il aurait vus ou dont il aurait entendu parler ? Certainement, non ; ce n'est pas là la méthode qu'il suit dans son raisonnement. L'idée de submersion est si étroitement liée à celle de l'eau et l'idée de suffoquer à celle d'être submergé que l'esprit fait la transition sans le secours de la mémoire. L'habitude opère avant que nous ayons le temps de la réflexion. Les objets semblent si inséparables que nous passons de l'un à l'autre sans introduire dans l'intervalle le moindre délai. Mais comme cette transition procède de l'expérience et non d'une liaison première entre les idées, nous devons nécessairement reconnaître que l'expérience peut produire une croyance et un jugement de cause et d'effet par une opération secrète, sans qu'on y ait pensé préalablement.

Ce qui écarte, s'il en subsiste encore, tout prétexte que nous aurions d'affirmer que l'esprit se convainc par raisonnement du principe que *les cas dont nous n'avons pas d'expérience doivent nécessairement ressembler à ceux dont en avons une.* Car nous voyons ici que l'entendement ou l'imagination peuvent tirer des inférences de l'expérience passée sans y réfléchir ; bien plus, sans se former aucun principe à leur sujet ou sans raisonner sur ce principe.

14. D'une manière générale, nous pouvons observer que dans les conjonctions les mieux établies et les plus uniformes de causes et d'effets, telles que celles de la gravité, de l'impulsion, de la solidité, etc., jamais l'esprit n'en vient expressément à considérer une quelconque expérience passée. Il est vrai qu'en d'autres associations d'objets qui sont plus rares et plus inhabituelles, il peut par cette réflexion assister l'habitude et la transition des idées. Nous voyons même dans quelques cas la réflexion produire la croyance sans l'habitude ; ou, à parler plus proprement, nous voyons que la réflexion produit l'habitude d'une manière *oblique* et *artificielle.* Je m'explique. Il est certain que non seulement dans la philosophie mais aussi dans la vie commune, nous pouvons parvenir à la connaissance d'une cause particulière par le moyen d'une seule et unique expérience, dès lors qu'elle est faite avec jugement et après qu'ont été soigneusement écartées toutes les circonstances étrangères et superflues. Or, comme après une seule expérience de cette sorte l'esprit, lors de l'apparition de la cause ou de l'effet, peut inférer l'existence de l'objet corrélatif ; et comme l'habitude ne peut jamais être acquise par le moyen d'une unique expérience, il est tentant de penser que dans ce cas la croyance peut n'être pas l'effet de l'habitude. Mais cette difficulté s'évanouira

si nous voyons que, quoique nous soyons supposés n'avoir eu qu'une unique expérience de l'effet particulier, cependant nous en avons des mille et mille pour nous convaincre du principe que *des objets semblables placés dans des circonstances semblables produiront toujours des effets semblables*; et, puisqu'il est établi sur une habitude suffisante, ce principe confère une évidence et une solidité à toute opinion à laquelle il est appliqué. Après une seule expérience, la liaison des idées n'est pas habituelle; mais cette liaison se trouve comprise sous un autre principe qui, lui, est habituel, ce qui nous ramène à notre hypothèse. À chaque fois, nous transposons notre expérience à des cas dont nous n'avons pas d'expérience, que ce soit *expressément* ou *tacitement, directement* ou *indirectement*.

15. Je ne saurais conclure ce sujet sans observer qu'il est très difficile de parler des opérations de l'esprit avec une propriété et une exactitude parfaites, parce que le langage commun a rarement introduit entre elles des distinctions très fines et qu'il a, d'une manière générale, appelé par le même nom toutes celles qui se ressemblent d'assez près. Et de même que chez l'auteur c'est une source presque inévitable d'obscurité et de confusion, de même chez le lecteur il s'ensuit des doutes et des objections auxquels il n'aurait autrement jamais songé. Ainsi, mon assertion générale que l'opinion ou la croyance n'est *rien qu'une idée forte et vive dérivée d'une impression présente qui lui est reliée*, peut, en raison d'une petite ambiguïté dans les mots *fortes et vives*, prêter le flanc à l'objection suivante. Non seulement, dira-t-on, une impression présente peut donner naissance à un raisonnement, mais une idée peut aussi avoir la même influence, particulièrement en vertu de mon principe que *toutes nos idées sont dérivées d'impressions correspondantes.* Car, supposez que je me

forme à présent une idée dont j'ai oublié l'impression correspondante, je suis capable de conclure de cette idée qu'une telle impression a existé auparavant ; et comme cette conclusion s'accompagne de croyance, on demandera alors d'où dérivent les qualités de force et de vivacité qui constituent cette croyance. À quoi je réponds très volontiers : *de l'idée présente*. Car, comme ici l'idée n'est pas considérée comme la représentation d'un objet absent, mais comme une réelle perception dans l'esprit, dont nous sommes intimement conscients, elle doit être capable de conférer à tout ce qui lui est relié la même qualité – qu'on la nomme *fermeté, solidité, force* ou *vivacité* – qualité avec laquelle l'esprit la réfléchit et s'assure de sa présente existence. L'idée tient lieu ici d'impression, elle est entièrement la même, pour ce qui concerne notre présent propos.

16. D'après les mêmes principes, nous ne saurions être surpris d'entendre parler du souvenir d'une idée, c'est-à-dire de l'idée d'une idée, supérieure en force et vivacité aux conceptions flottantes de l'imagination. En pensant à nos pensées passées, non seulement nous retraçons les objets auxquels nous pensions, mais nous concevons aussi l'action de l'esprit méditant, ce certain *je ne sais quoi* dont il est impossible de donner une définition ou une description mais que chacun entend suffisamment. Quand la mémoire nous en offre ainsi l'idée et nous le représente comme passé, il n'est pas difficile de concevoir comment cette idée peut avoir plus de vigueur et de fermeté que lorsque nous pensons à une pensée passée dont nous n'avons pas de souvenir.

17. Tout le monde comprendra après cela comment nous pouvons former l'idée d'une impression ou d'une idée et comment nous pouvons croire à l'existence d'une impression et d'une idée.

SECTION IX
Des effets d'autres relations et d'autres habitudes

1. Si convaincants qu'apparaissent les arguments qui précèdent, nous ne devons pas nous en contenter ; il nous faut tourner le sujet de tous les côtés, afin de dégager de nouveaux points de vue qui nous permettent d'illustrer et de confirmer des principes aussi extraordinaires et fondamentaux. Une scrupuleuse hésitation à recevoir toute hypothèse nouvelle est chez les philosophes une disposition si louable et si nécessaire à l'examen de la vérité qu'elle mérite qu'on s'y conforme, et elle demande que soit avancé tout argument propre à les convaincre, et écartée toute objection qui pourrait les arrêter dans leur raisonnement.

2. J'ai souvent observé qu'outre la cause et l'effet, les deux relations de ressemblance et de contiguïté doivent être considérées comme des principes d'association de la pensée, et comme capables de transporter l'imagination d'une idée à l'autre. J'ai également observé que, quand de deux objets reliés ensemble par une de ces trois relations, l'un est immédiatement présent à la mémoire ou aux sens, non seulement l'esprit est transporté à son corrélat par le moyen du principe d'association, mais encore qu'il le conçoit avec une force et une vigueur additionnelles par l'opération conjuguée de ce principe et de la présente impression. Tout cela, je l'ai observé afin de confirmer par analogie l'explication que je donne des jugements de cause et d'effet. Mais cet argument même peut peut-être se retourner contre moi et plutôt que confirmer mon hypothèse se transformer en une objection[1]. Car l'on peut dire que,

---

1. Habilement, Hume anticipe l'objection, qui est réelle, de manière à maintenir à la fois que les principes de la contiguïté et de la ressemblance ne peuvent produire à eux seuls la croyance et que néanmoins ils la

si toutes les parties de cette hypothèse sont vraies, à savoir *que* ces trois espèces de relations dérivent des mêmes principes ; *que* leurs effets sont les mêmes : renforcer et aviver nos idées ; et *que* la croyance n'est rien d'autre qu'une conception plus forte et plus vive d'une idée –, si l'on peut dire tout cela, alors il devrait s'ensuivre que cette action de l'esprit dérive non seulement de la relation de cause et d'effet, mais aussi de celles de ressemblance et de contiguïté. Mais comme l'expérience nous montre que la croyance naît de la seule causalité et que nous ne pouvons tirer d'inférence d'un objet à l'autre, s'ils ne sont pas liés par cette relation, nous pouvons conclure qu'il s'est glissé une erreur dans ce raisonnement, erreur qui nous plonge dans cette sorte de difficultés.

3. Telle est l'objection. Considérons à présent sa solution. Il est évident que tout ce qui est présent à la mémoire, frappant l'esprit avec une vivacité qui ressemble à une impression immédiate, doit acquérir un grand poids dans toutes les opérations de l'esprit, et se distinguer aisément des simples fictions de l'imagination. De ces impressions ou idées de la mémoire, nous formons une sorte de système comprenant tout ce qui, à notre souvenance, s'est présenté à notre perception interne ou à nos sens. Et tout élément de ce système joint aux impressions présentes, il nous plaît de l'appeler *réalité*. Mais l'esprit ne s'arrête pas là. Car, voyant qu'à ce système de perceptions est lié un autre système par le moyen de l'habitude ou, si vous

---

favorisent, lorsqu'ils viennent en appui de celui de causalité (§ 8). Plus généralement, il se donne ainsi le moyen d'établir la différence entre deux systèmes de réalité : celui de la perception, c'est-à-dire d'un divers donné que l'imagination peut librement associer par contiguïté et ressemblance ; et celui d'une réalité causalement enrichie qui est l'objet d'inférences y traçant des liaisons nécessaires.

voulez, par la relation de cause et d'effet, il en vient à en examiner les idées ; et sentant qu'il est, en quelque manière, nécessairement déterminé à envisager ces idées particulières et que l'habitude ou la relation par laquelle il est déterminé n'admet pas le moindre changement, il en forme un nouveau système qu'il honore également du titre de *réalité*. Le premier de ces systèmes est l'objet de la mémoire et des sens, le second du jugement.

4. C'est ce dernier principe qui peuple le monde et nous donne la connaissance des existences que leur éloignement dans le temps et dans le lieu met hors de la portée des sens et de la mémoire. Grâce à lui, je peins tout l'univers en mon imagination et je fixe mon attention sur toute partie qu'il me plaît. Je forme l'idée de *Rome*, une ville que je ne vois pas et dont je n'ai pas le souvenir, mais qui est liée à des impressions que je me souviens avoir reçues de la conversation et des livres de voyageurs et d'historiens. Cette idée de *Rome*, je la place à un certain endroit sur l'idée d'un objet que j'appelle *le globe*. J'y joins la conception d'un gouvernement, d'une religion et de mœurs particulières. Je regarde en amont et considère sa première fondation, ses diverses révolutions, ses succès et ses infortunes. Tout cela et tout le reste à quoi je crois ne consiste qu'en idées ; mais, par la force et par l'ordre établi qu'elles doivent à l'habitude et à la relation de cause et d'effet, ces idées se distinguent des autres qui ne sont que le fruit de l'imagination.

5. Quant à l'influence de la contiguïté et de la ressemblance, nous pouvons observer que si les objets qui sont contigus ou qui se ressemblent sont compris dans ce système de réalité, à n'en point douter ces deux relations viennent seconder celle de cause et d'effet et fixer avec plus de force dans l'imagination l'idée qui est corrélée. Je

développerai ce point tout à l'heure. Mais avant d'y venir, et pour progresser plus avant dans mon observation, j'affirme que, même lorsque l'objet qui est corrélé est seulement feint, la relation ne manque pas de vivifier l'idée et d'en accroître l'influence. On ne peut douter qu'un poète soit d'autant plus capable de produire une forte description des Champs-Élysées, qu'il stimule son imagination par la vue d'une belle prairie ou d'un beau jardin ; de même qu'à un autre moment, s'abandonnant à sa fantaisie, il pourra se placer au milieu de ces régions fabuleuses, afin d'aviver son imagination par cette contiguïté fictive.

6. Mais bien que je ne puisse formellement exclure que les relations de ressemblance et de contiguïté agissent de cette manière sur l'imagination, il est facile d'observer que, lorsqu'elles sont seules, leur influence est très faible et très incertaine. De même que la relation de cause et d'effet est requise pour nous persuader de toute existence réelle, de même cette persuasion est requise pour donner de la force à ces autres relations. Car, quand à l'apparition d'une impression non seulement nous formons la fiction d'un autre objet, mais tout aussi arbitrairement et n'écoutant que notre bon plaisir, nous prenons la liberté de le placer dans une relation particulière à cette impression, cela ne peut avoir qu'un faible effet sur l'esprit ; et il n'y a pas de raison pour que, au retour de la même impression, nous soyons déterminés à placer cet autre objet dans la même relation à cette dernière. Il n'y a aucune sorte de nécessité pour l'esprit à susciter la fiction d'objets ressemblants et contigus ; et, s'il le fait, il y a aussi peu de nécessité pour lui à s'en tenir toujours à ces mêmes objets, sans différence ni variation. Et, en vérité, une telle fiction est fondée sur si peu de raison que rien, sinon le pur *caprice*, ne peut déterminer l'esprit à lui donner forme ; et ce principe étant

fluctuant et incertain, il est impossible qu'il puisse jamais opérer à un degré considérable de force et de constance. L'esprit prévoit et anticipe le changement ; et, dès le tout premier instant, il ressent le caractère relâché de ses actions et la faible prise qu'il a sur ses objets. Et, comme cette imperfection est très sensible en chaque cas particulier, elle s'accroît encore par l'expérience et l'observation, quand nous comparons les différents cas dont nous nous souvenons ; et nous formons *la règle générale* de n'accorder jamais de crédit à ces brefs éclats de lumière qui naissent, dans l'imagination, d'une ressemblance et d'une contiguïté fictionnelles.

7. La relation de cause à effet a tous les avantages opposés. L'objet qu'elle présente est fixe et inaltérable. Les impressions de la mémoire ne changent jamais considérablement. Et chaque impression s'accompagne d'une idée précise, qui s'enracine dans l'imagination comme quelque chose de solide et de réel, de certain et d'invariable. La pensée est toujours déterminée à passer de l'impression à l'idée, et de cette impression particulière à cette idée particulière, sans avoir à choisir ni à hésiter.

8. Mais non content d'écarter cette objection, je vais essayer d'en extraire une preuve en faveur de la présente doctrine. La contiguïté et la ressemblance ont un effet bien moindre que la causalité ; mais elles n'en sont pas totalement dépourvues et elles augmentent la conviction qu'on a d'une opinion ou la vivacité d'une conception. Si cela peut être prouvé sur plusieurs exemples nouveaux, s'ajoutant à ceux que nous avons déjà observés, on voudra bien accorder que c'est là un argument non négligeable en faveur du principe que la croyance n'est rien qu'une idée vive, en relation avec une impression présente.

260 LIVRE I, *DE L'ENTENDEMENT* – TROISIÈME PARTIE

9. Commençons par la contiguïté. On a remarqué que chez les *Mahométans*, mais aussi chez les *Chrétiens*, les *pèlerins* qui ont vu *la Mecque* ou la *Terre Sainte* sont ensuite des croyants plus fidèles et plus zélés que ceux qui n'ont pas eu cet avantage. Celui à qui sa mémoire présente une image vive de la *Mer Rouge*, du *Désert*, de *Jérusalem*, et de la *Galilée*, ne doutera jamais des événements miraculeux qui sont rapportés par *Moïse* ou par *les Évangélistes*. L'idée vive qu'il se forme des lieux passe par une transition facile aux faits qui sont supposés avoir été en relation avec eux par contiguïté, et elle accroît la croyance en accroissant la vivacité de la conception. Le souvenir de ces champs et de ces rivières a sur l'esprit du vulgaire la même influence qu'un argument nouveau, et pour les mêmes causes.

10. Nous pouvons faire une semblable observation concernant la *ressemblance*. Nous avons remarqué que conclure de la présence d'un objet à sa cause ou à son effet absent n'est jamais fondé sur une qualité que nous observerions dans cet objet considéré en lui-même ; ou, en d'autres mots qu'il est impossible de déterminer autrement que par l'expérience ce qui résultera d'un phénomène ou ce qui l'a précédé. Mais quoique la chose soit si évidente par elle-même qu'elle semble ne pas requérir de preuve, toutefois, certains philosophes[1] ont imaginé qu'il y a une cause apparente à la communication du mouvement, et que tout être raisonnable peut inférer immédiatement le mouvement d'un corps à partir de

---

1. Hobbes, *Decameron physiologicum*, ed. by W. Molesworth (London 1839-1845), *English Works*, VII, p. 86. Malebranche, *Recherche*, 6, 2, 2 (NN). L'impulsion pourrait alors être considérée comme une qualité du moteur.

l'impulsion d'un autre sans avoir recours à aucune observation passée. Que cette opinion soit fausse est chose facile à prouver. Car si une telle inférence pouvait être tirée des seules idées de corps, de mouvement et d'impulsion, il faudrait qu'elle s'élève à la hauteur d'une démonstration et qu'elle implique l'impossibilité absolue de toute supposition contraire. Et donc tout effet autre que la communication du mouvement impliquerait une contradiction formelle; et il serait impossible non seulement qu'un tel effet puisse exister, mais aussi qu'il puisse être conçu. Mais nous pouvons rapidement nous convaincre du contraire en nous formant l'idée claire et cohérente du mouvement d'un corps vers un autre et de son repos immédiatement après le contact, ou de son retour en arrière sur la même ligne sur laquelle il est venu; ou de son anéantissement; ou d'un mouvement circulaire ou elliptique; bref, d'un nombre infini d'autres changements auxquels nous pouvons le supposer se prêter. Ces suppositions sont toutes cohérentes et naturelles; et la raison pour laquelle nous imaginons que la communication du mouvement est plus cohérente et naturelle non seulement que ces suppositions, mais aussi que tout autre effet naturel, est fondée sur la relation de *ressemblance* entre la cause et l'effet, laquelle relation s'unit ici à l'expérience et lie les objets entre eux de la manière la plus proche et la plus intime, au point de nous faire imaginer qu'ils sont absolument inséparables. Et donc la ressemblance a la même influence que l'expérience ou une influence parallèle; et comme le seul effet immédiat de l'expérience est d'associer nos idées ensemble, il s'ensuit que toute croyance naît de l'association des idées, conformément à mon hypothèse.

11. Il est universellement reconnu par les auteurs qui traitent de l'optique[1] que l'œil à chaque instant voit un nombre égal de points physiques et qu'un homme qui se tient au sommet d'une montagne n'a pas, présente à ses sens, une image plus large que lorsqu'il est renfermé dans la cour ou la chambre la plus étroite. C'est seulement par l'expérience qu'il infère la grandeur de l'objet à partir de certaines qualités particulières de l'image ; et cette inférence du jugement, il la confond avec la sensation, comme il arrive communément en d'autres occasions. Or il est évident que l'inférence du jugement est ici beaucoup plus vive qu'elle n'a coutume de l'être dans nos communs raisonnements et qu'un homme se forme à partir de l'image qu'il reçoit de son œil une conception plus vive de la vaste étendue de l'océan lorsqu'il se tient au sommet d'un haut promontoire que lorsqu'il se borne à entendre le rugissement des eaux. Face à sa magnificence, il ressent un plaisir plus sensible, ce qui est la preuve d'une idée plus vive. Et il confond son jugement avec la sensation, ce qui est une autre preuve. Mais comme l'inférence est également certaine et immédiate dans les deux cas, la vivacité supérieure de sa conception dans un cas ne peut provenir que de ce que, en tirant de la vision une inférence, il y a, outre la conjonction habituelle, une ressemblance entre l'image et l'objet inféré, ce qui fortifie la relation et communique la vivacité de l'impression à l'idée qui est reliée par un mouvement plus aisé et plus naturel.

12. Il n'est pas de faiblesse de la nature humaine plus universelle et plus manifeste que celle à laquelle nous donnons communément le nom de *crédulité*, cette foi trop facilement accordée au témoignage des autres. Et cette

---

1. Berkeley, *Une nouvelle théorie de la vision*, dans *Œuvres II*, trad. fr. L. Dechery, Paris, PUF, 1987, p. 82.

faiblesse, elle aussi, s'explique très naturellement par l'influence de la ressemblance. Quand nous sommes instruits d'un fait par le canal du témoignage humain, notre foi provient exactement de la même origine que nos inférences qui vont des causes aux effets ou des effets aux causes[1]. Et il n'y a pas autre chose que notre *expérience* des principes directeurs de la nature humaine pour nous donner quelque assurance de la véracité des hommes. Mais bien que l'expérience soit la véritable mesure de ce jugement, aussi bien que de tout autre, nous nous réglons rarement entièrement sur elle et avons une remarquable tendance à croire tout ce qu'on nous rapporte, même les apparitions, les sortilèges, et les prodiges, toutes choses pourtant contraires à l'expérience et à l'observation de tous les jours. Les paroles et les discours des autres ont une liaison intime avec certaines idées qu'ils ont dans l'esprit ; et ces idées ont aussi une liaison avec les faits ou les objets qu'elles représentent. Cette dernière liaison est généralement très exagérée et commande notre assentiment au-delà de ce que peut justifier l'expérience ; ce qui ne peut venir que de la ressemblance entre les idées et les faits. Les autres effets n'indiquent leurs causes que de manière oblique ; mais le témoignage humain le fait directement, et il est à considérer aussi bien comme une image que comme un effet. Il n'y a donc pas à s'étonner que nous soyons si téméraires dans les inférences que nous en tirons et que nous soyons moins guidés par l'expérience dans nos jugements le concernant que dans ceux qui se rapportent à tout autre sujet.

---

1. La croyance dans le témoignage humain est de même nature que la croyance dans l'inférence causale, car le témoignage est une sorte de causalité.

13. De même que la ressemblance, lorsqu'elle est jointe à la causalité, fortifie nos raisonnements, de même le manque de ressemblance, lorsqu'il est porté à un très haut degré, est capable de les détruire presque entièrement. De cet effet, nous avons une remarquable illustration dans l'insouciance et la stupidité universelles des hommes concernant la question d'un état futur, où ils se montrent aussi obstinément incrédules qu'ils sont aveuglément crédules en d'autres occasions. En vérité, il n'y a pas plus ample sujet d'étonnement pour l'homme d'étude et de regret pour l'homme de piété, que d'observer la négligence du commun des hommes à l'égard de leur condition prochaine ; et c'est avec raison que beaucoup d'éminents théologiens n'hésitent pas à affirmer que le vulgaire, bien qu'il n'entretienne pas de principes formels d'infidélité, est réellement infidèle dans son cœur et n'a rien qui ressemble à ce qui peut s'appeler la *croyance en la durée éternelle de l'âme*. Car considérons d'un côté ce que les gens d'Église ont exposé avec tant d'éloquence à propos de l'importance de l'éternité, et songeons en même temps que, tout en sachant qu'en matière de rhétorique il y a à compter avec une certaine exagération, les figures les plus fortes restent infiniment inférieures au sujet. Et cela fait, observons de l'autre côté la prodigieuse assurance des hommes sur ce point. Je demande alors : ces gens-là croient-ils réellement ce qui leur est inculqué et ce qu'ils prétendent affirmer ? Et la réponse est de toute évidence : non. Puisque la croyance est un acte de l'esprit qui naît de l'habitude, il n'est pas étonnant que le manque de ressemblance renverse ce que l'habitude a établi et diminue la force de l'idée autant que ce dernier principe l'accroît. Un état futur est une chose si fort éloignée de notre compréhension et nous avons une idée si obscure de la

manière dont nous existerons encore après la dissolution de notre corps que toutes les raisons que nous pouvons avancer, si fortes soient-elles en elles-mêmes, et si puissamment secondées par l'éducation, ne seront jamais capables, pour des imaginations lentes, de surmonter cette difficulté et de conférer une autorité et une force suffisante à l'idée. Je préfère attribuer cette incrédulité à la faible idée que nous nous formons de notre état futur, par suite d'un manque de ressemblance avec notre présente vie, plutôt que de la dériver de son caractère lointain. Car j'observe que les hommes s'intéressent partout à ce qui peut arriver après leur mort, pourvu que cela se rapporte à ce monde, et que peu nombreux sont ceux à qui leur nom, leur famille, leurs amis, leur pays soient à aucun moment entièrement indifférents.

14. Et, en vérité, ici, le manque de ressemblance détruit si entièrement la croyance qu'à l'exception du petit nombre de ceux qui, après mûre réflexion sur l'importance du sujet, ont pris soin, par une méditation renouvelée, d'imprimer en leur esprit les arguments en faveur d'un état futur, rares sont ceux qui croient à l'immortalité de l'âme, d'un jugement ferme et véridique, tel que celui qui dérive du témoignage des voyageurs et des historiens. C'est ce qui apparaît très clairement toutes les fois que les hommes ont le loisir de comparer les plaisirs et les peines, les récompenses et les châtiments en cette vie, avec ceux qui seront dans une vie future, alors même qu'ils ne sont pas concernés et qu'aucune passion violente ne vient troubler leur jugement. Les *Catholiques romains* sont certainement la secte la plus zélée qu'il y ait dans le monde chrétien ; et cependant, parmi les adeptes les plus sensés de cette communion, vous en trouverez peu qui ne blâment la *Conspiration des*

poudres[1] et le massacre de la *Saint Barthélémy*[2], comme étant cruels et barbares, quoique ayant été prémédités et exécutés contre ceux-là même qu'ils vouent sans hésiter à un châtiment éternel et infini. Tout ce que nous pouvons dire pour excuser pareille inconséquence est qu'ils ne croient pas véritablement à ce qu'ils affirment d'un état futur ; et il n'en est pas de meilleure preuve que cette inconséquence.

15. Nous pouvons ajouter à cette remarque qu'en matière de religion les hommes prennent plaisir à être terrifiés et qu'il n'est pas de prédicateurs plus populaires que ceux qui excitent les passions les plus sinistres et les plus lugubres. Dans les affaires ordinaires de la vie, où nous faisons l'épreuve et nous pénétrons de la consistance des choses, rien ne peut être plus désagréable que la peur et la terreur ; et c'est seulement dans les représentations dramatiques et dans les discours religieux qu'elles sont sources de plaisir. L'imagination, alors, se repose indolemment sur l'idée ; et la passion, adoucie par le manque de croyance à son objet, n'a plus que l'effet agréable d'animer l'esprit et de fixer l'attention.

16. La présente hypothèse recevra une confirmation supplémentaire si nous examinons les effets des autres sortes d'habitudes comme nous avons examiné ceux des autres relations. Pour comprendre cela, nous devons considérer que l'habitude, à laquelle j'attribue toute croyance et tout raisonnement, peut agir sur l'esprit en

---

1. Conspiration déjouée d'un groupe de catholiques anglais qui avaient formé le projet de faire sauter le Parlement, le 5 novembre 1705, afin d'éliminer le roi, les Lords et les membres des Communes qui s'y trouvaient réunis.

2. Massacre des protestants, le 24 août 1572, jour de la Saint Barthélémy, à Paris, puis étendu à d'autres villes de France.

donnant de la vigueur à une idée de deux manières différentes. Car, étant supposé que dans toute notre expérience passée nous ayons vu deux objets toujours joints l'un à l'autre, il est évident qu'à l'apparition de l'un dans une impression, nous ne manquons pas, l'habitude aidant, de passer par une transition facile à l'idée de l'autre qui l'accompagne ordinairement ; et, grâce à l'impression présente et à la transition facile, de concevoir cette idée d'une manière plus forte et plus vive que pour une image déliée et flottante de la fantaisie. Mais supposons maintenant qu'une simple idée, toute seule, sans rien de cette préparation *scrupuleuse* et presque artificielle, fasse fréquemment son apparition dans l'esprit ; alors cette idée ne manquera pas d'acquérir par degrés force et facilité et, tant par la fermeté de son emprise que par la facilité avec laquelle elle s'introduit, de se distinguer de toute idée nouvelle et inhabituelle. C'est sur ce seul point que les deux formes d'habitude concordent ; et s'il apparaît que leurs effets sur le jugement sont semblables et proportionnels, nous pouvons certainement conclure que la précédente explication de cette faculté est satisfaisante. Mais pouvons-nous douter qu'elles concordent ainsi dans leur influence sur le jugement, quand nous considérons la nature et les effets de l'*éducation* ?

17. Toutes les opinions et toutes les notions des choses auxquelles nous avons été habitués depuis notre enfance, plongent en nous des racines si profondes que, même en usant de toutes les puissances de la raison et de l'expérience, il nous est impossible de les éradiquer ; et cette habitude, par l'influence qu'elle exerce, non seulement approche mais même, en maintes occasions, l'emporte sur celle qu'exerce la constante et inséparable union des causes et des effets. Ici, nous ne devons pas nous borner à dire que la vivacité de l'idée produit la croyance, mais nous devons

soutenir qu'elles sont une seule et même chose. La répétition fréquente d'une idée la fixe dans l'imagination, mais ne pourrait jamais produire d'elle-même la croyance, si cet acte de l'esprit, de par la constitution première de notre nature, était seulement attaché au raisonnement et à la comparaison des idées. L'habitude peut nous conduire à de fausses comparaisons d'idées. C'est le plus grand effet que nous puissions concevoir d'elle. Mais il est certain qu'elle ne pourrait jamais remplacer cette comparaison ni produire aucun acte de l'esprit qui relève naturellement de ce principe.

18. Celui qui a perdu une jambe ou un bras par amputation, s'efforce longtemps encore de s'en servir. On observe communément qu'après la mort d'une personne, toute la famille, et plus spécialement les serviteurs, ont peine à croire qu'elle soit décédée et imaginent qu'elle se tient dans sa chambre ou en quelque autre lieu où ils ont coutume de la trouver. J'ai souvent entendu, dans une conversation où il était fait mention d'une personne célébrée à quelque titre, quelqu'un qui ne la connaissait pas dire : *Je n'ai jamais vu un tel, mais je m'imagine presque l'avoir vu, tant j'en ai entendu parler.* Tous ces exemples sont similaires.

19. Si nous considérons cet argument de *l'éducation* sous un jour propre, il apparaîtra très convaincant ; d'autant plus qu'il est fondé sur l'un des phénomènes les plus communs qui puisse jamais se rencontrer. Je suis persuadé qu'après examen nous découvrirons que plus de la moitié des opinions qui prévalent parmi les hommes sont dues à l'éducation et que les principes qui sont ainsi implicitement embrassés l'emportent sur ceux qui sont dus au raisonnement abstrait ou à l'expérience. De même que les menteurs, à force de répéter leurs mensonges, en viennent à s'en

souvenir, de même le jugement ou plutôt l'imagination, par un moyen semblable, peut avoir des idées si fortement imprimées en elle et les concevoir sous un jour si complet qu'elles peuvent agir sur l'esprit de la même manière que celles que les sens, la mémoire ou la raison nous présentent. Mais comme l'éducation est une cause artificielle et non pas naturelle, et comme ses maximes sont souvent contraires à la raison et même contraires entre elles en des temps et lieux différents, elle n'est jamais pour cela reconnue par les philosophes ; bien qu'en réalité elle soit construite presque sur le même fondement de l'habitude et de la répétition que notre expérience et nos raisonnements de causes et d'effets *.

SECTION X
De l'influence de la croyance

1. Mais bien que l'éducation soit rejetée par la philosophie qui y voit un facteur trompeur d'assentiment à toute espèce d'opinion, elle prévaut néanmoins dans le monde et elle est la cause pour laquelle tous les systèmes,

---

* Nous pouvons observer d'une manière générale que, puisque l'assentiment que nous donnons à tous les raisonnements probables se fonde sur la vivacité des idées, il ressemble à beaucoup de ces fantaisies et de ces préjugés qu'on rejette sous le titre infamant de créatures de l'imagination. Il apparaît par cette expression, que le mot *imagination* est communément employé en deux sens différents. Et, bien que rien ne soit plus contraire à la vraie philosophie que cette imprécision, cependant dans les raisonnements qui suivent j'ai souvent été contraint d'y tomber. Quand j'oppose l'imagination à la mémoire, j'entends par là la faculté par laquelle nous formons nos idées qui sont plus faibles. Quand je l'oppose à la raison, j'entends par là la même faculté en excluant seulement nos raisonnements démonstratifs et probables. Quand je ne l'oppose ni à l'une ni à l'autre, il est indifférent que ce mot soit pris au sens large ou au sens restreint ; ou, du moins, le contexte suffira-t-il à en expliquer le sens.

si convaincants que soient les arguments sur lesquels ils se fondent, s'exposent à être refusés dès l'abord pour leur nouveauté et leur originalité. Tel sera peut-être le destin de ce que je viens d'avancer concernant la *croyance* et nos raisonnements de cause à effet. Et, bien que les preuves que j'ai produites m'apparaissent parfaitement concluantes, je ne m'attends pas à ce que beaucoup se rallient à mon opinion. Les hommes auront toujours peine à se persuader que des effets d'une si grande importance puissent suivre de principes qui sont en apparence si peu considérables, et que la plus grande partie de nos raisonnements, avec toutes nos actions et nos passions, puissent n'avoir d'autre source que l'accoutumance et l'habitude. Pour prévenir cette objection, je vais ici anticiper quelque peu sur ce qui, plus proprement, serait à considérer plus tard, quand nous en serons à traiter des passions et du sens de la beauté.

2. La nature a implanté dans l'âme humaine la perception du bien et du mal, je veux dire de la douleur et du plaisir, et elle en a fait le ressort premier et le principe moteur de toutes ses actions. Mais la douleur et le plaisir ont deux façons de faire leur apparition dans l'esprit, deux façons qui ont des effets très différents l'une de l'autre. Ils peuvent apparaître en s'imprimant dans un sentiment ou une expérience réelle ; ou bien en idée, comme c'est le cas présentement tandis que j'en parle. Il est évident que leur influence sur nos actions est loin d'être égale. Les impressions mettent toujours l'âme en branle, et cela au plus haut point. Mais toutes les idées n'ont pas le même effet. La nature a, en l'occurrence, procédé avec prudence et semble avoir soigneusement évité les inconvénients des deux extrêmes. En effet, si seules les impressions agissaient sur la volonté, nous serions à tout instant de notre vie sujets aux plus grandes calamités ; car, en prévoirions-nous

l'approche, nous ne serions pas munis par la nature d'un principe d'action qui pût nous pousser à les éviter. De l'autre côté, si toute idée influençait nos actions, notre condition ne serait guère plus enviable. Car telles sont l'instabilité et l'activité de la pensée que les images des choses, et spécialement celles des biens et des maux, ne cessent d'aller et de venir dans l'esprit ; lequel, s'il était mû par toute conception frivole de cette sorte ne jouirait jamais d'un moment de paix et de tranquillité.

3. La nature a donc choisi un parti intermédiaire : elle n'a point accordé à toutes les idées de bien et de mal le pouvoir de mettre en mouvement la volonté, mais elle ne leur a pas pour autant refusé toute influence. Il est vrai qu'une fiction frivole n'a pas d'efficace ; cependant l'expérience nous prouve que les idées des objets dont nous croyons qu'ils existent ou qu'ils existeront, produisent à un moindre degré le même effet que les impressions qui sont immédiatement présentes aux sens et à la perception. L'effet, donc, de la croyance est de mettre une simple idée à égalité avec nos impressions et de lui communiquer une influence similaire sur les passions. Cet effet ne peut être obtenu que si l'idée s'approche de l'impression en force et en vivacité. Car, comme la différence dans les degrés de force constitue toute la différence première entre l'impression et l'idée, il faut en conséquence qu'elle soit à la source de toutes les différences que présentent les effets de ces perceptions ; et que sa suppression, totale ou partielle, soit la cause de toute nouvelle ressemblance qu'elles acquièrent. Chaque fois que nous pourrons faire en sorte que l'idée approche l'impression en force et en vivacité, elle l'imitera également dans son influence sur l'esprit ; et *vice versa*, chaque fois qu'elle l'imite par cette influence, comme c'est le cas présent, il faut qu'elle

l'approche en force et en vivacité. Et donc, puisque la croyance fait qu'une idée imite les effets des impressions, il faut qu'elle la fasse ressembler à ces mêmes impressions dans ces qualités, et elle n'est rien qu'*une conception plus vive et plus intense d'une idée*. Voilà donc qui peut à la fois servir d'argument additionnel en faveur du présent système et nous donner une notion de la manière dont nos raisonnements de causalité sont capables d'agir sur la volonté et les passions.

4. De même que la croyance est absolument requise, ou presque, pour susciter nos passions, de même, les passions sont-elles à leur tour très favorables à la croyance ; et ce ne sont pas seulement les faits qui communiquent des émotions agréables, mais aussi, et très souvent, ceux qui causent de la douleur, qui deviennent par-là plus rapidement des objets de foi et d'opinion. Un poltron dont les craintes sont aisément éveillées donne rapidement son assentiment à tout ce qui lui annonce un danger ; de même qu'une personne d'une disposition chagrine et mélancolique est très crédule à l'endroit de ce qui nourrit sa passion dominante. Quand un objet se présente qui est source d'affection, il donne l'alarme et suscite immédiatement à un certain degré la passion correspondante, surtout chez les personnes qui sont naturellement sujettes à cette passion. Cette émotion, par une transition facile, se communique à l'imagination et, se diffusant sur l'idée de l'objet qui est à la source de l'affection, nous fait former cette idée avec plus de force et de vivacité et, en conséquence, ainsi que le veut le système qui précède, nous y fait assentir. L'admiration et la surprise ont le même effet que les autres passions ; c'est pourquoi nous observons qu'auprès du vulgaire les charlatans et les beaux parleurs sont mieux reçus sur la foi de leurs magnifiques affirmations que s'ils

se maintenaient dans les limites de la modération. Le premier étonnement qui accompagne naturellement leurs récits miraculeux gagne toute l'âme et vivifie et avive l'idée, au point qu'elle ressemble aux inférences que nous tirons de l'expérience. C'est là un mystère dont nous pouvons déjà nous faire une première idée et auquel nous aurons davantage l'occasion d'être introduits, dans la suite de ce traité.

5. Après cet exposé de l'influence de la croyance sur les passions, nous aurons moins de difficulté à expliquer ses effets sur l'imagination, si extraordinaires qu'ils puissent paraître. Il est certain que nous ne pouvons prendre plaisir à un discours lorsque notre jugement n'assentit pas aux images qui se présentent à notre fantaisie. La conversation de ceux qui ont pris l'habitude de mentir, fût-ce dans des affaires sans importance, n'est jamais convaincante ; et cela, parce que les idées qu'ils nous présentent, n'étant point accompagnées de croyance, ne font pas d'impression sur l'esprit. Les poètes eux-mêmes, quoique menteurs par profession, essaient toujours de donner un air de vérité à leurs fictions ; et quand ils négligent de le faire, leurs ouvrages, si ingénieux qu'ils soient, ne sauront jamais nous procurer beaucoup de plaisir. En un mot, nous pouvons observer que même quand les idées n'ont aucune espèce d'influence sur la volonté et les passions, la vérité et la réalité sont encore requises afin de les rendre divertissantes pour l'imagination.

6. Mais si nous comparons entre eux tous les phénomènes qui se présentent sur ce chapitre, nous verrons que la vérité, si nécessaire qu'elle puisse sembler dans toutes les œuvres de génie, n'a d'autre effet que de permettre une réception facile des idées et de faire que l'esprit y acquiesce avec satisfaction ou, du moins, sans réticence. Mais comme

c'est un effet dont il n'est pas difficile de supposer qu'il découle de cette solidité et de cette force qui, selon mon système, accompagnent les idées qui sont établies par des raisonnements de causalité, il s'ensuit que toute l'influence de la croyance sur l'imagination peut s'expliquer à partir de ce système. Et, de fait, nous pouvons observer que là où cette influence procède d'autres principes que la vérité ou la réalité, lesdits principes en tiennent lieu et procurent à l'imagination un égal divertissement. Les poètes ont forgé ce qu'ils appellent un *système poétique des choses* qui, sans qu'eux-mêmes ou leurs lecteurs n'y croient, passe communément pour un fondement suffisant pour toute fiction. Nous sommes tellement habitués aux noms de *Mars*, de *Jupiter*, de *Vénus* que, de la même manière que l'éducation implante en nous une opinion, de même la constante répétition de ces idées les fait entrer facilement dans l'esprit et s'imposer à la fantaisie, sans influencer le jugement. De la même manière, les auteurs de tragédie empruntent toujours leurs fables ou du moins les noms de leurs principaux personnages à quelque passage connu de l'histoire ; et cela, non pas pour tromper les spectateurs, car ils avouent franchement que la vérité n'est pas ici scrupuleusement observée en tout point, mais afin de faciliter la réception dans l'imagination de ces événements extraordinaires qu'ils représentent. Mais c'est une précaution qui n'est pas exigée des poètes comiques, dont les personnages et l'intrigue, d'une espèce plus familière, entrent aisément dans la conception et sont reçues sans autre formalité, même si l'on sait d'emblée que ce sont des fictions et de purs produits de la fantaisie.

7. Ce mélange de vérité et de fausseté dans les fables des poètes tragiques non seulement sert notre présent dessein en montrant que l'imagination peut trouver son

compte, alors qu'il n'y a ni croyance ni assurance absolues, mais il peut aussi, pris sous un autre angle, être regardé comme une confirmation très forte de notre système. Il est évident que les poètes emploient cet artifice qui leur fait emprunter à l'histoire les noms de leurs personnages et les principaux événements de leurs poèmes, afin de faciliter la réception de l'ensemble et de faire en sorte qu'il produise une impression plus profonde sur l'imagination et les affections. Les différents moments marquants de la pièce acquièrent une sorte de relation en étant réunis dans un poème ou une représentation unique ; et si l'un de ces moments est un objet de croyance, il confère aux autres qui lui sont reliés force et vivacité. La vivacité de la première conception se propage le long des relations et, comme par autant de tuyaux et de canaux, se transmet à toute idée qui communique avec la première. En vérité, on ne s'élève jamais à une parfaite assurance, et cela parce que l'union entre les idées est, d'une certaine manière, accidentelle ; mais elle s'en approche assez, par son influence, pour nous convaincre qu'elles dérivent de la même origine. La croyance ne laisse pas de flatter l'imagination par la force et la vivacité qui l'accompagnent, puisque toute idée douée de force et de vivacité est agréable à cette faculté.

8. À titre de confirmation, observons que le jugement et l'imagination se prêtent une mutuelle assistance, tout autant que le jugement et la passion ; et que non seulement la croyance donne de la vigueur à l'imagination, mais aussi qu'une imagination forte et vigoureuse est de tous les talents le plus propre à susciter la croyance et l'autorité. Il nous est difficile de nous retenir d'assentir à tout ce qui nous est peint avec toutes les couleurs de l'éloquence ; et la vivacité générée par l'imagination est dans bien des cas plus forte que celle qui naît de l'habitude et de l'expérience.

Nous sommes emportés par la vive imagination de notre auteur ou de notre compagnon ; et lui-même est souvent victime de sa propre flamme et de son propre génie.

9. Et il n'est pas hors de propos de remarquer que, de même qu'une vive imagination dégénère souvent en une démence, en une folie, à laquelle elle ressemble beaucoup dans ses opérations, l'une et l'autre influencent le jugement de la même manière et produisent la croyance exactement à partir des mêmes principes. Quand, par suite d'une fermentation extraordinaire du sang et des esprits, l'imagination acquiert une vivacité qui va jusqu'à désorganiser tous ses pouvoirs et toutes ses facultés, il n'y a plus de moyen de distinguer entre la vérité et la fausseté : toute fiction, toute idée flottante ayant la même influence que les impressions de la mémoire ou que les conclusions du jugement, est reçue sur le même pied et agit avec une force égale sur les passions. Il n'est plus besoin d'une impression présente ni d'une transition coutumière pour aviver nos idées. Toute chimère entretenue par le cerveau est aussi vive et intense que n'importe laquelle des inférences que nous honorions précédemment du nom de conclusions portant sur des faits, et même parfois que les présentes impressions des sens.

10. App. Nous pouvons observer que la poésie a le même effet à un moindre degré. Et c'est une chose qui est commune à la poésie et à la folie que la vivacité qu'elles communiquent aux idées ne provient pas des situations ou des liaisons particulières des objets de ces idées, mais de l'humeur et de la disposition de la personne au moment donné. Mais à quelque degré que cette vivacité puisse s'élever, il est évident qu'elle n'est jamais *éprouvée* de la même manière que ce que sent l'esprit quand nous raisonnons, fût-ce selon l'espèce la plus basse de probabilité. L'esprit peut aisément

distinguer le premier sentiment du second. Et quelque émotion que l'enthousiasme poétique communique aux esprits, on n'a là qu'un simple fantôme de croyance et de persuasion[1]. Il en va pour l'idée comme il en va pour la passion qu'elle occasionne. Il n'est aucune passion de l'esprit humain qui ne puisse naître de la poésie, quoique, dans le même temps, *la manière* dont les passions *sont éprouvées* soit très différente quand elles sont suscitées par une fiction poétique et quand elles naissent de la croyance et de la réalité. Une passion qui est désagréable dans la vie réelle peut procurer le plus grand des divertissements dans une tragédie ou dans un poème épique. Dans ce dernier cas, elle ne pèse pas sur nous avec le même poids. Elle est moins fermement et moins solidement éprouvée, et elle n'a que l'agréable effet d'exciter les esprits et de susciter l'attention. La différence des passions est la preuve claire d'une pareille différence dans les idées qui sont à la source des passions. Quand la vivacité naît d'une conjonction habituelle s'accompagnant d'une impression présente, quoique l'imagination puisse ne pas paraître aussi ébranlée, cependant il y a toujours quelque chose de plus puissant et de plus réel dans ses actions que dans les ferveurs de la poésie et de l'éloquence. La force de nos actions mentales dans ce cas, pas plus qu'en aucun autre, ne doit se mesurer à l'apparente agitation de l'esprit. Une description poétique peut avoir un effet plus sensible sur la fantaisie qu'une narration historique. Elle peut rassembler plus de ces éléments qui forment une image ou un tableau complet. Elle peut paraître placer l'objet

---

1. Ce thème classique de l'enthousiasme poétique et des passions ou des croyances suscitées par la tragédie trouve un développement important dans la préface de la *Cyclopaedia* de Chambers, où il est lié à une réflexion sur la question de la causalité.

devant nous sous des couleurs plus vives. Mais les idées qu'elle présente restent, quant à la manière dont on les sent, différentes de celles qui naissent de la mémoire et du jugement. Il y a quelque chose de faible et d'imparfait dans toute cette véhémence apparente de la pensée et du sentiment qui accompagne les fictions de la poésie.

11. Nous aurons par la suite l'occasion de remarquer à la fois les ressemblances et les différences qui existent entre un enthousiasme poétique et une conviction sérieuse. En attendant, je ne peux m'empêcher d'observer que la grande différence dans la manière qu'on a de les éprouver procède pour une large part de la réflexion et des *règles générales*. Nous remarquons que la puissance de conception que les fictions reçoivent de la poésie et de l'éloquence est une circonstance purement accidentelle, dont toute idée est également susceptible, et que de telles fictions ne sont liées à rien de réel. Cette observation fait que nous nous contentons, pour ainsi dire, de nous prêter à la fiction. Mais elle fait aussi que l'idée se sent d'une manière tout autre que nos persuasions établies, externes, fondées qu'elles sont sur la mémoire et sur l'habitude. D'une certaine façon, elles sont de même espèce, mais l'une est très inférieure à l'autre, à la fois dans ses causes et dans ses effets.

12. Une pareille réflexion sur les *règles générales* nous garde d'augmenter notre croyance à chaque accroissement de la force et de la vivacité de nos idées. Quand une opinion ne souffre aucun doute ou exclut toute probabilité opposée, nous lui accordons notre pleine conviction, bien qu'un manque de ressemblance ou de contiguïté puisse rendre sa force inférieure à celle d'autres opinions. C'est ainsi que l'entendement corrige les apparences des sens et nous fait imaginer qu'un objet à une distance de vingt pieds

semble, même à l'œil, aussi large qu'un objet de même dimension qui est à dix pieds. [App. 1].

SECTION XI
De la probabilité des chances[2]

1. Mais afin d'accorder à ce système toute sa force et toute son évidence, nous devons un moment en détacher notre regard pour considérer ses conséquences et expliquer à partir des mêmes principes d'autres espèces de raisonnement qui dérivent de la même origine.

2. Les philosophes qui ont divisé la raison humaine en *connaissance* et en *probabilité* et qui ont défini la première comme *l'évidence qui naît de la comparaison des idées*[3], sont obligés de comprendre tous les arguments que nous tirons des causes ou des effets sous le terme général de *probabilité*. Assurément, chacun est libre de prendre les mots qu'il emploie dans le sens qu'il lui plaît, et c'est ainsi

---

1. Les trois paragraphes 10 à 12 ont été ajoutés dans l'*Appendice* et ils remplacent le texte primitif de l'édition de 1739 qui disait : « Nous pouvons observer le même effet, à un moindre degré, de la poésie ; avec cette seule différence que la plus petite réflexion dissipe les illusions de la poésie et replace les objets dans leur lumière propre. Il est certain, toutefois, que, dans le feu de l'enthousiasme poétique, le poète s'abandonne à une fausse croyance et accède même à une sorte de vision de ses objets. Et s'il y a le moindre argument en faveur de cette croyance, rien ne contribue davantage à une pleine conviction que la flamme des figures et des images poétiques, qui ont leur effet sur le poète lui-même aussi bien que sur ses lecteurs. D'un texte à l'autre, Hume introduit au cœur de la réflexion la fonction des règles générales.

2. L'analyse qui précède vaut pour tous les raisonnements fondés sur l'expérience. Mais Hume distingue ici entre ceux qui emportent une entière certitude (les preuves) et ceux qui s'accompagnent encore d'incertitude (les probabilités, au sens étroit). Ces derniers requièrent une analyse complémentaire. Ils sont de deux sortes : la probabilité des chances (section XI) et la probabilité des causes (section XII).

3. Locke, *Essai*, IV, 1, 2.

que, dans ce qui précède de mon discours, j'ai moi-même suivi cette méthode d'expression. Il est cependant certain que dans la conversation courante nous ne laissons pas d'affirmer que beaucoup de raisonnements de causalité dépassent la probabilité et peuvent être reçus comme une espèce supérieure d'évidence. Qui déclarerait qu'il est seulement probable que le soleil se lève demain ou que tous les hommes doivent mourir, paraîtrait bien ridicule, quoiqu'il soit clair que nous n'avons d'autre assurance de ces faits que celle que l'expérience nous procure. C'est pourquoi, il vaudrait peut-être mieux, pour à la fois conserver aux mots leur signification ordinaire et marquer les différents degrés d'évidence, de différencier la raison humaine en trois sortes, celle qui se tire de la connaissance, celle qui se tire des preuves et la troisième des probabilités. Par la connaissance, j'entends l'assurance qui naît de la comparaison des idées ; par les preuves, j'entends les arguments qui se tirent de la relation de cause à effet et qui échappent totalement au doute ou à l'incertitude. Par la probabilité, j'entends l'évidence qui s'accompagne encore d'incertitude. C'est cette dernière espèce de raisonnement que je vais examiner maintenant[1].

3. La probabilité ou le raisonnement par conjecture peut être divisé en deux genres, celui qui est fondé sur le *hasard* et celui qui naît des *causes*. Nous les considérerons l'un après l'autre, dans l'ordre.

4. L'idée de cause et d'effet se tire de l'expérience, laquelle, nous mettant en présence de certains objets qui sont constamment joints les uns avec les autres, produit en nous une telle habitude de les embrasser sous cette

1. La distinction de la connaissance et de la probabilité comme autant de degrés d'évidence est clairement posée et développée par Joseph Butler (*Analogie*, intr.).

relation que nous ne pouvons, sans nous faire violence, les considérer sous quelque autre. D'autre part, comme le hasard n'est rien de réel par lui-même[1] et qu'il est, à proprement parler, la simple négation d'une cause, son influence sur l'esprit est contraire à celle de causalité ; et il est de son essence de laisser l'imagination parfaitement indifférente, quand il lui faut considérer l'existence ou la non-existence de l'objet qui est regardé comme contingent. Une cause trace la voie à notre pensée et, d'une certaine manière, nous force à envisager tels objets déterminés selon telles relations déterminées. Le hasard ne peut que détruire cette détermination de la pensée et laisser l'esprit dans son état primitif d'indifférence où, en l'absence d'une cause, il se retrouve immédiatement.

5. Et donc, puisqu'une entière indifférence est essentielle au hasard, aucune chance ne peut être supérieure à une autre, sinon en étant composée d'un nombre supérieur de chances égales. Car si nous affirmons qu'une chance peut, d'une manière quelconque, être supérieure à une autre, nous devons en même temps affirmer qu'il y a quelque chose qui lui donne cette supériorité et détermine l'événement de ce côté-ci plutôt que de ce côté-là. En d'autres mots, nous devons introduire une cause et supprimer la supposition du hasard que nous avions commencé par poser. Une parfaite et totale indifférence est essentielle au hasard et une totale indifférence ne peut jamais, par elle-même, être supérieure ou inférieure à une autre. Cette vérité n'est pas particulière à mon système mais est admise de tout un chacun qui se livre à des calculs sur les chances.

---

1. Un thème souvent développé par les théologiens ; Clarke, *A Demonstration*, p. 18 ; *Cyclopaedia*, « chance » ; J. Butler, *Analogie*, 2, 4, 4.

6. Et il faut remarquer ici que, bien que le hasard et la causalité soient directement contraires, il nous est cependant impossible de concevoir la combinaison des chances qui est requise pour rendre un hasard supérieur à un autre, sans supposer que des causes se mêlent aux chances et que la nécessité en tels points particuliers s'adjoint à une indifférence totale en tels autres points. Quand rien ne limite les chances, toute notion que puisse former la fantaisie la plus débridée sera sur un pied d'égalité ; et il ne saurait y avoir aucune circonstance qui donne l'avantage à celle-ci plutôt qu'à celle-là. Ainsi, à moins de reconnaître qu'il y a certaines causes qui font tomber les dés, qui leur font conserver leur forme dans leur chute et reposer sur l'une de leur face, nous ne pouvons former aucun calcul concernant les lois du hasard. Mais en supposant que ces causes agissent et en supposant également que tout le reste est indifférent et est déterminé par le hasard, il est facile d'arriver à la notion d'une combinaison supérieure de chances. Un dé qui a quatre faces portant tel nombre de points et seulement deux portant un autre nombre, nous fournit un exemple évident et facile de cette supériorité. L'esprit est ici limité par les causes à tel nombre précis et à telle qualité précise d'événements, et dans le même temps il n'est pas déterminé quant au choix d'un événement particulier.

7. Poursuivons donc dans ce raisonnement où nous avons fait trois pas, en établissant *que* le hasard est simplement la négation de la cause et produit une totale indifférence dans l'esprit ; *que* la négation de la cause et une totale indifférence ne peuvent jamais être supérieures ou inférieures à une autre et *que* des causes doivent toujours être mêlées aux chances, afin de servir de fondement au raisonnement. Il nous faut à présent considérer quel effet peut avoir sur l'esprit une combinaison supérieure de

chances et de quelle manière elle influence notre jugement et notre opinion. Et ici nous pouvons répéter tous les arguments que nous avons employés en examinant la croyance qui naît des causes, et prouver de la même manière qu'un nombre supérieur de chances ne produit notre assentiment ni par *démonstration* ni par *probabilité*. Il est en effet évident que par la comparaison des seules idées nous ne pouvons faire aucune découverte qui soit d'importance en la matière et qu'il est impossible de prouver avec certitude que l'événement doit nécessairement se produire du côté où il y a un nombre supérieur de chances. Supposer en ce cas une quelconque certitude serait renverser ce que nous avons précédemment établi concernant l'opposition des chances et leur parfaite égalité ou indifférence.

8. Dirait-on que, bien que dans le cas d'une opposition des chances il soit impossible de déterminer avec *certitude* de quel côté l'événement tournera, cependant nous pouvons déclarer avec certitude qu'il est plus vraisemblable et probable que ce sera du côté où il y a un nombre supérieur de chances que du côté où ce nombre est inférieur. – dirait-on cela que je demanderai ce que l'on entend ici par *vraisemblance* ou *probabilité*. La vraisemblance et la probabilité des chances consistent en un nombre supérieur de chances égales ; et, par conséquent, lorsque nous disons qu'il est vraisemblable que l'événement se produira du côté où ce nombre est supérieur plutôt que du côté où il est inférieur, nous ne faisons rien de plus qu'affirmer que quand il y a un nombre supérieur de chances il y a bien un nombre supérieur et que quand ce nombre est inférieur, il est bien inférieur. Ce sont là des propositions identiques, dénuées d'importance. La question est : de quelle façon un nombre supérieur de chances égales agit sur l'esprit et

produit la croyance ou l'assentiment, puisqu'il apparaît que ce n'est ni par des arguments tirés de la démonstration, ni par des arguments tirés de la probabilité ?

9. Pour éclairer cette difficulté, supposez que nous prenions un dé qui soit ainsi fait que quatre de ses faces portent un chiffre ou un nombre de points, et les deux autres faces un autre chiffre ou un autre nombre. Et plaçons ce dé dans le cornet avec l'intention de le lancer. De toute évidence, il nous faut conclure qu'un chiffre est plus probable que l'autre et nous donnerons la préférence à celui qui est porté sur le plus grand nombre de faces. D'une certaine manière, nous croyons qu'il a l'avantage, non sans une certaine hésitation, un certain doute qui est en proportion du nombre de chances qui sont contraires. Et selon que ces chances contraires diminuent, et que la supériorité croît de l'autre côté, notre croyance gagne en stabilité et en assurance. Cette croyance naît d'une opération de notre esprit sur l'objet simple et borné qui est devant nous ; et sa nature en sera d'autant plus aisée à découvrir et expliquer. Nous n'avons qu'un unique dé à contempler, pour comprendre l'une des plus curieuses opérations de l'esprit humain.

10. Ce dé, fait comme on l'a dit, comporte trois facteurs qui méritent notre attention. D'abord, certaines causes, telles que la gravité, la solidité, sa forme cubique, qui le déterminent à tomber, à conserver sa forme dans sa chute et à tourner vers le haut une de ses faces. Ensuite, un certain nombre de faces qui sont supposées indifférentes. Enfin, un certain chiffre inscrit sur chaque face. Ces trois points constituent toute la nature du dé, relativement à ce qui nous occupe à présent ; et ils sont donc les seules choses à être prises en considération par l'esprit quand il a à se former un jugement concernant le résultat du lancer de dé. Examinons donc graduellement et soigneusement quelle

doit être l'influence de ces trois facteurs du dé, sur la pensée et l'imagination.

11. Premièrement, nous avons déjà observé que l'esprit est déterminé par l'habitude à passer de la cause à son effet et qu'à l'apparition de l'un des deux il lui est presque impossible de ne pas former l'idée de l'autre. Leur constante conjonction dans les cas passés a créé en lui une telle habitude qu'il les joint toujours en pensée et infère l'existence de l'un de l'existence de cet autre qui l'accompagne ordinairement. Quand il considère le dé après qu'il a cessé d'être soutenu par le cornet, il ne peut sans se faire violence se le représenter restant suspendu en l'air, mais naturellement il le place sur la table et le voit présentant une de ses faces tournée vers le haut. C'est là l'effet des causes entremêlées, causes qui nous sont nécessaires pour construire tout calcul des chances.

12. Deuxièmement, il est supposé que, bien que le dé soit nécessairement déterminé à tomber et à présenter une de ses faces tournée vers le haut, il n'y a rien cependant qui fixe la face particulière qui est présentée et qu'elle est entièrement déterminée par le hasard. La nature, l'essence même du hasard est de nier les causes et de laisser l'esprit dans une parfaite indifférence quant aux événements, lesquels sont supposés contingents. Et donc, quand la pensée est déterminée par les causes à considérer le dé tombant du cornet et offrant à nos yeux l'une de ses faces, les chances nous présentent toutes ces faces comme égales et nous les font considérer, autant qu'elles sont, comme également probables et possibles. L'imagination passe de la cause, c'est-à-dire du jet du dé, à l'effet, à savoir la présentation de l'une des six faces ; et elle éprouve une sorte d'impossibilité à la fois à s'arrêter en chemin et à former une autre idée. Mais comme ces six faces sont

incompatibles et que le dé ne peut en présenter plus d'une
à la fois, ce principe nous conduit à ne pas les considérer
comme étant toutes à la fois tournées vers le haut – une
chose que nous tenons pour impossible. Et il ne nous
conduit pas non plus de toute sa force vers telle face
particulière, car, en ce cas, cette face serait considérée
comme certaine et inévitable. Mais il nous conduit à
l'ensemble des six faces de manière à diviser sa force
également entre elles. Nous concluons d'une manière
générale que l'une d'entre elles doit résulter du jet ; nous
les parcourons toutes dans notre esprit ; la détermination
de la pensée est commune à toutes ; mais de la force de
cette détermination chacune ne reçoit pas plus en partage
que ce qu'impose la proportion qu'elle a avec les autres.
C'est ainsi que l'impulsion primitive et donc la vivacité
de la pensée qui provient des causes, se divise et se répartit
par les chances entremêlées.

13. Nous avons déjà vu l'influence des deux premières
qualités – d'abord les *causes*, ensuite le *nombre* et
l'indifférence des côtés – et nous avons appris comment
elles donnent une impulsion à la pensée et divisent cette
impulsion en autant de parts qu'on compte d'unités dans
le nombre des faces. Nous devons maintenant considérer
les effets du troisième facteur, à savoir les chiffres inscrits
sur chaque face. Il est évident que, quand plusieurs faces
ont le même chiffre inscrit sur elles, elles doivent se
rejoindre dans l'influence qu'elles exercent sur l'esprit et
réunir sur l'image ou l'idée unique d'un chiffre toutes les
impulsions séparées qui étaient réparties entre les diverses
faces sur lesquelles ce chiffre est inscrit. Si la question
était seulement de savoir quelle face se présentera, sachant
que toutes sont parfaitement égales, aucune ne peut avoir
l'avantage sur l'autre. Mais la question porte sur le chiffre
et, comme le même chiffre est présenté par plus d'une

face, il est évident que les impulsions appartenant à toutes ces faces doivent se réunir sur cet unique chiffre et retirer de leur union plus de force et de puissance. Dans le présent cas, quatre faces sont supposées porter le même chiffre inscrit sur elles, et deux un autre chiffre. Les impulsions en faveur du premier sont donc supérieures à celles en faveur du second. Mais comme les événements sont contraires et qu'il est impossible que ces deux chiffres se présentent à la fois, les impulsions deviennent pareillement contraires et celle qui est inférieure détruit celle qui est supérieure en proportion de sa force. La vivacité de l'idée est toujours proportionnelle aux degrés de l'impulsion ou de la tendance à la transition ; et la croyance ne fait qu'un avec la vivacité de l'idée, conformément à la doctrine précédemment exposée[1].

SECTION XII
De la probabilité des causes

1. Ce que j'ai dit concernant la probabilité des chances ne peut servir à nulle autre fin qu'à nous aider à expliquer la probabilité des causes, puisqu'il est communément admis des philosophes que ce que le commun des hommes appelle *chance* n'est rien d'autre qu'une cause secrète et cachée. C'est donc cette espèce de probabilité que nous devons examiner principalement.

---

1. Le raisonnement est donc le suivant : l'on est dans une situation où une certaine cause produit un effet ; mais le principe de la détermination de la relation causale est mis en difficulté : un effet sera certes produit mais on ne sait pas lequel ; or toutes les chances sont égales puisqu'elles sont en elles-mêmes indifférentes pour l'esprit ; l'inégalité finale des chances, si tel est le cas, résulte donc de la combinaison des chances par addition des identiques et soustraction des contraires. La force de la croyance diminue en proportion.

2. Les probabilités des causes sont de différentes sortes. Mais toutes proviennent de la même origine, à savoir *une association d'idées à une impression présente.* Comme l'habitude qui produit l'association naît de la fréquente conjonction des objets, il faut qu'elle parvienne par degrés à sa perfection et qu'à chaque cas nouveau tombant sous notre observation elle acquière une nouvelle force. Le premier cas a peu ou pas de force ; le second y fait quelque addition. Le troisième devient plus sensible encore ; et c'est ainsi qu'à pas lents notre jugement parvient à une pleine assurance. Mais avant de parvenir à ce niveau suprême de perfection, il doit passer par plusieurs degrés inférieurs et en tous ces degrés il n'aura la valeur que d'une présomption ou d'une probabilité. Et donc la gradation qui mène des probabilités aux preuves est en bien des cas insensible et la différence entre ces sortes d'évidence est plus aisément perçue lorsque les degrés sont éloignés que lorsqu'ils sont proches et contigus.

3. Il vaut la peine de remarquer à cette occasion que, bien que l'espèce de probabilité qu'on explique ici soit dans l'ordre la première et que naturellement elle survienne avant que n'existe la preuve entière, cependant il n'est personne qui parvenu à l'âge mûr puisse en garder le souvenir. Il est vrai, rien n'est plus commun pour des personnes de très grand savoir, que de n'avoir atteint qu'une expérience imparfaite de beaucoup d'événements particuliers, ce qui naturellement ne produit qu'une habitude et une transition imparfaites. Mais nous devons alors considérer que l'esprit, s'étant livré par ailleurs à une observation de la liaison des causes et des effets, donne une nouvelle force à son raisonnement à partir de cette observation ; et qu'il est par ce moyen capable de construire un argument sur une unique expérience, si elle a été dûment

préparée et examinée. Ce que nous avons trouvé une fois suivre d'un objet, nous concluons qu'il s'en suivra toujours. Et si on ne bâtit pas toujours sur cette maxime comme sur un fondement certain, ce n'est pas par manque d'un nombre suffisant d'expériences, mais parce que souvent nous nous heurtons à des exemples du contraire ; ce qui nous conduit à la seconde espèce de probabilité, où il y a une contrariété dans notre expérience et dans notre observation.

4. Ce serait une chose très heureuse pour les hommes, dans la conduite de leur vie et de leurs actions, si les mêmes objets étaient toujours joints ensemble et si nous n'avions à redouter que nos propres fautes de jugement, sans avoir de raison d'en appeler à l'incertitude de la nature. Mais comme il se trouve fréquemment qu'une observation soit contraire à une autre et que les causes et les effets ne se suivent pas dans l'ordre dont nous avons eu l'expérience, nous sommes obligés de varier notre raisonnement au motif de cette incertitude et de prendre en considération la contra-riété des événements. La première question qui se pose alors concerne la nature et les causes de la contrariété.

5. Le vulgaire, qui prend les choses selon leur première apparence, attribue l'incertitude des événements à une incertitude dans les causes, incertitude qui détourne souvent ces causes d'exercer leur influence habituelle, quoiqu'elles ne rencontrent pas d'obstacle ou d'empêchement dans leur opération. Mais les philosophes, observant que presque toutes les parties de la nature renferment une grande variété de ressorts et de principes qui sont cachés en raison de leur petitesse ou de leur éloignement – les philosophes, dis-je, trouvent qu'il est pour le moins possible que la contrariété des événements ait pour source, non pas une quelconque contingence dans la cause, mais l'opération secrète de causes contraires. Cette possibilité se change en certitude,

si l'on pousse plus loin l'observation ; nos philosophes remarquent qu'un examen rigoureux montre que la contrariété des effets trahit toujours une contrariété des causes et procède de ce qu'elles s'empêchent ou s'opposent mutuellement. Un paysan ne donnera pas de meilleure raison à l'arrêt d'une horloge ou d'une montre, que de dire qu'ordinairement elle ne fonctionne pas bien. Mais un homme de l'art perçoit aisément que la même force dans le ressort ou le pendule a toujours la même influence sur les roues, mais qu'elle manque à son effet ordinaire, peut-être en raison d'un grain de poussière qui met à l'arrêt tout le mouvement. De l'observation de plusieurs cas parallèles, les philosophes forment la maxime que la liaison entre toutes les causes et tous les effets est également nécessaire et que son apparente incertitude dans certains cas provient de la secrète opposition entre des causes contraires.

6. Mais si grande que puisse être la différence entre les philosophes et le vulgaire dans leur explication de la contrariété des événements, les inférences qu'ils en tirent sont toujours de même sorte et sont fondées sur les mêmes principes. Une contrariété d'événements dans le passé peut nous donner une sorte de croyance hésitante pour le futur, de deux façons différentes. D'abord, en produisant une habitude imparfaite et une imparfaite transition de la présente impression à l'idée qui lui est liée. Quand la conjonction de deux objets est fréquente sans être totalement constante, l'esprit est déterminé à passer d'un objet à l'autre, mais sans être porté par une habitude aussi entière que lorsque l'union est ininterrompue et que tous les cas auxquels nous avons eu affaire sont uniformes et d'une seule pièce. Une expérience très commune nous montre, aussi bien dans nos actions que dans nos raisonnements, qu'une constante persévérance dans un genre de vie produit

une forte inclination, une forte tendance à y persister à l'avenir ; quoiqu'il y ait des habitudes d'un degré inférieur de force, proportionnellement au degré inférieur de stabilité et d'uniformité que présente notre conduite[1].

7. Il ne fait pas de doute que ce principe ne s'impose parfois et ne produise ces inférences que nous tirons de phénomènes contraires, quoique je reste persuadé qu'à l'examen on ne trouvera pas que ce soit le principe qui influence le plus communément l'esprit dans ce genre de raisonnement. Quand nous nous contentons de suivre la détermination habituelle de notre esprit, nous faisons la transition sans y réfléchir et sans introduire le moindre délai entre la vue d'un certain objet et la croyance à celui que nous avons vu souvent l'accompagner. Comme la coutume ne doit rien à la délibération, elle opère immédiatement sans accorder de temps à la réflexion. Mais de cette manière de procéder nous avons peu d'exemples dans nos raisonnements probables, et même moins nombreux que dans ceux qui procèdent d'une conjonction ininterrompue d'objets. Dans la première espèce de raisonnement, d'ordinaire nous prenons sciemment en considération la contrariété des événements passés ; nous comparons les différents côtés de la contrariété et pesons soigneusement les expériences que nous avons de part et d'autre. D'où nous pouvons conclure que nos raisonnements de cette sorte ne naissent pas *directement* de l'habitude, mais d'une manière *oblique*, que nous devons à présent tenter d'expliquer.

1. Le hasard n'étant pas un principe positif et actif, toute incertitude dans les effets a pour origine une contrariété, connue ou non, dans les causes. Cette contrariété a pour effet d'affaiblir la formation de notre expérience passée, expérience à partir de laquelle nous faisons nos inférences. Le principe selon lequel le futur ressemble au passé n'a de force que proportionnellement au degré de cette formation.

8. Il est évident que, quand un objet s'accompagne d'effets contraires, nous ne jugeons de ceux-ci que par notre expérience passée et considérons toujours comme possibles ceux dont nous avons observé qu'ils suivaient de cet objet. Et de même que l'expérience passée règle notre jugement concernant la possibilité de ces effets, de même le fait-elle concernant leur probabilité; et l'effet qui s'est montré le plus courant, nous le tenons toujours pour le plus vraisemblable. Il y a donc ici deux choses à considérer : les *raisons* qui nous déterminent à faire du passé une règle pour le futur et la *manière* dont nous dégageons un jugement unique de la contrariété des événements passés.

9. Observons premièrement que la supposition que le futur ressemble au passé n'est fondée sur un argument d'aucune sorte, mais qu'elle dérive entièrement de l'habitude qui fait que nous sommes déterminés à attendre pour le futur le même train d'objets auquel nous sommes accoutumés. Cette habitude ou cette détermination à transférer le passé dans le futur est entière et parfaite; et partant la première impulsion de l'imagination dans ce genre de raisonnement est dotée des mêmes qualités.

10. Mais, secondement, quand, considérant les expériences passées, nous les trouvons d'une nature contraire, cette détermination, quoiqu'entière et parfaite en elle-même, ne nous présente pas d'objet stable mais nous offre une pluralité d'images discordantes dans un ordre et une proportion donnés. Par suite la première impulsion se trouve ici fragmentée et se répand sur toutes ces images, chacune recevant en partage une part égale de la force et de la vivacité qui dérivent de l'impulsion. N'importe lequel de ces événements passés peut survenir de nouveau et nous jugeons que, quand ils surviendront,

ils seront mélangés dans la même proportion que par le passé[1].

11. Si donc notre intention est de considérer les proportions d'événements contraires dans un grand nombre de cas, les images que nous présente notre expérience passée doivent conserver leur *première forme* et rester dans les mêmes proportions. Supposez par exemple[2] que j'aie trouvé par une longue observation que sur vingt bateaux qui partent en mer dix-neuf seulement reviennent. Je projette mon expérience passée dans le futur et me représente dix-neuf de ces bateaux revenant sains et saufs au port et le vingtième perdu. Sur ce point il ne peut y avoir de difficulté. Mais comme nous revenons souvent sur ces diverses idées d'événements passés, afin de nous former un jugement concernant un unique événement qui apparaît incertain, cette considération doit modifier la *première forme* de nos idées et rassembler les images séparées que présente l'expérience, puisque c'est à celle-ci que nous rapportons la détermination de l'événement particulier sur lequel nous raisonnons. Beaucoup de ces images sont censées concourir et un nombre supérieur d'entre elles concourir d'un seul côté. Ces images concordantes s'unissent ensemble et rendent l'idée plus forte et plus vive non seulement qu'une simple fiction de l'imagination mais aussi qu'une idée qui est soutenue par un nombre inférieur d'expériences. Chaque nouvelle expérience est

1. Cette fragmentation du fait de la contrariété en une pluralité « d'images », de représentations d'effet, qui se conservent à titre de possibles, est analogue à la pluralité des effets possibles dans la probabilité des chances. Hume va donc pouvoir adapter à la probabilité des causes l'analyse qu'il a faite touchant la probabilité des chances (*cf.* § 11).

2. Cet exemple est emprunté à Jacques Bernoulli, *Ars conjectandi*, Bâle, 1713, p. 214-215.

un nouveau coup de pinceau qui ajoute à la vivacité des couleurs sans multiplier ni agrandir la figure. Cette opération de l'esprit a été expliquée si complètement dans le traitement de la probabilité des chances que je n'ai pas besoin ici d'essayer de la rendre plus intelligible. Chaque expérience passée peut être considérée comme une sorte de chance puisque nous restons dans l'incertitude si l'objet existera conformément à une expérience ou à une autre. Et pour cette raison tout ce qui a été dit sur l'un des sujets est applicable aux deux.

12. Ainsi, tout considéré, des expériences contraires produisent une croyance imparfaite soit en affaiblissant l'habitude soit en divisant et en unissant ensuite en différentes parties cette *parfaite* habitude qui nous fait conclure en général que les cas dont nous n'avons pas d'expérience doivent nécessairement ressembler à ceux dont nous en avons une.

13. Pour mieux justifier encore cette explication de la seconde espèce de probabilité où nous raisonnons à partir d'une contrariété rencontrée dans nos expériences passées, mais en faisant preuve de connaissance et de réflexion, je proposerai les considérations suivantes, sans craindre de fâcher par cet air de subtilité qui les accompagne. Un raisonnement juste, si subtil qu'il soit, doit peut-être conserver sa force, de même que la matière conserve sa solidité dans l'air, dans le feu ou dans les esprits animaux, aussi bien que dans les formes qui sont plus grossières et plus sensibles.

14. Premièrement, nous pouvons observer qu'il n'y a pas de probabilité si grande qu'elle exclue toute possibilité contraire, puisque autrement elle cesserait d'être une probabilité et se changerait en certitude. Cette probabilité des causes, dont le champ est très étendu et que nous

examinons à présent, dépend d'une contrariété entre les expériences ; et il est évident qu'une expérience faite par le passé prouve au moins une possibilité pour le futur.

15. Deuxièmement, les parties composantes de cette possibilité et de cette probabilité sont de même nature et diffèrent seulement en nombre mais non en genre. L'on a vu que toutes les chances prises une à une sont parfaitement égales et que la seule circonstance qui puisse donner à un événement qui est contingent la supériorité sur un autre, c'est le nombre supérieur de chances. Semblablement, comme l'incertitude des causes se découvre par l'expérience, laquelle nous présente la vue d'événements contraires, il est clair que, lorsque nous transférons le passé sur le futur, le connu sur l'inconnu, chaque expérience passée a le même poids, et que c'est seulement un nombre supérieur d'entre elles qui peut faire pencher la balance d'un côté. Et donc la possibilité qui entre dans tout raisonnement de cette sorte, est composée de parties qui sont de même nature les unes que les autres, mais aussi de même nature que celles qui composent la probabilité opposée.

16. Troisièmement, nous pouvons établir comme une maxime certaine que, dans tous les phénomènes tant moraux que naturels, si une cause est composée d'un certain nombre de parties et si l'effet s'accroît ou diminue en fonction de la variation de ce nombre, l'effet lui-même est à proprement parler un effet composé qui naît de l'union des divers effets qui procèdent de chaque partie de la cause. Ainsi, parce que la gravité d'un corps s'accroît ou diminue selon que ses parties s'accroissent ou diminuent, nous concluons que chaque partie renferme cette qualité et contribue à la gravité du tout. À l'absence ou à la présence d'une partie de la cause répond la présence ou l'absence d'une partie proportionnelle de l'effet. Cette liaison ou cette constante

conjonction prouve suffisamment qu'une partie est la cause de l'autre. Puisque notre croyance concernant un événement s'accroît ou diminue selon le nombre de chances ou d'expériences passées, il faut la considérer comme un effet composé dont chaque partie naît d'un nombre proportionnel de chances ou d'expériences.

17. Réunissons ces trois observations et voyons quelle conclusion nous pouvons en tirer. À toute probabilité correspond une possibilité opposée. Cette possibilité est composée de parties qui sont exactement de même nature que celles de la probabilité et qui ont en conséquence la même influence sur l'esprit et l'entendement. La croyance qui accompagne la probabilité est un effet composé et elle est formée par le concours des différents effets qui procèdent de chaque partie de la probabilité. Puisque donc chaque partie de la probabilité contribue à la production de la croyance, chaque partie de la possibilité doit avoir la même influence du côté opposé, la nature de ces parties étant parfaitement la même. La croyance contraire, qui accompagne la possibilité, implique la vue d'un certain objet, tout de même que la probabilité implique une vue opposée. Sur ce point, ces deux degrés de croyance sont semblables. La seule façon pour le nombre supérieur de parties composantes semblables qui sont dans l'un, d'exercer son influence et de l'emporter sur le nombre inférieur dans l'autre, est de produire une vue de son objet qui soit plus forte et plus vive. Chaque partie présente une vue particulière et toutes ces vues jointes ensemble produisent une vue générale qui est rendue plus pleine et plus distincte par le plus grand nombre de causes ou de principes dont elle dérive.

18. Étant semblables par leur nature, les parties composantes de la probabilité et de la possibilité doivent produire des effets semblables, et la similitude de leurs

effets consiste en ceci que chacune d'elles présente la vue d'un objet particulier. Mais, bien que ces parties soient semblables par leur nature, elles sont très différentes par leur quantité et par leur nombre ; et cette différence doit apparaître dans l'effet tout autant que la similitude. Or, comme la vue qu'elles présentent est dans les deux cas pleine et entière, et comprend l'objet dans toutes ses parties, il est impossible qu'il y ait sur ce point une quelconque différence ; et il n'y a rien d'autre qui puisse distinguer ces effets, sinon une vivacité supérieure dans la probabilité qui résulte du concours d'un nombre supérieur de vues.

19. Voici presque le même argument présenté sous un jour différent. Tous nos raisonnements concernant la probabilité des causes sont fondés sur le transfert du passé au futur. Le transfert d'une expérience passée au futur suffit pour nous donner une vue de l'objet, que cette expérience soit unique ou combinée à d'autres de même sorte, qu'elle soit entière ou opposée à d'autres qui sont d'une sorte contraire. Supposez donc qu'elle acquière à la fois ces deux qualités, combinaison et opposition ; elle ne perd nullement par là son pouvoir antérieur de présenter une vue de l'objet ; simplement, elle concourt avec d'autres expériences qui ont une pareille influence, ou elles s'y opposent. Dès lors, une question peut être posée touchant la manière et du concours et de l'opposition. Pour ce qui est du *concours*, il n'y a de choix qu'entre deux hypothèses : ou bien la vue de l'objet occasionnée par le transfert de chaque expérience passée se conserve entière et ne fait que multiplier le nombre de vues. Ou bien elle se confond avec les autres vues semblables et correspondantes et leur confère un degré supérieur de force et de vivacité. Mais que la première hypothèse soit erronée, l'expérience rend la chose évidente, elle qui nous informe que la croyance

qui accompagne le raisonnement consiste en une unique conclusion et non en une multitude de conclusions semblables qui n'auraient d'autre effet que de distraire l'esprit et qui en de nombreux cas seraient trop nombreuses pour être embrassées distinctement par une capacité qui est finie. Reste donc, comme seule opinion raisonnable, que ces vues similaires se fondent les unes dans les autres et unissent leur force ; en sorte de produire une vue plus forte et plus claire que celle qui naît d'une seule, prise isolément. Telle est la manière dont les expériences passées concourent, quand elles sont transférées à un événement futur. Quant à la manière de leur *opposition*, il est évident que comme les vues contraires ne sont pas compatibles entre elles et qu'il est impossible que l'objet puisse exister conformément aux unes et aux autres à la fois, leur influence se fait mutuellement destructrice et l'esprit est déterminé à se tourner vers celle qui est supérieure avec la force qui reste après soustraction de celle qui est inférieure.

20. Je sens combien tout ce raisonnement doit apparaître abstrus au plus grand nombre de mes lecteurs qui, n'étant pas accoutumés à des réflexions aussi profondes sur les facultés intellectuelles de l'esprit, seront tentés de rejeter comme chimérique tout ce qui ne se conforme ni aux notions communément reçues ni aux principes les plus faciles et les plus évidents de la philosophie. Et il ne fait pas de doute qu'il en coûte quelque effort pour entrer dans ces arguments ; quoique, peut-être, il en faille très peu pour percevoir l'imperfection des hypothèses vulgaires sur ce sujet et le peu de lumière que la philosophie peut encore fournir dans des spéculations aussi sublimes et aussi curieuses. Que les hommes soient une fois pleinement persuadés des deux principes suivants : *qu'il n'y a rien dans aucun objet, considéré en lui-même, qui puisse nous*

procurer une raison pour tirer une conclusion qui le dépasse
et *que, même après l'observation d'une fréquente et
constante conjonction d'objets, nous n'avons aucune raison
d'en tirer une inférence concernant tout objet qui serait
au-delà de ceux dont nous avons eu l'expérience* – que les
hommes, dis-je, soient une fois pleinement convaincus de
ces deux principes, et ils se trouveront si bien libérés de
tous les systèmes communs qu'ils ne feront pas de difficulté
à en recevoir un autre qui peut apparaître comme le plus
extraordinaire. Ces principes, nous les avons trouvés
suffisamment convaincants, même en ce qui touche les
plus certains de nos raisonnements tirés de la causalité.
Mais j'oserai affirmer qu'en ce qui touche les raisonnements
conjecturaux ou probables, ils acquièrent encore un nouveau
degré d'évidence.

21. Premièrement, il est évident que dans les raisonnements de cette sorte, ce n'est pas l'objet s'offrant à nous
qui, considéré en lui-même, nous fournirait une quelconque
raison de parvenir à une conclusion concernant un autre
objet ou un autre événement. Car, comme ce dernier objet
est supposé incertain et comme l'incertitude découle d'une
contrariété cachée des causes dans le premier, si certaines
de ces causes entraient dans les qualités connues de cet
objet, elles ne seraient plus cachées et notre conclusion ne
serait plus incertaine.

22. Secondement, il est tout aussi évident dans cette
espèce de raisonnement que, si le transfert du passé au
futur était fondé seulement sur une conclusion de
l'entendement, il ne pourrait jamais occasionner de croyance
ou d'assurance. Quand nous transférons des expériences
contraires au futur, nous ne pouvons que répéter ces
expériences contraires, avec les proportions qui sont les
leurs ; ce qui ne pourrait nous donner l'assurance d'aucun

événement sur lequel nous raisonnons – pris isolément –, si l'imagination ne mêlait ensemble toutes les images qui concourent pour en extraire une idée ou une image unique, d'une intensité et d'une vivacité proportionnelle au nombre d'expériences dont elle découle et de leur supériorité sur les expériences adverses. Notre expérience passée ne présente aucun objet déterminé, et comme notre croyance, même faible, se fixe sur un objet déterminé, il est évident que la croyance naît non pas seulement du transfert du passé au futur, mais aussi de quelque opération de l'*imagination* qui s'y joint. Ceci peut nous conduire à concevoir la manière dont cette faculté entre dans tous nos raisonnements.

23. Je conclurai ce sujet par deux réflexions qui peuvent retenir notre attention. La première peut être exposée de la manière suivante. Quand l'esprit forme un raisonnement touchant une chose de fait qui est seulement probable, il porte son regard en arrière sur son expérience passée et, la transférant au futur, il se voit présenter une grande quantité de vues contraires de son objet, entre lesquelles celles qui sont de même sorte, s'unissant ensemble et se fondant en un seul acte de l'esprit, ont pour effet de le fortifier et de le vivifier. Mais supposez que cette multitude de vues ou d'aperçus d'un objet procèdent non pas de l'expérience mais d'un acte volontaire de l'imagination. L'effet ne s'ensuit pas ou, du moins, ne s'ensuit pas au même degré. Car, bien que l'habitude et l'éducation produisent la croyance par une répétition qui n'est pas dérivée de l'expérience, il est besoin pour cela d'une longue période de temps ainsi que d'une répétition très fréquente et *non intentionnelle*. D'une manière générale, nous pouvons déclarer qu'une personne [*] qui répéterait *volontairement* une idée dans son

---

[*] Voir *supra* Introduction, 10.

esprit, bien que s'appuyant sur une unique expérience passée, ne serait pas plus portée à croire en l'existence de son objet que si elle s'était contentée de l'examiner une fois. L'effet de l'intention laissé de côté, chaque acte de l'esprit, étant séparé et indépendant, a une influence séparée et ne joint pas ses forces à celles des autres. N'étant pas unis par un commun objet qui les produirait, elles n'ont pas de relations entre elles ; et en conséquence, elles n'opèrent pas la transition ou l'union des forces. Ce phénomène, nous le comprendrons mieux par la suite.

24. Ma seconde réflexion se fonde sur les probabilités élevées dont l'esprit peut juger et sur les petites différences qu'il peut observer entre elles. Quand les chances ou les expériences s'élèvent d'un côté à dix mille et de l'autre côté à dix mille un, le jugement donne sa préférence à ce dernier en raison de sa supériorité ; bien qu'il soit manifestement impossible pour l'esprit de parcourir chaque vue particulière et de faire valoir la vivacité supérieure de l'image qui naît d'un nombre supérieur, sachant que la différence est si peu considérable. Nous avons un cas parallèle dans les affections. Il est évident, selon les principes mentionnés ci-dessus, que, lorsqu'un objet produit en nous une passion qui varie selon que sa quantité diffère – je dis : il est évident que la passion, à proprement parler, n'est pas une émotion simple mais qu'elle est composée, composée d'un grand nombre de passions plus faibles, dérivées d'une vue de chaque partie de l'objet. Car autrement il serait impossible que la passion s'accroisse par l'accroissement de ces parties. Ainsi, un homme qui désire mille livres a en réalité mille désirs, ou plus, qui s'unissant ensemble semblent ne faire qu'une unique passion ; bien que la composition se trahisse d'une manière évidente à chaque altération de l'objet, par la préférence qu'il donne

au plus grand nombre, fût-il supérieur d'une seule unité. Cependant rien n'est plus certain qu'une différence aussi petite serait indiscernable dans les passions et ne permettrait pas de les distinguer les unes des autres. Et donc la différence de notre conduite que nous marquons en faveur du plus grand nombre ne dépend pas de nos passions, mais de l'habitude et des *règles générales*. Dans une multitude de cas, nous avons trouvé que l'augmentation numérique d'une somme augmente la passion quand les nombres sont précis et la différence sensible. L'esprit peut percevoir par un sentiment immédiat que trois guinées produisent une plus grande passion que deux ; et *cela*, il le transfère aux grands nombres, par suite de la ressemblance ; et par une règle générale il attache à mille guinées une passion plus grande qu'à neuf cent quatre-vingt-dix-neuf. Ces règles générales, nous les expliquerons bientôt.

25. Mais outre ces deux espèces de probabilité qui résultent d'une expérience *imparfaite* ou de causes *contraires*, il y en a une troisième qui naît de l'*analogie* et qui diffère des deux autres par plusieurs traits importants[1]. Selon l'hypothèse que nous avons exposée ci-dessus, toutes les sortes de raisonnement tirées des causes ou des effets sont fondées sur deux caractères particuliers : la conjonction constante de deux objets dans toute l'expérience passée et la ressemblance d'un objet présent à l'un des deux. L'effet de ces deux traits particuliers est que l'objet présent fortifie et avive l'imagination ; et la ressemblance, jointe à l'union constante, communique cette force et cette vivacité à l'idée qui est reliée, idée dont on dit alors que nous y croyons ou que nous lui donnons notre assentiment. Si vous affaiblissez

1. Voir Locke, *Essai*, IV, 16, 12, qui en fait la grande règle de la probabilité.

soit l'union soit la ressemblance, vous affaiblissez le principe de transition et par conséquent la croyance qui en résulte. La vivacité de l'impression initiale ne peut donc être pleinement communiquée à l'idée reliée, soit que la conjonction de leurs objets ne soit pas constante, soit que l'impression présente ne ressemble parfaitement à aucune de celles dont nous avons l'habitude d'observer l'union. Dans les probabilités des chances et des causes qui ont été exposées ci-dessus, c'est la constance de l'union qui est diminuée ; et dans la probabilité qui dérive de l'analogie, c'est la ressemblance seule qui est affectée. Sans un certain degré de ressemblance aussi bien que d'union, il est impossible qu'il y ait un raisonnement. Mais comme la ressemblance admet beaucoup de degrés différents, le raisonnement devient proportionnellement plus ou moins solide et certain. Une expérience perd de sa force quand elle est transférée à des cas qui ne sont pas exactement semblables, quoiqu'il soit évident qu'elle en conserve assez pour servir de fondement à une probabilité, aussi longtemps que subsiste une quelconque ressemblance.

SECTION XIII
De la probabilité non philosophique

1. Toutes ces sortes de probabilité sont reçues des philosophes et sont tenues pour un fondement raisonnable de la croyance et de l'opinion. Mais il y en a d'autres qui découlent des mêmes principes bien qu'elles n'aient pas eu la bonne fortune d'obtenir la même reconnaissance[1].

---

1. Les différentes sortes de probabilité "non philosophiques" résultent de la variation des différents facteurs de la croyance : 1) la diminution de la ressemblance ou de l'impression ; 2) la force accrue, au contraire, de l'impression ; 3) la longueur de l'enchaînement, ce qui permet à Hume d'aborder la question de l'évidence historique ; 4) les effets seconds de

La *première* probabilité de cette sorte peut être exposée de la manière suivante. La diminution de l'union et de la ressemblance, ainsi qu'on vient de l'expliquer, diminue la facilité de la transition et, par-là, affaiblit l'évidence. Observons encore que la même diminution de l'évidence suivra d'une diminution de l'impression et de l'obscurcissement des couleurs sous lesquelles elle apparaît à la mémoire et aux sens. L'argument que nous fondons sur un fait dont nous avons le souvenir est plus ou moins convaincant selon que ce fait est récent ou éloigné ; et quoique la différence entre ces degrés d'évidence ne soit pas reçue par la philosophie comme étant solide et légitime, parce que dans ce cas un argument devrait avoir une force aujourd'hui différente de celle qu'il avait il y a un mois, cependant, malgré l'opposition de la philosophie, il est certain que cette circonstance a une influence considérable sur l'entendement et change secrètement l'autorité d'un même argument selon les temps différents où il nous est proposé. Une plus grande force, une plus grande vivacité dans l'impression communique naturellement une plus grande force à l'idée reliée, et c'est des degrés de force et de vivacité que dépend la croyance, selon le précédent système.

2. Il y a une *deuxième* différence que nous pouvons observer souvent dans nos degrés de croyance et d'assurance et qui ne manque jamais de paraître, quoiqu'elle soit rejetée par les philosophes. Une expérience qui est récente et fraîche dans notre mémoire nous affecte plus qu'une expérience en partie effacée, et elle exerce une plus grande influence sur le jugement aussi bien que sur les passions.

---

l'habitude, ce qui lui permet d'introduire la question de la formation et de l'effet des règles générales (telles qu'elles règlent les rapports sociaux). Voir la récapitulation au § 19.

Une impression vive produit plus d'assurance qu'une faible, parce qu'elle a plus de force initiale à communiquer à l'idée corrélée, celle-ci acquérant ainsi une plus grande force et une plus grande vivacité. Une observation récente a un effet semblable, parce que l'habitude et la transition y sont plus entières et préservent mieux la force initiale au cours de la communication. Ainsi, un ivrogne qui a vu son compagnon mourir d'une beuverie est frappé pendant quelque temps par cet exemple et redoute pour lui-même un pareil accident. Mais, à mesure que le souvenir qu'il en a s'estompe par degrés, son ancienne confiance revient et le danger semble moins certain et moins réel.

3. J'ajoute comme un *troisième* exemple de cette sorte que, bien que nos raisonnements par preuves et par probabilités diffèrent considérablement les uns des autres, cependant la première espèce de raisonnement dégénère souvent insensiblement en la seconde, et cela par le seul nombre des arguments qui s'enchaînent. Il est certain que lorsqu'une inférence est immédiatement tirée d'un objet sans cause ni effet intermédiaires, la conviction est beaucoup plus forte et la persuasion beaucoup plus vive que lorsque l'imagination parcourt une longue chaîne d'arguments attachés, si infaillible qu'on estime le lien d'un chaînon à l'autre. C'est de l'impression initiale que provient la vivacité de toutes les idées, par le moyen de la transition habituelle de l'imagination ; et il est évident que cette vivacité doit graduellement diminuer en proportion de la distance et perdre quelque peu à chaque transition. Parfois, cette distance a une plus grande influence que des expériences contraires ; et l'on peut retirer davantage de conviction d'un raisonnement probable qui est bref et immédiat que d'une longue chaîne de conséquences, toute juste et concluante que soit chacune. Mieux, il est rare que de tels

raisonnements produisent une quelconque conviction et il faut avoir une imagination d'une force éprouvée pour préserver jusqu'à la fin l'évidence, quand elle passe par autant d'étapes.

4. Mais ici il n'est peut-être pas inutile de remarquer un très curieux phénomène que le présent sujet nous suggère. Il est évident qu'il n'y a pas de point dans l'histoire ancienne dont nous puissions être assurés, sinon en passant par des millions et des millions de causes et d'effets et par une chaîne d'arguments d'une longueur presque incommensurable. Avant que la connaissance du fait ne parvienne au premier historien, elle doit avoir été longuement colportée de bouche en bouche ; et après qu'elle a été confiée à l'écriture, chaque nouvelle copie est un nouvel objet dont on ne connaît la liaison avec le précédent que par l'expérience et l'observation. Et peut-être conclura-t-on du précédent raisonnement que l'évidence de toute l'histoire ancienne doit être perdue ou, du moins, finira par se perdre avec le temps, à mesure que la chaîne des causes sera augmentée et s'allongera davantage. Mais comme il semble contraire au sens commun de penser que, si la République des Lettres et l'art de l'imprimerie continuent sur le même pied qu'à présent, notre postérité puisse jamais douter, même après mille siècles, qu'il ait existé un homme comme Jules César, on peut voir là une objection à notre système. Si la croyance ne consistait qu'en une certaine vivacité, se transmettant à partir d'une impression initiale, elle s'affaiblirait en raison de la longueur de la transition et elle devrait à la fin s'éteindre totalement. Et, *vice versa*, si la croyance en certaines occasions n'est pas capable d'une telle extinction, il faut qu'elle soit quelque chose de différent de cette vivacité.

5. Avant que je ne réponde à cette objection, j'observerai qu'on a tiré de là un très célèbre argument contre la *religion chrétienne*[1] ; avec cette différence, il est vrai, qu'on a supposé ici que la concaténation des anneaux de la chaîne dans le témoignage humain n'allait pas au-delà de la probabilité, mais restait marquée d'un certain degré de doute et d'incertitude. Et il faut avouer que dans cette manière de considérer le sujet (une manière qui n'est pas recevable), il n'y a pas d'histoire ni de tradition qui ne doive à la fin perdre toute sa force et toute son évidence. Toute nouvelle probabilité diminue la conviction initiale et, si grande que soit supposée cette conviction, il est impossible qu'elle résiste à de telles diminutions réitérées. Ceci est vrai en général, sachant que nous verrons plus tard* qu'il y a une très mémorable exception qui est d'une grande conséquence touchant le présent sujet de l'entendement.

6. En attendant, pour donner une solution à la précédente objection, et étant supposé que l'évidence historique se monte d'abord à une preuve entière, considérons que, bien que les maillons soient innombrables qui relient le fait initial à l'impression présente qui est au fondement de la croyance, ils sont tous de la même sorte et dépendent de la fidélité des imprimeurs et des copistes. Une édition passe dans une autre, et celle-ci dans une troisième, et ainsi de suite, jusqu'à ce qu'on parvienne au volume qu'on lit

* Quatrième partie, section 1.

1. L'argument est de John Craige, dans *Mathematical Principles of Christian Theology* (London, 1699) argument abondamment discuté : Tindal, *Christianity as Old as the Creation*, London, 1730, p. 163 ; Collins, *The Scheme of Literary Prophecy Considered*, London, 1727, I, III, p. 64 *sq.* (NN). Berkeley, *Alciphron*, dans *Œuvres*, III, 6, 3.

présentement. Il n'y a pas de variation à chaque pas fait. Avoir la connaissance de l'un, c'est avoir la connaissance de tous, et après qu'on a fait un pas, on n'a pas de scrupule à faire les autres. Cette circonstance à elle seule préserve l'évidence de l'histoire et perpétuera la mémoire des temps présents jusqu'à la postérité la plus lointaine. Si toute la longue chaîne des causes et des effets qui relie un événement passé à un volume d'histoire était composée de parties différentes les unes des autres et qu'il fût nécessaire pour l'esprit de concevoir distinctement, il serait impossible de conserver jusqu'à la fin aucune croyance ou évidence. Mais comme la plupart de ces preuves sont parfaitement semblables, l'esprit les parcourt aisément, il saute d'une partie à l'autre avec aisance et ne se forme qu'une notion générale et confuse de chaque maillon. Par ce moyen, une longue chaîne d'arguments a aussi peu d'effet pour diminuer la vivacité initiale qu'en aurait une chaîne beaucoup plus courte qui se composerait de parties différentes les unes des autres, chacune requérant d'être considérée séparément.

7. Une quatrième espèce non philosophique de probabilité est celle qui se tire des *règles générales*, règles que nous nous formons sans réflexion et qui sont la source de ce que nous appelons proprement *préjugé*. Un *Irlandais* ne peut avoir d'esprit et un *Français* ne peut avoir de solidité ; raison pour laquelle, bien que la conversation du premier puisse être en tel cas visiblement très agréable et celle du second très judicieuse, nous avons entretenu un tel préjugé à leur égard qu'il faut qu'ils soient des ânes ou des fats en dépit du bon sens et de la raison. La nature humaine est très sujette à des erreurs de cette sorte et peut-être notre nation pas moins qu'une autre.

8. Demanderait-on pourquoi les hommes forment des règles générales et souffrent qu'elles influencent leur jugement, contrairement même à telle observation ou telle expérience présente, que je répondrai que mon opinion est qu'il faut en chercher l'origine dans les principes mêmes dont dépendent tous les jugements concernant les causes et les effets. Nos jugements concernant la cause et l'effet dérivent de l'habitude et de l'expérience ; et quand nous avons été habitués à voir un objet uni à un autre, notre imagination passe du premier au second par une transition naturelle qui est antérieure à la réflexion et qui ne peut être empêchée par elle. Or il est de la nature de l'habitude non seulement d'opérer avec sa pleine force quand se présentent des objets qui sont exactement identiques à ceux auxquels nous sommes habitués, mais aussi d'opérer à un moindre degré quand nous en découvrons de semblables ; et bien que l'habitude perde un peu de sa force à chaque différence, elle est néanmoins rarement entièrement détruite quand des circonstances importantes demeurent les mêmes. Un homme qui a contracté l'habitude de manger des fruits en consommant des poires ou des pêches, se satisfera de melons quand il ne pourra pas trouver son fruit favori ; tout comme celui qui s'est rendu ivrogne en buvant du vin rouge, sera porté presque avec la même violence à boire du vin blanc, si on lui en présente. C'est par ce principe que j'ai rendu compte de cette espèce de probabilité qui est dérivée de l'analogie quand nous transférons l'expérience que nous avons eue dans des cas passés à des objets qui sont semblables, sans être exactement identiques à ceux dont nous avons eu l'expérience. À mesure que la ressemblance décroît, la probabilité diminue mais conserve encore quelque force, aussi longtemps qu'il reste des traces de ressemblance.

9. Nous pouvons pousser plus loin cette observation et remarquer que, bien que l'habitude soit le fondement de tous nos jugements, il arrive parfois qu'elle ait un effet sur l'imagination en opposition au jugement, et qu'elle introduise une contrariété dans nos sentiments relatifs à un même objet. Je m'explique. Dans presque toutes les sortes de causes, il y a une complication des circonstances, dont certaines sont essentielles et d'autres superflues ; certaines sont impérativement requises pour la production de l'effet, et d'autres s'y rattachent seulement par accident. Or nous pouvons remarquer que, lorsque ces circonstances superflues sont nombreuses et remarquables et qu'elles sont fréquemment attachées aux circonstances essentielles, elles exercent une telle influence sur l'imagination que même en l'absence de ces dernières elles nous portent à la conception de l'effet habituel, et donnent à cette conception une force et une vivacité qui la rend supérieure aux simples fictions de l'imagination. Nous pouvons corriger ce penchant en réfléchissant à la nature de ces circonstances, mais il n'en est pas moins certain que l'habitude prend les devants et donne un certain faible à l'imagination.

10. Pour illustrer ce point par un exemple familier, considérons le cas suivant[1]. C'est un homme qui est suspendu du haut d'une tour dans une cage de fer et qui ne peut s'empêcher de trembler quand il plonge les yeux dans le précipice qui est en dessous de lui, bien qu'il se sache parfaitement à l'abri d'une chute, puisqu'il fait l'expérience de la solidité du métal qui le soutient, et bien que les idées de chute et de descente, de blessure et de mort, dérivent seulement de l'habitude et de l'expérience. La même habitude va au-delà des cas dont elle procède et auxquels elle correspond parfaitement ; elle influence les

1. L'histoire vient de Montaigne, *Essais*, II, 12.

idées qu'il se fait d'objets qui sont à certains égards semblables mais qui ne tombent pas précisément sous la même règle. La profondeur et la pente sont des circonstances qui le frappent si fortement que leur influence ne peut être détruite par les circonstances contraires de soutien et de solidité qui devraient lui inspirer une parfaite sécurité. Son imagination est entraînée par l'objet et lève en lui une passion qui lui est proportionnée. Cette passion fait retour sur l'imagination et avive l'idée ; laquelle a une nouvelle influence sur la passion et à son tour accroît sa force et sa violence ; et se prêtant ainsi un appui réciproque, son imagination et ses affections réunies font que le tout a une très grande influence sur lui.

11. Mais qu'avons-nous besoin de chercher d'autres exemples alors que le présent sujet des probabilités non philosophiques nous en propose un, très évident, avec l'opposition entre le jugement et l'imagination, opposition qui résulte des effets de l'habitude ? Selon mon système, tous les raisonnements ne sont rien d'autre que les effets de l'habitude ; et l'habitude n'a d'autre influence que d'aviver l'imagination et de nous donner une forte conception de l'objet. L'on est donc porté à conclure que le jugement et l'imagination ne peuvent jamais être contraires et que l'habitude ne peut agir sur cette dernière faculté d'une manière qui la ferait s'opposer à la première. Cette difficulté ne peut être écartée qu'en supposant l'influence des règles générales. Nous prendrons plus loin* connaissance de quelques règles générales, propres à diriger notre jugement sur les causes et les effets ; et ces règles sont formées d'après la nature de notre entendement et d'après l'expérience que nous avons de ses opérations dans les jugements que nous formons concernant les objets. Par

* Section 15.

elles, nous apprenons à distinguer les circonstances accidentelles des causes efficaces ; et quand nous voyons qu'un effet peut être produit sans le concours de telle circonstance particulière, nous concluons que cette circonstance ne fait pas partie de la cause efficace, si fréquemment qu'elle se joigne à elle. Mais comme cette fréquente conjonction, inévitablement, lui fait avoir un effet sur l'imagination, malgré la conclusion opposée qui se tire des règles générales, l'opposition de ces deux principes produit une contrariété dans nos pensées et nous fait attribuer une inférence à notre jugement et l'autre à notre imagination. La règle générale est attribuée à notre jugement, comme étant plus étendue et plus constante. L'exception l'est à l'imagination, comme étant plus capricieuse et plus incertaine.

12. Ainsi, d'une certaine façon, nos règles générales sont-elles mises en opposition les unes avec autres. Quand un objet apparaît qui ressemble à une cause par des circonstances très importantes, notre imagination nous porte tout naturellement à une conception vive de l'effet habituel, l'objet différât-il de cette cause par les circonstances les plus essentielles et les plus efficientes. Telle est la première influence des règles générales. Mais quand nous revenons sur cet acte de l'esprit et le comparons avec les opérations plus générales et plus authentiques de l'entendement, nous voyons qu'il est d'une nature irrégulière et qu'il détruit tous les principes du raisonnement les mieux établis ; de sorte que nous le rejetons. Telle est la seconde influence des règles générales, qui implique la condamnation de la première. Tantôt l'une l'emporte, tantôt l'autre, selon la disposition et le caractère de la personne. Le vulgaire se laisse communément guider par la première, les sages par la seconde. Dans le même temps, les sceptiques

peuvent avoir ici le plaisir d'observer une nouvelle et insigne contradiction dans notre raison et de voir toute la philosophie sur le point d'être renversée par un principe de la nature humaine et, derechef, sauvée par une nouvelle direction de ce même principe. L'application des règles générales est une espèce très peu philosophique de probabilité ; et cependant c'est seulement en les appliquant que nous pouvons corriger cette probabilité non philo-sophique, ainsi que de toutes les autres.

13. Puisque nous avons des exemples où les règles générales agissent sur l'imagination même lorsqu'elles vont contre le jugement, nous ne serons pas surpris de constater que leurs effets s'accroissent lorsqu'elles vont de conserve avec cette faculté, ni d'observer qu'elles confèrent aux idées qu'elles nous présentent une force supérieure à celle qui accompagne toutes les autres. Chacun sait qu'il y a une manière indirecte d'insinuer l'éloge ou le blâme qui heurte beaucoup moins que la flatterie ou la censure ouverte. Quoiqu'on puisse communiquer ses sentiments par de telles insinuations détournées, et les faire entendre avec une égale certitude que si on les découvrait ouvertement, il est certain que leur influence n'est pas aussi forte et puissante. Quiconque me fustige en déguisant les traits de sa satire, ne suscite pas mon indignation au même degré que s'il me déclarait ouvertement que je suis un fou ou un petit-maître, quoique je comprenne ce qu'il veut dire tout aussi bien que s'il le faisait. Cette différence est à attribuer à l'influence des règles générales.

14. Qu'une personne m'insulte ouvertement ou me signifie son mépris en le dissimulant, en aucun cas je ne perçois directement son sentiment ou son opinion ; et c'est seulement à travers des signes, c'est-à-dire, par ses effets que j'en prends conscience. La seule différence entre ces

deux cas consiste en ceci que, si elle découvre ouvertement ses sentiments, cette personne emploie des signes qui sont généraux et universels ; alors que, si elle agit sous le couvert, elle emploie des signes qui sont plus singuliers et plus rares. L'effet de cette circonstance est que l'imagination, en se portant de l'impression présente à l'idée absente, fait la transition avec plus de facilité et, par conséquent, conçoit l'objet avec une plus grande force, quand la liaison est commune et universelle que lorsqu'elle est plus rare et plus particulière. Et ainsi nous pouvons observer que déclarer ouvertement ses sentiments se dit *faire tomber le masque*, alors que laisser entendre ses opinions de manière détournée est dit *les voiler*. La différence entre une idée produite par une liaison générale et celle qui procède d'une liaison particulière est ici comparée à la différence entre une impression et une idée. Cette différence dans l'imagination a un effet conforme sur les passions ; et cet effet est augmenté par une autre circonstance. Laisser entendre sa colère ou son mépris d'une manière détournée montre que l'on a encore quelque considération pour la personne et que l'on évite de l'agresser directement. Cela fait que, lorsqu'elle est masquée, une satire est moins désagréable ; mais ceci dépend encore du même principe. Car si une idée n'était pas plus faible lorsqu'on se borne à la laisser entendre, jamais on n'y verrait la marque d'un plus grand respect à procéder selon cette méthode que selon l'autre.

15. Parfois, la grossièreté est moins déplaisante qu'une satire subtile parce que, d'une certaine façon, elle nous venge de la blessure au moment même où elle nous est faite ; elle nous fournit en effet une juste raison de blâmer et de mépriser la personne qui nous blesse. Mais ce phénomène relève également du même principe. Car pourquoi blâmons-nous le langage grossier et injurieux,

sinon parce que nous l'estimons contraire à une bonne
éducation et au sentiment d'humanité ? Et pourquoi est-il
contraire sinon parce qu'il heurte davantage qu'une satire
subtile ? Les règles de la bonne éducation condamnent tout
ce qui est ouvertement désobligeant et qui sensiblement
indispose ou plonge dans la confusion ceux avec lesquels
on converse. Et une fois la chose établie, le langage injurieux
est universellement blâmé, il indispose moins par sa
vulgarité et son incivilité, la personne qui l'emploie s'étant
rendue méprisable. Il devient moins désagréable uniquement
parce qu'à l'origine il l'est plus ; et il est plus désagréable
parce qu'il produit une inférence au moyen de règles
communes et générales qui sont palpables et indéniables.

16. À cette explication de la différence d'effet de la
flatterie ou de la satire, selon qu'elle est ouverte ou masquée,
j'ajouterai l'examen d'un autre phénomène qui lui est
analogue. Il y a, tant chez les hommes que chez les femmes,
nombre d'articles en matière d'honneur, dont la violation,
lorsqu'elle est ouverte et avouée, n'est jamais excusée par
le monde, mais que celui-ci est plus enclin à oublier quand
les apparences sont sauves et que la transgression reste
secrète et masquée. Même ceux qui savent avec une égale
certitude que la faute est commise, la pardonnent plus
facilement quand les preuves paraissent quelque peu
obliques et équivoques, que lorsqu'elles sont directes et
indéniables. La même idée se présente dans les deux cas
et, à proprement parler, le jugement y assentit d'une manière
égale ; et cependant son influence est différente, à cause
de la manière différente dont elle est présentée.

17. Or, si nous comparons ces deux cas de la violation
ouverte ou *masquée* des lois de l'honneur, nous verrons
que la différence consiste en ceci que dans le premier de
ces cas, le signe à partir duquel nous inférons l'action

blâmable est unique et qu'il suffit à lui seul à fonder notre raisonnement et notre jugement, alors que dans le second cas nombreux sont les signes, des signes qui ne sont guère ou pas du tout décisifs quand ils sont seuls et non accompagnés de nombre de circonstances infimes qui sont presque imperceptibles. Mais il est certainement vrai qu'un raisonnement est d'autant plus convaincant qu'il paraît à l'œil plus simple et plus uni et demande moins à l'imagination de s'exercer pour en rassembler toutes les parties et pour courir de celles-ci à l'idée corrélée qui forme la conclusion. Le travail de la pensée trouble la marche régulière des sentiments, comme nous l'observerons tout à l'heure*. L'idée ne nous frappe pas avec autant de vivacité et, en conséquence, elle a moins d'influence sur les passions et l'imagination.

18. En partant des mêmes principes, nous pouvons rendre compte des observations du cardinal de Retz *qu'il y a beaucoup de choses sur lesquelles le monde souhaite d'être trompé et qu'il excuse plus facilement une personne d'agir que de parler contrairement aux bienséances de sa profession et de sa qualité*[1]. Une faute par parole est d'ordinaire plus frappante et plus remarquée qu'une faute par action, l'action permettant beaucoup d'excuses palliatives et ne décidant pas si clairement de l'intention et des vues de l'acteur.

19. Ainsi, pour tout reprendre, il apparaît que toute espèce d'opinion ou de jugement qui ne s'élève pas à la hauteur d'une connaissance se tire entièrement de la force et de la vivacité de la perception et que ces qualités

---

* Quatrième partie, section 1.

1. Cardinal de Retz, *Mémoires*, II.

constituent dans l'esprit ce que nous appelons la *croyance* à l'existence de l'objet. Cette force et cette vivacité sont très manifestes dans la mémoire, et donc notre confiance en la véracité de cette faculté est la plus grande qu'on puisse imaginer et elle égale à bien des égards l'assurance d'une démonstration. Le degré immédiatement inférieur de ces qualités est celui qui se tire de la relation de cause à effet, et il est également très élevé, surtout quand la conjonction se révèle à l'expérience parfaitement constante et quand l'objet qui se présente ressemble exactement à ceux dont nous avons fait l'expérience. Mais au-dessous de ce degré d'évidence, il y en a beaucoup d'autres qui ont une influence sur les passions et l'imagination, proportionnellement au degré de force et de vivacité qu'ils communiquent aux idées. C'est par l'habitude que nous passons de la cause à l'effet ; et c'est à une impression présente que nous empruntons cette vivacité que nous répandons sur l'idée corrélée. Mais quand nous n'avons pas observé un nombre suffisant de cas pour produire une habitude qui soit forte, ou quand ces cas sont contraires les uns aux autres, ou quand la ressemblance n'est pas exacte, ou que la présente impression est faible et obscure, ou quand l'expérience est en quelque mesure effacée de la mémoire, ou quand la liaison dépend d'une longue chaîne d'objets ou que l'inférence dérive des règles générales sans y être encore conformes – dans tous ces cas l'évidence diminue par la diminution de la force et de l'intensité de l'idée. Telle est donc la nature du jugement et de la probabilité.

20. Ce qui donne principalement de l'autorité à ce système, outre les arguments indubitables sur lesquels se fonde chaque partie, c'est l'accord qu'il y a entre ces parties et la nécessité de l'une pour expliquer l'autre. La croyance qui accompagne notre mémoire est de même nature que

celle qui se tire de nos jugements. Et il n'y a pas de différence entre le jugement qui est tiré d'une liaison constante
et uniforme des causes et des effets, et cet autre jugement
qui dépend d'une liaison interrompue et incertaine. Il est,
en vérité, évident que chaque fois qu'il se détermine, ayant
à trancher entre des expériences contraires, notre esprit
commence par être divisé à l'intérieur de lui-même, et il
incline vers l'un ou l'autre côté proportionnellement au
nombre d'expériences que nous avons vues ou dont nous
nous souvenons. Ce conflit se termine enfin à l'avantage
du côté où nous observons un nombre supérieur de ces
expériences, mais l'évidence perdant en force en fonction
du nombre des expériences opposées. Chaque possibilité
dont la probabilité est composée agit séparément sur
l'imagination et c'est la plus grande collection de ces
possibilités qui à la fin l'emporte, et cela avec une force
proportionnelle à sa supériorité. Tous ces phénomènes
conduisent directement au système qui précède et jamais
il ne sera possible d'en donner une explication satisfaisante
et cohérente en partant d'autres principes. Si nous ne
considérons pas ces jugements comme les effets de
l'habitude et de l'imagination, nous ne cesserons de nous
perdre dans une contradiction et une absurdité perpétuelles.

SECTION XIV

De l'idée de liaison nécessaire

1. Ayant ainsi expliqué la manière *dont nous raisonnons
au-delà de nos impressions immédiates et concluons que
telles causes particulières doivent avoir tels effets
particuliers*, nous devons maintenant revenir sur nos pas
pour examiner la question qui s'était présentée d'abord et

que nous avions abandonnée en chemin*, à savoir : *qu'est donc cette idée de nécessité que nous avons lorsque nous disons que deux objets sont nécessairement liés ensemble?* Et, ici, je répète ce que j'ai eu souvent l'occasion d'observer : que, puisque nous n'avons aucune idée qui ne soit dérivée d'une impression, il nous faut trouver une impression qui donne naissance à cette idée de nécessité, si jamais nous affirmons avoir réellement une telle idée. À cette fin, je recherche en quels objets la nécessité est communément supposée résider ; et découvrant qu'elle est toujours attribuée aux causes et aux effets, je tourne mon regard vers deux objets que je suppose placés dans cette relation et je les examine dans toutes les situations dont ils sont susceptibles. Je perçois immédiatement qu'ils sont *contigus* dans l'espace et dans le temps, et que l'objet que nous nommons *la cause précède* l'autre objet que nous nommons *l'effet.* Dans aucun cas je ne peux aller plus loin et il ne m'est pas possible de découvrir une troisième relation entre ces objets. J'élargis donc ma vue pour embrasser plusieurs cas : j'y trouve des objets semblables existant toujours dans des relations semblables de contiguïté et de succession. À première vue, cela semble servir fort peu mon dessein. Réfléchissant sur plusieurs cas, je ne fais que répéter les mêmes objets ; ce qui ne donnera jamais naissance à une nouvelle idée. Mais, à plus ample examen, je découvre que la répétition n'est pas en tout point identique mais qu'elle produit une nouvelle impression et par ce moyen l'idée que je suis en train d'examiner. Car, après une fréquente répétition, je découvre qu'à l'apparition de l'un des objets l'esprit est *déterminé* par l'habitude à considérer celui qui l'accompagne ordinairement et à le considérer

* Section 2.

sous une lumière plus forte en raison de sa relation avec le premier objet. C'est donc cette impression ou cette *détermination* qui me fournit l'idée de nécessité.

2. Je ne doute pas que ces conséquences ne soient, à première vue, reçues avec difficulté, puisqu'elles apparaissent comme d'évidentes déductions des principes que nous avons déjà établis et dont nous avons souvent fait usage dans nos raisonnements. Cette évidence et des premiers principes et des déductions peut nous inciter à accepter la conclusion sans autre précaution et nous faire imaginer qu'elle ne renferme rien d'extraordinaire ou qui mérite notre curiosité. Mais bien qu'une telle inadvertance puisse faciliter la réception de ce raisonnement, elle le fera oublier d'autant plus aisément. C'est pourquoi il me semble bon d'avertir que je viens d'examiner l'une des questions les plus sublimes de la philosophie, à savoir *celle du pouvoir et de l'efficace des causes*, question à laquelle toutes les sciences semblent prendre tant d'intérêt. Un tel avertissement attirera naturellement l'attention du lecteur et lui fera désirer un exposé plus complet de ma doctrine aussi bien que des arguments sur lesquels elle est fondée. Cette requête est si raisonnable que je ne peux refuser d'y complaire ; d'autant que j'ai l'espoir que plus ces principes seront examinés et plus ils acquerront de force et d'évidence.

3. Il n'est pas de question qui, par son importance aussi bien que par sa difficulté, ait causé plus de controverses chez les philosophes tant anciens que modernes, que celle qui concerne l'efficace des causes, c'est-à-dire cette qualité qui fait qu'elles sont suivies par leurs effets. Mais avant d'entrer dans ces controverses, ils n'eussent pas mal fait, je pense, d'examiner quelle idée nous avons de cette efficace qui est le sujet de la controverse. C'est à mes yeux ce qui

manque principalement dans leurs raisonnements, et c'est ce à quoi je vais tenter maintenant de remédier.

4. Je commence par observer que les termes d'*efficace*, d'*action*, de *pouvoir*, de *force*, d'*énergie*, de *nécessité*, de *liaison*, et *de qualité productive*, sont tous à peu près synonymes et qu'il est donc absurde d'employer l'un de ces termes dans la définition des autres. Cette observation nous permet d'écarter d'emblée toutes les définitions vulgaires que les philosophes ont données du pouvoir et de l'efficace ; et au lieu de chercher l'idée dans ces définitions, nous devons la chercher dans les impressions dont elle est primitivement tirée. Si c'est une idée composée, il faut qu'elle provienne d'impressions composées ; d'impressions simples, si c'est une idée simple.

5. Je crois que l'explication la plus générale et la plus populaire sur ce point*, est de dire que, découvrant par expérience qu'il y a dans la matière un certain nombre de productions nouvelles, tels que les mouvements et les variations des corps, et concluant qu'il doit y avoir quelque part un pouvoir capable de les produire, nous arrivons enfin par ce raisonnement à l'idée de pouvoir et d'efficace. Mais pour nous convaincre que cette explication est plus populaire que philosophique, il nous suffit de réfléchir à deux principes très évidents. Le premier est que la raison ne peut jamais à elle seule donner naissance à une idée originale. Et le second est que la raison, distinguée de l'expérience, ne peut jamais nous faire conclure qu'une cause ou une qualité productive est absolument requise pour tout commencement d'existence. Ces deux points ont

---

* Voir Mr. Locke, chapitre *De la puissance* (*Essai*, II, 21).

été suffisamment exposés et donc je ne reviendrai pas là-dessus davantage.

6. J'en inférerai seulement que, puisque la raison ne peut jamais donner naissance à l'idée d'efficace, cette idée doit être tirée de l'expérience et de divers cas particuliers de cette efficace qui font leur entrée dans l'esprit par les canaux ordinaires de la sensation ou de la réflexion. Les idées représentent toujours leurs objets ou impressions ; et, *vice versa*, il faut des objets pour donner naissance à toute idée. Si donc nous prétendons avoir une juste idée de cette efficace, nous devons pouvoir présenter un cas où elle se découvre en toute clarté à l'esprit et où ses opérations sont rendues manifestes à notre conscience ou à notre sensation. Si nous refusons cela, nous reconnaissons que l'idée est impossible et imaginaire, puisque le principe des idées innées qui seul pourrait nous sauver de ce dilemme, a déjà été réfuté et qu'il est aujourd'hui presque universellement rejeté dans le monde des savants. Notre tâche présente doit donc être de découvrir une production naturelle où l'opération et l'efficace de la cause puissent être clairement conçues et appréhendées par l'esprit, sans danger de tomber dans l'obscurité ou l'erreur.

7. Dans cette recherche, nous recevons fort peu d'encouragement de cette prodigieuse diversité qu'offrent les opinions des philosophes qui ont prétendu expliquer la force et l'énergie secrètes des causes*. Il y en a qui soutiennent que les corps agissent par leur forme substantielle ; d'autres par leurs accidents ou leurs qualités ; plusieurs par leur matière et leur forme ; ou par leur forme et leurs accidents ; d'autres encore par certaines vertus et

---

* Voir le Père Malebranche, livre 6, seconde partie, chapitre 3 et les éclaircissements [*Éclaircissement*, 9] s'y rapportant.

facultés distinctes de tout cela. Tous ces sentiments sont mêlés et variés de mille façons différentes et suscitent la forte présomption qu'aucun n'a de solidité ni de force probante, et que la supposition d'une efficace résidant dans l'une ou l'autre des qualités connues de la matière est entièrement sans fondement. Cette présomption ne manque pas de se renforcer quand nous observons que ces principes des formes substantielles, des accidents, des facultés, en réalité ne sont pas au nombre des propriétés connues des corps, mais sont parfaitement inintelligibles et inexplicables. Car il est évident que les philosophes n'auraient jamais eu recours à des principes aussi obscurs et incertains s'ils avaient pu trouver satisfaction dans des principes clairs et intelligibles, surtout dans une affaire comme celle-ci qui doit être l'objet du plus simple entendement, sinon des sens eux-mêmes. En résumé, nous pouvons conclure qu'il est impossible de montrer sur quelque cas que ce soit le principe dans lequel résident la force et l'énergie de la cause, et que les entendements les plus raffinés et les plus ordinaires sont également en peine sur ce chapitre. Si quelqu'un trouve bon de réfuter cette affirmation, il n'a pas besoin de se donner la peine d'inventer de longs raisonnements, il suffit qu'il nous présente sur-le-champ l'exemple d'une cause dont nous découvrons le pouvoir ou le principe opérant. Ce défi, nous sommes obligés d'y avoir fréquemment recours, puisque c'est quasi le seul moyen que nous ayons de prouver la négative en philosophie.

8. Le peu de succès rencontré dans toutes les tentatives de déterminer ce pouvoir a, à la fin, contraint les philosophes à conclure que la force et l'efficace ultimes de la nature nous sont parfaitement inconnues et qu'il est vain de les rechercher dans aucune des qualités connues de la nature. À tenir cette opinion, ils sont presque unanimes ; et c'est

seulement dans l'inférence qu'ils en tirent qu'ils font voir de la différence dans leurs sentiments. Car, certains d'entre eux, les *Cartésiens* en particulier, ayant posé comme un principe que nous avons une parfaite connaissance de la matière, en ont très naturellement inféré qu'elle n'est dotée d'aucune efficace et qu'il lui est impossible de communiquer par elle-même le mouvement ou de produire l'un quelconque des effets que nous lui attribuons. Comme l'essence de la matière consiste en l'étendue et comme l'étendue n'implique pas le mouvement en acte, mais seulement la mobilité, ils concluent que l'énergie qui produit le mouvement ne peut résider dans l'étendue.

9. Cette conclusion les conduit à une autre, qu'ils tiennent pour parfaitement inévitable. La matière, disent-ils, est en elle-même entièrement inactive et privée de tout pouvoir par lequel elle pourrait produire ou conserver ou communiquer le mouvement. Mais puisque ses effets sont évidents à nos sens et puisque le pouvoir qui les produit doit être placé quelque part, il faut qu'il réside dans la Divinité, dans cet être divin qui renferme dans sa nature toute excellence et toute perfection. C'est donc la Divinité qui est le premier moteur de l'univers et qui non seulement créa d'abord la matière et lui donna son impulsion primitive, mais qui, également, par l'exercice continué de sa toute-puissance, en soutient l'existence et lui imprime successivement tous les mouvements, toutes les configurations, toutes les qualités, dont elle est dotée.

10. Cette opinion est certainement très curieuse et très digne de notre attention. Mais il apparaîtra superflu de l'examiner en cet endroit, si nous réfléchissons un instant au dessein qui nous occupe présentement en la notant. Nous avons établi comme principe que, puisque toutes les idées dérivent d'impressions ou de *perceptions* antérieures,

il nous est impossible d'avoir une idée de pouvoir et d'efficace si ne se présentent pas des cas où ce pouvoir est *perçu* en exercice. Or comme de tels cas ne peuvent jamais être découverts dans les corps, les *Cartésiens*, procédant d'après leur principe des idées innées, ont eu recours à l'Esprit Suprême, à la Divinité, qu'ils considèrent comme le seul être actif dans l'univers et comme la cause immédiate de toute modification survenant dans la matière. Mais le principe des idées innées ayant été reconnu faux, il s'ensuit que la supposition d'une Divinité ne peut en rien nous servir pour rendre compte de cette idée d'un pouvoir actif, idée que nous recherchons en vain dans tous les objets qui se présentent à nos sens ou dont nous sommes intérieurement conscients dans notre esprit. Car si toute idée est dérivée d'une impression, l'idée d'une Divinité procède de la même origine ; et si aucune impression de sensation ou de réflexion n'implique la moindre force ou efficace, il est également impossible de découvrir ou même d'imaginer un tel principe actif dans la Divinité. Et donc, puisque ces philosophes ont conclu que la matière ne peut être dotée d'aucun principe efficace, parce qu'il est impossible de découvrir en elle un tel principe, la même suite de raisonnement devrait les déterminer à le refuser à l'Être Suprême. Ou, s'ils estiment cette opinion absurde et impie, comme elle l'est réellement, je leur dirai comment ils peuvent l'éviter ; et c'est en concluant dès l'abord qu'ils n'ont pas d'idée adéquate de pouvoir ou d'efficace en aucun objet quel qu'il soit, puisque ni dans les corps ni dans les esprits, ni dans les natures supérieures ni dans les natures inférieures, ils ne sont à même d'en découvrir un seul cas.

11. La même conclusion est inévitable dans l'hypothèse de ceux qui soutiennent l'efficace des causes secondes et attribuent à la matière un pouvoir, une énergie dérivée

mais réelle. Car, comme ils avouent que cette énergie ne réside dans aucune des qualités connues de la matière, la difficulté demeure entière de l'origine de l'idée que nous en aurions. Si nous avons réellement une idée de pouvoir, nous pouvons attribuer du pouvoir à une qualité inconnue ; mais comme il est impossible que cette idée puisse dériver d'une telle qualité et comme il n'y a rien dans les qualités connues qui puisse la produire, il s'ensuit que nous nous abusons nous-mêmes quand nous imaginons que nous possédons une idée de cette sorte, selon la manière dont nous l'entendons communément. Toutes les idées dérivent des impressions et elles les représentent. Nous n'avons jamais d'impression qui contienne un pouvoir ou une efficace. Nous n'avons donc jamais d'idée de pouvoir.

12. ^{App.} D'aucuns[1] ont affirmé que nous sentons une énergie, un pouvoir dans notre propre esprit et qu'ayant ainsi acquis l'idée de pouvoir, nous transférons cette qualité à la matière où nous ne pouvons pas la découvrir immédiatement. Les mouvements de notre corps et les pensées et les sentiments de notre esprit, disent-ils, obéissent à la volonté ; n'allons pas chercher plus loin pour nous faire une juste notion de force ou de pouvoir. Mais pour nous convaincre combien ce raisonnement est fallacieux, il nous suffit d'observer que la volonté, qui est ici considérée comme une cause, ne laisse pas découvrir plus de liaison avec ses effets qu'une cause matérielle avec ses propres effets. Nous sommes si loin de percevoir la liaison entre un acte de volition et un mouvement du corps qu'il est reconnu[2] qu'il n'y a pas d'effet qui soit moins explicable d'après les pouvoirs et l'essence de la pensée et de la

1. Locke, *Essai*, II, 23, 28.
2. Malebranche, *Recherche*, 6, 2, 3.

matière. Et l'empire de la volonté sur notre esprit n'est pas plus intelligible. L'effet peut ici être distingué et séparé de la cause et nous ne saurions le prévoir si nous ne faisions l'expérience de leur constante conjonction. Nous avons jusqu'à un certain degré la commande de notre esprit, mais au-delà nous perdons tout empire sur lui. Et il nous est de toute évidence impossible de fixer à notre autorité des limites précises sans consulter l'expérience. En bref, sous cet aspect les actions de l'esprit sont identiques aux actions du corps. Nous percevons seulement leur constante conjonction et nous ne pouvons raisonner au-delà. Aucune impression interne n'apparaît avoir plus d'énergie que n'en ont les objets extérieurs. Et donc, puisqu'il est avoué par les philosophes que la matière agit par une force inconnue, c'est en vain que nous espérerions parvenir à une idée de force en consultant notre propre esprit[1]. App.

13. Il a été établi comme un principe certain que les idées générales ou abstraites ne sont rien que des idées individuelles prises sous un certain jour, et que, lorsque nous réfléchissons à un objet, nous sommes dans l'impossibilité d'exclure de notre pensée tous les degrés particuliers de quantité et de qualité autant que nous le sommes de les exclure de la nature réelle des choses. Si donc nous avons une idée de pouvoir en général, nous devons être aussi capables d'en concevoir une espèce particulière ; et comme le pouvoir ne peut subsister seul mais est toujours regardé

---

1. App. La même imperfection accompagne nos idées de la Divinité mais cela ne peut avoir d'effet sur la religion ou la morale. L'ordre de l'univers prouve un esprit tout-puissant, c'est-à-dire un esprit dont la volonté est constamment accompagnée de l'obéissance de toute créature, de tout être. Il n'est besoin de rien de plus pour fonder tous les articles de la religion ; et il n'est pas nécessaire que nous nous formions une idée distincte de la force et de l'énergie de l'Être Suprême. App.

comme l'attribut d'un être ou d'une existence, nous devons être capables de loger ce pouvoir dans quelque être particulier et de concevoir cet être comme étant doté d'une force, d'une énergie réelle, par laquelle tel effet particulier résulte nécessairement de son opération. Nous devons concevoir distinctement et particulièrement la liaison entre la cause et l'effet et devons être capables de déclarer à la seule vue de l'un qu'il doit être suivi ou précédé par l'autre. Telle est la vraie manière de concevoir un pouvoir particulier dans un corps particulier. Et une idée générale étant impossible sans une idée individuelle, quand cette dernière est impossible, il est certain que la première ne peut aucunement exister. Or il est on ne peut plus évident que l'esprit humain ne peut se former de deux objets une idée telle qu'il conçoive la liaison entre les deux ou saisisse distinctement ce pouvoir ou cette efficace par laquelle ils sont unis. Une telle liaison aurait la valeur d'une démonstration et impliquerait l'impossibilité absolue pour l'un des objets de ne pas suivre l'autre ou d'être conçu comme ne le suivant pas. Or cette sorte de liaison a déjà été rejetée dans tous les cas. Si quelqu'un est d'une opinion contraire et pense être parvenu à la notion de pouvoir en tel objet particulier, je désire qu'il me montre cet objet. Mais, jusqu'à ce que je fasse cette rencontre, ce dont je désespère, je ne peux m'empêcher de conclure que, puisque nous ne pouvons jamais concevoir distinctement comment un pouvoir particulier peut résider dans un objet particulier, nous nous abusons nous-mêmes en imaginant que nous pouvons nous former une telle idée générale.

14. Ainsi, tout considéré, pouvons-nous inférer que, quand nous parlons d'un être – d'une nature supérieure ou d'une nature inférieure – comme étant doué d'un pouvoir ou d'une force proportionnée à un effet ; quand nous parlons

d'une liaison nécessaire entre des objets et supposons que cette liaison dépend d'une efficace, d'une énergie dont est doté l'un de ces objets – toutes ces expressions, *ainsi employées*, n'ont en réalité aucune signification distincte et nous usons seulement de mots courants sans avoir d'idées claires et déterminées. Mais comme il est plus probable que ces expressions perdent ici leur vrai sens en étant *mal employées*, et non pas qu'elles n'aient jamais eu de sens, il sera bon de prendre autrement le sujet, pour voir si nous pouvons découvrir la nature et l'origine des idées que nous y attachons.

15. Supposons que deux objets nous soient présentés, dont l'un est la cause et l'autre l'effet ; il est clair que de la seule considération de l'un des deux ou des deux, nous ne percevrons jamais le lien qui les unit ; jamais nous ne serons en état de déclarer en toute certitude qu'il y a une liaison entre les deux. Ce n'est donc pas à partir d'un seul cas que nous arrivons à l'idée de cause et d'effet, de liaison nécessaire de pouvoir, de force, d'énergie, d'efficace. Si nous n'appréhendions jamais que des conjonctions particulières d'objets, tous entièrement différents les uns des autres, nous ne serions jamais capables de former de telles idées.

16. Mais, de nouveau, supposons que se présentent à nos yeux plusieurs cas où les mêmes objets sont toujours joints ensemble, immédiatement nous concevons une liaison entre eux et commençons à tirer une inférence de l'un à l'autre. La multiplicité de cas semblables constitue donc l'essence même du pouvoir ou de la liaison, elle est la source d'où provient l'idée. Afin donc de comprendre l'idée de pouvoir, nous devons prendre en considération cette multiplicité. Et je n'en demande pas plus pour donner une solution à la difficulté qui nous embarrasse depuis si

longtemps. Voici comment je raisonne. La répétition de cas parfaitement semblables ne peut jamais *seule* donner naissance à une idée originale qui soit différente de ce qui se découvre dans un cas particulier, comme on l'a observé et comme il suit clairement de notre principe fondamental que *toutes les idées sont copiées des impressions*. Et donc, puisque l'idée de pouvoir est une nouvelle idée originale qu'on ne trouve dans aucun cas pris séparément et qui cependant naît de la répétition de plusieurs cas, il s'ensuit que la répétition *seule* n'a pas cet effet, mais qu'elle doit *mettre à jour* ou *produire* quelque chose de nouveau qui est la source de cette idée. Si la répétition ne mettait à jour ou ne produisait rien de nouveau, nos idées s'en trouveraient multipliées mais elles ne seraient pas élargies au-delà de ce qu'elles sont après l'observation d'un seul cas. Tout élargissement (tel que l'idée de pouvoir ou de liaison) qui procède de la multiplicité de cas semblables, est donc copié de certains effets de cette multiplicité et il sera parfaitement compris si on comprend ces effets. C'est là où nous voyons la répétition découvrir ou produire quelque chose de nouveau, que nous devons placer le pouvoir, en cessant de le chercher dans tout autre objet.

17. Mais il est évident, en premier lieu, que la répétition d'objets semblables, entretenant des relations semblables de succession et de contiguïté, ne *découvre* rien de nouveau dans aucun d'entre eux, puisque nous ne pouvons en tirer une inférence ni en faire le sujet de nos raisonnements démonstratifs ou de nos raisonnements probables, ainsi qu'on l'a déjà prouvé*. Et supposé même que nous puissions en tirer une inférence, cela serait sans conséquence dans le cas présent, puisqu'aucune sorte de raisonnement ne peut donner naissance à une nouvelle idée, telle que l'idée

* Section 6.

de pouvoir ; quand nous raisonnons, nous devons être déjà en possession d'idées claires qui puissent être les objets de notre raisonnement. La conception précède toujours l'entendement et quand celle-là est obscure, celui-ci est incertain ; quand elle fait défaut, l'autre ne laisse pas de faire défaut également.

18. En second lieu, il est certain que cette répétition d'objets semblables dans des situations semblables ne produit rien de nouveau dans ces objets ni dans aucun corps extérieur. Car l'on reconnaîtra sans peine que les divers cas, où se présente la conjonction de causes semblables et d'effets semblables, sont en eux-mêmes entièrement indépendants et que la communication du mouvement que je vois à présent résulter du choc de deux boules de billard, est totalement distincte de celle que j'ai vu résulter il y a douze mois d'une telle impulsion. Ces impulsions n'ont aucun effet l'une sur l'autre. Elles sont entièrement séparées dans le temps et dans l'espace, et l'une aurait pu exister et communiquer du mouvement, quand l'autre n'aurait jamais eu d'existence.

19. Il n'y a donc rien de nouveau qui soit découvert ou produit dans les objets du fait de leur constante conjonction et de la ressemblance ininterrompue de leurs relations de succession et de contiguïté. Mais c'est de cette ressemblance que dérivent les idées de nécessité, de pouvoir, d'efficace. Et donc ces idées ne représentent rien qui appartienne ou puisse appartenir aux objets qui sont constamment joints ensemble. C'est un argument qui, sous quelque point de vue qu'on l'examine, apparaîtra sans réplique possible. Des cas semblables sont bien à la première origine de nos idées de pouvoir ou de nécessité ; en même temps, par leur similitude, ils n'ont pas d'influence les uns sur les autres ou sur un objet extérieur. Nous devons donc nous tourner

dans une autre direction pour chercher l'origine de cette idée.

20. Bien que les divers cas qui se ressemblent et qui donnent naissance à l'idée de pouvoir n'aient pas d'influence les uns sur les autres ni ne puissent jamais produire *dans l'objet* une nouvelle qualité qui serait le modèle de cette idée, cependant *l'observation* de cette ressemblance produit *dans l'esprit* une nouvelle impression qui en est le modèle réel. Car, après que nous avons observé cette ressemblance dans un nombre suffisant de cas, nous sentons immédiatement une détermination de notre esprit à passer d'un objet à celui qui l'accompagne ordinairement et à concevoir ce dernier sous une lumière plus forte, en raison de cette relation. Cette détermination est le seul effet de la ressemblance et doit donc se confondre avec le pouvoir ou l'efficace dont l'idée est dérivée par ressemblance. Les différents cas de conjonctions semblables nous conduisent à la notion de pouvoir et de nécessité. Ces cas sont en eux-mêmes totalement distincts les uns des autres, et n'ont d'union que dans l'esprit qui les observe et en rassemble les idées. La nécessité est donc l'effet de cette observation et n'est rien qu'une impression interne de l'esprit, que la détermination qui nous pousse à porter notre pensée d'un objet à l'autre. Si nous ne la considérons pas sous ce point de vue, jamais nous ne réussirons à nous en former la moindre notion ni ne serons à même de l'attribuer aux objets externes ou internes, à l'esprit ou au corps, aux causes ou aux effets.

21. La liaison nécessaire entre les causes et les effets est le fondement de notre inférence des unes aux autres. Le fondement de notre inférence est la transition qui résulte de l'union habituelle. Et donc ceci et cela ne font qu'un.

22. L'idée de nécessité naît de quelque impression. Il n'y a pas d'impression transmise par nos sens qui puisse donner naissance à cette idée. Elle doit donc dériver d'une impression interne ou impression de réflexion. Il n'y a pas d'impression interne qui se rapporte à ce qui nous occupe, sinon cette tendance que l'habitude produit, de passer d'un objet à l'idée qui l'accompagne ordinairement. Telle est donc l'essence de la nécessité. Au total, la nécessité est quelque chose qui existe dans l'esprit, et non dans les objets, et il ne nous est pas possible de nous en former la moindre idée si nous la tenons pour une qualité dans les corps[1]. Ou bien nous n'avons pas d'idée de nécessité ou bien la nécessité n'est rien que la détermination de la pensée à passer des causes aux effets et des effets aux causes, conformément à l'expérience que nous avons de leur union.

23. Ainsi, de même que la nécessité qui fait que deux et deux font quatre ou que les angles d'un triangle sont égaux à deux droits, réside seulement dans l'acte de l'entendement qui nous fait considérer et comparer ces idées, de même la nécessité ou le pouvoir qui unit les causes et les effets réside dans la détermination de l'esprit à passer des unes aux autres. L'efficace ou l'énergie des causes n'est placée ni dans les causes elles-mêmes, ni dans

1. Clé de voûte du raisonnement. Assurément la thèse qui contribua le plus à faire de Hume un auteur paradoxal, comme il le déclare lui-même. L'idée de nécessité est dérivée d'une impression de réflexion qui est la détermination de l'esprit à passer, dans l'inférence, de l'impression présente à l'idée qui l'accompagne habituellement et à rendre vive cette idée. On notera que ladite impression de réflexion est introduite au terme d'un raisonnement et non par un appel à l'expérience. Deux questions restent ouvertes : 1) que la transition de l'impression à l'idée dans l'inférence puisse être traitée comme une impression distincte et séparée ; 2) corrélativement, que de la nécessité qui est une relation il puisse y avoir une idée.

la Divinité ni dans le concours de ces deux principes, mais elle appartient entièrement à l'âme, qui considère l'union de deux ou plusieurs objets dans tous les cas passés. C'est là qu'est placé le pouvoir réel des causes ainsi que leur liaison et leur nécessité.

24. J'ai conscience que de tous les paradoxes que j'ai eu ou que j'aurai plus tard l'occasion d'avancer au fil de mon traité, celui-ci est le plus violent qui soit, et que c'est seulement à force de preuves et de raisonnements solides que je peux espérer le voir admis et triompher des préjugés invétérés des hommes. Mais avant d'embrasser cette doctrine, combien de fois devons-nous nous répéter *que* la simple considération de deux objets ou de deux actions, tout reliés qu'ils soient, ne peut jamais nous donner une idée de pouvoir ou de liaison entre eux ; *que* cette idée naît de la répétition de leur union ; *que* la répétition ne découvre ni ne cause rien dans les objets, mais *qu'*elle a de l'influence seulement sur l'esprit, par la transition habituelle qu'elle produit ; *que*, partant, cette transition habituelle ne fait qu'un avec le pouvoir et la nécessité ; lesquels sont donc des qualités des perceptions et non des objets et sont intérieurement ressentis par l'âme et non point perçues extérieurement dans les corps ? Toute chose extraordinaire suscite communément de l'étonnement ; et l'étonnement se change immédiatement en une estime ou en un mépris du plus haut degré, selon que nous approuvons ou désapprouvons ce dont il s'agit. J'ai bien peur, et pourtant le raisonnement que je viens de tenir m'apparaît le plus court et le plus décisif qu'on puisse imaginer – j'ai bien peur que la propension de l'esprit ne soit la plus forte chez la plupart des lecteurs et ne les prévienne contre la présente doctrine.

25. Il est facile de rendre compte de cette propension contraire. C'est une observation courante que l'esprit a une grande propension à se répandre sur les objets extérieurs et à joindre à ces objets les impressions internes qu'ils occasionnent et qui font toujours leur apparition au moment où ces objets se révèlent aux sens. Ainsi, voyant que certains sons et certaines odeurs accompagnent toujours certains objets visibles, nous imaginons naturellement quelque conjonction, et même une conjonction locale, des objets et des qualités, quoique les qualités soient d'une nature telle qu'elles n'admettent aucune conjonction et n'existent réellement nulle part. Mais de ceci, nous parlerons plus longuement, ci-dessous*. Pour l'instant, il suffit d'observer que cette même propension est la raison pour laquelle nous supposons que la nécessité et le pouvoir résident dans les objets que nous considérons, et non dans notre esprit qui les considère ; et pourtant, il nous est impossible de nous former la moindre idée de cette qualité, si nous ne la prenons pas pour la détermination de l'esprit à passer de l'idée de l'objet à celle de son accompagnant habituel.

26. Mais bien que ce soit la seule explication raisonnable qu'on puisse donner de la nécessité, la notion contraire est si profondément ancrée dans l'esprit, par suite des principes mentionnés ci-dessus, que je ne doute pas que mes sentiments soient taxés par beaucoup d'extravagance et de ridicule. Quoi ! L'efficace des causes réside dans la détermination de l'esprit ! Comme si les causes n'opéraient pas d'une manière totalement indépendante de l'esprit ni ne continueraient d'opérer, quand bien même il n'existerait aucun esprit pour les contempler ou raisonner à leur sujet.

* Quatrième partie, section 5.

La pensée peut bien dépendre des causes pour ses opérations, mais non les causes de la pensée. C'est renverser l'ordre de la nature et rendre second ce qui est dans la réalité premier. À chaque opération correspond un pouvoir proportionné et ce pouvoir doit être placé dans le corps qui opère. Si nous enlevons à une cause son pouvoir, il nous faut l'attribuer à une autre. Mais l'enlever à toutes les causes, pour l'attribuer à un être qui n'est d'aucune façon lié à la cause ou à l'effet, sinon qu'il les perçoit, est une absurdité grossière et contraire aux principes les plus certains de la nature humaine.

27. Je peux seulement répondre à tous ces arguments qu'il en va comme pour un aveugle qui prétendrait découvrir une grande quantité d'absurdités dans la supposition que la couleur écarlate n'est pas identique au son d'une trompette ni la lumière identique à la solidité. Si en réalité nous n'avons l'idée d'un pouvoir ou d'une efficace en aucun objet, ni celle d'une liaison réelle entre les causes et les effets, il ne sera guère utile de prouver qu'en toute opération une efficace est nécessaire. En parlant ainsi, nous ne comprenons pas ce que nous voulons dire, mais nous confondons par ignorance des idées qui sont entièrement distinctes les unes des autres. Je suis, certes, prêt à admettre qu'il y a diverses qualités, tant dans les objets matériels que dans les objets immatériels, dont nous sommes totalement ignorants ; et s'il nous plaît de les appeler *pouvoir* ou *efficace*, la face du monde n'en sera pas changée. Mais quand, au lieu de référer à ces qualités inconnues, nous demandons aux termes de *pouvoir* et d'*efficace* de signifier quelque chose dont nous aurions une idée claire et qui serait incompatible avec les objets auxquels nous l'appliquons, alors l'obscurité et l'erreur commencent à se répandre, et nous voici égarés par une fausse philosophie.

Ce qui est le cas quand nous transférons aux objets extérieurs la détermination de la pensée et supposons entre eux une liaison réelle et intelligible ; une qualité qui ne peut appartenir qu'à l'esprit qui les examine.

28. Quant à dire que les opérations de la nature sont indépendantes de notre pensée et de notre raisonnement, j'en conviens ; et j'ai observé à cet égard que les objets entretiennent entre eux des relations de contiguïté et de succession ; que des objets semblables peuvent être vus avoir en plusieurs cas des relations semblables ; et que tout ceci est indépendant des opérations de l'entendement, car antérieur à elles. Mais aller plus loin et attribuer à ces objets un pouvoir ou une liaison nécessaire, voilà qui ne se peut car c'est une chose que nous ne pouvons jamais observer en eux : l'idée que nous en avons, il nous faut la tirer de ce que nous sentons de manière interne en les contemplant. Et je pousserai si loin cette affirmation que je suis prêt à en trouver un exemple dans mon présent raisonnement, par une subtilité qui ne sera pas difficile à comprendre.

29. Quand se présente à nous un objet, immédiatement cet objet communique à l'esprit une idée vive de l'objet dont on le voit ordinairement accompagné ; et cette détermination de l'esprit forme la liaison nécessaire de ces objets. Mais si nous changeons de point de vue et passons des objets aux perceptions, alors l'impression est considérée comme la cause et l'idée vive comme l'effet ; et leur liaison nécessaire est cette nouvelle détermination que nous ressentons à passer de l'idée de l'un à l'idée de l'autre. Le principe d'union entre nos perceptions intérieures est aussi inintelligible que celui entre les objets extérieurs et il ne nous est connu que par la voie de l'expérience. Or la nature et les effets de l'expérience ont déjà été suffisamment

examinés et expliqués. Cette dernière ne nous donne aucun aperçu de la structure interne ou du principe opérant des objets, elle habitue seulement l'esprit à passer d'un objet à l'autre.

30. Il est temps maintenant de rassembler les différentes parties de ce raisonnement et, en les joignant ensemble, de former une définition exacte de la relation de cause à effet, relation qui fait l'objet de la présente étude. L'ordre qui nous a fait examiner d'abord l'inférence que nous tirons de la relation, avant d'avoir expliqué la relation elle-même – cet ordre, dis-je, aurait été sans excuse s'il avait été possible de procéder selon une méthode différente. Mais comme la nature de la relation dépend si étroitement de celle de l'inférence, nous avons été contraints de progresser apparemment à rebours et de faire usage des termes avant d'être capables de les définir exactement ou d'arrêter leur signification. Nous allons maintenant corriger cette faute en donnant une définition précise de la cause et de l'effet.

31. On peut donner deux définitions de cette relation qui ne diffèrent qu'en ce qu'elles nous présentent deux vues différentes du même objet, et nous le fait considérer tantôt comme une relation *philosophique* tantôt comme une relation *naturelle*, tantôt comme la comparaison de deux idées tantôt comme une association entre elles. Nous pouvons définir *la cause* comme étant « un objet antérieur et contigu à un autre, sachant que tous les objets semblables au premier sont placés dans une relation semblable d'antériorité et de contiguïté aux objets semblables au second ». Si cette définition est jugée fautive, parce qu'elle est tirée d'objets étrangers à la cause, nous pouvons lui substituer cette autre définition : « une *cause* est un objet antérieur et contigu à un autre auquel il est uni de telle

sorte que l'idée de l'un détermine l'esprit à former l'idée de l'autre, et l'impression de l'un à former une idée plus vive de l'autre ». Si, pour la même raison, cette dernière définition devait être elle aussi rejetée, le seul remède que je connaisse est que ces personnes qui font preuve d'une pareille délicatesse, lui substituent une définition qui soit plus juste. Pour ma part, je dois m'avouer incapable d'une telle entreprise. Quand j'examine avec le plus grand soin ces objets qu'on nomme communément les *causes* et les *effets*, je vois, en considérant un cas unique, qu'un objet est antérieur et contigu à l'autre ; et, si j'élargis mon examen jusqu'à considérer plusieurs cas, je vois seulement que des objets semblables sont constamment placés dans des relations semblables d'antériorité et de contiguïté. En outre, si je considère l'influence de cette conjonction constante, je perçois qu'une telle relation ne peut jamais être un objet de raisonnement et ne peut jamais agir sur l'esprit que par le moyen de l'habitude, qui détermine l'imagination à opérer une transition de l'idée d'un objet à l'idée de celui qui l'accompagne ordinairement, et de l'impression de l'un à une idée plus vive de l'autre. Si extraordinaires que puissent paraître ces sentiments, je juge inutile de me mettre en peine d'un examen ou d'un raisonnement supplémentaire sur le sujet et je me reposerai sur eux comme sur des maximes établies.

32. Il convient seulement, avant de quitter le sujet, d'en tirer quelques corollaires qui permettront d'écarter plusieurs préjugés et erreurs populaires qui ont largement prévalu en philosophie. D'abord, nous pouvons apprendre de la doctrine qui vient d'être exposée, que toutes les causes sont de la même sorte et que, en particulier, est sans fondement la distinction que nous faisons parfois entre les causes efficientes et les causes *sine qua non* ; ou entre les

causes efficientes et les causes formelles, matérielles, exemplaires et finales. Car, comme notre idée d'efficience est dérivée de la conjonction constante de deux objets, chaque fois que celle-ci est observée, la cause est efficiente ; et là où elle ne l'est pas, il ne peut jamais y avoir de cause d'aucune sorte[1]. Pour la même raison nous devons rejeter la distinction entre *cause* et *occasion*, quand ces termes sont censés signifier quelque chose d'essentiellement différent entre les deux. Si la conjonction constante est impliquée dans ce que nous appelons occasion, c'est une cause réelle. Sinon ce n'est pas du tout une relation et cela ne prête à aucun argument ou raisonnement[2].

33. Deuxièmement, la même suite de raisonnement nous fera conclure qu'il n'y a qu'une espèce de *nécessité* comme il n'y a qu'une espèce de cause, et que la distinction commune entre la nécessité *morale* et la nécessité *physique* est sans fondement dans la nature[3]. Ceci ressort clairement de la précédente explication de la nécessité. C'est la constante conjonction des objets, jointe à la détermination de l'esprit, qui constitue la nécessité physique. Et si l'on ôte ces deux choses, on a le *hasard*. Comme les objets doivent être joints ensemble ou ne l'être pas, et comme l'esprit doit être déterminé à passer d'un objet à l'autre, ou ne l'être pas, il est impossible d'admettre aucun intermédiaire entre le hasard et une nécessité absolue. Si

1. Hume élimine ainsi la vieille distinction aristotélicienne entre les quatre causes, dont la cause finale (encore présentées dans la *Cyclopaedia*, art. « cause ».).
2. Rejet de la distinction faite par Malebranche entre la cause occasionnelle et l'unique causalité qu'est la puissance divine, les causes apparentes que nous connaissons n'étant que l'occasion de l'exercice de la causalité divine (*Recherche*, VI, 2, 3).
3. La distinction est entretenue par Clarke (*A Demonstration*, p. 71) dans sa réfutation de Spinoza (et de Hobbes).

vous affaiblissez cette conjonction et cette détermination, vous ne changez pas la nature de la nécessité ; puisque, même dans l'opération des corps, on constate différents degrés de constance et de force, sans que soit produite une espèce différente de cette relation.

34. La distinction qui est souvent faite entre le *pouvoir* et l'*exercice* de ce pouvoir est également sans fondement.

35. Troisièmement, nous sommes maintenant capables de surmonter entièrement toute la répugnance qu'il nous est si naturel d'entretenir à l'encontre du précédent raisonnement, par lequel nous avons essayé de prouver que la nécessité d'une cause pour tout commencement d'existence n'est fondée sur aucun raisonnement, qu'il soit démonstratif ou intuitif. Une telle opinion cessera d'apparaître étrange après les définitions que nous avons données. Si nous définissons la cause comme *étant un objet antérieur et contigu à un autre,* sachant *que tous les objets semblables au premier sont placés dans une relation semblable d'antériorité et de contiguïté aux objets semblables au second,* nous n'avons pas de difficulté à penser qu'il n'y a nulle nécessité absolue métaphysique à ce que tout commencement d'existence soit accompagné d'un tel objet. Si nous définissons la cause comme étant *un objet antérieur et contigu à un autre auquel il est uni dans l'imagination de telle sorte que l'idée de l'un détermine l'esprit à former l'idée de l'autre, et l'impression de l'un à former une idée plus vive de l'autre,* nous ferons encore moins de difficulté à épouser cette opinion. Une telle influence sur l'esprit est en elle-même parfaitement extraordinaire et incompréhensible et nous ne pouvons être certains de sa réalité que par l'expérience et l'observation.

36. J'ajouterai comme un quatrième corollaire que nous n'avons jamais de raison pour croire qu'un objet existe dont nous ne pouvons former l'idée. Car, comme tous nos raisonnements concernant l'existence sont dérivés de la causalité et que tous nos raisonnements concernant la causalité sont dérivés de notre expérience de la conjonction entre des objets, et non du raisonnement ou de la réflexion, la même expérience doit nous donner la notion de ces objets et doit écarter de nos conclusions tout mystère. La chose est si évidente qu'elle aurait difficilement retenu notre attention, n'eût-ce été pour prévenir certaines objections de cette sorte, qui pourraient se dresser contre les raisonnements à venir sur la *matière* et la *substance*. Je n'ai pas besoin d'observer qu'une pleine connaissance de l'objet n'est pas requise, mais seulement la connaissance de ses qualités, à l'existence desquelles nous croyons.

SECTION XV

Règles par lesquelles juger des causes et des effets

1. Selon la précédente doctrine, il n'est pas d'objets dont nous puissions déterminer, au seul examen, sans consulter l'expérience, qu'ils sont les causes d'autres objets ; et il n'est pas d'objets dont, de la même manière, nous puissions déterminer en toute certitude qu'ils n'en sont pas les causes. N'importe quoi peut produire n'importe quoi. La création, l'anéantissement, le mouvement, la raison, la volition : toutes ces choses peuvent naître les unes des autres, ou de tout autre objet imaginable. Et cela ne paraîtra pas étrange, si nous comparons les deux principes exposés ci-dessus : que *la conjonction constante entre des objets en détermine la causalité* et que, à proprement parler, *il n'est pas d'objets contraires l'un à l'autre, excepté*

*l'existence et la non-existence**. Quand des objets ne sont pas contraires, rien ne les empêche de présenter cette conjonction constante dont la relation de cause à effet dépend entièrement.

2. Puisqu'il est ainsi possible que tous les objets deviennent causes ou effets les uns des autres, il apparaît bon de fixer quelques règles générales qui nous fassent savoir quand ils le sont réellement[1].

3. 1. La cause et l'effet doivent être contigus dans l'espace et dans le temps.

4. 2. La cause doit être antérieure à l'effet.

5. 3. Il doit y avoir une union constante entre la cause et l'effet. C'est principalement cette qualité qui constitue la relation.

6. 4. La même cause produit toujours le même effet et le même effet ne naît jamais que de la même cause. Ce principe, nous le tirons de l'expérience, et il est la source de la plupart de nos raisonnements philosophiques. Car, quand, par le moyen d'une claire expérience, nous avons découvert les causes ou les effets d'un phénomène, nous élargissons immédiatement notre observation à tous les phénomènes qui sont de même sorte, sans attendre la constante répétition dont est tirée la première idée de cette relation.

7. 5. Il y a un autre principe qui dépend de celui-ci, c'est que, lorsque plusieurs objets différents produisent le même effet, il faut que ce soit par le moyen d'une qualité

* Première partie, section 5, [§ 8].

1. Transcription normative de l'explication donnée de la causalité. Hume tire de l'analyse des opérations naturelles de la raison les rudiments d'une rationalité corrective.

dont nous découvrons qu'elle leur est commune. Car comme des effets semblables impliquent des causes semblables, nous devons toujours attribuer à la circonstance où nous découvrons la ressemblance, d'être la cause.

8. 6. Le principe qui suit est fondé sur la même raison. La différence dans leurs effets de deux objets qui se ressemblent doit procéder du point par où ils diffèrent. Car, puisque des causes semblables produisent toujours des effets semblables, quand dans un cas nous voyons notre attente déçue, nous devons conclure que cette irrégularité procède de quelque différence dans les causes.

9. 7. Quand un objet croît ou diminue en même temps que sa cause croît ou diminue, il faut considérer cela comme un effet composé, tiré de la réunion de plusieurs effets différents qui naissent de plusieurs parties différentes de la cause. L'absence ou la présence d'une partie de la cause est ici censée s'accompagner toujours de l'absence ou de la présence d'une partie proportionnée de l'effet. Cette conjonction constante prouve suffisamment qu'une partie est la cause de l'autre. Nous devons toutefois veiller à ne pas tirer une telle conclusion d'un petit nombre d'expériences. Un certain degré de chaleur donne du plaisir ; si vous diminuez la chaleur, le plaisir diminue ; mais il ne s'ensuit pas que si vous l'augmentez au-delà d'un certain degré, le plaisir augmente pareillement, puisque nous voyons qu'il dégénère en douleur.

10. 8. La huitième et dernière règle que je retiendrai est qu'un objet qui pendant un temps donné existe dans sa pleine perfection mais sans un certain effet, n'est pas la seule cause de cet effet mais requiert l'assistance de quelque autre principe qui vienne favoriser son influence et son opération. Car, sachant que des effets semblables suivent nécessairement de causes semblables, dans un temps et un

lieu contigus, le fait que pendant un moment ils soient séparés montre que ces causes ne sont pas complètes.

11. Voilà toute la *logique* que je trouve bon d'employer dans mes raisonnements ; et, peut-être, cette logique même n'était-elle pas très nécessaire et aurait pu le céder aux principes naturels de notre entendement. Nos têtes scolastiques et nos logiciens ne font pas preuve dans leur raison et leur capacité d'une telle supériorité sur le simple vulgaire qu'ils nous inclinent à les imiter dans la délivrance d'un long système de règles et de préceptes propre à diriger notre jugement en philosophie. Toutes les règles de cette nature sont très faciles à inventer, mais extrêmement difficiles à appliquer ; et même la philosophie expérimentale qui parait la plus naturelle et la plus simple qui soit, exige le plus grand effort du jugement humain. Il n'y a pas de phénomène dans la nature qui ne soit composé et modifié par tant de circonstances différentes que, pour parvenir au point décisif, il nous faut écarter tout ce qui est superflu et rechercher par de nouvelles expériences si chaque circonstance particulière dans la première expérience lui était essentielle. Ces nouvelles expériences sont susceptibles d'une discussion de même sorte ; aussi, nous faut-il faire preuve de la plus grande constance pour persévérer dans notre étude, et de la plus grande sagacité pour choisir la bonne voie parmi tant d'autres qui se présentent. S'il en est ainsi déjà en philosophie naturelle, combien davantage en philosophie morale où l'on observe une bien plus grande complication des circonstances et où toutes les vues et tous les sentiments qui sont essentiels à toute action de l'esprit sont si implicites et si obscurs qu'ils échappent souvent à notre attention la plus sévère et qu'ils sont non seulement inexplicables par leurs causes, mais aussi inconnus dans leur existence. J'ai bien peur que le peu de succès que je

rencontre dans mes recherches ne donne à cette observation un air d'apologie plutôt que de vantardise.

12. Si quelque chose peut me donner de l'assurance sur ce point, ce sera d'élargir autant que je le peux la sphère de mes expériences ; c'est la raison pour laquelle il peut être bon d'examiner ici la faculté de raisonnement des bêtes, tout autant que celle des créatures humaines.

SECTION XVI
De la raison des animaux

1. Tout proche du ridicule qu'il y a à nier une vérité évidente est le ridicule de prendre beaucoup de peine à la défendre. Et nulle vérité ne me paraît plus évidente que de reconnaître que les bêtes sont autant que les hommes douées de pensée et de raison. Les arguments sont ici si patents qu'ils ne sauraient échapper même aux esprits les plus stupides et les plus ignorants[1].

2. Nous sommes conscients que, quand nous adaptons les moyens aux fins, nous sommes nous-mêmes guidés par la raison et le dessein, et que ce n'est ni par ignorance ni par accident que nous accomplissons toutes les actions qui tendent à assurer notre propre conservation, à nous procurer du plaisir et à éviter la douleur. Et donc, quand, dans des cas sans nombre, nous voyons d'autres créatures accomplir de pareilles actions et les tourner vers de pareilles fins, tous nos principes de raison et de probabilité nous portent avec une force invincible à croire à l'existence d'une pareille cause. Il est inutile, selon moi, d'illustrer

---

1. La question de l'intelligence des animaux est un sujet largement débattu à l'époque. Elle est nourrie, d'une part, par la nécessité de réfuter la théorie cartésienne des animaux machines ; d'autre part, par la question de la proximité (ou non) de l'animal et de l'homme.

cet argument en multipliant les exemples particuliers. La moindre attention nous en fournira plus qu'il n'est nécessaire. La ressemblance entre les actions des animaux et celle des hommes est à cet égard si entière que la toute première action du premier animal qu'il nous plaira de choisir nous fournira un argument incontestable en faveur de la présente doctrine.

3. Cette doctrine est aussi utile qu'évidente et nous fournit comme une pierre de touche par laquelle mettre à l'épreuve tous les systèmes existant en ce genre de philosophie. C'est connaissant la ressemblance des actions extérieures des animaux avec celles que nous accomplissons nous-mêmes, que nous jugeons que leurs actions intérieures ressemblent pareillement aux nôtres ; et le même principe de raisonnement, porté un pas plus loin, nous fera conclure que, puisque nos actions intérieures se ressemblent les unes les autres, les causes dont elles sont tirées doivent aussi se ressembler. Quand, donc, une hypothèse est avancée pour expliquer une opération mentale qui est commune aux hommes et aux bêtes, c'est la même hypothèse que nous devons appliquer des deux côtés ; et de même que toute hypothèse vraie passera l'épreuve, de même, j'ose l'affirmer, aucune hypothèse fausse ne sera jamais capable de la soutenir. Le défaut commun à ces systèmes que les philosophes ont employés pour rendre compte des actions de l'esprit, est qu'ils supposent une subtilité et un raffinement de la pensée qui excède non seulement la capacité des simples animaux, mais encore, dans notre propre espèce, celle des enfants des gens ordinaires ; lesquels sont pourtant susceptibles des mêmes émotions et des mêmes affections que les personnes au génie et à l'entendement le plus accompli. Une telle subtilité est une preuve claire de la

fausseté d'un système tout comme la simplicité contraire l'est de sa vérité.

4. Soumettons donc notre présent système concernant la nature de l'entendement à cette épreuve décisive et voyons s'il rend également compte des raisonnements des bêtes comme des raisonnements de l'espèce humaine.

5. Ici, nous devons faire une distinction touchant les animaux, entre leurs actions qui sont de nature banale et qui semblent au niveau de leurs capacités communes, et les exemples plus extraordinaires d'une sagacité dont ils font parfois preuve pour leur propre conservation et la propagation de leur espèce. Le chien qui évite le feu et les précipices, qui fuit les étrangers mais caresse son maître, nous offre un exemple du premier genre. L'oiseau qui choisit avec tant de soin et de pénétration le lieu et les matériaux de son nid, qui couve ses œufs le temps voulu et à la saison qui convient, avec toute la précaution que prend un chimiste pour mener à bien la plus délicate projection[1], nous fournit un vivant exemple du second.

6. Pour ce qui est de la première sorte d'actions, j'affirme qu'elles procèdent d'un raisonnement qui en lui-même ne diffère pas ni n'est fondé sur des principes qui diffèrent de celui qui paraît dans la nature humaine. Il est nécessaire d'abord qu'il y ait quelque impression qui soit immédiatement présente à la mémoire ou aux sens de l'animal, où puisse se fonder son jugement. Du ton de la voix le chien infère la colère de son maître et prévoit la punition qui sera la sienne. D'une certaine sensation qui affecte son odorat, il juge que le gibier n'est pas loin.

---

1. Opération qui consiste à jeter par cuillérées sur des charbons ardents une matière en poudre qu'on veut calciner.

7. Ensuite, l'inférence qu'il tire de l'impression présente est fondée sur l'expérience et sur l'observation qu'il a pu faire de la conjonction entre des objets dans des cas passés. Selon que vous variez cette expérience, vous variez son raisonnement. Faites que vos coups suivent tel signe ou tel mouvement pendant quelque temps, et ensuite un autre : il tirera successivement différentes conclusions, selon sa plus récente expérience.

8. Maintenant, qu'un philosophe, se mettant à l'épreuve, essaie d'expliquer cet acte de l'esprit que nous nommons *la croyance*, et qu'il rende compte des principes desquels elle est dérivée, indépendamment de l'influence de la coutume et de l'imagination ; et que son hypothèse soit applicable aux bêtes aussi bien qu'à l'espèce humaine. Mais en même temps, je demande, à titre de condition équitable, que si mon système est le seul qui puisse répondre à toutes ces exigences, qu'il soit reçu comme étant entièrement satisfaisant et convaincant. Et qu'il soit le seul, c'est ce qui est évident presque sans raisonnement. Certainement, les bêtes ne perçoivent jamais de liaison réelle entre des objets. C'est donc par expérience qu'elles infèrent un objet d'un autre. Elles ne peuvent jamais par quelque argument que ce soit former la conclusion générale que les objets dont elles n'ont pas eu d'expérience soient semblables à ceux dont elles ont une expérience. C'est donc par le moyen de l'habitude seule que l'expérience agit sur elles. Tout cela était suffisamment évident en ce qui concerne l'homme. Mais en ce qui concerne les bêtes, il ne peut y avoir le moindre soupçon d'erreur ; ce qui doit être reconnu comme une forte confirmation, voire comme une preuve invincible de mon système.

9. Rien ne montre davantage la capacité de l'habitude à nous faire accepter un phénomène, que ceci : les hommes ne s'étonnent pas des opérations de leur propre raison et, en même temps, ils admirent l'instinct des animaux et trouvent de la difficulté à l'expliquer, parce qu'il ne peut se réduire exactement aux mêmes principes. À considérer la chose comme il convient, la raison n'est rien qu'un merveilleux et inintelligible instinct dans nos âmes, instinct qui nous porte selon un certain train d'idées et qui les dote de qualités particulières selon leurs situations et leurs relations particulières. Cet instinct, il est vrai, naît de l'observation et de l'expérience passée, mais nul ne peut donner la raison ultime pour laquelle l'expérience et l'observation passées produisent un tel effet, pas plus qu'il ne saurait dire pourquoi la nature seule devrait le produire. La nature peut certainement produire tout ce qui naît de l'habitude. Que dis-je?, l'habitude n'est rien qu'un des principes de la nature et tire toute sa force de cette origine.

QUATRIÈME PARTIE

DU SYSTÈME SCEPTIQUE ET DES AUTRES SYSTÈMES DE PHILOSOPHIE

SECTION I
Du scepticisme à l'égard de la raison

1. Dans toutes les sciences démonstratives, les règles sont certaines et infaillibles ; mais quand nous les appliquons, nos facultés qui sont faillibles et incertaines sont très sujettes à s'en écarter et à tomber dans l'erreur[1]. Nous devons donc en tout raisonnement former un nouveau jugement qui vérifie et contrôle notre croyance ou notre jugement premier ; nous devons élargir notre vision de manière à embrasser sous forme d'une histoire tous les cas où notre entendement nous a trompés, en les comparant à ceux où son témoignage s'est montré juste et vrai. Notre raison doit être considérée comme une sorte de cause dont la vérité est l'effet naturel ; mais un effet qui peut être souvent contrarié par l'intrusion d'autres causes et par l'inconstance de nos facultés mentales. De cette façon, toute connaissance dégénère en probabilité ; et cette

---

1. Ce thème de la faillibilité de notre esprit est abordé par Locke, *Essai*, I, IV, 2, 6-7. La réponse habituelle donnée à cette difficulté consiste dans l'application de la méthode (voir Arnaud et Nicole, *La logique ou l'art de penser*, IVᵉ partie).

probabilité est plus ou moins grande selon l'expérience que nous avons de la véracité ou du caractère trompeur de notre entendement, et selon la simplicité ou la complexité de la question[1].

2. Il n'y a pas d'algébriste ou de mathématicien assez expert dans sa science pour placer une entière confiance dans une vérité qu'il vient tout juste de découvrir, et pour la regarder comme quelque chose d'autre qu'une simple probabilité. Chaque fois qu'il reprend ses preuves, sa confiance s'accroît ; elle grandit encore si ses amis l'approuvent ; elle est portée à sa plus haute perfection s'il s'attire l'assentiment universel et les applaudissements du monde savant. Or il est évident que ce gain graduel d'assurance n'est rien que l'addition de nouvelles probabilités et qu'il se tire de la constante union des causes et des effets, conformément à l'expérience et à l'observation passées.

3. Dans les comptes qui ont quelque longueur ou qui sont d'une certaine importance, les marchands se fient rarement, pour leur sécurité, à la certitude infaillible des nombres ; mais par une disposition artificielle des comptes, ils obtiennent une probabilité qui dépasse celle qu'ils tirent de la compétence et de l'expérience du comptable ; Car celle-ci est bien en elle-même un certain degré de probabilité, quoique incertaine et variable selon le degré d'expérience du comptable et la longueur du compte. Or, comme personne ne défendra l'idée que notre assurance dans un long dénombrement aille au-delà de la probabilité, j'ose affirmer qu'il n'y a guère de propositions sur les nombres pour lesquelles nous puissions obtenir une assurance supérieure. Car il est très possible en diminuant peu à peu les nombres

---

1. La vérité, même démonstrative, est ainsi prise sous l'angle de la confiance ou de la foi que nous pouvons accorder à nos jugements. Et l'application même des règles correctrices favorise cette perte de certitude.

de ramener la plus longue suite d'additions à la question la plus simple qu'on puisse former, je veux dire, uniquement à l'addition de deux nombres ; et là-dessus, l'on sera bien en peine de marquer les limites précises entre la connaissance et la probabilité, et de découvrir exactement le nombre où l'une finit et l'autre commence. Mais la connaissance et la probabilité sont d'une nature si contraire et opposée qu'elles ne peuvent se fondre insensiblement l'une dans l'autre et que, ne pouvant se diviser, elles doivent être entièrement présentes ou entièrement absentes. En outre, si une seule addition était certaine, toutes le seraient, et par suite la somme totale, le tout de l'addition le serait aussi, à moins que le tout ne diffère de l'ensemble de ses parties. J'allais presque dire que c'est une chose certaine ; mais je réfléchis que mon raisonnement doit s'affaiblir *lui-même*, comme tous les autres, et de connaissance dégénérer en probabilité.

4. Puisque toute connaissance se résout ainsi en probabilité et finit par être de même nature que l'évidence sur laquelle nous nous appuyons dans la vie commune, il nous faut maintenant examiner cette seconde sorte de raisonnement et voir sur quel fondement il repose.

5. Dans tous nos jugements relevant de la probabilité, il nous faut toujours, comme dans ceux relevant de la connaissance, corriger le premier jugement qui se tire de la nature de l'objet, par un autre jugement qui se tire de la nature de l'entendement. Il est certain qu'un homme ayant un sens solide et une longue expérience, doit avoir et a d'ordinaire plus d'assurance dans ses opinions que le fou ou l'ignorant ; et il est clair que nos sentiments ont plus ou moins d'autorité, même pour nous, selon que nous avons plus ou moins de raison et d'expérience. Mais aurait-on le sens le plus solide et la plus grande expérience,

que cette autorité ne serait jamais parfaite ; il faut encore avoir conscience de s'être souvent trompé dans le passé et redouter de faire de même à l'avenir. Il naît ici une nouvelle espèce de probabilité qui vient corriger et régler la première, et lui donner sa juste mesure et proportion. De même que la démonstration est soumise au contrôle de la probabilité, de même la probabilité prête-t-elle à une nouvelle correction par un acte réfléchi de l'esprit où nous prenons pour objets la nature de notre entendement et notre premier raisonnement de probabilité.

6. Après avoir ainsi découvert en toute probabilité, outre l'incertitude primitive attachée au sujet, une nouvelle incertitude qui se tire de la faiblesse de la faculté qui juge, et après avoir rapporté ces deux incertitudes l'une à l'autre, nous nous voyons obligés par notre raison d'ajouter un doute nouveau, un doute qui naît de la possibilité que nous nous trompions dans l'appréciation que nous faisons de la véracité et de la fidélité de nos facultés. C'est un doute qui s'impose immédiatement à nous et à propos duquel, si nous voulons rester étroitement fidèles à notre raison, nous ne pouvons éviter de nous déterminer. Mais cette détermination, fût-elle favorable à notre précédent jugement, est fondée sur la probabilité, et elle doit donc affaiblir d'autant notre première évidence ; et elle sera elle-même affaiblie par un quatrième doute du même genre, et ainsi à l'infini, jusqu'à ce qu'il ne reste rien de la probabilité primitive, si forte que nous l'ayons supposée d'abord et si peu diminuée qu'elle ait été à chaque nouvelle incertitude. Aucun objet fini ne peut résister à un décroissement répété à l'infini ; et même la quantité la plus considérable qui puisse entrer dans l'imagination humaine, doit de cette façon se réduire à rien. Que notre première croyance soit aussi forte qu'on voudra ; elle doit inéluctablement périr

au fil de tant d'examens, à chaque fois nouveaux et qui chacun lui ôtent un peu de sa force et de sa vigueur. Quand je réfléchis à la faillibilité naturelle de mon jugement, j'ai une moins grande confiance en mes opinions que lorsque je me contente de considérer les objets sur lesquels porte mon raisonnement ; quand allant plus loin encore je fais porter mon examen sur les évaluations successives que je fais de mes facultés, toutes les règles de la logique commandent une diminution continuelle, et à la fin une extinction totale de la croyance et de l'évidence.

7. Me demanderait-on ici si j'acquiesce sincèrement à cet argument, un argument que, semble-t-il, je prends tant de peine à instiller, et si je suis vraiment l'un de ces sceptiques qui tiennent que tout est incertain et que notre jugement n'a sur *rien* de critères de vérité ou de fausseté – me demanderait-on cela, que je répondrais que cette question est totalement superflue et que ni moi ni personne ne fûmes jamais sincèrement et constamment de cette opinion. La nature, par une nécessité absolue et incontrôlable, nous a déterminés à juger, aussi bien qu'à respirer et sentir ; nous ne pouvons pas plus nous empêcher de voir certains objets sous un jour plus vif et plus clair du fait de leur liaison habituelle avec une impression présente, que nous retenir de penser aussi longtemps que nous sommes éveillés, ou de voir les corps qui nous environnent, quand en plein soleil nous tournons vers eux notre regard. Quiconque a pu entreprendre de réfuter les arguties de ce scepticisme *intégral*, a perdu sa peine dans une dispute sans adversaire, et n'a fait que tenter d'établir à l'aide d'arguments une faculté déjà implantée dans l'esprit par la nature et rendue inévitable.

8. Ma seule intention, en développant si soigneusement les arguments de cette secte extravagante, est donc de faire sentir au lecteur la vérité de mon hypothèse que *tous nos raisonnements sur les causes et les effets ont pour seule origine l'habitude, et que la croyance est plus proprement un acte de la partie sentante que de la partie pensante de notre nature.* Je viens de prouver que ces mêmes principes qui nous font nous déterminer sur un sujet et corriger cette détermination par l'examen de notre force d'esprit et de notre capacité, ainsi que de l'état où était notre esprit quand nous avons abordé ce sujet – j'ai prouvé, dis-je, que, si on les pousse plus avant et qu'on les applique à chaque jugement réflexif nouveau, ces mêmes principes ne manqueront pas de réduire à néant la force primitive de la preuve, qui aura été s'amenuisant, et d'abattre toutes nos croyances et nos opinions. Si donc la croyance était un simple acte de la pensée, sans manière particulière de concevoir, sans addition de force ni de vivacité, elle se détruirait elle-même immanquablement, et il s'en suivrait chaque fois une totale suspension de jugement. Mais, comme celui qui jugerait bon d'essayer ne manquera pas d'être convaincu par l'expérience que, bien qu'il ne puisse trouver d'erreur dans les arguments précédents, il continue pourtant de croire, de penser et de raisonner comme à l'accoutumée, il pourra de ce fait conclure, sans risque d'erreur, que son raisonnement ou sa croyance relève de quelque sensation, de quelque manière de concevoir, que ne sauraient détruire de simples idées ou de simples réflexions.

9. Mais on me demandera peut-être ici comment il se fait que, même en suivant mon hypothèse, les arguments que je viens d'exposer ne produisent pas une totale suspension de jugement et de quelle manière l'esprit peut jamais conserver quelque assurance sur un quelconque

sujet. En effet, comme ces nouvelles probabilités qui par leur répétition amoindrissent sans cesse la force de la preuve, sont fondées sur les mêmes principes de la pensée ou de la sensation que le jugement initial, il semble inévitable que dans les deux cas, elles doivent également le renverser et, par l'opposition de pensées ou de sensations contraires, réduire l'esprit à une totale incertitude. Supposons qu'une question me soit posée. Après avoir repassé dans ma tête les impressions de ma mémoire et de mes sens, et mené mes pensées depuis ces impressions jusqu'aux objets qui leur sont communément joints, je sens d'un côté une conception plus forte et plus pressante que de l'autre. Cette forte conception fait ma première décision. Supposons maintenant que j'examine ce jugement lui-même ; que, l'expérience me montrant qu'il est tantôt juste tantôt erroné, je le considère comme gouverné par des principes ou des causes contraires, dont certaines conduisent à la vérité et d'autres à l'erreur ; et que, mettant en balance ces causes contraires, je diminue par une nouvelle probabilité, l'assurance qui était celle de ma première décision. Cette nouvelle probabilité est susceptible de la même diminution que la précédente, et ainsi à l'infini. Et l'on demande alors : *comment se fait-il qu'après tout cela nous conservions un certain degré de croyance qui suffit à nos desseins, que ce soit en philosophie ou dans la vie courante ?*

10. Je réponds qu'après que l'esprit s'est déterminé une première fois, puis une seconde fois, son action devient forcée et peu naturelle, que les idées se font obscures et faibles, et que, quoique les principes du jugement demeurent les mêmes qu'au tout début, et dans le même balancement des causes opposées, toutefois leur influence sur l'imagination et la vigueur qu'ils ajoutent ou retranchent à la pensée ne restent pas égales. Lorsque l'esprit n'atteint

pas ses objets avec aisance et facilité, les mêmes principes n'ont pas le même effet que lorsqu'il conçoit ses idées plus naturellement; et l'imagination n'éprouve pas de sensation qui soit en proportion de celle qui naît de ses jugements et de ses opinions ordinaires. L'attention est tendue; l'esprit est dans la gêne; et les esprits étant détournés de leur cours naturel, leurs mouvements ne sont plus gouvernés par les mêmes lois, ou du moins pas au même degré, que lorsqu'ils coulent dans leur canal habituel.

11. Si nous désirons des cas de ce genre, il ne sera pas difficile d'en trouver. Ce présent sujet de métaphysique nous en fournit plus qu'il n'en faut. Le même argument qu'on aurait jugé convaincant dans un raisonnement d'histoire ou de politique, a peu, sinon pas d'influence sur ces questions plus abstruses, même si elles sont parfaitement comprises; et cela parce qu'il faut de l'étude et un effort de pensée pour parvenir à sa compréhension. Et cet effort de pensée trouble l'opération de nos sentiments dont dépend la croyance. Il en va de même avec d'autres sujets. La tension de l'imagination perturbe toujours le cours régulier des passions et des sentiments. Un poète tragique qui représenterait ses héros comme des êtres pleins de ruse et d'esprit au sein même de leurs malheurs, ne toucherait jamais les passions. De même que les émotions de l'âme contrarient les raisonnements et les réflexions subtiles, de même ces dernières actions de l'esprit portent-elles préjudice aux premières. L'esprit aussi bien que le corps semble doté d'un degré précis de force et d'activité qu'il n'emploie jamais dans une action sans que ce soit aux dépens de tout le reste. C'est particulièrement vrai quand les actions sont d'une nature toute différente, puisque dans ce cas la force de l'esprit n'est pas seulement détournée, c'est la disposition

même qui change, au point de nous rendre incapables de passer soudain d'une action à l'autre, et à plus forte raison de les accomplir en même temps. Il ne faut donc pas s'étonner que la conviction qui naît d'un raisonnement subtil diminue en proportion des efforts que fait l'imagination pour y entrer et pour le concevoir dans toutes ses parties. La croyance, qui est une conception vive, ne peut être entière quand elle n'est pas fondée sur quelque chose de naturel et d'aisé.

12. Tel est selon moi le véritable état de la question, et je ne saurais approuver le procédé expéditif dont on use parfois à l'égard des sceptiques, pour rejeter d'emblée tous leurs arguments sans étude ni examen. Si les raisonnements sceptiques sont forts, dit-on, c'est la preuve que la raison peut avoir de la force et de l'autorité ; s'ils sont faibles, ils ne suffiront jamais à invalider toutes les conclusions de notre entendement. Cet argument n'est pas bon, car les raisonnements sceptiques, s'ils pouvaient exister sans être victimes de leur propre subtilité, seraient tour à tour forts et faibles, selon les dispositions successives de l'esprit. La raison apparaît d'abord dans la pleine possession de son pouvoir, elle prescrit des lois et impose des maximes avec un empire et une autorité absolue. Son ennemi est donc contraint de s'abriter sous sa protection et de faire usage d'arguments rationnels pour prouver qu'elle est faible et trompeuse, recevant, pour ainsi dire, une lettre patente de sa main, revêtue de son sceau. Cette lettre a d'abord une autorité qui est à la mesure de l'autorité immédiate et présente de la raison, à laquelle elle emprunte. Mais comme, par hypothèse, elle contredit la raison, elle diminue peu à peu la force de cette puissance gouvernante, et la sienne en même temps ; jusqu'à ce qu'il ne reste rien de part et

d'autre, au terme d'une diminution régulière et juste. La raison des sceptiques et la raison des dogmatiques sont de la même espèce, quoiqu'elles se contrarient dans leur opération et leur inclination ; de sorte que si la seconde est forte, elle trouve dans la première un ennemi de force égale pour la combattre ; et comme leurs forces étaient au départ égales, elles le restent aussi longtemps que l'une et l'autre subsistent ; et dans l'affrontement aucune des deux ne perd de force qu'elle ne retire à son adversaire en même quantité. Il est donc heureux que la nature brise en temps opportun la force de tous les arguments sceptiques et les empêche d'exercer une influence trop considérable sur l'entendement. Si nous devions attendre qu'ils se détruisent d'eux-mêmes, cela ne se ferait pas avant qu'ils n'eussent ruiné toute conviction et totalement détruit la raison humaine.

SECTION II

Du scepticisme à l'égard des sens

1. Ainsi le sceptique continue-t-il toujours de raisonner et de croire, quoiqu'il affirme qu'il ne peut défendre sa raison par la raison ; et la même règle le force à consentir au principe de l'existence des corps, bien qu'il ne puisse prétendre en soutenir la véracité par aucun argument philosophique. La nature ne lui a pas laissé sur ce point la liberté de choisir et elle a sans nul doute estimé que c'était une affaire trop importante pour la confier à nos raisonnements et nos spéculations incertaines. Nous pouvons bien demander : *quelles causes nous font croire en l'existence des corps ?* Mais il est vain de demander : *y a-t-il ou non des corps ?* C'est un point que nous devons tenir pour acquis dans tous nos raisonnements.

2. Le sujet de notre présente étude porte donc sur les *causes* qui nous font croire à l'existence des corps[1]. Et sur ce chapitre j'amorcerai mon raisonnement par une distinction qui peut paraître superflue à première vue, mais qui contribuera beaucoup à la parfaite intelligence de ce qui suit. Nous devons examiner séparément deux questions qui sont communément confondues, à savoir : pourquoi attribuons-nous une existence *continue* aux objets, même lorsqu'ils ne sont pas présents à nos sens ? Et pourquoi supposons-nous qu'ils ont une existence *distincte* de l'esprit et de la perception ? Sous ce dernier chef j'entends aussi bien leur situation que leurs relations, leur position *extérieure* aussi bien que *l'indépendance* de leur existence et de leur opération. Ces deux questions de l'existence continue et de l'existence distincte des corps sont étroitement liées entre elles. Car, si les objets de nos sens continuent d'exister même quand ils ne sont point perçus, il est évident que leur existence est indépendante et distincte de la perception ; et *vice versa* si leur existence est indépendante de la perception et qu'elle s'en distingue, ils doivent continuer d'exister même s'ils ne sont point perçus. Mais bien que la réponse à l'une des deux questions décide de l'autre, cependant, afin de découvrir plus facilement les principes de la nature humaine qui commandent la décision, gardons en tête cette distinction et examinons si ce sont *les sens*, *la raison* ou *l'imagination*, qui produisent l'opinion d'une existence *continue* et *distincte*. Ce sont les seules questions qui soient intelligibles sur ce sujet. Car, pour ce qui est de la notion d'existence extérieure, prise comme

---

1. Hume ne se propose pas de fournir la *preuve* de l'existence des corps, mais de déterminer les *causes*, qui nous font croire en l'existence des corps.

quelque chose de spécifiquement différent de nos perceptions[1], nous en avons déjà montré l'absurdité*.

3. Commençons avec les *sens*[2]. Il est évident que ces facultés sont incapables de susciter la notion de l'existence *continue* de leurs objets après qu'ils ont cessé de leur apparaître. Car c'est une contradiction dans les termes : ce serait supposer que les sens continuent d'opérer, même après qu'ils ont cessé toute espèce d'opération. Par conséquent, si ces facultés ont ici quelque influence, il faut que ce soit en produisant l'opinion d'une existence distincte, et non d'une existence continue ; et pour cela, il faut qu'elles présentent leurs impressions soit comme des images et des représentations, soit comme ces existences distinctes et extérieures elles-mêmes.

4. Que nos sens n'offrent pas leurs impressions comme étant les images de quelque chose de *distinct* ou d'*indépendant*, ni d'*extérieur*, c'est l'évidence ; car, ils ne nous communiquent qu'une perception simple et ne nous laissent jamais entendre quelque chose qui serait au-delà. Une perception qui est simple ne peut jamais produire l'idée d'une double existence, sinon par quelque inférence de la

* Deuxième partie, section 6 [§ 7-9].

1. La perception et l'objet étant une seule et unique chose, on ne saurait dire que l'objet est extérieur à la perception. Il faut être philosophe pour distinguer les deux choses. C'est pourquoi Hume raisonne en termes d'existence continue et d'existence distincte, et préfère aller de l'existence continue à l'existence distincte. Les sens donneraient l'extériorité comme un fait d'expérience ; la raison en fournirait la démonstration. Mais seule l'imagination peut faire que l'existence éphémère de la perception-objet se change en existence continue et distincte ; ce qui conduit l'esprit à distinguer l'objet de la perception et à lui prêter une existence indépendante.

2. Dans un premier temps (§ 3-13), Hume commence par établir que la notion d'existence continue n'est pas fournie par les sens (le § 11 récapitule l'argument).

raison ou de l'imagination. Quand l'esprit regarde plus loin que ce qui lui apparaît immédiatement, ses conclusions ne peuvent nullement être mises au compte des sens ; et il est clair qu'il regarde plus loin quand, d'une perception simple, il infère une double existence et qu'il suppose entre les deux les relations de ressemblance et de causalité.

5. Si donc nos sens suggèrent l'idée d'existences distinctes, il faut que, par une sorte de tromperie et d'illusion, ils fassent passer les impressions comme étant ces existences elles-mêmes. Sur ce point, nous pouvons observer que toutes les sensations sont senties par l'esprit telles qu'elles sont réellement et que, quand nous nous demandons si elles se présentent comme des objets distincts ou comme de simples impressions, la question ne porte pas sur leur nature, mais sur leurs relations et leur situation. Or, si les sens nous présentaient nos impressions comme étant extérieures et indépendantes de nous, il faudrait que les objets d'un côté et nous-mêmes de l'autre, nous leur fussions évidents ; sinon, ces facultés ne sauraient en faire la comparaison. La difficulté est donc celle-ci : jusqu'à quel point sommes-nous *nous-mêmes* l'objet de nos sens ?

6. Il est certain qu'il n'y a pas de question plus abstruse en philosophie que celle de l'identité et de la nature du principe d'unité qui constitue la personne ; de sorte que, loin d'être capables de résoudre cette question par nos sens seuls, nous devons avoir recours à la plus profonde métaphysique pour apporter une réponse satisfaisante ; et il est évident que dans la vie ordinaire les idées du moi et de la personne ne sont jamais très fixées ni déterminées. Il est donc absurde d'imaginer que les sens soient capables de distinguer entre les objets extérieurs et nous-mêmes.

7. Ajoutez à ceci que toutes les impressions, externes et internes, les passions, les affections, les sensations, les douleurs et les plaisirs, sont originellement sur le même pied, et que, quelles que soient les différences que nous puissions relever entre elles, elles apparaissent toutes, quand nous les prenons sous leur vrai jour, comme des impressions ou des perceptions. Et certes, si nous considérons bien la question, il faut qu'il en aille ainsi ; il n'est pas concevable que nos sens soient plus aptes à nous tromper sur la situation et les relations de nos impressions que sur leur nature. Car, puisque toutes les actions et les sensations de l'esprit nous sont connues par la conscience, elles doivent nécessairement apparaître en tout point ce qu'elles sont, et être ce qu'elles apparaissent. Toute chose qui entre dans l'esprit, étant *en réalité* comme la perception, il est impossible qu'à la *sentir* une chose apparaisse différente. Ce serait supposer que même dans notre conscience la plus intime nous pourrions être trompés.

8. Mais pour ne pas perdre de temps à examiner s'il est possible que nos sens nous trompent et représentent nos perceptions comme étant distinctes de nous-mêmes, c'est-à-dire *extérieures* et *indépendantes*, considérons si elles le sont réellement et si cette erreur procède d'une sensation immédiate ou de quelque autre cause.

9. Commençons par la question de l'existence *extérieure*. Et l'on dira peut-être : « mettons de côté la question métaphysique de l'identité de la substance pensante, du moins est-il évident que notre propre corps nous appartient et que, plusieurs impressions apparaissant comme lui étant extérieures, nous supposons qu'elles nous sont aussi extérieures. Le papier sur lequel j'écris à présent est au-delà de ma main. La table est au-delà du papier ; les murs de la chambre sont au-delà de la table. Et si je jette un regard

par la fenêtre, je perçois une vaste étendue, avec des champs et des maisons qui sont au-delà de ma chambre ». De tout cela, on pourrait inférer qu'aucune autre faculté que les sens n'est requise pour nous convaincre de l'existence extérieure des corps. Mais pour interdire une telle inférence, il suffit de peser les trois considérations suivantes. *Première- ment*, ce n'est pas à proprement parler notre corps que nous percevons, quand nous regardons nos membres, mais certaines impressions qui entrent par nos sens ; de sorte qu'attribuer une existence réelle et corporelle à ces impressions ou à leurs objets, est un acte de l'esprit tout aussi difficile à expliquer que celui qui nous occupe à présent[1]. *Deuxièmement* les sons, les saveurs, les odeurs, bien que communément regardés par l'esprit comme des qualités indépendantes et continues, ne paraissent pas avoir d'existence étendue, et ne peuvent donc apparaître aux sens comme situés à l'extérieur du corps. Nous verrons plus tard pour quelle raison nous leur attribuons un lieu[*]. *Troisièmement*, notre vue elle-même ne nous informe pas immédiatement de la distance ni de l'extériorité ; il faut pour cela, et la plupart des philosophes rationnels le reconnaissent, un certain raisonnement et une certaine expérience.

10. Quant à l'*indépendance* de nos perceptions par rapport à nous, elle ne saurait être un objet des sens ; mais l'opinion que nous nous en formons doit se tirer de l'expérience et de l'observation ; et nous verrons plus loin que les conclusions que nous tirons de l'expérience sont

---

[*] Section 5.

1. Malebranche, *Éclaircissements*, 6, p. 53 ; Berkeley, *Principes*, 1, 43. La question de l'extériorité des corps est liée à celle de la perception de la distance.

très loin d'être favorables à la doctrine de l'indépendance des perceptions. Qu'il nous suffise d'observer pour l'instant que, quand nous parlons d'existences réelles distinctes, nous avons d'ordinaire en vue leur indépendance plutôt que leur situation extérieure dans un lieu : nous pensons qu'un objet a une réalité propre quand son existence est ininterrompue et qu'elle est indépendante des incessantes révolutions dont nous avons conscience en nous-mêmes.

11. Ainsi, pour résumer mon propos sur les sens, je dirai qu'ils ne nous donnent aucune notion d'une existence continue, parce qu'ils ne peuvent opérer au-delà des limites où ils opèrent réellement. Ils ne suscitent pas davantage l'opinion d'une existence distincte, parce qu'ils ne peuvent la proposer à l'esprit ni comme existence représentée ni comme existence originale. Pour la donner comme représentée, il faudrait qu'ils présentent à la fois un objet et une image. Pour la faire apparaître comme originale, il faudrait qu'ils nous induisent en erreur ; et cette erreur, il faudrait qu'elle porte sur les relations et la situation ; mais pour cela il faudrait qu'ils soient capables d'établir une comparaison entre l'objet et nous-mêmes ; et même dans ce cas, il n'est pas vrai et il n'est pas possible qu'ils nous trompent. Nous pouvons donc conclure de manière certaine que l'opinion d'une existence continue et distincte ne naît jamais des sens.

12. Pour confirmer cette conclusion, remarquons qu'il y a trois sortes différentes d'impressions qui sont communiquées par les sens. Les premières sont celles de la figure, de la masse, du mouvement et de la solidité des corps. Les secondes sont celles des couleurs, des goûts, des odeurs, des sons, du chaud et du froid[1]. Les troisièmes sont les

---

1. On reconnaît là la distinction lockienne entre les qualités premières et les qualités secondes (*Essai*, II, 8, 9).

douleurs et les plaisirs qui naissent quand les objets sont appliqués à nos corps, par exemple quand je m'entaille la chair avec une lame, et toute chose de ce genre. Tant les philosophes que le commun des hommes supposent que les premières ont une existence continue et distincte. Le commun seul regarde les secondes de la même façon. Mais les uns et les autres se rejoignent pour estimer que les troisièmes sont de simples perceptions, et donc des existences interrompues et dépendantes.

13. Or, il est évident à consulter nos sens que, quelle que soit notre opinion philosophique, les couleurs, les sons, le chaud et le froid existent de la même manière que le mouvement et la solidité, et que la différence que nous faisons ici entre les deux sortes, ne naît pas de la seule perception. Si fort est le préjugé en faveur de l'existence continue et distincte des qualités de la première sorte que, lorsque les philosophes modernes avancent l'opinion contraire, les gens s'imaginent qu'ils peuvent la réfuter en invoquant ce qu'ils sentent et expérimentent, et que leurs sens suffisent à contredire cette philosophie. Il est tout aussi évident qu'originellement les couleurs, les sons, etc. sont sur le même pied que la douleur causée par l'acier ou le plaisir procuré par un bon feu, et que la différence qu'on fait n'est fondée ni sur la perception ni sur la raison, mais sur l'imagination. En effet, puisqu'on admet que des deux côtés il n'y a rien que des perceptions qui sont causées par certaines dispositions ou certains mouvements des parties du corps, en quoi fera-t-on consister leur différence ? Bref, nous pouvons conclure que, autant que les sens soient juges, toutes les perceptions sont les mêmes dans leur manière d'exister.

14. Observons aussi sur cet exemple des sons et des couleurs que nous avons le pouvoir d'attribuer aux objets une existence continue et distincte, sans jamais consulter la *raison* ni juger de nos opinions à la lumière des principes philosophiques[1]. Et, à la vérité, quelque argument convaincant que les philosophes s'imaginent pouvoir produire afin d'établir la croyance en l'existence d'objets indépendants de l'esprit, il est patent que de tels arguments ne sont connus que d'un très petit nombre et que ce n'est pas par leur moyen que les enfants, les paysans et la majorité des hommes sont amenés à attribuer à certaines impressions des objets tout en les refusant à d'autres. Nous voyons bien que toutes les conclusions que forme le commun sur ce point sont directement contraires à celles qui sont approuvées par la philosophie. Car la philosophie nous enseigne que chaque chose qui apparaît à l'esprit n'est rien qu'une perception, qu'une existence interrompue et dépendante de l'esprit, tandis que l'ordinaire des hommes confond les perceptions et les objets, et attribue une existence continue et distincte aux choses mêmes qu'il touche ou qu'il voit. Ce sentiment qui est dépourvu de toute raison, doit donc venir de quelque autre faculté que l'entendement. Ajoutons à cela qu'aussi longtemps que nous identifions nos perceptions et les objets, nous sommes dans l'incapacité d'inférer l'existence des uns à partir de l'existence des autres ou de former des arguments à partir de la relation de cause à effet – la seule qui puisse nous donner l'assurance des faits. Et même après que nous avons distingué nos perceptions de nos objets, nous restons incapables, comme il apparaîtra bientôt, de tirer par le raisonnement de l'existence des unes l'existence des autres.

---

1. § 14 : La notion d'existence continue n'est pas fournie par la raison.

De sorte que, tout considéré, il faut conclure que notre raison ne nous donne pas, et qu'il est impossible, quoi qu'on suppose, qu'elle nous donne jamais, l'assurance de l'existence continue et distincte des corps. Cette opinion, nous la devons donc entièrement à *l'imagination*, laquelle doit faire maintenant l'objet de notre étude.

15. Puisque toutes les impressions sont des existences internes et périssables et qu'elles apparaissent comme telles, la notion de leur existence distincte et continue doit naître de la rencontre de certaines de leurs qualités avec les qualités de l'imagination ; et puisque cette notion ne s'étend pas à toutes, elle doit naître de certaines qualités qui sont particulières à certaines impressions. Il nous sera donc facile de découvrir ces qualités en comparant les impressions auxquelles nous attribuons une existence distincte et continue, à celles que nous regardons comme internes et périssables[1].

16. Commençons par observer que ce n'est pas, comme on le suppose d'ordinaire, par le caractère involontaire de certaines impressions ni par leur force et leur violence supérieure, que nous leur attribuons une réalité et une existence continue que nous refusons à d'autres qui sont volontaires ou faibles. Car il est évident que nos douleurs et nos plaisirs, nos passions et nos affections, auxquelles nous ne prêtons jamais une existence qui aille au-delà de notre perception, opèrent avec plus de violence et sont tout aussi involontaires que les impressions de la figure et de

---

1. § 15-19 : La notion d'existence continue est fournie par l'imagination en raison de deux qualités des objets ou perceptions : la constance et la cohérence de certaines d'entre elles. § 20-22 : La cohérence. § 23-25 : La constance : a) § 26-30 : le principe d'individuation ; b) § 31-40 : de la ressemblance à l'identité ; c et d) 41-42 : un penchant naturel de l'imagination d'où résulte la croyance. § 43 : Récapitulation de l'argument.

l'étendue, de la couleur et du son que nous tenons pour des existences permanentes. La chaleur d'un feu modéré, nous disons qu'elle existe dans le feu ; mais la douleur qu'il cause quand on s'en approche de trop près, nous ne lui donnerons pas d'existence autrement que dans la perception.

17. Ces opinions courantes étant écartées, il nous faut chercher quelque autre hypothèse qui nous permette de découvrir ces qualités particulières qui sont dans nos impressions et qui nous leur font attribuer une existence distincte et continue.

18. Un bref examen suffit à nous montrer que tous les objets auxquels nous attribuons une existence continue, ont une *constance* particulière qui les distingue des impressions dont l'existence dépend de notre perception[1]. Ces montagnes, ces maisons et ces arbres qui sont à présent sous mes yeux, me sont toujours apparues dans le même ordre et quand j'en perds la vue, en fermant les yeux ou en tournant la tête, ils me reviennent par après sans la moindre altération[2]. Mon lit et ma table, mes livres et mes papiers se présentent de la même manière uniforme, et ne changent pas si la vue ou la perception que j'en ai vient à s'interrompre. Il en va ainsi avec toutes les impressions dont les objets sont supposés avoir une existence extérieure ; il en va différemment avec toutes les autres impressions, douces ou violentes, volontaires ou involontaires.

19. Cette constance n'est pas cependant si parfaite qu'elle n'admette des exceptions très considérables. Les

1. Voir Berkeley, *Principes*, I, 30.
2. C'est une façon de parler, puisqu'il y a en vérité deux impressions (ou plus) qui sont distinctes dans le temps, mais qui, il est vrai, se trouvent être parfaitement semblables. Hume passe sous silence cette première opération d'identification.

corps changent souvent de place, ils varient dans leurs qualités, et une brève absence, une interruption, peuvent les rendre difficilement reconnaissables. Mais on peut ici observer que même dans ces changements, ils conservent de la *cohérence*, et qu'ils restent dans une dépendance mutuelle qui est régulière ; qualité qui sert de fondement à une sorte de raisonnement de causalité et qui produit l'opinion de leur existence continue[1]. Quand je reviens dans ma chambre après une absence d'une heure, je ne trouve pas mon feu dans le même état où je l'avais laissé ; mais je me suis accoutumé en d'autres cas à observer une semblable altération qui s'est faite en un temps semblable, en ma présence ou en mon absence, quand j'étais proche ou quand j'étais éloigné. Cette cohérence dans leurs changements est donc, aussi bien que leur constance, un des caractères des objets extérieurs.

20. Après cette découverte que l'opinion de l'existence continue des corps dépend de la *cohérence* et de la *constance* de certaines impressions, j'en viens à examiner de quelle manière ces qualités donnent naissance à une opinion aussi extraordinaire. Commençons par la cohérence. Nous pouvons observer que, si les impressions intérieures que nous regardons comme passagères et périssables ont également une certaine cohérence, une certaine régularité dans leurs apparitions, cependant cette cohérence est d'une nature un peu différente de celle que nous découvrons dans les corps. L'expérience montre que nos passions ne sont pas sans liaisons mutuelles et qu'elles dépendent les unes des autres ; mais il n'est nullement nécessaire de supposer qu'elles ont existé et opéré alors qu'elles n'étaient point perçues, pour préserver cette liaison et cette dépendance

---

1. La constance concerne l'impression, la cohérence concerne l'ordre des impressions.

que nous leur connaissons déjà par expérience. Il n'en va pas de même s'il s'agit des objets extérieurs. Ceux-ci ont besoin d'une existence continue, sinon ils perdent beaucoup de leur régularité dans leur opération. Je suis assis ici dans ma chambre, le visage tourné vers le feu ; et tous les objets qui frappent mes sens sont à quelques pas alentour. Il est vrai que ma mémoire m'informe de l'existence de beaucoup d'objets ; mais cette information ne s'étend pas au-delà de leur existence passée ; et ni mes sens ni ma mémoire ne m'apportent le témoignage de la continuité de leur existence. Tandis que je suis ainsi assis à retourner toutes ces pensées, j'entends tout à coup comme le bruit d'une porte qui tourne sur ses gonds, et un instant plus tard je vois un commissionnaire qui s'avance vers moi. Cela fait naître en moi une foule de réflexions nouvelles et de raisonnements. D'abord, je n'ai jamais observé que ce bruit puisse naître d'autre chose que du mouvement d'une porte ; et je conclus donc que le présent phénomène est en contradiction avec toute mon expérience passée, à moins que la porte dont je me souviens qu'elle est à l'autre bout de la pièce, n'existe toujours. Par ailleurs, j'ai toujours trouvé qu'un corps humain possède une qualité que j'appelle la gravité et qui l'empêche de s'élever dans l'air, chose que le commissionnaire doit avoir faite pour arriver dans ma chambre, à moins que les escaliers dont je me souviens n'aient pas été anéantis par mon absence. Mais ce n'est pas tout. Je reçois une lettre, je l'ouvre et je vois, par l'écriture et la signature, qu'elle me vient d'un ami qui dit se trouver à deux cents lieues. Il est évident que je ne pourrai jamais rendre compte de ce phénomène conformément à mon expérience en d'autres cas, sans placer mentalement toute la largeur de la mer et le continent entre nous deux ni sans supposer les effets et l'existence continue de courriers et de vaisseaux, en conformité avec mes souvenirs et mes observations. À les considérer sous un certain jour, ces phénomènes du commissionnaire et de la lettre sont en contradiction avec mon expérience de tous les jours ; je peux les prendre comme des objections aux maximes que nous formons sur les liaisons de cause et d'effet. J'ai l'habitude d'entendre tel bruit et de voir tel objet en mouvement, en même temps. Dans le présent cas, je n'ai pas reçu ces deux perceptions ensemble. Voilà des observations contraires, à moins que je ne suppose que la porte est encore là et qu'elle a été ouverte sans que je m'en aperçoive. Et cette supposition, qui était d'abord très arbitraire et très hypothétique, acquiert force et évidence, du fait qu'elle est la seule qui me permette de lever ces contradictions. Il n'y a guère de moment dans ma vie où ne se présente à moi d'exemple semblable et où je n'aie l'occasion de supposer l'existence continue des objets, afin de relier leurs apparitions passées et présentes, et de les réunir d'une manière que l'expérience m'a révélée conforme à leurs natures particulières et aux circonstances qui sont les leurs. Ici donc, je suis naturellement conduit à regarder le monde comme quelque chose de réel et de durable, conservant son existence alors même qu'il n'est plus présent à ma perception.

21. Mais bien que cette conclusion tirée de la cohérence des apparitions semble de même nature que nos raisonnements sur les causes et les effets, puisqu'elle procède de la coutume et qu'elle est réglée par l'expérience passée, il apparaît pourtant à l'examen qu'il y a une différence considérable et fondamentale, et que cette inférence naît de l'entendement, et de la coutume d'une manière oblique et indirecte. Car, on l'accordera volontiers, puisque rien n'est réellement présent à l'esprit que ses propres perceptions, il est non seulement impossible qu'aucune habitude

s'acquière autrement que par la succession régulière de ces perceptions, mais encore qu'aucune habitude dépasse jamais ce degré de régularité. Aucun degré de régularité dans nos perceptions ne peut donc nous servir de fondement pour inférer un plus grand degré de régularité dans certains objets que nous ne percevons pas, puisqu'il y aurait contradiction à admettre une habitude qui aurait été acquise au moyen de ce qui n'a jamais été présent à l'esprit. Or il est évident que toutes les fois que nous inférons l'existence continue des objets des sens à partir de leur cohérence et de la fréquence de leur union, c'est pour conférer à ces objets une plus grande régularité que celle que nous observons dans nos seules perceptions. Nous remarquons certes une liaison entre deux sortes d'objets quand ils sont apparus aux sens par le passé, mais nous ne sommes pas capables de constater que cette liaison est parfaitement constante, puisqu'il me suffit de tourner la tête ou de fermer les yeux pour la rompre. Que supposons-nous alors dans ce cas, sinon que ces objets demeurent dans leur liaison habituelle, en dépit de cette apparente interruption, et que ces apparitions irrégulières sont reliées par quelque chose dont nous n'avons pas conscience ? Mais comme tous les raisonnements sur les faits naissent de la seule coutume et que la coutume ne peut être que l'effet de perceptions répétées, l'extension de la coutume et du raisonnement au-delà des perceptions ne peut jamais être l'effet direct et naturel d'une répétition et d'une liaison constante, mais doit naître de l'opération conjointe de certains autres principes.

22. J'ai déjà noté* quand j'examinais le fondement des mathématiques, que l'imagination, après qu'elle s'est engagée dans une certaine suite de pensées, est portée à

* Deuxième partie, section 4 [§ 22].

la poursuivre, même si son objet lui manque, et que telle une galère mise en mouvement par les rames, elle court sur son erre, sans aucune impulsion nouvelle. C'est la raison que j'avais donnée pour expliquer pourquoi, après qu'on a considéré plusieurs critères approchés d'égalité, et après correction des uns par les autres, on en vient à imaginer pour cette relation un critère si correct et si exact qu'il ne prête à aucune erreur ni variation. Or, le même principe nous fait facilement nourrir l'opinion de l'existence continue des corps. Les objets ont une certaine cohérence, même dans leur seule apparence aux sens ; mais cette cohérence est bien plus grande et uniforme si nous supposons qu'ils ont une existence continue. Et, une fois qu'il a pris le train d'observer quelque uniformité entre des objets, l'esprit poursuit très naturellement, jusqu'à rendre cette uniformité aussi complète que possible. La simple supposition de l'existence continue de ces objets suffit à cet effet et nous donne la notion d'une bien plus grande régularité entre eux que celle que nous avons quand nous ne regardons pas plus loin que nos sens.

23. Mais quelque force que nous accordions à ce principe, je crains qu'il ne soit trop faible pour soutenir à lui seul un aussi vaste édifice que celui de l'existence continue de tous les corps extérieurs, et que nous soyons dans la nécessité d'ajouter à la *cohérence* la *constance* de leur apparition, afin d'expliquer de manière satisfaisante cette opinion. Comme cette explication va m'entraîner dans un raisonnement très profond et d'une ampleur considérable, je pense qu'il est utile, pour éviter la confusion, de donner un bref aperçu, un abrégé de mon système, avant d'en développer les diverses parties dans toute leur étendue. Cette inférence tirée de la constance de nos perceptions, tout comme la précédente tirée de leur

cohérence, engendre l'opinion de l'existence *continue* des corps, qui précède celle de leur existence *distincte* – principe dont elle est la cause.

24. Quand nous nous sommes accoutumés à observer de certaines impressions qu'elles sont constantes, par exemple quand nous constatons que, après avoir été absente ou anéantie, la perception du soleil ou de l'océan nous revient, avec des parties semblables et dans un ordre semblable à ce qui était à sa première apparition, alors, loin de regarder ces perceptions interrompues comme étant différentes (ce qu'elles sont réellement), nous sommes portés à les considérer comme individuellement identiques, du fait de leur ressemblance. Mais comme l'interruption de leur existence est contraire à leur parfaite identité, ce pourquoi nous regardons la première impression comme anéantie et la seconde comme nouvellement créée, nous sommes pris d'embarras et tombons dans une sorte de contradiction. Afin d'échapper à cette difficulté, nous déguisons autant que nous le pouvons cette interruption, ou plutôt nous la supprimons complètement, en supposant que ces perceptions interrompues sont liées entre elles par une existence continue dont nous n'avons pas conscience. Cette supposition, cette idée de l'existence continue, acquiert de la force et de la vivacité par le souvenir que nous avons de ces impressions brisées et par la tendance qu'elles suscitent en nous à les supposer identiques ; et conformément au précédent raisonnement, l'essence même de la croyance consiste dans la force et la vivacité de la conception.

25. Pour justifier ce système, il faut quatre choses. Premièrement, expliquer le *principium individuationis*[1], le principe d'identité. Deuxièmement, donner la raison

1. La question est déjà posée par Hobbes, *De corpore*, II, 11, 7.

pour laquelle la ressemblance qui est entre nos perceptions brisées et interrompues nous leur fait attribuer l'identité. Troisièmement, expliquer le penchant qu'une telle illusion suscite en nous à unir ces apparitions brisées par une existence continue. Quatrièmement et enfin, expliquer la force et la vivacité de conception qui naît de ce penchant.

26. D'abord, le principe d'individuation. Nous pouvons observer que la vue d'un unique objet ne suffit pas à nous communiquer l'idée d'identité. Car si dans la proposition *un objet est le même que lui-même*, l'idée exprimée par le mot *objet* ne se distinguait d'aucune façon de l'idée signifiée par le mot *lui-même*, cela n'aurait en vérité aucun sens et la proposition ne contiendrait ni prédicat ni sujet, termes qui sont pourtant requis par cette affirmation. Un objet pris à part communique l'idée d'unité ; il ne communique pas celle d'identité.

27. De l'autre côté, une multiplicité d'objets ne peut jamais communiquer cette idée, aussi semblables qu'on les suppose. L'esprit déclare toujours que l'un n'est pas l'autre et les considère comme faisant deux, trois ou tout autre nombre déterminé d'objets, objets dont les existences sont entièrement distinctes et indépendantes.

28. Puisque le nombre et l'unité sont également incompatibles avec la relation d'identité, elle doit reposer dans quelque chose qui n'est ni l'un ni l'autre. Mais à dire vrai cela semble à première vue totalement impossible. Entre l'unité et le nombre, il ne peut y avoir de moyen terme, pas plus qu'entre l'existence et la non-existence. Une fois qu'un objet est supposé exister, il faut supposer soit qu'un autre objet existe aussi, et dans ce cas nous avons l'idée de nombre, soit qu'il n'en existe pas, et dans ce cas le premier objet reste à l'état d'unité.

29. Pour écarter cette difficulté, rapportons-nous à l'idée de temps ou de durée. J'ai déjà observé* que le temps, au sens strict, implique la succession et que, lorsque nous appliquons son idée à un objet qui ne change pas, c'est seulement par une fiction de l'imagination qui nous fait supposer que l'objet qui ne change pas participe aux changements des objets coexistants, et en particulier aux changements de nos perceptions. Cette fiction de l'imagination intervient presque universellement ; et c'est par son moyen qu'un unique objet, placé devant nous et que nous envisageons pendant un temps sans y découvrir d'interruption ni de variation, est capable de nous donner la notion d'identité. Car, quand nous considérons deux points de ce temps, nous pouvons les placer sous différents jours : nous pouvons soit les envisager au même instant, auquel cas ils nous donnent l'idée de nombre, tant par eux-mêmes que par l'objet que nous devons multiplier pour le concevoir sur-le-champ comme existant dans ces deux points de temps différents ; soit, de l'autre côté, nous pouvons marquer la succession de temps par une semblable succession d'idées et concevoir un premier moment, avec l'objet qui existe alors, et imaginer ensuite un changement dans le temps, sans *variation* ni *interruption* dans l'objet, auquel cas il nous donne l'idée d'unité[1]. Voici donc une idée qui est le milieu entre l'unité et le nombre, ou, pour parler plus proprement, qui est l'une ou l'autre selon le jour où nous le prenons. Et cette idée, nous l'appelons l'idée d'identité. Nous ne pouvons dire sans impropriété qu'un objet est le même que lui-même, à moins d'entendre

* Deuxième partie, section 5 [§ 29].

1. Norton et Norton, p. 783, observent avec raison que nous devrions lire : « l'idée d'identité », comme l'explicitent clairement les deux phrases qui suivent.

par là que l'objet existant à un certain temps est le même que lui-même existant à un autre temps. Par ce moyen nous faisons la différence entre l'idée signifiée par le mot *objet* et celle signifiée par *lui-même*, sans aller jusqu'au nombre et en même temps sans nous en tenir à une unité stricte et absolue.

30. Ainsi, le principe d'individuation n'est rien que le caractère *invariable* et *ininterrompu* d'un objet dans une variation supposée de temps, caractère par lequel l'esprit peut le suivre à différentes périodes de son existence, sans relâcher sa vue et sans être obligé de former l'idée de multiplicité ou de nombre.

31. Je passe maintenant à l'explication de la *seconde* partie de mon système où je montre pourquoi la constance de nos perceptions nous leur fait attribuer une parfaite identité numérique, en dépit des très longs intervalles qui séparent leur apparition, et bien qu'elles n'aient qu'une des qualités essentielles de l'identité, à savoir *l'invariabilité*. Afin d'éviter toute ambiguïté et confusion sur ce point, je ferai remarquer qu'ici je rends compte des opinions du vulgaire et de sa croyance à l'existence des corps, et que je dois donc me conformer entièrement à sa manière de penser et de s'exprimer. Or nous avons déjà observé que, s'il est vrai que les philosophes distinguent entre les objets et les perceptions des sens, dont ils supposent la coexistence et la ressemblance, c'est là une distinction qui échappe à la grande majorité des hommes qui, ne percevant qu'une unique existence, ne sauraient acquiescer à l'opinion de la double existence et de la représentation. Ces sensations mêmes qui entrent par les yeux ou par les oreilles, voilà pour eux les vrais objets ; et ils ont peine à concevoir que cette plume et ce papier qui sont immédiatement perçus, représentent une autre plume et un autre papier différents,

quoique ressemblants. Afin donc de m'accommoder à leurs notions, je supposerai d'abord qu'il y a une seule et unique existence : je l'appellerai indifféremment *objet* ou *perception*, selon les besoins de mon propos, entendant par l'un et l'autre mot ce qu'un homme ordinaire signifie par chapeau, chaussure, pierre, ou toute autre impression qui lui est communiquée par ses sens[1]. J'avertirai sans faute quand je reviendrai à une manière plus philosophique de parler et de penser.

32. Abordons donc la question de l'origine de l'erreur et de l'illusion qui nous font attribuer l'identité à nos perceptions semblables en dépit de leur interruption. Je dois ici rappeler une observation que j'ai déjà prouvée et expliquée[*]. Rien n'est plus capable de nous faire prendre une idée pour une autre qu'une relation entre elles, qui les associant étroitement dans l'imagination la fait passer avec facilité de l'une à l'autre. De toutes les relations, la ressemblance est à cet égard la plus efficace ; et cela, parce qu'elle cause non seulement une association d'idées, mais aussi de dispositions, et qu'elle nous fait concevoir une idée par un acte ou une opération de l'esprit qui est semblable à celui par lequel nous concevons l'autre idée. J'ai remarqué que cette circonstance est d'une grande importance et que nous pouvons établir comme une règle générale que toutes les fois que des idées placent l'esprit dans la même disposition ou dans des dispositions semblables, elles sont très aisément confondues. L'esprit passe volontiers de l'une à l'autre et ne perçoit pas le changement, à moins d'une extrême attention dont, généralement parlant, il est totalement incapable.

---

* Deuxième partie, section 5 [§ 19 *sq.*].

1. *Cf.* Berkeley, *Principes*, I, 4 ; *Dialogues*, p. 125.

33. Afin d'appliquer cette maxime générale, nous devons d'abord examiner la disposition où se trouve l'esprit quand il voit un objet qui conserve une parfaite identité, et trouver ensuite quelque autre objet qui se confond avec le premier, en causant une disposition semblable. Quand nous fixons notre pensée sur un objet et que nous supposons qu'il demeure le même pendant quelque temps, il est clair que nous supposons que seul le temps change et que nous ne sommes nullement en train de former une nouvelle image ou une nouvelle idée de l'objet. En quelque manière, les facultés de l'esprit sont au repos et elles n'agissent pas plus qu'il n'est nécessaire pour maintenir l'idée dont il est déjà occupé et qui subsiste sans variation ni interruption. Le passage d'un moment à l'autre est à peine senti et ne se distingue pas par une perception ou une idée différente, laquelle demanderait pour sa conception que les esprits prennent une direction différente.

34. Or, quels objets, outre les objets identiques, sont capables de placer l'esprit dans la même disposition quand il les considère, et de causer le même passage sans interruption d'une idée à l'autre ? C'est une question de la dernière importance. Car si de tels objets se présentent, nous pourrons conclure avec certitude d'après le principe énoncé, qu'ils se confondent très naturellement avec les objets identiques et qu'ils sont pris pour eux dans la plupart de nos raisonnements. Mais bien que cette question soit très importante, elle n'est pas très difficile et ne prête guère à douter. Car je réponds immédiatement qu'une suite d'objets reliés entre eux place l'esprit dans cette disposition et qu'il s'en saisit avec la même progression égale et ininterrompue de l'imagination, que lorsqu'il embrasse le même objet invariable. La nature et l'essence même de toute relation est de lier nos idées entre elles et, à l'apparition de l'une, de faciliter le passage à l'autre qui lui est corrélée.

La transition entre des idées reliées est donc si égale et si aisée qu'elle produit peu de changement dans l'esprit et qu'il semble comme la continuation de la même action ; et comme la continuation de la même action est l'effet de la vue continuée d'un même objet, cela fait que nous attribuons l'identité à toute succession d'objets reliés. La pensée glisse le long de la succession avec la même facilité que si elle considérait un seul objet ; et elle confond ainsi la succession avec l'identité.

35. Nous aurons l'occasion de rencontrer maints exemples de cette tendance de la relation qui nous fait attribuer une *identité* à des objets *différents* ; mais limitons-nous ici à notre sujet. L'expérience nous apprend qu'il y a une telle *constance* dans presque toutes les impressions des sens, que leur interruption n'y produit pas de changement ni ne les empêche de revenir avec la même apparence et dans la même situation que lors de leur première existence. Je jette un regard sur le mobilier de ma chambre ; je ferme les yeux, puis les ouvre de nouveau ; et je constate que les nouvelles perceptions ressemblent parfaitement à celles qui ont précédemment frappé mes sens. Cette ressemblance s'observe dans des cas sans nombre ; et très naturellement, attachant ensemble les idées que nous avons de ces perceptions interrompues, par la plus forte relation, elle porte l'esprit de l'une à l'autre par une transition facile. La transition facile, le glissement de l'imagination par toutes les idées de ces perceptions différentes et interrompues, est une disposition d'esprit presque semblable à celle où nous considérons une perception constante et interrompue. Il est donc très naturel que nous prenions l'une pour l'autre*.

* Ce raisonnement, je l'avoue, est quelque peu abstrus ; et il n'est pas facile de l'appréhender ; mais remarquons que cette difficulté même peut être transformée en une preuve en sa faveur. Nous pouvons observer qu'il y a deux relations, toutes deux de ressemblance, qui contribuent à

36. Ceux qui nourrissent cette opinion que nos perceptions semblables sont identiques, sont d'une manière générale tous ceux d'entre les hommes qui ne pensent ni ne philosophent (c'est-à-dire, nous tous, à un moment ou un autre) et qui supposent donc que leurs perceptions sont leurs seuls objets, sans jamais songer à une double existence, interne et externe, où il y aurait un représentant et un représenté. L'image même qui est présente à nos sens, voilà pour nous le corps réel; et c'est à ces images interrompues que nous attribuons une parfaite identité. Mais comme cette interruption de l'apparition semble contraire à l'identité, et nous conduit naturellement à regarder ces perceptions qui se ressemblent comme étant différentes les unes des autres, nous ne savons plus trop comment concilier de telles opinions opposées. Le glissement uni de l'imagination de l'idée d'une perception semblable à l'autre, nous pousse à leur attribuer une parfaite identité. La manière discontinue de leur apparition nous les fait considérer comme autant d'existences certes ressemblantes, mais néanmoins distinctes, apparaissant après certains intervalles. La perplexité qui naît de cette contradiction produit une tendance à unir ces apparitions éclatées par la fiction de l'existence continue, qui est la *troisième* partie de cette hypothèse que je me suis proposé d'expliquer.

37. Rien n'est plus certain, nous le savons par expérience, que tout ce qui contredit les sentiments ou les passions cause une gêne sensible, que cette contrariété soit extérieure

nous faire prendre la succession de nos perceptions interrompues pour un objet identique. La première est la ressemblance des perceptions; la seconde la ressemblance qui rapproche l'acte par lequel l'esprit parcourt une suite d'objets qui se ressemblent, de l'acte par lequel il considère un objet identique. Or nous sommes portés à confondre ces deux ressemblances; et il est naturel qu'il en soit ainsi selon le présent raisonnement. Mais continuons de les distinguer, et nous n'aurons pas de difficulté à concevoir le précédent argument.

ou intérieure, qu'elle naisse de l'opposition entre des objets extérieurs ou du conflit entre des principes internes. En revanche, tout ce qui va dans le sens des inclinations naturelles, tout ce qui à l'extérieur apporte à leur satisfaction ou qui à l'intérieur s'accorde à leurs mouvements, ne laisse pas de donner un plaisir sensible. Or, comme il y a ici une opposition entre la notion de l'identité des perceptions qui se ressemblent et l'interruption de leur apparition, l'esprit se sent dans une position inconfortable et cherchera naturellement à se soulager de cette gêne. Puisque sa gêne naît de l'opposition de deux principes contraires, il faut qu'il cherche soulagement dans le sacrifice de l'un ou de l'autre. Mais comme notre pensée passe uniment d'une perception semblable à l'autre, et nous leur fait attribuer une identité, ce n'est pas sans une grande réticence que nous abandonnerions cette opinion. Nous devons donc nous tourner de l'autre côté et supposer que nos perceptions ne sont plus interrompues, mais qu'elles gardent une existence continue aussi bien qu'invariable, et qu'elles sont de ce fait totalement les mêmes. Mais par ailleurs, les interruptions dans leur apparition sont si fréquentes et elles durent si longtemps qu'il est impossible de les négliger. Et comme *l'apparition* d'une perception dans l'esprit et son *existence* semblent à première vue ne faire qu'un, il est douteux que nous puissions jamais accepter une contradiction aussi manifeste et supposer qu'une perception existe sans être présente à l'esprit. Afin d'éclaircir ce point et d'apprendre comment l'interruption dans l'apparition d'une perception n'implique pas nécessairement une interruption de son existence, il ne sera pas inutile d'évoquer quelques principes que nous aurons l'occasion par la suite d'expliquer plus longuement*.

* Section 6.

38. Nous pouvons commencer par observer que dans le présent cas la difficulté ne porte pas sur le fait que l'esprit forme ou non une telle conclusion sur l'existence continue des perceptions, mais sur la manière dont la conclusion se forme, et sur les principes qui en dérivent. Il est certain que pendant la plus grande part de leur vie, presque tous les hommes, et même les philosophes, tiennent leurs perceptions pour leurs seuls objets et supposent que cet être qui est intimement présent à leur esprit est le corps réel ou l'existence matérielle. Il est aussi certain que cette même perception ou objet est supposé avoir une existence ininterrompue et continue et n'être point anéanti par notre absence ni porté à l'existence par notre présence. Quand nous sommes absents, nous disons qu'il existe encore, mais que nous ne le touchons ni ne le voyons. Quand nous sommes présents, nous disons que nous le touchons ou le voyons. Dès lors deux questions se posent : *d'abord*, comment pouvons-nous nous convaincre qu'une perception soit absente de l'esprit sans être anéantie ? *Ensuite*, de quelle manière concevons-nous qu'un objet devienne présent à l'esprit sans qu'il y ait de création nouvelle d'une perception ou d'une image ? Et qu'entendons-nous par ces mots : *voir, toucher, percevoir* ?

39. Concernant la première question, observons que ce que nous appelons un *esprit* n'est rien qu'un amas ou une collection de perceptions différentes, unies ensemble par certaines relations et que nous supposons à tort jouir d'une parfaite simplicité et identité. Or comme toute perception peut être distinguée d'une autre et considérée comme existant séparément, il s'ensuit évidemment qu'il n'y a point d'absurdité à séparer une perception particulière de l'esprit, c'est-à-dire, à rompre toutes les relations qu'elle a avec la masse liée des perceptions qui font un être pensant.

40. Le même raisonnement nous donne la réponse à la seconde question. Si le nom de *perception* ne rend pas cette séparation d'avec un esprit absurde et contradictoire, le nom d'*objet* ne rendra pas non plus leur conjonction impossible. Des objets extérieurs sont vus ou touchés, ils deviennent présents à l'esprit ; c'est-à-dire, ils entrent en relation avec un amas lié de perceptions, et de telle sorte qu'ils l'influencent très considérablement en ajoutant au nombre des perceptions les réflexions et les passions présentes, et en fournissant la mémoire d'idées nouvelles. La même existence continue et ininterrompue peut donc être tantôt présente à l'esprit, tantôt absente, sans qu'il se fasse de changement réel ou essentiel dans son existence même. Que l'apparition aux sens s'interrompe, n'implique pas nécessairement une interruption d'existence. La supposition de l'existence continue des objets ou des perceptions sensibles ne renferme pas de contradiction. Nous pouvons nous laisser aller librement à cette supposition. Quand nos perceptions se ressemblent si exactement que nous leur attribuons l'identité, il nous est facile d'effacer l'interruption apparente par la fiction d'une existence continue propre à remplir ces intervalles et à conserver à nos perceptions une parfaite et entière identité.

41. Mais comme ici nous ne nous bornons pas à *feindre* cette existence continue, mais que nous y *croyons*, la question est : *d'où vient une telle croyance ?* Et cette question nous conduit à la *quatrième* partie de notre système. Il a déjà été prouvé que la croyance en général n'est rien que la vivacité d'une idée, et que cette idée peut acquérir cette vivacité par la relation qu'elle a à quelque impression présente. Les impressions sont naturellement les perceptions les plus vives de l'esprit ; et grâce à la relation cette qualité se communique en partie à l'idée qui est liée. La relation cause le passage uni de l'impression à l'idée, et suscite

même un penchant à ce passage. L'esprit glisse si aisément d'une perception à l'autre qu'il ne perçoit guère le changement et garde à la seconde une part considérable de la vivacité de la première. Il est mû par l'impression vive, et cette vivacité se communique à l'idée reliée, sans grande perte lors de ce passage, à cause de cette transition sans heurt et du penchant de l'imagination.

42. Mais supposez que ce penchant naisse d'un autre principe qui ne soit pas celui de la relation ; il faut à l'évidence qu'il ait encore le même effet et qu'il communique la vivacité, de l'impression à l'idée. Or, c'est exactement ici le cas. Notre mémoire nous présente un grand nombre d'exemples de perceptions qui se ressemblent parfaitement, qui reviennent à différents intervalles de temps, et après des interruptions considérables. Cette ressemblance nous incline à considérer ces perceptions interrompues comme étant identiques, et aussi à les lier par une existence continue afin de justifier cette identité et d'éviter la contradiction dans laquelle l'apparition interrompue de ces perceptions semble devoir nous engager. Ici donc nous avons un penchant à feindre l'existence continue de tous les objets sensibles ; et comme ce penchant naît de certaines impressions vives de la mémoire, elle confère à cette fiction de la vivacité ; en d'autres mots, elle nous fait croire à l'existence continue des corps. S'il nous arrive d'attribuer une existence continue à des objets qui nous sont entièrement nouveaux, sans que nous ayons d'expérience de leur constance et de leur cohérence, c'est parce que la manière dont ils se présentent à nos sens ressemble à celle des objets constants et cohérents ; et cette ressemblance qui est une source de raisonnement et d'analogie, nous conduit à attribuer les mêmes qualités aux objets semblables.

43. Je crois qu'un lecteur intelligent aura moins de difficulté à approuver ce système qu'à le comprendre pleinement et distinctement ; et je ne doute pas qu'il admette, avec un peu de réflexion, que chaque partie porte avec elle sa preuve. Il est tout à fait évident que, puisque le vulgaire *suppose* que ses perceptions sont ses seuls objets et qu'il *croit* en même temps à l'existence continue de la matière, il faut expliquer l'origine de cette croyance à partir de cette supposition. Or, cette supposition faite, c'est une fausse opinion qu'aucun de nos objets ou de nos perceptions soit identiquement le même après une interruption ; de sorte que l'opinion de cette identité ne provient pas de la raison, mais doit naître de l'imagination. L'imagination n'est induite à une telle opinion que par la ressemblance de certaines perceptions ; car nous voyons que ce sont seulement nos perceptions semblables que nous avons tendance à supposer identiques. Cette propension à accorder l'identité à nos perceptions semblables, produit la fiction de l'existence continue ; puisque cette fiction, tout comme l'identité, est réellement fausse, de l'aveu de tous les philosophes, et qu'elle n'a pas d'autre effet que de porter remède à l'interruption de nos perceptions, unique circonstance contraire à leur identité. En dernier lieu, cette propension cause la croyance grâce aux impressions présentes de la mémoire, puisque sans la ressemblance de perceptions antérieures, jamais à l'évidence nous ne croirions à l'existence continue des corps. Ainsi, à l'examen de toutes ces parties nous voyons que chacune d'elles est appuyée par les preuves les plus fortes et que toutes, prises ensemble, forment un système cohérent qui est parfaitement convaincant. Une forte propension ou inclination, sans aucune impression présente, cause parfois à elle seule une croyance ou une opinion. Combien plus le ferait-elle, secondée par cette circonstance ?

44. Mais bien que nous soyons conduits de cette manière, par la propension naturelle de l'imagination, à attribuer une existence continue à ces objets ou à ces perceptions sensibles, dont nous voyons qu'elles se ressemblent au travers de leur intermittente apparition, il suffit pourtant de très peu de réflexion et de philosophie pour percevoir le caractère fallacieux de cette opinion[1]. J'ai déjà observé qu'il y a une liaison très étroite entre les deux principes de l'existence *continue* et de l'existence *distincte* ou *indépendante*, et que nous n'avons pas plus tôt établi l'une, que l'autre suit, comme sa conséquence nécessaire. C'est l'opinion de l'existence continue qui s'impose d'abord et qui sans beaucoup d'étude ni de réflexion entraîne l'autre, chaque fois que l'esprit suit son premier mouvement, qui est le plus naturel. Mais quand nous comparons les expériences et que nous raisonnons sur elles quelque peu, nous percevons rapidement que la doctrine de l'existence indépendante de nos perceptions sensibles est contraire à l'expérience la plus claire. Ce qui nous pousse à revenir sur nos pas, afin de détecter l'erreur que nous commettons quand nous attribuons une existence continue à nos perceptions, et c'est l'origine de mainte opinion fort curieuse, que nous allons tenter d'expliquer maintenant.

45. Tout d'abord, il convient d'étudier quelques-unes de ces expériences qui nous convainquent que nos perceptions ne possèdent pas d'existence indépendante. Quand nous pressons notre œil avec le doigt, nous percevons immédiatement que tous les objets se dédoublent et que la moitié d'entre eux s'écartent de leur position naturelle

---

1. § 44-45 : Le système populaire et le système philosophique : de l'existence continue à l'existence distincte et indépendante. La contradiction et la solution philosophique de la double existence (de la perception et de l'objet). § 46- 55 : Critique du système philosophique.

et commune[1]. Mais comme nous n'attribuons d'existence continue à aucune des deux perceptions, et comme elles sont de même nature, nous percevons clairement que toutes nos perceptions dépendent de nos organes et de la disposition de nos nerfs et de nos esprits animaux. Cette opinion est confirmée par l'accroissement ou la diminution apparente des objets, selon leur distance ; par les altérations apparentes de leur forme ; par les changements qui sont causés dans leurs couleurs ou dans d'autres de leurs qualités, par les maladies ou les troubles qui nous affectent ; et par d'autres expériences sans nombre de la même espèce : toutes nous apprennent que nos perceptions sensibles ne possèdent pas d'existence distincte ou indépendante.

46. La conséquence naturelle de ce raisonnement devrait être que nos perceptions n'ont pas plus d'existence continue que d'existence indépendante ; et, à la vérité, les philosophes ont donné si avant dans cette opinion qu'ils changent leur système et distinguent (comme nous le ferons désormais) entre les perceptions et les objets : ils disent que les premières sont interrompues, périssables et différentes à chaque occurrence, et que les seconds sont ininterrompus et jouissent d'une existence et d'une identité continues. Mais quelque philosophique que l'on puisse juger ce système, j'affirme que c'est seulement un palliatif et qu'il contient toutes les difficultés du système commun, plus quelques autres qui lui sont particulières. Il n'y a aucun principe de l'entendement ou de l'imagination qui nous pousse directement à embrasser cette opinion de la double existence des perceptions et des objets ; et nous ne pouvons y parvenir qu'en passant par l'hypothèse commune de l'identité et de la persistance de nos perceptions interrompues. Si nous n'étions d'abord persuadés que nos

1. Expérience souvent décrite. Voir *Cyclopaedia*, art. « Visible ».

perceptions sont nos seuls objets et qu'elles continuent d'exister même quand elles n'apparaissent plus aux sens, nous ne serions jamais conduits à penser que nos perceptions et nos objets sont différents et que seuls nos objets conservent une existence continue. *Cette seconde hypothèse ne se recommande primitivement ni à la raison ni à l'imagination ; elle tire de la première toute son influence sur l'imagination.* Cette proposition contient deux parties que je vais essayer de prouver aussi clairement et distinctement que le permettent des sujets aussi abstrus.

47. Touchant la première partie de la proposition, à savoir *que cette hypothèse philosophique ne se recommande primitivement ni à la raison ni à l'imagination,* nous aurons tôt fait de nous en persuader par les réflexions suivantes. Et d'abord, la *raison.* Les seules existences dont nous soyons certains sont les perceptions qui, nous étant présentes immédiatement par la conscience, commandent notre assentiment le plus fort et sont les premiers fondements de toutes nos conclusions. La seule conclusion que nous puissions tirer de l'existence d'une chose en faveur de l'existence d'une autre, s'obtient au moyen de la relation de cause et d'effet qui montre qu'il y a une liaison entre elles et que l'existence de l'une dépend de l'existence de l'autre. L'idée de cette relation est tirée de l'expérience passée qui nous fait savoir que deux existences sont constamment conjointes et se présentent toujours ensemble à l'esprit. Mais comme il n'y a pas d'autres existences présentes à l'esprit que les perceptions, il suit que nous pouvons certainement observer une conjonction ou une relation de cause et d'effet entre des perceptions différentes, mais que nous ne pouvons jamais l'observer entre les perceptions et les objets. Il est donc impossible que de l'existence ou d'une qualité de celles-là nous puissions

jamais former de conclusion sur l'existence de ceux-ci, et convaincre notre raison sur ce point.

48. Il est tout aussi sûr que ce système philosophique ne se recommande pas primitivement à *l'imagination* et que cette faculté n'en serait jamais venue d'elle-même à un tel principe, par sa tendance première. J'avoue qu'il sera assez difficile de le prouver à la pleine satisfaction du lecteur ; car cela implique une négative ; chose qui dans bien des cas n'admet pas de preuve positive. Si quelqu'un prenait la peine d'examiner cette question et inventait un système qui rendît compte comment cette opinion se tire directement de l'imagination, nous pourrions après l'étude de ce système nous prononcer sur le sujet. Étant posé que nos perceptions sont rompues, interrompues et différentes les unes des autres, en dépit de leur ressemblance, que quelqu'un vienne démontrer pourquoi, directement et immédiatement, l'imagination est portée à croire en une autre existence, semblable par sa nature à ces perceptions, et cependant continue, ininterrompue et identique ! S'il me satisfait sur ce point, je promets de renoncer à ma présente opinion. En attendant, je ne puis m'empêcher de conclure de l'abstraction et de la difficulté même de la première supposition, que ce n'est pas un sujet sur lequel l'imagination aime à s'employer. Quiconque veut expliquer l'origine de l'opinion *commune* sur l'existence continue et distincte des corps, doit placer l'esprit dans sa situation *commune* et doit partir de la supposition que nos perceptions sont nos seuls objets et continuent d'exister alors même qu'elles ne sont pas perçues. Même si cette opinion est fausse, elle est la plus naturelle de toutes ; et elle est la seule à pouvoir se recommander primitivement à l'imagination.

49. Quant à la seconde partie de la proposition *que le système philosophique tire du système commun toute son influence sur l'imagination*, j'observerai que c'est la conséquence naturelle et inévitable de la conclusion précédente *qu'un tel système ne se recommande pas primitivement à la raison ni à l'imagination*. En effet, comme l'expérience montre que ce système philosophique s'empare de beaucoup d'esprits, et en particulier de tous ceux qui réfléchissent un tant soit peu sur ce sujet, il faut qu'il tienne toute son autorité du système commun, puisqu'il n'a pas par lui-même d'autorité originale. La façon dont ces deux systèmes sont liés ensemble, bien qu'ils soient directement contraires, peut s'expliquer comme suit.

50. L'imagination parcourt naturellement le train de pensée suivant : nos perceptions sont nos seuls objets ; des perceptions qui se ressemblent sont identiques, qu'elles soient brisées ou ininterrompues dans leur apparaître ; cette interruption dans l'apparaître est contraire à l'identité ; l'interruption ne concerne que l'apparaître, et la perception ou l'objet continue effectivement d'exister, même hors de notre présence ; nos perceptions sensibles ont donc une existence continue et ininterrompue. Mais comme un peu de réflexion détruit cette conclusion que nos perceptions ont une existence continue, en montrant qu'elles ont une existence dépendante, on s'attendrait naturellement à devoir rejeter entièrement cette opinion qu'il y a dans la nature une chose comme une existence continue, qui subsiste même quand elle n'apparaît plus aux sens. Mais il en va tout autrement. Les philosophes sont si loin de rejeter l'opinion d'une existence continue, quand ils rejettent l'opinion de l'indépendance et de la persistance de nos perceptions sensibles, que, malgré l'accord de toutes leurs sectes sur ce dernier sentiment, le premier sentiment qui

en est d'une certaine manière la conséquence, a été réservé à quelques sceptiques extravagants, qui, somme toute, se sont bornés à le soutenir en paroles, sans jamais se mettre en état d'y croire sincèrement.

51. Il y a une grande différence entre les opinions que nous formons après une calme et profonde réflexion et celles que nous embrassons par une sorte d'instinct ou d'impulsion naturelle, à cause de leur convenance et de leur conformité à l'esprit. Si ces opinions viennent à s'opposer, il n'est pas difficile de prévoir laquelle l'emportera. Aussi longtemps que notre attention est attachée au sujet, le principe philosophique et savant peut s'imposer ; mais dès que nous relâchons nos pensées, la nature reprend ses droits et nous ramène à notre opinion antérieure. Mieux, elle a parfois une telle influence qu'elle nous arrête net dans le progrès de notre pensée, même dans nos réflexions les plus profondes, et nous empêche de développer toutes les conséquences d'une opinion philosophique. Ainsi, quoique nous percevions clairement le caractère dépendant et interrompu de nos perceptions, nous sommes arrêtés sur notre lancée et de ce fait nous ne réussissons jamais à rejeter la notion d'une existence indépendante et continue. Cette opinion s'est enracinée si profondément dans notre imagination qu'il nous est impossible de l'éradiquer ; et la conviction métaphysique la plus contrainte où nous serions de la dépendance de nos perceptions, n'y saurait faire.

52. Mais bien que nos principes naturels, allant de soi, l'emportent ici sur nos réflexions savantes, il est certain qu'il doit y avoir à cette occasion une sorte de lutte et de conflit, du moins aussi longtemps que ces réflexions conservent quelque force ou vivacité. Afin de nous mettre à l'aise sur ce point, nous forgeons une nouvelle hypothèse

qui semble réunir à la fois les principes de la raison et les principes de l'imagination. C'est l'hypothèse philosophique de la double existence des perceptions et des objets ; elle satisfait notre raison puisqu'elle admet que nos perceptions dépendantes sont interrompues et différentes ; et en même temps, en attribuant l'existence continue à quelque chose d'autre que nous appelons *objets*, elle plaît à l'imagination. Ce système philosophique est donc le fruit monstrueux de deux principes qui sont contraires l'un à l'autre, qui sont embrassés tous deux par l'esprit et qui sont incapables de se détruire mutuellement. L'imagination nous dit que nos perceptions ressemblantes ont une existence continue et ininterrompue, et qu'elles ne sont pas anéanties quand elles sont absentes. La réflexion nous dit que même nos perceptions semblables ont une existence interrompue et qu'elles diffèrent les unes des autres. Nous éludons la contradiction entre ces opinions par une nouvelle fiction qui est conforme et aux hypothèses de la réflexion et à celles de l'imagination : nous attribuons ces qualités contraires à des existences différentes, l'interruption aux *perceptions*, la persistance aux *objets*. La nature est obstinée, elle ne quittera pas le terrain, si furieuses que soient les attaques de la raison ; par ailleurs, la raison est si claire sur ce point qu'il est impossible de la dissimuler. N'étant point capables de réconcilier ces deux ennemies, nous tentons, autant qu'il se peut, de nous sortir d'embarras en accordant tour à tour à chacune ce qu'elle demande, et en feignant une double existence où chacune trouve quelque chose qui offre toutes les conditions qu'elle désire. Si nous étions pleinement convaincus que nos perceptions semblables sont continues, identiques et indépendantes, nous ne donnerions jamais dans l'opinion de la double existence, puisque, trouvant notre satisfaction dans notre première supposition, nous ne chercherions pas plus loin. De même, si nous étions pleinement convaincus que nos perceptions sont dépendantes, interrompues et différentes, nous serions aussi peu portés à embrasser l'opinion de la double existence, puisque nous percevrions alors l'erreur de notre première supposition de l'existence continue, et nous ne regarderions jamais plus loin. Cette opinion naît donc de la situation intermédiaire de l'esprit et de son adhésion à ces principes contraires, adhésion qui lui fait chercher un prétexte pour justifier de les recevoir également ; chose qu'il a le bonheur de trouver enfin dans le système de la double existence.

53. Un autre avantage de ce système philosophique est sa ressemblance avec le système vulgaire ; par là, nous pouvons ménager notre raison quelque temps, quand elle se fait pressante et importune, et, à la moindre négligence ou inattention de sa part, revenir aisément à nos notions communes et naturelles. Et, de fait, nous voyons que les philosophes ne négligent pas cet avantage et que, dès qu'ils ont quitté leur cabinet de travail, ils se mêlent au reste des hommes pour partager ces opinions décriées que nos perceptions sont nos seuls objets et qu'elles demeurent identiques et ininterrompues au fil interrompu de leurs apparitions.

54. Il y a d'autres traits de ce système par où nous pouvons de manière très évidente voir sa dépendance envers l'imagination. J'en retiendrai deux. *D'abord*, nous supposons que les objets extérieurs ressemblent aux perceptions intérieures. J'ai déjà montré que la relation de cause à effet ne peut jamais nous amener à conclure à bon droit de l'existence ou des qualités de nos perceptions à l'existence d'objets extérieurs continus ; mais j'ajouterai à cela que, même si nos perceptions pouvaient nous mener à cette

conclusion, nous n'aurions aucune raison d'inférer que nos objets ressemblent à nos perceptions. Cette opinion n'est donc dérivée que de la qualité de l'imagination exposée ci-dessus, *qu'elle emprunte toutes ses idées à des perceptions antérieures*. Nous ne pouvons jamais concevoir que nos perceptions ; nous devons donc faire que tout leur ressemble.

55. *Ensuite*, de même que nous supposons que tous les objets en général ressemblent à nos perceptions, de même nous tenons pour accordé que tout objet particulier ressemble à la perception qu'il cause. La relation de cause à effet nous détermine à joindre celle de ressemblance ; et les idées de ces existences étant déjà unies dans l'imagination par la première relation, c'est naturellement que nous ajoutons la seconde pour parfaire l'union. Nous avons une forte tendance à parfaire toute union en joignant de nouvelles relations à celles que nous avons déjà observées entre des idées, comme nous aurons bientôt l'occasion de l'observer*.

56. Après avoir ainsi expliqué tous les systèmes, tant populaires que philosophiques touchant les existences extérieures[1], je ne puis m'empêcher de donner cours au sentiment qui me vient, à passer en revue ces systèmes. En abordant ce sujet, j'avais posé que nous devions avoir une foi aveugle dans nos sens, et que ce serait la conclusion à tirer de tout mon raisonnement. Mais à parler vrai, je me sens *à présent* d'un sentiment tout contraire, et bien plus enclin à refuser tout crédit à mes sens, ou plutôt à mon imagination, qu'à lui accorder une telle confiance aveugle. Je ne puis concevoir comment des qualités aussi triviales de l'imagination, conduites par des suppositions aussi fausses, pourraient mener à un système solide et rationnel.

* Section 5.

1. § 56-57 : Conclusion sceptique.

Ce sont la constance et la cohérence de nos perceptions qui produisent l'opinion de leur existence continue, bien que ces qualités des perceptions n'aient pas de liaison perceptible avec une telle existence. La constance de nos perceptions a un effet très considérable et pourtant elle s'accompagne des pires difficultés. C'est une illusion grossière que de supposer que nos perceptions semblables sont numériquement identiques ; et c'est une illusion qui nous conduit à l'opinion que ces perceptions sont ininterrompues et qu'elles existent encore, même quand elles ne sont pas présentes aux sens. Ainsi en va-t-il de notre système populaire. Quant au système philosophique, il prête aux mêmes difficultés, et de surcroît pèse sur lui cette absurdité de nier et de conforter tout à la fois la supposition du vulgaire. Les philosophes nient que nos perceptions semblables soient identiquement les mêmes et qu'elles soient ininterrompues ; et cependant ils sont si fort inclinés à les croire telles, qu'ils inventent arbitrairement un nouveau jeu de perceptions auxquelles ils attribuent ces qualités. Je dis un nouveau jeu de perceptions ; car nous avons beau le supposer en général, il nous est impossible de concevoir distinctement que des objets soient dans leur nature autres qu'exactement identiques aux perceptions. Qu'attendre alors, sinon erreur et fausseté, de cette confusion d'opinions extraordinaires et sans fondement ? Et comment justifier à nos propres yeux la croyance que nous y plaçons ?

57. Ce doute sceptique qui touche à la fois la raison et les sens, est une maladie qui ne sera jamais totalement guérie et qui doit nous revenir à tout instant, quand même nous la chassons, et même s'il nous semble parfois nous en être entièrement libérés. Il nous est impossible par aucun système de défendre notre entendement ou nos sens ; nous

ne faisons que les exposer davantage quand nous essayons de les justifier de cette façon. Comme le doute sceptique naît naturellement d'une réflexion profonde et soutenue sur ces sujets, il s'accroît toujours à mesure que nous poussons plus avant nos réflexions, qu'elles s'y opposent ou s'y accordent. Seules la négligence et l'inattention peuvent nous apporter un remède. C'est pourquoi, je me repose entièrement sur elles. Et je tiens pour accordé que, quelle que soit l'opinion du lecteur maintenant, dans une heure il sera persuadé qu'il y a à la fois un monde extérieur et un monde intérieur. Et partant de cette supposition, je me propose d'examiner quelques systèmes généraux, à la fois anciens et modernes, qui ont été proposés de l'un et de l'autre monde, avant de passer à une étude plus particulière concernant nos impressions. Au bout du compte, cela ne paraîtra peut-être pas si étranger à notre présent propos.

SECTION III
De la philosophie ancienne

1. C'est une excellente méthode, recommandée par plusieurs moralistes, lorsqu'on veut connaître son propre cœur et y mesurer les progrès de la vertu, que de se souvenir de ses rêves le matin venu, et de les examiner avec la même rigueur que celle qu'on appliquerait aux actions les plus sérieuses et les plus délibérées. Le caractère ne varie pas, disent-ils, et il apparaît mieux quand il n'y a ni artifice ni crainte ni règlement et quand les hommes ne peuvent être hypocrites ni avec eux-mêmes ni avec les autres. La générosité ou la bassesse d'un tempérament, sa timidité ou sa cruauté, son courage ou sa pusillanimité, agissent sur les fictions de l'imagination de la manière la plus libre, et se dévoilent sous le jour le plus éclatant. De la même

façon, je suis persuadé que plusieurs découvertes très utiles peuvent être faites par une critique des fictions de l'ancienne philosophie, touchant les *substances*, les *formes substantielles*, les *accidents* et les *qualités occultes* : toutes déraisonnables et capricieuses que soient ces fictions, elles sont très intimement liées aux principes de la nature humaine.

2. Il est avoué par les philosophes les plus judicieux que nos idées des corps ne sont rien que des collections que l'esprit se forme et qui réunissent les idées des diverses qualités sensibles distinctes dont les objets sont composés et qu'il voit constamment unies entre elles[1]. Mais bien que ces qualités soient en elles-mêmes entièrement distinctes, il est certain que nous tenons communément le composé qu'elles forment, pour une chose *une* et demeurant *la même* sous des altérations très considérables. La composition connue est évidemment contraire à cette *simplicité* supposée, et la variation à l'*identité*. Il vaut donc la peine d'examiner les *causes* qui nous font tomber presque universellement dans des contradictions aussi manifestes, ainsi que les *moyens* par lesquels nous essayons de les cacher[2].

3. Il est évident que, les idées des diverses qualités distinctes et successives des objets étant unies ensemble par une relation très étroite, l'esprit, en parcourant la succession, ne laisse pas d'être porté d'une partie à l'autre

---

1. *Cf.* Locke, *Essai*, II, 23, 1 ; Berkeley, *Principes*, I, 37 ; *Dialogues*, p. 111.
2. La critique annoncée par Hume sera donc menée sur le mode généalogique d'une explication par les causes. En même temps, Hume administre la preuve de l'utilité de sa critique des fictions de la philosophie, donnée dans le chapitre précédent, en montrant qu'elle s'applique fort bien à la philosophie ancienne et à la philosophie moderne.

par une transition facile, et qu'il ne percevra pas davantage le changement que s'il contemplait un même objet invariable. Cette transition facile est l'effet ou plutôt l'essence de la relation ; et comme l'imagination prend volontiers une idée pour l'autre, lorsque l'une et l'autre agissent semblablement sur l'esprit, il s'ensuit qu'une telle succession de qualités liées entre elles est promptement considérée comme faisant un objet continu qui existe sans changement. Le progrès uni et ininterrompu de la pensée, semblable dans les deux cas, trompe aisément l'esprit et nous fait attribuer une identité à la succession changeante des qualités qui sont liées entre elles.

4. Mais si nous modifions notre façon de considérer la succession et si, au lieu d'en suivre le progrès à travers les points successifs du temps, nous envisageons d'un coup deux périodes séparées de sa durée et comparons les différentes conditions des qualités successives, alors les variations qui étaient insensibles tant qu'elles se produisaient graduellement, apparaissent maintenant de réelle importance et semblent détruire entièrement l'identité. Il en résulte une sorte de contrariété dans notre méthode de pensée, par les différents points de vue d'où nous envisageons l'objet, et par la proximité ou l'éloignement de ces instants de temps que nous comparons ensemble. Si nous suivons graduellement un objet dans ses changements successifs, le progrès uni de notre pensée nous fait attribuer une identité à la succession, puisque c'est par un acte semblable de l'esprit que nous considérons un objet invariable. Si nous considérons sa situation après un changement important, le progrès de la pensée est brisé ; de sorte que c'est l'idée de diversité qui se présente à nous. Pour résoudre cette contradiction, l'imagination a tendance à feindre quelque chose d'inconnu et d'invisible qui est supposé demeurer

le même sous toutes ces variations ; et ce quelque chose d'inintelligible, elle l'appelle *substance* ou *matière originelle et première*[1].

5. Nous entretenons une notion semblable à l'égard de la *simplicité* des substances, et pour les mêmes causes. Soit un objet parfaitement simple et indivisible qui se présente en compagnie d'un autre objet, mais dont les parties *coexistantes* sont liées ensemble par une forte relation : il est évident que les actions de l'esprit, quand il considère l'un et l'autre de ces objets, ne sont pas très différentes. L'imagination conçoit l'objet simple d'un coup, sans peine, par un seul effort de pensée, sans changement ni variation. La liaison des parties dans l'objet composé a presque le même effet et unifie l'objet à l'intérieur de lui-même de telle façon que l'imagination ne sent pas la transition qui la fait passer d'une partie à une autre. C'est pourquoi, la couleur, le goût, la forme, la solidité et les autres qualités qui sont combinées dans une pêche ou un melon sont pensées ne former qu'*une seule chose* ; et cela en raison de leur étroite relation qui fait qu'elles affectent la pensée de la même manière que si elles n'entraient nullement dans une composition. Mais l'esprit n'en reste pas là. Il suffit qu'il voie l'objet sous un autre jour pour qu'il trouve que toutes ces qualités sont différentes, discernables et séparables les unes des autres ; et comme cette vue des choses détruit ses premières notions qui étaient plus naturelles, elle oblige l'imagination à feindre un quelque chose inconnu, une substance ou une matière

---

1. Le même argument que dans la section précédente est conservé, mais il est replacé dans le temps : l'imagination, par facilité de transition, change la succession en identité ; mais le temps est la forme de la diversité. Pour résoudre cette contradiction, l'imagination feint quelque chose d'inconnu, c'est-à-dire un substrat ou une substance.

originelle, comme principe d'union et de cohésion entre ces qualités et comme ce qui donne à l'objet composé le droit d'être appelé une unique chose, malgré sa diversité et sa composition.

6. La philosophie péripatéticienne[1] affirme que la matière *originelle* est parfaitement homogène dans tous les corps et elle considère le feu, l'eau, la terre et l'air comme étant de la même substance, en raison de leurs révolutions progressives et des changements graduels par lesquels les uns se changent dans les autres. Elle assigne en même temps à chacune de ces espèces d'objets une forme substantielle distincte qu'elle suppose être à la source de toutes les différentes qualités qu'ils possèdent, et dont elle fait un nouveau principe de simplicité et d'identité, pour chacune de ces espèces particulières. Tout dépend de notre manière de voir les objets. Si nous parcourons les changements insensibles des corps, alors nous les supposons tous de la même substance ou essence. Si nous considérons leurs différences sensibles, alors nous leur attribuons à chacun une différence substantielle et essentielle. Et pour nous garder libres de considérer les objets des deux façons, nous supposons que tous les corps ont à la fois une substance et une forme substantielle.

7. La notion d'*accident* est une conséquence inévitable de cette façon de penser relative aux substances et aux formes substantielles; et nous ne pouvons nous empêcher de regarder les couleurs, les sons, les saveurs, les formes, et les autres propriétés des corps, comme des existences

---

1. Hume pouvait consulter de nombreuses sources (voir Norton et Norton, II, p. 786), à commencer par la *Cyclopaedia* (articles : « Peripateticks », « Metaphysics », « Substance », « Accident »), pour s'informer sur la philosophie péripatéticienne. L'information était largement répandue.

qui ne peuvent subsister à part, mais qui requièrent un sujet d'inhérence pour les soutenir et les supporter. Car n'ayant jamais découvert aucune de ces qualités sensibles sans imaginer également, pour les raisons données ci-dessus, l'existence d'une substance, la même habitude qui nous fait inférer une liaison entre la cause et l'effet, nous fait ici inférer que toutes les qualités dépendent de la substance inconnue. L'habitude d'imaginer une dépendance a le même effet qu'aurait celle de l'observer. Cette illusion, cependant, n'est pas plus raisonnable qu'aucune des précédentes. Toute qualité étant une chose distincte d'une autre peut être conçue comme existant séparément non seulement de toute autre qualité, mais aussi de cette chimère inintelligible qu'est la substance.

8. Mais ces philosophes portent encore plus loin leurs fictions dans leur sentiment des *qualités occultes* : ils supposent à la fois une substance qui supporte, dont ils n'ont pas l'entendement, et un accident supporté, dont ils ont une idée tout aussi imparfaite. Tout le système est donc parfaitement incompréhensible et pourtant il est tiré de principes qui sont aussi naturels qu'aucun de ceux que j'ai expliqués plus haut.

9. À considérer ce sujet, il est possible d'observer la gradation de trois opinions qui s'élèvent les unes au-dessus des autres, selon que les personnes qui les forment accèdent à de nouveaux degrés de raison et de connaissance. Ces opinions sont celles du vulgaire, de la fausse philosophie et de la vraie philosophie ; et il deviendra clair à l'examen que la vraie philosophie s'approche davantage des sentiments du vulgaire que de ceux d'une connaissance faussée[1].

---

1. Gradation qui rappelle la « raison des effets » chez Pascal (*Pensées*, éd. Lafuma, 90).

Il est naturel aux hommes, lorsqu'ils s'abandonnent à leur mode ordinaire de penser, d'imaginer qu'ils perçoivent une liaison entre les objets qu'ils ont constamment trouvés unis ensemble ; et parce que la coutume leur a rendu difficile la séparation des idées, ils ont tendance à imaginer qu'une telle séparation est par elle-même impossible et absurde. Mais les philosophes qui se dégagent des effets de la coutume et comparent les idées des objets, perçoivent immédiatement la fausseté de ces sentiments du vulgaire et découvrent qu'il n'y a pas de liaison connue entre les objets. Chaque objet différent leur apparaît entièrement distinct et séparé ; et ils remarquent que ce n'est pas par un examen de leur nature et de leurs qualités que nous inférons un objet d'un autre, mais seulement quand nous observons qu'ils ont été constamment conjoints en plusieurs cas. Mais ces philosophes, plutôt que de tirer une juste inférence de cette observation et de conclure que nous n'avons aucune idée d'un pouvoir ou d'un principe actif séparé de l'esprit et attaché aux causes – au lieu, dis-je, de tirer cette conclusion, ils vont souvent à la recherche des qualités auxquelles ramener ce principe actif, mais sans trouver de satisfaction dans aucun des systèmes que leur raison leur suggère en guise d'explication. Ils ont assez de force de génie pour se libérer de l'erreur vulgaire qu'il y a une liaison naturelle et perceptible entre diverses qualités sensibles et actions de la matière ; mais ils n'en ont pas assez pour se retenir de chercher cette liaison dans la matière ou dans les causes. S'ils étaient tombés sur la conclusion correcte, ils seraient revenus à la disposition du vulgaire et auraient regardé toutes ces recherches avec une indifférence détachée. À présent ils semblent se trouver dans un état très lamentable dont les poètes ne nous ont donné qu'une faible idée dans leurs descriptions du supplice de *Sisyphe* et de *Tantale*. Comment imaginer pire tourment que celui de chercher ardemment ce qui s'échappe toujours et de le chercher en un lieu où il est impossible qu'il existe jamais ?

10. Mais comme la nature semble avoir observé en toute chose une sorte de justice compensatrice, elle n'a pas plus négligé les philosophes que le reste de la création, et elle leur a réservé une consolation au cœur de toutes leurs déconvenues et leurs afflictions. Cette consolation consiste principalement dans l'invention des mots *faculté* et *qualité occulte*. En effet, il est fréquent, quand on fait un usage répété de termes pourvus de signification et réellement intelligibles, d'omettre l'idée que nous pourrions exprimer par leur canal et de ne conserver que la coutume par laquelle nous rappelons cette idée à notre gré ; de même il arrive naturellement, quand on fait un usage répété de termes qui sont totalement dépourvus de signification et complètement inintelligibles, qu'on les tienne sur le même pied que les précédents et qu'on leur attribue un sens caché qu'il serait possible de découvrir par réflexion. La ressemblance de leur apparence abuse l'esprit comme à l'accoutumée et fait qu'on imagine une parfaite ressemblance et conformité. Par ce moyen, ces philosophes se mettent à l'aise et arrivent enfin, l'illusion aidant, à la même indifférence à laquelle le peuple se porte par stupidité et les vrais philosophes par leur scepticisme mesuré. Il leur suffit de dire que tout phénomène qui les embarrasse naît d'une faculté ou d'une qualité occulte et c'est la fin de toute dispute et de toute enquête sur le sujet.

11. Mais parmi tous les exemples où les Péripatéticiens ont fait la preuve qu'ils se laissaient guider par toutes les tendances triviales de l'imagination, il n'en est pas de plus

remarquable que leurs *sympathies*, leurs *antipathies* et leurs *horreurs du vide*. C'est un penchant très remarquable de la nature humaine que d'accorder aux objets extérieurs les mêmes émotions que celles qu'elle observe en elle-même et de rencontrer partout les idées qui lui sont les plus présentes. Ce penchant, il est vrai, un peu de réflexion le détruit ; aussi ne le rencontre-t-on que chez les enfants, les poètes et les anciens philosophes. Il se manifeste chez les enfants dans leur désir de battre la pierre qui les blesse ; chez les poètes, dans leur propension à tout personnifier ; et chez les anciens philosophes, dans ces fictions de sympathie et d'antipathie. Nous devons pardonner aux enfants, à cause de leur jeune âge ; aux poètes, parce qu'ils ont fait le vœu de suivre implicitement les suggestions de leur imagination. Mais quelle excuse trouverons-nous pour justifier nos philosophes d'une faiblesse aussi patente ?

SECTION IV
De la philosophie moderne

1. Mais on objectera ici que, l'imagination étant, de mon propre aveu, le juge dernier de tous les systèmes philosophiques, je suis bien injuste de blâmer les anciens philosophes de faire usage de cette faculté et de se laisser entièrement guider par elle dans leurs raisonnements. Afin de me justifier, il faut que je distingue dans l'imagination entre les principes qui sont permanents, irrésistibles et universels, telle que la transition habituelle des causes aux effets, et des effets aux causes, et les principes qui sont variables, faibles et irréguliers, tels que ceux dont je viens de faire mention. Les premiers sont au fondement de toutes nos pensées et de toutes nos actions, de sorte que sans eux la nature humaine devrait immédiatement périr et aller à

sa ruine. Les seconds ne sont ni inévitables pour le genre humain ni nécessaires ni aussi utiles à la conduite de la vie; on ne les trouve au contraire que dans des esprits faibles; et comme ils s'opposent aux autres principes de la coutume et du raisonnement, il est aisé de les renverser, par un effet approprié de contraste et d'opposition. Pour cette raison, la philosophie accepte les premiers et rejette les seconds. Celui qui, entendant dans l'obscurité des sons articulés, conclut que quelqu'un se trouve près de lui, raisonne justement et naturellement, bien que cette conclusion ne soit tirée de rien d'autre que de l'habitude qui introduit et avive l'idée d'une créature humaine, sur le motif de la conjonction habituelle d'une telle créature avec la présente impression. Mais de celui qui est tourmenté, sans savoir pourquoi, par la crainte qu'il y ait des spectres dans la nuit, on dira peut-être qu'il raisonne, et même qu'il raisonne naturellement; mais c'est alors au sens où une maladie est dite naturelle, parce qu'elle naît de causes naturelles, bien qu'elle soit contraire à la santé, qui est l'état de l'homme le plus agréable et le plus naturel.

2. Les opinions des anciens philosophes, leurs fictions de la substance et de l'accident, leurs raisonnements sur les formes substantielles et les qualités occultes, sont comme les spectres dans la nuit; ils sont dérivés de principes qui, tout communs qu'ils soient, ne sont ni universels ni inévitables dans la nature humaine. La *philosophie moderne* prétend être totalement affranchie de ce défaut, et procéder uniquement des principes solides, permanents et cohérents de l'imagination. Sur quoi se fonde cette prétention, voilà ce qui doit à présent occuper notre étude.

3. Le principe fondamental de cette philosophie réside dans l'opinion qu'elle tient sur les couleurs, les sons, les

goûts, les odeurs, le chaud et le froid, opinion qui affirme que ce ne sont que des impressions dans l'esprit dérivant de l'action des objets externes, et sans aucune ressemblance avec les qualités de ces objets[1]. À l'examen, je ne trouve satisfaisante qu'une seule des raisons qui sont communément mises en avant pour soutenir cette opinion, celle qui est tirée des variations de ces impressions, alors même que l'objet extérieur, selon toute apparence, continue d'être le même. Ces variations dépendent de plusieurs circonstances. De l'état de notre santé, qui peut être différent : un homme malade trouve un goût désagréable à des mets qui faisaient auparavant son plus grand plaisir. De la différence de la complexion et de la constitution des hommes : ce qui semble amer à l'un, semble doux à l'autre. De la différence de leur situation et de leur position extérieures : les couleurs qui sont réfléchies par les nuages changent selon la distance des nuages et l'angle qu'ils font avec l'œil et le corps lumineux. Le feu procure aussi une sensation de plaisir à telle distance, et celle de douleur à telle autre. Les exemples de cette sorte sont très nombreux et très fréquents.

4. De même, la conclusion qu'on en tire est aussi satisfaisante qu'on peut l'espérer. On ne peut croire, quand différentes impressions d'un même sens naissent d'un objet, que chacune de ces impressions ait à sa ressemblance une qualité qui existe dans l'objet. Car, comme le même objet ne peut être pourvu en même temps de qualités différentes d'un même sens, et comme la même qualité ne peut ressembler à des impressions qui sont entièrement

1. Thèse ancienne mais récurrente au XVIIe et XVIIIe siècle. Parmi les auteurs pratiqués par Hume : Malebranche, *Recherche*, I, 13, 5 ; *Dictionnaire*, art. « Pyrrhon » ; *Cyclopaedia*, art. « Quality », et surtout Locke *Essai*, II, 8, 9-10, qui, dans le sillage de Newton fixe la distinction entre les qualités premières et les qualités secondes.

différentes, la conclusion évidente est que beaucoup de nos impressions n'ont pas de modèle ou d'archétype extérieur. Or d'effets semblables nous présumons des causes semblables. Et nous admettons que beaucoup des impressions de couleur, de son, etc., ne sont rien que des existences internes et naissent de causes qui ne leur ressemblent d'aucune façon. Ces impressions ne diffèrent nullement quant à l'apparence des autres impressions de couleur, de son, etc. Nous concluons donc qu'elles proviennent toutes d'une origine semblable.

5. Une fois ce principe admis, toutes les autres doctrines de cette philosophie semblent suivre par une conséquence facile. Car, si nous ôtons les sons, les couleurs, la chaleur, le froid et les autres qualités sensibles, du nombre des existences continues et indépendantes, il ne reste à la fin que les qualités dites premières, seules qualités *réelles* dont nous ayons une notion adéquate. Ces qualités premières sont l'étendue et la solidité, avec leurs différentes combinaisons et modifications : la figure, le mouvement, la gravité et la cohésion. La génération, la croissance, le dépérissement et la corruption des animaux et des végétaux ne sont rien que des changements de figure et de mouvement ; de même les actions de tous les corps les uns sur les autres, du feu, de la lumière, de l'eau, de l'air, de la terre, et de tous les éléments et de tous les pouvoirs de la nature. Une figure et un mouvement produisent une autre figure et un autre mouvement ; et il ne reste dans l'univers matériel aucun autre principe, actif ou passif, dont nous puissions avoir la moindre idée.

6. Je crois qu'on peut soulever beaucoup d'objections contre ce système. Mais pour le présent, je me limiterai à une seule, qui me paraît tout à fait décisive. J'affirme que loin d'expliquer par son moyen les opérations des objets

extérieurs, nous anéantissons totalement ces objets et versons à leur sujet dans les opinions du scepticisme le plus extravagant. Si les couleurs, les sons, les goûts et les odeurs, sont seulement des perceptions, rien de ce que nous concevons ne possède une existence réelle, continue et indépendante ; pas même le mouvement, l'étendue et la solidité, qui sont les qualités premières sur lesquelles on insiste principalement[1].

7. Commençons par examiner le mouvement. C'est manifestement une qualité qu'il est absolument impossible de concevoir seule, sans se référer à quelque autre objet. L'idée de mouvement suppose nécessairement celle d'un corps en mouvement. Or, quelle idée avons-nous de ce corps en mouvement sans lequel le mouvement est incompréhensible ? Il faut qu'elle se ramène à l'idée d'étendue ou de solidité, de sorte que la réalité du mouvement dépend de la réalité de ces autres qualités.

8. Cette opinion qui est universellement admise touchant le mouvement, j'ai prouvé qu'elle était vraie en ce qui regarde l'étendue, et j'ai montré qu'il est impossible de concevoir l'étendue autrement que composée de parties, elles-mêmes pourvues de couleur ou de solidité. L'idée d'étendue est une idée composée ; et comme elle n'est pas composée d'un nombre infini de parties ou d'idées plus petites, il faut qu'à la fin elle se résolve en des idées qui sont parfaitement simples et indivisibles. Ces parties simples et indivisibles, qui ne sont pas des idées d'étendue, seront des non-entités si elles ne sont pas conçues comme étant colorées ou solides. Nous avons exclu que la couleur ait

---

1. Cet argument, qui met sur le même pied les qualités premières et les qualités secondes, a été développé par Berkeley (*Principes*, I, 9 *sq.*, *Dialogues*, I, *passim*). Le débat concerne aussi la théorie physique (le mécanisme et la théorie corpusculaire).

une existence réelle. Par conséquent, la réalité de notre idée d'étendue dépend de la réalité de celle de solidité ; et la première ne peut être juste si la seconde est chimérique. Examinons donc avec attention cette idée de solidité.

9. L'idée de solidité est celle de deux objets qui ne peuvent se pénétrer, si grande que soit la force qui s'exerce, et qui conservent une existence séparée et distincte. La solidité, si on la prend seule, est donc parfaitement incompréhensible ; il faut concevoir des corps qui sont solides et qui conservent cette existence séparée et distincte. Or, quelle idée avons-nous de ces corps ? Les idées de couleurs, de sons, et de toute qualité secondaire sont exclues. L'idée de mouvement dépend de l'idée d'étendue, et l'idée d'étendue de l'idée de solidité. Il est donc impossible que l'idée de solidité dépende de l'une ou de l'autre. Ce serait tomber dans un cercle et vouloir qu'une idée dépende d'une autre, celle-ci dans le même temps dépendant de celle-là. Notre philosophie moderne ne nous donne aucune idée juste ni satisfaisante de la solidité, ni donc de la matière.

10. Cet argument paraîtra parfaitement concluant à tous ceux qui le comprennent ; mais comme il peut aussi paraître abstrus et embrouillé à la majorité des lecteurs, j'espère qu'on m'excusera si j'essaie de le rendre plus probant en en variant la présentation. Afin de former l'idée de solidité, nous devons concevoir deux corps qui se pressent l'un contre l'autre sans se pénétrer ; et il est impossible que nous arrivions à cette idée, si nous nous limitons à un seul objet, et encore moins si nous n'en concevons aucun. Deux non-entités ne peuvent s'exclure l'une l'autre de leur lieu, parce qu'elles ne possèdent pas de lieu ni ne peuvent être pourvues d'aucune qualité. Or, je demande : quelle idée nous formons-nous de ces corps

ou de ces objets auxquels nous attribuons de la solidité ?
Dire que nous les concevons simplement comme solides,
c'est aller à l'infini. Affirmer que nous nous les représentons
comme étendus, c'est tout ramener à une idée fausse ou
retomber dans le cercle. Il faut considérer l'étendue ou
comme étant colorée, ce qui est une idée fausse, ou comme
étant solide, ce qui nous reconduit à la première question.
Nous pouvons faire la même observation concernant la
mobilité et la figure. Au total, il nous faut conclure qu'après
qu'on a exclu les couleurs, les sons, la chaleur et le froid,
du nombre des existences extérieures, il ne reste rien qui
puisse nous donner des corps une idée juste et cohérente.

11. Ajoutez à cela qu'à proprement parler, la solidité
ou l'impénétrabilité n'est rien, comme on l'a déjà observé*,
que l'impossibilité où est un corps d'être anéanti ; c'est
pourquoi, il est d'autant plus nécessaire que nous nous
formions une idée distincte de cet objet dont nous supposons
l'anéantissement impossible. L'impossibilité d'être anéanti
ne peut exister ni être jamais conçue exister à elle seule ;
il faut nécessairement quelque objet ou existence réelle à
laquelle la rapporter. Or, la difficulté demeure toujours sur
la manière de former l'idée de cet objet ou de cette existence,
sans avoir recours à des qualités secondaires et sensibles.

12. Et nous ne devons pas oublier à cette occasion la
méthode que nous avons prise d'examiner les idées en
considérant les impressions dont elles dérivent. Les
impressions qui entrent par la vue et par l'ouïe, par l'odorat
et par le goût, n'ont pas, nous dit la philosophie moderne,
d'objets qui soient à leur ressemblance ; en conséquence,
l'idée de solidité qu'on suppose réelle, ne sera jamais
dérivée de l'un de ces sens. Il reste donc le toucher comme

---

* Deuxième partie, section 4 [§ 5].

seul sens qui puisse fournir l'impression qui est à l'origine
de l'idée de solidité ; et il est bien vrai que nous nous
imaginons naturellement toucher la solidité des corps :
nous n'aurions qu'à toucher un objet pour percevoir cette
qualité[1]. Mais cette façon de penser est plus populaire que
philosophique. Les réflexions suivantes vont le montrer.

13. D'abord, il est facile d'observer que, même si c'est
leur solidité qui permet de toucher les corps, ce toucher
est tout à fait différent de la solidité, et ne lui ressemble
aucunement. Un homme qui est paralysé d'une main a une
idée aussi parfaite d'impénétrabilité quand il observe que
cette main repose sur la table que lorsqu'il touche la table
avec son autre main. Un objet qui presse l'un de nos
membres rencontre une résistance ; et cette résistance, par
le mouvement qu'elle communique aux nerfs et aux esprits
animaux, communique une certaine sensation à l'esprit ;
mais il ne s'ensuit pas que la sensation, le mouvement et
la résistance se ressemblent en quelque façon.

14. Ensuite, les impressions du toucher sont des
impressions simples, sauf si on les considère dans leur
étendue, ce qui ne nous concerne pas ici ; et de cette
simplicité j'infère qu'elles ne représentent ni la solidité ni
aucun objet réel. Imaginons en effet les deux cas suivants :
celui d'un homme qui presse de la main une pierre ou un
corps solide, et celui de deux pierres qui se pressent l'une
l'autre. On admettra volontiers que ces deux cas ne sont
pas semblables à tous égards et que dans le premier, il y
a, joint à la solidité, un toucher, une sensation, qui n'apparaît
pas dans le second. Afin donc de rendre les deux cas
semblables, il faut retrancher une partie de l'impression
que l'homme ressent avec sa main ou son organe de
sensation ; mais, comme cela est impossible dans une

1. Voir Locke, *Essai*, II, 4, 1.

impression simple, nous sommes obligés de retrancher le tout, ce qui prouve qu'il ne faut pas chercher pour l'impression tout entière un modèle ou un archétype qui serait dans les objets extérieurs. À quoi j'ajouterai que la solidité exige deux corps, en plus de la contiguïté et de l'impulsion; ce qui fait un objet composé qui ne peut jamais être représenté par une impression simple. Il faudrait aussi dire que, quoique la solidité reste toujours la même, les impressions du toucher changent pour nous à tout moment – preuve évidente que les secondes ne sont pas des représentations de la première.

15. Ainsi, il y a une opposition directe et totale entre notre raison et nos sens; ou, pour parler plus proprement, entre les conclusions que nous formons par les causes et les effets, et celles qui nous persuadent de l'existence continue et indépendante des corps. Quand nous raisonnons par les causes et les effets, nous concluons que ni les couleurs, ni les sons, ni les goûts, ni les odeurs, n'ont d'existence continue et indépendante. Mais quand nous avons exclu ces qualités sensibles, il ne reste rien dans l'univers qui jouisse d'une telle existence.

SECTION V
De l'immatérialité de l'âme

1. Après avoir rencontré tant de contradictions et de difficultés dans tous les systèmes touchant aux objets extérieurs, ainsi que dans l'idée de matière que nous nous imaginons pourtant si claire et si déterminée, il est assez naturel d'attendre de plus grandes difficultés et de plus grandes contradictions encore, dans toutes les hypothèses qui touchent à nos perceptions intérieures et à la nature de l'esprit, que nous imaginons bien plus obscures et incertaines. Mais c'est en quoi nous ferions erreur. Le

monde intellectuel, quoique enveloppé dans des obscurités infinies, n'est pas embarrassé par des contradictions comparables à celles que nous avons découvertes dans le monde naturel. Ce que nous connaissons de lui s'accorde avec lui ; ce que nous n'en connaissons pas, il nous faut renoncer à le connaître.

2. Il est vrai que certains philosophes nous promettent, à les entendre, de diminuer notre ignorance ; mais je crains que ce ne soit au risque de nous précipiter dans des contradictions dont le sujet est par lui-même exempt. Ces philosophes se livrent à des raisonnements subtils sur les substances matérielles et immatérielles auxquelles, disent-ils, nos perceptions sont inhérentes. Afin de mettre un terme à ces arguties sans fin d'un côté comme de l'autre, je ne connais pas de meilleure méthode que de demander à ces philosophes, en quelques mots, *ce qu'ils entendent par substance et par inhérence*[1]. Et quand ils auront répondu à cette question, il sera alors, et seulement alors, raisonnable d'entrer pour de bon dans la dispute[2].

3. À cette question, nous l'avons vu, il est impossible de répondre, en ce qui regarde la matière et les corps ; mais, quand on en vient à l'esprit, non seulement elle peine sous les mêmes difficultés, mais elle se charge de quelques difficultés supplémentaires qui sont particulières au sujet. Comme toute idée est dérivée d'une impression qui la précède, si nous avions une idée de la substance de notre esprit, nous devrions en avoir aussi une impression ; ce qu'il est très difficile, sinon impossible de concevoir. Car

1. Voir Locke, *Essai*, II, 23, 5 ; Berkeley, *Principes*, 139.
2. La dispute est donc uniquement une dispute de philosophes : le principe subjectif qu'ils introduisent est-il matériel ou immatériel ? En conséquence, tout le chapitre consiste en une réfutation et n'a pas de caractère généalogique.

comment une impression peut-elle représenter une substance, sinon en étant à sa ressemblance ? Et comment une impression peut-elle ressembler à une substance puisque, selon cette philosophie, elle n'est pas une substance et n'a aucune des qualités particulières ou des caractères d'une substance ?

4. Mais laissons cette question *de ce qui peut ou ne peut pas être*, pour cette autre : *qu'est-ce qui est réellement ?* Je désire que les philosophes qui prétendent que nous avons une idée de la substance de notre esprit désignent l'impression qui la produit et disent de quelle manière cette impression agit et de quel objet elle est tirée. Est-ce une impression de sensation ou de réflexion ? Est-elle agréable, douloureuse ou indifférente ? Nous accompagne-t-elle à tout moment ou revient-elle seulement à intervalles ? Si c'est à intervalles, à quels moments revient-elle surtout et quelles sont les causes qui la produisent ?

5. Si au lieu de répondre à ces questions, on devait éluder la difficulté en disant que la définition d'une substance est : *quelque chose qui peut exister par soi-même*, et que cette définition doit nous contenter – si l'on disait cela, j'observerais que cette définition vaut pour tout ce qui peut jamais être conçu, et ne sera d'aucune aide pour distinguer la substance de l'accident, ou l'âme de ses perceptions. Voici mon raisonnement. Tout ce qui est clairement conçu peut exister ; et tout ce qui est clairement conçu de quelque manière peut exister de la même manière. C'est un principe qui a déjà été admis. De même, tout ce qui est différent peut être distingué et tout ce qui peut être distingué, l'imagination peut le séparer. C'est un autre principe. La conclusion que je tire de ces deux principes est que, puisque toutes nos perceptions sont différentes les unes des autres, et de toute autre chose dans l'univers, elles sont aussi distinctes

et séparables, qu'elles peuvent être considérées comme existant séparément et qu'elles peuvent exister séparément, sans avoir besoin de rien pour supporter leur existence. Ce sont donc des substances, pour autant que la définition proposée dit ce qu'est une substance.

6. Ainsi, qu'on considère la première origine des idées ou qu'on parte d'une définition, dans les deux cas nous sommes incapables d'arriver à une notion satisfaisante de la substance ; ce qui me semble une raison suffisante pour abandonner complètement la dispute sur la matérialité ou l'immatérialité de l'âme, et me fait rejeter totalement jusqu'à la question. Nous n'avons d'idée parfaite que d'une perception. Une substance est entièrement différente d'une perception. Nous n'avons donc pas d'idée de substance. L'inhérence à quelque chose est supposée être le support nécessaire de l'existence de nos perceptions. Rien n'apparaît nécessaire pour supporter l'existence d'une perception. Nous n'avons donc pas d'idée d'inhérence. Comment alors répondre à la question : *les perceptions sont-elles inhérentes à une substance matérielle ou à une substance immatérielle ?*, quand nous ne comprenons même pas le sens de la question ?[1]

7. Il y a un argument, souvent employé en faveur de l'immatérialité de l'âme, qui me paraît remarquable. Tout ce qui est étendu est composé de parties ; et tout ce qui est composé de parties est divisible, sinon en réalité, du moins dans l'imagination. Mais il est impossible qu'une chose divisible puisse être *conjointe* à une pensée ou à une perception, lesquelles sont des existences totalement inséparables et indivisibles. Car si l'on admettait une telle conjonction, la pensée qui est indivisible existerait-elle à

---

1. Question seconde, mais traditionnelle : pour donner une signification à l'idée d'un sujet d'inhérence, il faut lui attribuer une essence : cette substance que serait l'esprit est-elle matérielle ou immatérielle ? (§ 6-16).

droite ou à gauche de ce corps étendu divisible ? À la surface ou au centre ? À l'arrière ou par-devant ? Si la pensée est jointe à l'étendue, elle doit exister quelque part, prise dans les dimensions de cette étendue. Si elle existe à l'intérieur desdites dimensions, il faut qu'elle existe dans telle ou telle partie ; et cette partie-là est alors indivisible, et la perception n'est jointe qu'à elle seule, et non à l'étendue. Ou, si elle existe en toute partie, il faut qu'elle soit elle aussi étendue, et séparable, et divisible, tout autant que le corps ; ce qui est totalement absurde et contradictoire. Car peut-on concevoir une passion d'un yard de long, d'un pied de large, et d'un pouce d'épaisseur ? La pensée et l'étendue sont donc des qualités totalement incompatibles et ne peuvent nullement se fondre dans un unique sujet[1].

8. Cet argument ne touche pas la question de la *substance* de l'âme, mais seulement celle de sa *conjonction locale* avec la matière ; il n'est donc pas inutile de considérer en général quels objets sont ou ne sont pas susceptibles de conjonction locale. C'est une question curieuse qui peut nous conduire à des découvertes de grande importance.

9. La première notion que nous ayons de l'espace et de l'étendue se tire uniquement des sens de la vue et du toucher ; et il n'y a rien que ce qui est coloré ou tangible, qui ait des parties disposées de manière à apporter cette idée. Quand nous diminuons ou accroissons la saveur d'une chose, ce n'est pas de la même manière que lorsque nous diminuons ou accroissons un objet visible ; et quand plusieurs sons frappent en même temps notre oreille, seules l'habitude et la réflexion nous permettent de nous former une idée des degrés de la distance et de la contiguïté où sont ces corps qui les font naître. Tout ce qui marque le

---

1. Clarke, « A Letter to Mr. Dodwell », in *Works*, III, London, 1738, p. 730 ; trad. fr. A. Jacques, Paris, 1843, p. 351 *sq.*

lieu de son existence doit être étendu ou doit être un point mathématique sans parties ni composition. Ce qui est étendu doit avoir une figure particulière, par exemple carrée, ronde, triangulaire ; aucune de ces figures ne s'accorde à un désir, ni certes à aucune impression ou idée, autre que celles des deux sens mentionnés. Et un désir, tout indivisible qu'il soit, ne saurait être considéré comme un point mathématique. Car dans ce cas il serait possible, par l'addition d'autres désirs, qu'on ait deux, trois, quatre désirs et qu'ils soient ainsi disposés et situés qu'on obtienne une longueur, une largeur et une épaisseur déterminées ; ce qui est manifestement absurde.

10. On ne s'étonnera pas après cela que j'énonce une maxime qui est condamnée par plusieurs métaphysiciens et jugée contraire aux principes les plus certains de la raison humaine. C'est celle-ci : *un objet peut exister, et cependant n'être nulle part*. Et j'affirme que non seulement c'est possible, mais encore que la plupart des êtres existent et doivent exister de cette manière. On peut dire qu'un objet n'est nulle part, quand ses parties ne sont pas ainsi situées les unes par rapport aux autres qu'elles forment une figure ou une quantité, et quand le tout n'est pas ainsi situé relativement aux autres corps qu'il réponde à nos notions de contiguïté ou de distance. Or c'est manifestement le cas de toutes nos perceptions, de tous nos objets, à l'exception de ceux de la vue et du toucher. Une réflexion morale ne peut se placer à droite ou à gauche d'une passion ; une odeur, un son n'ont point de figure, circulaire ou carrée. Ces objets et perceptions sont si loin de réclamer un lieu particulier qu'ils sont incompatibles avec tout lieu, et que même l'imagination ne peut leur en attribuer un. Quant à l'absurdité qu'il y aurait de les supposer nulle part, observons que si les passions et les sentiments paraissaient

à la perception avoir un lieu particulier, l'idée d'étendue pourrait en être dérivée, aussi bien que de la vue et du toucher; ce qui est contraire à ce que nous avons déjà dit. S'ils n'*apparaissent* pas avoir de lieu particulier, ils peuvent exister de la même manière, puisque tout ce que nous concevons est possible.

11. Il ne sera pas nécessaire de prouver maintenant que ces perceptions qui sont simples et n'existent nulle part, sont incapables d'une quelconque conjonction locale avec la matière ou avec les corps, lesquels sont étendus et divisibles; puisqu'il n'est possible de fonder une relation que sur une qualité commune*. Il est préférable de remarquer que cette question de la conjonction locale des objets, ne se présente pas seulement dans les disputes métaphysiques touchant la nature de l'âme, mais que même dans la vie ordinaire nous avons à tout moment l'occasion de l'examiner. Supposons que nous considérions une figue qui est à un bout de la table et une olive qui est à l'autre; il est clair que, quand nous formons l'idée complexe de leur substance, nous y trouvons parmi les plus évidentes celle de leur saveur différente; et il est clair également que nous combinons et unissons ces qualités à celles qui sont colorées et tangibles. Le goût amer de l'une et le goût sucré de l'autre sont censés reposer dans les corps visibles eux-mêmes, et n'être séparés que par toute la longueur de la table. C'est une illusion si remarquable et si naturelle qu'il peut être utile de considérer les principes dont elle dérive[1].

---

* Première partie, section 5 [§ 1].

1. À partir du moment où l'on prend ensemble les qualités en corps ou en esprit, c'est-à-dire en une totalité, on ne peut éviter de traiter du problème de l'hétérogénéité des perceptions ou des sensibles.

12. Bien qu'un objet étendu soit incapable d'une conjonction locale avec tout autre objet qui existe sans avoir de lieu ni d'étendue, cependant ces deux objets sont susceptibles d'entretenir bien d'autres relations. Ainsi, le goût et l'odeur d'un fruit sont inséparables de ses autres qualités de couleur et de tangibilité ; et quelle que soit parmi elles la cause ou l'effet, il est certain qu'elles ne cessent pas de coexister. Et elles ne coexistent pas seulement d'une manière générale, mais elles sont aussi contemporaines quand elles apparaissent dans l'esprit ; et c'est par l'application du corps étendu à nos sens, que nous percevons son goût et son odeur particulière. Ces relations de *causalité et de contiguïté dans le temps, quant à leur apparition*, entre l'objet étendu et la qualité qui existe sans aucun lieu particulier, doit donc avoir sur l'esprit un effet tel qu'à l'apparition de l'un il tourne immédiatement sa pensée vers la conception de l'autre. Et ce n'est pas tout. Non seulement nous tournons notre pensée de l'un vers l'autre objet en vertu de leur relation, mais nous essayons également de leur donner une nouvelle relation, je veux dire : celle d'une *conjonction dans le lieu*, afin de rendre la transition plus facile et plus naturelle. Car c'est une qualité que j'ai souvent eu l'occasion de remarquer dans la nature humaine et que j'expliquerai plus longuement à l'endroit voulu, que, lorsque les objets sont unis par une relation, nous avons une forte propension à leur ajouter quelque nouvelle relation, afin de compléter leur union. Quand nous avons à ranger des corps, nous ne manquons jamais de placer ceux qui se ressemblent en contiguïté les uns avec les autres, ou du moins selon des points de vue qui se correspondent. Pourquoi ? Parce que nous sentons une satisfaction à joindre la relation de contiguïté à celle de ressemblance ou la ressemblance des situations à celle des

qualités. Les effets de cette propension ont déjà été observés*
à propos de la ressemblance que nous admettons si volontiers
entre des impressions particulières et leurs causes
extérieures. Mais nous n'en trouverons pas d'exemple plus
clair que dans le cas présent où les relations de causalité
de contiguïté nous font imaginer également celle de
conjonction locale, et ceci afin de renforcer la liaison.

13. Mais, quelque notion confuse que nous puissions
former de l'union locale entre un corps étendu, comme
une figue, et sa saveur particulière, il est certain qu'à la
réflexion nous ne manquerons pas d'observer dans cette
union quelque chose de totalement inintelligible et
contradictoire. Posons-nous en effet la question toute
simple : la saveur que nous pensons contenue dans les
limites du corps, se trouve-t-elle dans chacune de ses parties
ou dans une seule ? Nous voilà rapidement pris d'embarras,
car nous percevons l'impossibilité de donner une réponse
satisfaisante. Nous ne pouvons répondre qu'elle est
seulement dans une partie, car l'expérience nous persuade
que toutes les parties ont le même goût. Nous ne pouvons
pas plus répondre qu'elle existe dans chaque partie ; car il
nous faut alors la supposer figurée et étendue, ce qui est
absurde et incompréhensible. Ici donc nous sommes
directement influencés par deux principes qui sont
directement contradictoires entre eux : cette *inclination*
de notre imagination qui nous détermine à incorporer la
saveur à l'objet étendu, et notre *raison* qui nous montre
l'impossibilité d'une telle union. Partagés entre ces principes
opposés, nous ne renonçons ni à l'un ni à l'autre, mais
nous plongeons le sujet dans une telle confusion et une
telle obscurité que nous cessons de percevoir l'opposition.

---

* Section 2, vers la fin.

Nous supposons que la saveur existe dans les limites du corps, mais d'une telle manière qu'elle se diffuse dans le tout quoique étant sans étendue, et qu'elle existe entièrement dans chaque partie sans souffrir de division. En un mot, dans nos façons de penser les plus familières nous appliquons ce principe scolastique qui apparaît si choquant quand on le propose brutalement : *totum in toto & totum in qualibet parte* ; autant dire qu'une chose est dans un certain lieu et que pourtant elle n'y est pas.

14. Toute cette absurdité vient de ce que nous tentons d'accorder un lieu à ce qui en est parfaitement incapable ; et cette tentative naît à son tour de notre inclination à parfaire une union qui est fondée sur la causalité et sur la contiguïté dans le temps, en attribuant aux objets une conjonction dans le lieu. Mais si jamais la raison a assez de force pour surmonter les préjugés, c'est bien ici qu'elle doit s'imposer. Car nous n'avons de choix qu'entre les suppositions suivantes : ou que certains êtres existent sans occuper de lieu ; ou qu'ils sont figurés et étendus ; ou que, lorsqu'ils sont incorporés à des objets étendus, le tout est dans le tout et le tout est dans chaque partie. L'absurdité des deux dernières prouve assez la vérité de la première. Et il n'y a pas de quatrième opinion. Car supposer leur existence à la façon de points mathématiques, c'est revenir à la seconde opinion et supposer que diverses passions peuvent être disposées dans une figure circulaire et qu'un certain nombre d'odeurs, jointes à un certain nombre de sons, peuvent faire un corps de douze pouces cubiques ; chose qu'il suffit d'énoncer pour en sentir le ridicule.

15. Mais bien que dans cette vue des choses, nous ne puissions refuser de condamner les matérialistes qui joignent toute pensée à l'étendue, toutefois, il suffit d'un peu de réflexion pour se donner une égale raison de blâmer leurs

adversaires qui joignent toute pensée à une substance simple et indivisible. La philosophie la plus commune nous informe qu'aucun objet extérieur ne peut se faire connaître immédiatement à l'esprit, sans l'interposition d'une image ou d'une perception. Cette table qui m'apparaît en ce moment même, n'est qu'une perception, et toutes ses qualités sont les qualités d'une perception. Or, la plus manifeste de toutes ses qualités est l'étendue. La perception est composée de parties. Ces parties sont ainsi disposées qu'elles nous apportent la notion de distance et de contiguïté, de longueur, de largeur et de profondeur. Ces trois dimensions sont bornées ; et nous avons ainsi ce que nous appelons la figure. Cette figure est mobile, séparable et divisible. La mobilité et la séparabilité sont les propriétés distinctives des objets étendus. Et pour couper court à toutes les disputes, l'idée même d'étendue n'est copiée de rien d'autre que d'une impression et doit en conséquence lui correspondre parfaitement. Dire que l'idée d'étendue convient à une chose, c'est dire qu'elle est étendue.

16. Le libre-penseur[1] peut triompher à son tour ; et ayant observé qu'il y a des impressions et des idées qui sont réellement étendues, il demandera à ses adversaires comment ils peuvent attacher un sujet simple et indivisible à une perception étendue. Tous les arguments des théologiens peuvent ici se retourner contre leurs auteurs. Le sujet indivisible, ou si vous voulez la substance immatérielle, est-elle à droite ou à gauche de la perception ? Est-elle dans cette partie-ci ou dans cette autre ? Est-elle en chaque partie sans être étendue ? Est-elle entière dans une partie, sans se retirer des autres ? Il est impossible de donner une

---

1. Possible allusion au *Discourse of Free Thinking* (London, 1713) d'Anthony Collins.

réponse à ces questions qui, sans absurdité intrinsèque, rende compte de l'union de nos perceptions indivisibles avec une substance étendue.

17. Ceci me donne l'occasion de considérer à nouveau la question de la substance de l'âme ; et bien que j'aie déjà condamné cette question comme étant totalement inintelligible, cependant je ne puis m'empêcher de présenter quelques réflexions supplémentaires à son sujet[1]. J'affirme que la doctrine de l'immatérialité, de la simplicité et de l'indivisibilité de la substance pensante emporte avec elle un véritable athéisme, et servira à justifier tous les sentiments qui ont valu à *Spinoza* une réputation si universelle d'infamie. J'espère par-là tirer du moins cet avantage d'ôter à mes adversaires tout prétexte de rendre odieuse la présente doctrine par leurs déclamations, quand ils verront qu'on peut si facilement les retourner contre eux.

18. Le principe fondamental de l'athéisme de *Spinoza* est la doctrine de la simplicité de l'univers et de l'unité de la substance à laquelle, selon cet auteur, la pensée et la matière sont inhérentes. Il n'y a qu'une seule substance, dit-il, dans le monde ; et cette substance est parfaitement simple et indivisible ; elle existe partout sans aucune présence locale. Tout ce que nous découvrons à l'extérieur par la sensation, tout ce que nous sentons à l'intérieur par la réflexion, tout cela n'est rien que modification de cet être unique, simple et existant nécessairement, et ne jouit d'aucune existence distincte et séparée. Toutes les passions de l'âme, toutes les configurations de la matière, si différentes et variées qu'elles soient, sont inhérentes à la même substance et gardent en elles-mêmes leurs caractères distinctifs sans les communiquer au sujet auquel elles sont

1. Ce « supplément » se veut délibérément provocant, Spinoza étant avec Hobbes une des deux figures honnies de l'athéisme.

inhérentes. Le même *substratum*, si je puis ainsi parler, est le support des modifications les plus différentes sans être différent en lui-même, et les varie sans aucune variation propre. Ni le temps, ni le lieu, ni toute la diversité de la nature ne sont capables d'introduire une composition ou un changement dans sa simplicité et son identité parfaite.

19. Je pense que ce bref exposé des principes de cet athée fameux suffira à mon dessein, et que, sans entrer davantage dans ces régions obscures et ténébreuses, je serai capable de montrer que cette effroyable hypothèse est presque la même que celle de l'immatérialité de l'âme, qui est devenue si populaire. Pour en apporter la preuve, souvenons-nous * que, toute idée dérivant d'une perception qui la précède, il est impossible que l'idée que nous avons d'une perception et celle que nous avons d'un objet ou d'une existence extérieure puissent représenter des choses spécifiquement différentes. Toute différence que nous puissions supposer entre elles, elle nous reste incompréhensible ; et nous sommes obligés soit de concevoir l'objet extérieur comme une relation sans terme relatif, soit d'en faire la même chose que la perception ou l'impression.

20. La conséquence que je tirerai de ceci peut apparaître à première vue comme un pur sophisme ; mais le moindre examen nous la rendra solide et convaincante. Je dis donc que, puisque nous pouvons supposer, mais ne pouvons concevoir, une différence spécifique entre un objet et une impression, toute conclusion que nous formons sur la liaison ou la contrariété des impressions, ne sera pas applicable en toute certitude aux objets ; mais, en revanche, que toutes les conclusions de cette sorte que nous formons sur les objets, s'appliquera très certainement aux impres-

* II ^{e} partie, section 6.

sions. La raison en est simple. Puisque l'objet est supposé différent de l'impression, nous ne pouvons être sûrs que la circonstance sur laquelle nous fondons notre raisonnement est commune aux deux, si nous formons le raisonnement d'après l'impression. Il est toujours possible que l'objet diffère sur ce point. Mais quand nous formons d'abord notre raisonnement d'après l'objet, il est hors de doute que le même raisonnement doit s'étendre à l'impression ; et cela, parce que la qualité de l'objet sur laquelle se fonde l'argument, doit au moins être conçue par l'esprit et qu'elle ne pourrait l'être si elle n'était pas commune à une impression, car nous n'avons d'idées que ce qui est tiré de cette origine. Ainsi, nous pouvons poser comme une maxime certaine qu'aucun principe, sinon par une espèce irrégulière de raisonnement tiré de l'expérience *, ne peut jamais nous découvrir une liaison ou une contrariété entre les objets, qui ne s'étende aux impressions ; quoique la proposition inverse ne soit pas également vraie, que toutes les relations qu'on peut découvrir entre les impressions appartiennent également aux objets.

21. Appliquons cela au cas présent : il y a deux systèmes différents d'êtres qui se présentent et auxquels je me suppose obligé d'assigner une substance, un principe d'inhérence. J'observe d'abord l'univers des objets ou des corps : le soleil, la lune et les étoiles ; la terre, les mers, les plantes, les animaux, les hommes, les bateaux, les maisons et toutes les autres productions de l'art ou de la nature. Ici *Spinoza* apparaît et me dit que ce sont seulement des modifications et que le sujet auquel ces choses sont inhérentes, est simple, non composé et indivisible. Après cela je considère l'autre système d'êtres, l'univers de la

* Tel le raisonnement de la section 2, tiré de la cohérence de nos perceptions.

pensée, je veux dire mes impressions et mes idées. J'y observe un autre soleil, une autre lune et d'autres étoiles ; une terre et des mers, couvertes et habitées par des plantes et des animaux ; des villes, des maisons, des montagnes, des rivières ; et, en un mot, tout ce que je peux découvrir ou concevoir dans le premier système. Si je m'interroge sur ces choses, les théologiens viennent me dire que ce sont aussi des modifications, les modifications d'une substance simple, non composée et indivisible. Sur quoi, immédiatement, je suis assourdi par le tapage de mille et une voix qui disent toute leur exécration et leur mépris pour la première hypothèse, et toute leur approbation et leur vénération pour la seconde. Je tourne mon attention vers ces hypothèses pour voir quelle peut être la raison de tant de partialité, et trouve qu'elles ont le même défaut d'être inintelligibles et que, pour autant que je puis les comprendre, elles sont si semblables qu'il est impossible de découvrir dans l'une quelque absurdité qui ne serait pas commune aux deux. Nous n'avons aucune idée d'une qualité dans un objet qui ne réponde en la représentant à une qualité dans une impression, et cela parce que toutes nos idées sont tirées de nos impressions. Nous ne pouvons donc jamais trouver de contrariété entre un objet étendu tenu pour une modification, et une essence simple et non composée, tenue pour sa substance, qui ne se retrouve également entre la perception ou l'impression de cet objet étendu et la même essence non composée. Toute idée d'une qualité dans un objet passe par une impression, et donc toute relation *perceptible*, qu'elle soit de liaison ou de contrariété, doit être commune aux objets et aux impressions.

22. Mais bien que cet argument, pris d'une manière générale, semble d'une évidence qui le met à l'abri de toute espèce de doute et de contradiction, cependant, pour

le rendre plus clair et plus frappant, considérons-le en détail, et voyons si toutes les absurdités qu'on a pu trouver dans le système de *Spinoza* ne peuvent être également découvertes dans le système des théologiens*.

23. On a dit d'abord contre *Spinoza*, en des termes scolastiques qui parlent plus qu'ils ne pensent, qu'un mode, n'étant pas une existence distincte ou séparée, doit être la même chose que sa substance et que, par suite, l'étendue de l'univers doit être d'une certaine façon identifiée à cette essence simple et non composée à laquelle l'univers est censé être inhérent. Mais, prétend-on, la chose est totalement impossible et inconcevable, à moins que la substance indivisible ne se dilate jusqu'à correspondre à l'étendue ou que l'étendue ne se resserre jusqu'à correspondre à la substance indivisible. Cet argument semble juste, pour autant qu'on puisse le comprendre ; et il est clair qu'il suffit de changer les termes pour appliquer le même argument à nos perceptions étendues et à l'essence simple de l'âme, les idées des objets et les perceptions étant identiques à tous égards, à la différence près qu'on suppose entre elles et qui est inconnue et incompréhensible.

24. On a dit ensuite que nous n'avons pas d'idée de substance qui ne soit applicable à la matière, ni d'idée d'une substance distincte qui ne soit applicable à chaque portion distincte de la matière. La matière n'est donc pas un mode mais une substance, et chaque partie de la matière n'est pas un mode distinct, mais une substance distincte. J'ai déjà prouvé que nous n'avons pas d'idée parfaite de la substance et que, si on la prend pour *quelque chose qui peut exister par soi-même*, il est évident que toute perception est une substance et que toute partie distincte d'une perception est une substance distincte. En conséquence,

---

* Voir *Dictionnaire*, « Spinoza ». [[N], I et II, p. 258-260].]

l'une et l'autre hypothèses souffrent sur ce point des mêmes difficultés.

25. On a objecté enfin au système d'une substance simple dans l'univers, que cette substance étant le support ou le *substratum* de toute chose, elle doit au même moment se changer en des formes qui sont contraires et incompatibles. La figure ronde et la figure carrée sont incompatibles dans la même substance et dans le même temps. Comment est-il donc possible que la même substance puisse se modifier sur-le-champ en cette table carrée et en cette table ronde ? Je pose la même question, touchant les impressions de ces tables, et je trouve que la réponse n'est pas plus satisfaisante dans un cas que dans l'autre.

26. Il apparaît donc que, de quelque côté que nous nous tournions, les mêmes difficultés nous poursuivent et que nous ne pouvons pas avancer d'un pas dans l'établissement de la simplicité et de l'immatérialité de l'âme, sans ouvrir la voie à un dangereux et irréparable athéisme. Il en va de même, si au lieu d'appeler la pensée une modification de l'âme, nous allons lui donner le nom plus ancien, et pourtant plus en vogue, d'*action*[1]. Par action, nous entendons à peu près la même chose que ce qu'on appelle communément un mode abstrait, c'est-à-dire, qui ne peut être à proprement parler ni distingué ni séparé de sa substance, mais qui est seulement conçu par une distinction de raison ou par un acte d'abstraction. Mais nous ne gagnons rien à changer le mot *modification* par le mot *action* ; nous ne nous dégageons ainsi d'aucune difficulté, comme le font voir les deux réflexions suivantes.

---

1. La perception est passion, étant causée dans l'esprit ; mais elle est aussi une action de l'esprit. Et c'est une question de savoir quelles idées nous viennent de Dieu ; question disputée entre Malebranche et Arnaud (*Des vraies et des fausses idées*, chap. 27).

27. J'observe d'abord que le mot *action* ainsi expliqué ne peut s'appliquer légitimement à aucune perception, en tant qu'elle dériverait de l'esprit ou d'une substance pensante. Nos perceptions sont toutes réellement différentes, séparables et susceptibles d'être distinguées les unes des autres, et de toute autre chose que nous pouvons imaginer ; il est donc impossible de concevoir comment elles pourraient être l'action ou le mode abstrait d'une substance. L'exemple qu'on donne souvent du mouvement[1], pour montrer de quelle manière la perception, en tant qu'action, dépend de sa substance, est plus égarant qu'instructif. Selon toute apparence, le mouvement ne cause pas de changement réel ni essentiel dans le corps, mais varie seulement sa relation aux autres objets. Mais entre un homme qui se promène le matin dans un jardin, en agréable compagnie, et un homme qui l'après-midi est enfermé dans un donjon et qui est rempli de terreur, de désespoir et de ressentiment, il semble bien y avoir une différence radicale et d'une tout autre espèce que celle qui est produite en un corps quand il change de situation. De même que nous concluons du caractère distinct et séparable de leurs idées que les objets extérieurs ont une existence séparée les uns des autres, de même, quand nous faisons de ces idées nos objets, nous faut-il tirer la même conclusion *les* concernant, en vertu du précédent raisonnement. Du moins nous faut-il avouer que, n'ayant point d'idée de la substance de l'âme, il nous est impossible de dire comment elle peut accepter de telles différences et même de telles contrariétés de perception sans un changement fondamental ; et en conséquence, nous ne pouvons pas dire en quel sens les perceptions sont des actions de cette substance. L'emploi du mot *action*, mot auquel on ne donne pas de sens, à la place du mot

1. Voir Locke, *Essai*, II, 1, 10.

modification, n'augmente pas notre connaissance ni n'est d'aucun avantage pour la doctrine de l'immatérialité de l'âme.

28. J'ajoute en second lieu que s'il apporte quelque avantage à cette cause, il doit apporter un avantage égal à la cause de l'athéisme. Car nos théologiens prétendent-ils avoir le monopole du mot *action*, sans que les athées en prennent également possession et affirment que les plantes, les animaux, les hommes, etc. ne sont rien que les actions particulières d'une substance universelle et simple qui agit par une nécessité aveugle et absolue ? Vous direz que cette dernière affirmation est parfaitement absurde. Je reconnais qu'elle est inintelligible ; mais en même temps j'affirme, d'après les principes exposés ci-dessus, qu'il est impossible de trouver une absurdité dans cette supposition que tous les divers objets de la nature sont les actions d'une simple substance, qui ne soit applicable à la supposition semblable concernant les impressions et les idées.

29. De ces hypothèses concernant la *substance* et la *conjonction locale* de nos perceptions, nous pouvons passer à une autre qui est plus intelligible que la première et plus importante que la seconde, et qui concerne la *cause* de nos perceptions. La matière et le mouvement, dit-on communément dans les écoles, quelle qu'en soit la variété, sont toujours de la matière et du mouvement, et ne produisent de différence que dans la position et la situation des objets[1]. Divisez un corps autant que vous voudrez, vous aurez toujours un corps. Mettez-le sous n'importe quelle figure, il n'en résultera que figure ou relation des parties. Mettez-le en mouvement de n'importe quelle manière, vous ne trouverez que mouvement ou changement de relation. Il

---

1. Voir Clarke, *A Demonstration*, proposition 10, D.

est absurde d'imaginer que, tandis que le mouvement circulaire, par exemple, ne serait rien d'autre qu'un simple mouvement circulaire, un mouvement dans une autre direction, disons un mouvement elliptique, serait aussi une passion ou une réflexion morale ; ou encore que le choc de deux particules sphériques deviendrait une sensation de douleur, alors que la rencontre de deux particules triangulaires apporterait un plaisir. Or, comme ces différents chocs, variations et mélanges, sont les seuls changements dont la matière soit susceptible, et comme ils ne nous apportent aucune idée de pensée ou de perception, on conclut qu'il est impossible que la pensée puisse jamais être causée par la matière.

30. Il en est peu qui ont su résister à la force apparente de cet argument ; et cependant, il n'y a rien de plus facile au monde que de le réfuter. Il suffit de réfléchir à ce qui a été abondamment prouvé, que nous n'avons jamais conscience d'une liaison entre les causes et les effets, et que c'est seulement par l'expérience que nous avons de leur constante conjonction que nous pouvons arriver à la connaissance de cette relation. Or, comme tous les objets qui ne sont pas contraires sont susceptibles d'entretenir une conjonction constante et comme il n'y a pas d'objets réels qui soient contraires, j'ai pu inférer* de ces principes que, à prendre la chose *a priori*, n'importe quoi peut produire n'importe quoi et que nous ne découvrirons jamais la raison pour laquelle un objet peut ou ne peut pas être la cause d'un autre, qu'il y ait entre eux une grande ressemblance, ou une petite. Ce qui détruit manifestement le précédent argument touchant la cause de la pensée ou de la perception. Car, bien qu'aucune sorte de liaison

* Troisième partie, section 15 [§ 1].

n'apparaisse entre le mouvement et la pensée, le cas est le même pour toutes les autres causes et effets. Placez un corps d'une livre à l'une des extrémités d'un levier et un autre corps du même poids à l'autre extrémité ; jamais vous ne découvrirez dans ces corps un principe de mouvement qui dépende plus de leur distance au centre que de la pensée ou de la perception. Si donc vous prétendez prouver *a priori* qu'une telle position des corps ne causera jamais la pensée – puisqu'on a beau la retourner dans tous les sens, ce n'est jamais qu'une position des corps –, vous devez conclure par la même suite de raisonnement qu'elle ne pourra jamais produire le mouvement, car la liaison n'est pas plus manifeste dans un cas que dans l'autre. Mais comme cette dernière conclusion est contraire à l'expérience la plus évidente, et qu'il nous est possible d'avoir une expérience semblable touchant les opérations de l'esprit, ainsi que de percevoir une conjonction constante entre la pensée et le mouvement, votre raisonnement se montre trop hâtif, quand de la seule considération des idées vous concluez qu'il est impossible que le mouvement puisse jamais produire la pensée, et une position différente des parties donner naissance à une passion ou à une réflexion différente. Je le dis, il nous est non seulement possible d'avoir une telle expérience, mais il est certain que nous en avons une, puisque tout un chacun peut percevoir que les différentes positions de son corps changent ses pensées et ses sentiments. Et si l'on disait que ceci dépend de l'union de l'âme et du corps, je répondrais qu'il faut séparer la question de la substance de l'esprit de celle de la cause de ses pensées, et que si nous nous bornons à cette dernière question, nous découvrons par la comparaison de leurs idées, que la pensée et le mouvement sont des choses différentes l'une de l'autre, et par l'expérience, qu'elles sont constamment unies ; or ce sont là toutes les circonstances qui entrent dans l'idée de la cause et de l'effet, quand on l'applique aux opérations de la matière, de sorte que nous pouvons conclure avec certitude que le mouvement peut être et est effectivement la cause de la pensée et de la perception.

31. Il semble alors que nous n'ayons d'autre choix que le dilemme suivant : ou affirmer que rien ne peut être la cause de rien, sauf quand l'esprit peut percevoir la liaison dans l'idée qu'il a des objets, ou maintenir que tous les objets que nous trouvons en conjonction constante, sont par-là à regarder comme des causes et des effets. Si nous choisissons la première option du dilemme, nous sommes devant les conséquences suivantes. *Premièrement*, nous affirmons en réalité qu'il n'y a rien dans l'univers que nous puissions tenir pour une cause ou un principe de production, pas même la Divinité ; car notre idée de cet Être suprême se tire d'impressions particulières dont aucune ne renferme une quelconque efficace ni ne semble avoir *aucune* liaison avec *aucune* autre existence. Quant à la proposition que la liaison entre l'idée d'un être infiniment puissant et celle d'un effet dont il a le vouloir, est nécessaire et inévitable, je réponds que nous n'avons pas d'idée d'un être doué d'un pouvoir quelconque, encore moins doué d'un pouvoir infini. Mais si nous voulons changer les termes, la seule chose que nous puissions faire est de définir le pouvoir par la liaison ; et donc en disant que l'idée d'un être infiniment puissant est liée avec celle de tout effet dont il a le vouloir, nous ne faisons rien qu'affirmer qu'un être dont la volonté est liée à tout effet, est liée à tout effet ; ce qui fait une proposition identique et ne nous donne pas d'aperçu de la nature de ce pouvoir ou de cette liaison. Mais, *deuxièmement*, supposer que la Divinité serait le grand principe efficace

qui supplée à la déficience des causes, nous jette dans les impiétés et les contradictions les plus grossières. En effet, la même raison qui nous fait recourir à elle dans les opérations naturelles et affirmer que la matière ne peut par elle-même communiquer le mouvement ni produire la pensée, cette même raison, dis-je, à savoir qu'il n'y a pas de liaison apparente entre ces objets, nous fait admettre que la Divinité est l'auteur de toutes nos volontés et nos perceptions, puisqu'elles n'ont pas plus de liaison apparente entre elles ni avec la substance supposée, mais inconnue, de l'âme. Cette intervention de l'Être suprême a été affirmée, on le sait, par divers philosophes* pour toutes les actions de l'esprit, à l'exception de la volonté, ou plutôt d'une partie très limitée de nos volitions, bien qu'il soit aisé de voir que cette exception est une simple excuse pour éviter les dangereuses conséquences de cette doctrine. Si rien n'est actif que ce qui a un pouvoir apparent, la pensée n'est en aucune occasion plus active que la matière ; et si cette inactivité nous force de recourir à une Divinité, l'Être suprême est la cause effective de toutes nos actions, mauvaises aussi bien que bonnes, vicieuses aussi bien que vertueuses.

32. Ainsi, nous sommes nécessairement reconduits à l'autre option de l'alternative qui veut que tous les objets que l'on trouve constamment conjoints soient pour cela seul regardés comme des causes et des effets. Or, comme tous les objets qui ne sont pas contraires sont susceptibles de conjonction constante et comme il n'y a pas d'objets réels qui soient contraires, il s'ensuit que, pour autant que nous puissions décider par les idées seules, n'importe quoi

---

* Comme le Père Malebranche et d'autres cartésiens [Malebranche, *Recherche*, 6, 2, 3].

peut être la cause ou l'effet de n'importe quoi; ce qui évidemment donne l'avantage aux matérialistes sur leurs adversaires.

33. Venons-en à la décision finale sur tout l'ensemble et déclarons que la question de la substance de l'âme est absolument inintelligible. Toutes nos perception ne sont pas susceptibles d'une union locale avec ce qui est étendu ou avec ce qui ne l'est pas, car certaines sont d'une sorte, et certaines de l'autre sorte. Et comme la conjonction constante des objets constitue l'essence même de la cause et de l'effet, il n'est pas rare que la matière et le mouvement puissent être tenus pour la cause de la pensée, pour autant que nous ayons une notion de cette relation[1].

34. C'est certainement une sorte d'outrage à la philosophie dont l'autorité souveraine doit partout être reconnue, que de l'obliger en toute occasion à faire amende honorable de ses conclusions, et à se justifier devant chaque art ou chaque science particulière qui serait fâchée à son égard. Cela fait penser à un souverain traduit pour haute trahison envers ses sujets. Il n'y a qu'une seule occasion où la philosophie jugera nécessaire et même honorable de se justifier, celle où la religion a la moindre apparence d'être offensée; car les droits de la religion lui sont aussi chers que les siens propres : ce sont en vérité les mêmes. Si jamais quelqu'un s'imagine donc que les arguments qui précèdent soient en quelque manière dangereux pour la religion, j'espère que la défense qui suit ôtera ses appréhensions.

---

1. Tout pouvant *a priori* être la cause de tout, il apparaît que le principe de causalité est indifférent au statut ontologique des termes reliés. Ce qui est rendre vain le débat déclenché par la *thinking matter* de Locke.

35. Aucune conclusion *a priori* ne peut être bien fondée, touchant les actions ou la durée des objets dont l'esprit humain peut se former une conception. On peut toujours imaginer qu'un objet devient totalement inactif ou est anéanti dans l'instant ; et c'est un principe évident que *tout ce que nous pouvons imaginer est possible*. Or, ceci n'est pas moins vrai de la matière que de l'esprit, d'une substance étendue et composée que d'une substance simple et inétendue. Dans les deux cas, les arguments métaphysiques en faveur de l'immortalité de l'âme sont aussi peu concluants ; et dans les deux cas les arguments moraux et ceux qui sont tirés de l'analogie de la nature sont également forts et convaincants. Si donc ma philosophie n'ajoute pas aux arguments en faveur de la religion, j'ai du moins la satisfaction de penser qu'elle ne leur ôte rien et que tout demeure précisément comme avant.

SECTION VI
De l'identité personnelle

1. Il est des philosophes[1] qui imaginent qu'à tout instant nous sommes intimement conscients de ce que nous appelons notre *moi*, que nous en sentons l'existence et la continuité dans l'existence, et que nous sommes certains, par une évidence plus claire que celle de la démonstration, de sa parfaite identité et de sa parfaite simplicité. La plus forte sensation, disent-ils, la plus violente passion, loin de nous détourner de cette vue, ne font que la fixer plus intensément ; étant douloureuses ou plaisantes, elles nous font voir leur influence sur le Soi. Vouloir en donner une preuve

---

1. Voir Malebranche, *Recherche*, III, 2, 7 ; Locke, *Essai*, II, 27, 9 ; Butler, *Analogie*, 1, 1, 2 ; etc.

supplémentaire serait en affaiblir l'évidence, puisqu'aucune preuve ne peut se tirer d'aucun fait dont nous ayons une conscience aussi intime ; et il n'y a rien dont nous puissions être certains si nous doutons de ce fait.

2. Malheureusement, toutes ces affirmations péremptoires sont contraires à l'expérience même qu'on invoque en leur faveur, et nous n'avons pas d'idée de notre moi de la manière qu'on dit. Car de quelle impression cette idée pourrait-elle être dérivée ? Il est impossible de répondre à cette question sans contradiction manifeste ni sans absurdité ; et c'est pourtant une question à laquelle il faut répondre si nous voulons que l'idée du Soi passe pour claire et intelligible. À toute idée réelle il faut une impression qui soit à son origine. Mais le Soi ou la personne n'est pas une impression ; il est ce à quoi nos diverses impressions et idées sont censées se rapporter. Si une impression donne naissance à l'idée du Soi, cette impression doit demeurer invariablement la même, durant tout le cours de notre vie, puisque le Soi est supposé exister de cette manière. Mais il n'y a pas d'impression constante et invariable. La douleur et le plaisir, la peine et la joie, les passions et les sensations, se succèdent les unes aux autres et n'existent jamais toutes en même temps. Ce ne peut donc être d'aucune de ces impressions, ni de quelque autre, que l'idée du Soi tire son origine ; et en conséquence, il n'y a pas une telle idée.

3. Mais en outre, si l'on suit cette hypothèse, qu'advient-il de toutes nos perceptions particulières ? Elles sont toutes différentes, discernables et séparables les unes des autres ; elles peuvent être considérées séparément et exister séparément ; elles n'ont besoin de rien pour supporter leur existence. De quelle manière appartiennent-elles donc au Soi ? Comment lui sont-elles reliées ? Pour ma part, quand je pénètre au plus intime de ce que j'appelle *moi*, je tombe

toujours sur telle ou telle perception particulière, de chaud ou de froid, de lumière ou d'ombre, d'amour ou de haine, de douleur ou de plaisir[1]. À aucun moment je ne puis me saisir *moi* sans saisir une perception, ni ne puis observer autre chose que ladite perception. Quand pour un temps je n'ai plus de perceptions, dans un profond sommeil par exemple, je cesse d'avoir conscience de *moi-même* pendant ce temps ; et on peut dire vraiment que je n'existe pas. Et si j'étais privé par la mort de toute perception et que je ne pusse ni penser ni sentir, ni voir, ni aimer, ni haïr après la dissolution de mon corps, alors je serais entièrement réduit à rien et je ne vois pas ce qu'il faudrait de plus pour faire de moi un parfait néant. Si après mûre réflexion et libre de préjugé, quelqu'un pense qu'il a une notion différente de *lui-même*, je ne puis, je dois l'avouer, raisonner davantage avec lui. Tout ce que je lui accorde, c'est qu'il peut être dans le vrai aussi bien que moi, et que nous différons essentiellement sur ce point. Peut-être peut-il percevoir quelque chose de simple et de continu qu'il appelle *lui-même* mais je suis certain qu'il n'y a pas un tel principe en moi.

4. Mais, quelques métaphysiciens de cette sorte étant mis à part, j'ose affirmer du reste des hommes qu'ils ne sont rien qu'un faisceau ou une collection de différentes perceptions qui se succèdent les unes les autres avec une inconcevable rapidité et qui sont dans un perpétuel flux et mouvement. Notre œil ne peut tourner dans son orbite sans varier nos perceptions. Notre pensée varie encore plus que notre vue ; et tous nos autres sens, toutes nos autres facultés participent à ce changement ; et il n'y a pas un seul pouvoir

1. Voir Berkeley, *Notes philosophiques*, Carnet A, dans *Œuvres*, trad. fr. G. Brykman, Paris, PUF, 1985, p. 101 ; *Dialogues*, III, p. 111-112 ; J. Butler, *Dissertation*, I, « Of personal identity ».

de l'âme qui demeure le même un seul moment, ou presque, sans se modifier. L'esprit est une sorte de théâtre où diverses perceptions font successivement leur apparition ; elles passent, repassent, se perdent, et se mêlent en une variété infinie de positions et de situations. Il n'y a en lui proprement ni *simplicité* à un moment, ni *identité* dans des moments différents, quel que soit notre penchant naturel à imaginer cette simplicité et cette identité. La comparaison avec le théâtre ne doit pas nous égarer. Les perceptions successives sont seules à constituer l'esprit ; et nous n'avons pas la moindre notion du lieu où ces scènes sont représentées ni des matériaux dont il est constitué.

5. Qu'est-ce qui nous donne donc un si fort penchant à attribuer une identité à ces perceptions successives et à nous supposer jouissant d'une existence invariable et ininterrompue pendant tout le cours de notre vie ? Afin de répondre à cette question, nous devons distinguer l'identité personnelle en tant que relative à notre pensée ou à notre imagination, et en tant que relative à nos passions ou à l'intérêt que nous avons pour nous-mêmes[1]. La première est notre sujet présent ; et pour l'expliquer parfaitement nous devons pousser la question assez avant et rendre compte de l'identité que nous attribuons aux plantes et aux animaux ; car il y a une grande analogie entre cette identité et l'identité du moi ou de la personne.

6. Nous avons l'idée distincte d'un objet qui demeure invariable et ininterrompu à travers une variation supposée de temps ; et cette idée est ce que nous appelons *identité* ou *le même*. Nous avons aussi l'idée distincte de plusieurs objets différents existant successivement et liés ensemble

1. Cette dernière question sera abordée dans le second livre du *Traité* (1, 2, 2-3 ; 1, 11, 4 ; 2, 1, 7).

par une relation étroite ; et cette idée apporte, quand on l'examine avec précision, une notion de *diversité* aussi parfaite que s'il n'y avait aucune espèce de relation entre les objets. Mais bien que ces deux idées d'identité et de succession d'objets reliés soient en elles-mêmes parfaitement distinctes, et même contraires, il est toutefois certain que dans notre manière ordinaire de penser elles sont généralement confondues. L'action de l'imagination par laquelle nous considérons l'objet qui est invariable et ininterrompu, et l'action par laquelle nous réfléchissons à une succession d'objets reliés sont senties presque de même manière et il ne faut pas beaucoup plus d'effort de pensée pour la seconde que pour la première. La relation facilite la transition de l'esprit d'un objet à l'autre et rend son passage aussi aisé que s'il contemplait un objet continu. Cette ressemblance est la cause de la confusion et de l'erreur, et nous fait substituer la notion d'identité à celle des objets reliés. Quoique à tel ou tel moment nous puissions considérer la succession liée comme variable et interrompue, au moment suivant nous ne manquons pas de lui attribuer une parfaite identité et de la considérer comme invariable et ininterrompue. Nous sommes si portés à commettre cette erreur, sous l'influence que nous avons dite de la ressemblance, que nous tombons dedans avant d'en être conscients ; et quoique nous ne cessions de nous corriger par la réflexion, et que nous revenions à une méthode de pensée plus stricte, cependant nous ne pouvons longtemps soutenir notre philosophie ni nous débarrasser de cette tendance de l'imagination. Notre dernière ressource est de nous y abandonner et d'affirmer hardiment que ces différents objets reliés sont en fait la même chose, malgré leur interruption et leur variation. Afin de justifier à nos yeux cette absurdité, nous feignons souvent quelque principe nouveau et inintelligible qui lie les objets entre eux et en prévient l'interruption et la variation. Ainsi nous feignons l'existence continue des perceptions de nos sens pour supprimer l'interruption ; et nous donnons dans les notions d'*âme*, de *Soi* et de *substance*, pour masquer la variation. Et notons que, lors même que nous ne suscitons pas une telle fiction, notre penchant à confondre l'identité avec la relation est si grand que nous nous laissons à imaginer* quelque chose d'inconnu et de mystérieux qui s'ajoute à la relation pour lier les parties ; ainsi en va-t-il, je pense, pour l'identité que nous attribuons aux plantes et aux végétaux. Et même lorsque cela n'est pas, nous sentons encore un penchant à confondre ces idées bien que nous soyons incapables de nous convaincre pleinement sur ce point ou de trouver quelque chose d'invariable et d'ininterrompu pour justifier notre notion d'identité.

7. Ainsi, la controverse sur l'identité n'est-elle pas une simple dispute de mots. Car, quand en un sens impropre nous attribuons l'identité à des objets qui sont variables ou interrompus, notre erreur ne se limite pas à la manière de dire, mais elle est ordinairement accompagnée d'une fiction, celle de quelque chose d'invariable et d'ininterrompu, ou celle de quelque chose de mystérieux et d'inexplicable ; ou, à défaut, d'un penchant à de telles fictions. Pour prouver cette hypothèse à la satisfaction d'une enquête impartiale, il suffit de montrer, par l'expérience et l'observation de tous les jours, que les objets qui, tout variables et interrompus qu'ils soient, sont supposés demeurer identiques, sont

* Si le lecteur désire voir comment un grand génie peut se laisser influencer autant que le vulgaire par ces principes apparemment frivoles de l'imagination, qu'il parcoure les raisonnements de *my* Lord *Shaftesbury* concernant le principe unificateur de l'univers et l'identité des plantes et des animaux. Voir son livre *Les Moralistes, une rhapsodie philosophique* [IIIe partie, section 1].

seulement ceux qui sont constitués d'une succession de parties liées ensemble par ressemblance, contiguïté ou causalité. Car comme une telle succession répond de manière évidente à notre notion de diversité, ce ne peut être que par erreur que nous lui attribuons une identité ; et comme la relation entre les parties qui nous conduit à cette erreur, n'est réellement rien qu'une qualité qui produit une association des idées et une transition facile de l'une à l'autre pour l'imagination, ce ne peut être que par la ressemblance que cet acte de l'esprit a avec celui par lequel nous contemplons un objet continu, que naît l'erreur. Notre tâche principale sera donc de prouver que tous les objets auxquels nous attribuons une identité sans observer leur caractère invariable et ininterrompu sont ceux qui consistent en une succession d'objets reliés.

8. Supposons[1] pour cela que soit placée devant nous une masse matérielle dont les parties sont contiguës et reliées ; il est clair que nous devons attribuer à cette masse une parfaite identité, dès lors que toutes les parties restent les mêmes sans interruption ni variation, quel que soit le mouvement ou le changement de lieu que nous observons dans le tout ou dans l'une de ses parties. Mais supposons qu'une partie très *petite* ou *négligeable* soit ajoutée à la masse ou en soit retranchée ; bien qu'à parler strictement, l'identité du tout soit entièrement détruite, cependant, comme notre pensée est rarement aussi précise, nous ne nous faisons pas scrupule de déclarer qu'une masse matérielle reste la même où se rencontre une altération

---

1. Hume suit l'analyse graduée que fait Locke des différentes sortes d'identité (*Essai*, II, 27 ; repris dans l'article très complet « Identity » de la *Cylopaedia* de Chambers). Mais alors que Locke s'efforce par ce moyen de caractériser l'identité personnelle, distincte des autres sortes d'identité, Hume s'efforce (vainement) d'établir que le principe des sortes inférieures d'identité vaut encore pour l'identité personnelle.

aussi insignifiante. La pensée passe si aisément et si uniment de l'objet avant à l'objet après le changement que nous percevons à peine la transition et que nous sommes portés à imaginer qu'il n'y a là que la saisie continue du même objet.

9. Cette expérience s'accompagne d'une circonstance très remarquable : bien que le changement d'une partie considérable d'une masse matérielle détruise l'identité du tout, toutefois, ce n'est pas de manière absolue que nous devons mesurer la grandeur de cette partie, mais *proportionnellement* au tout. L'addition d'une montagne, ou son retranchement, ne serait pas assez pour introduire de la différence dans une planète, alors qu'il ne faut pas plus de quelques petits pouces pour détruire l'identité de certains corps. La seule explication possible est de considérer que les objets agissent sur l'esprit, qu'ils brisent ou interrompent la continuité de ses actions non en raison de leur grandeur réelle, mais de leur proportion mutuelle. Et donc, puisque cette interruption fait qu'un objet cesse d'apparaître comme étant le même, ce doit être le progrès ininterrompu de la pensée qui constitue l'identité imparfaite.

10. On peut le confirmer par un autre phénomène. Un changement qui affecte une partie considérable d'un corps en détruit l'identité ; mais il est remarquable que si le changement est produit *graduellement* et *insensiblement* nous sommes moins portés à lui attribuer le même effet. Manifestement, l'explication ne peut être que celle-ci : l'esprit, suivant les changements successifs du corps, sent qu'il passe aisément de l'examen de l'état du corps à tel instant, à celui de l'état du corps à tel autre instant ; et à aucun moment donné il ne perçoit d'interruption dans ses actions. Fort de cette perception continue, il attribue une existence et une identité continues à l'objet.

11. Mais quelque précaution que nous prenions à introduire graduellement les changements et à les proportionner au tout, il est certain que lorsque nous voyons que ces changements deviennent considérables, nous nous faisons scrupule d'attribuer l'identité à des objets aussi différents. Il y a toutefois un autre artifice par quoi inciter l'imagination à aller plus avant : c'est de montrer que les parties se rapportent les unes aux autres et se combinent en vue d'une *fin* ou d'une *intention commune*. Un bateau qui a subi de fréquentes réparations et qui a été changé pour une partie considérable, est encore considéré comme étant le même ; et la différence des matériaux ne nous empêche pas de lui attribuer une identité[1]. La fin commune où conspirent les parties reste la même dans toutes leurs variations et facilite la transition de l'imagination d'un état du corps à l'autre.

12. Mais c'est encore plus remarquable quand nous ajoutons une *sympathie* des parties à leur *fin commune*, et que nous supposons qu'elles ont entre elles une relation réciproque de cause et d'effet dans toutes leurs actions et opérations. Tel est le cas de tous les animaux et de tous les végétaux, où non seulement les différentes parties se rapportent à une intention générale, mais entretiennent également une dépendance mutuelle, une liaison de chacune avec chacune. L'effet d'une relation aussi forte est que, bien qu'il faille avouer qu'en très peu d'années les végétaux et les animaux subissent un changement *total*, cependant, malgré cet aveu, nous continuons de leur attribuer une identité, alors que leur forme, leur taille, leur substance sont entièrement modifiées. Un chêne qui, d'une petite pousse, devient un arbre immense, est encore le même

---

1. C'est le bateau de Thésée (Plutarque, *Les vies des hommes illustres*, « Vie de Thésée », 27).

chêne, bien qu'il n'y ait pas une seule particule de sa
matière ni aucune forme de ses parties qui soient demeurées
les mêmes. Un petit enfant devient un homme, tantôt gros,
tantôt maigre, sans que change son identité.

13. Considérons aussi les deux phénomènes suivants,
également remarquables dans leur genre. Le premier est
que, quoique nous soyons ordinairement capables de
distinguer assez exactement entre l'identité numérique et
l'identité spécifique, cependant il arrive parfois que nous
les confondions et que dans nos pensées et nos raisonnements,
nous les employions l'une pour l'autre. Ainsi, un homme
qui entend un bruit fréquemment interrompu et renouvelé,
dit que c'est le même bruit, bien qu'il soit évident que les
sons n'ont qu'une identité ou une ressemblance spécifiques,
et que rien n'est numériquement le même, sinon la cause
qui les produit. De la même manière, on peut dire sans
impropriété de langage que telle église qui était auparavant
en briques, est tombée en ruine et que la paroisse a
reconstruit la même église en pierre de taille, selon les
règles de l'architecture moderne. Ici, ni la forme ni les
matériaux ne sont les mêmes, et il n'y a rien de commun
aux deux objets, sinon la relation qu'ils ont avec les habitants
de la paroisse ; et pourtant cela seul suffit pour que nous
les dénommions comme une même chose. Mais il faut
observer que dans de pareils cas le premier objet est en
quelque sorte annihilé avant que le second ne commence
d'exister ; et de la sorte, jamais à aucun moment, ne s'offre
à nous l'idée de différence et de multiplicité ; et pour cette
raison nous avons moins de scrupule à les appeler de même.

14. Nous pouvons remarquer ensuite que, bien que
dans une succession d'objets qui sont en relation il soit en
quelque manière nécessaire que le changement des parties
ne soit pas soudain ni entier, pour que l'identité soit

préservée, cependant, quand les objets sont de nature changeante et inconstante, nous admettons une transition plus brusque que celle qui serait autrement compatible avec cette relation. Ainsi, la nature d'une rivière consiste dans le mouvement et le changement de ses parties ; mais, bien qu'en moins de vingt-quatre heures celles-ci aient été complètement renouvelées, cela n'empêche pas la rivière de demeurer la même plusieurs siècles durant. Ce qui est naturel et essentiel à une chose ne laisse pas d'être attendu ; et ce qui est attendu fait moins d'impression et semble de moindre importance que ce qui est inhabituel et extraordinaire. Un changement considérable de la première sorte semble effectivement moindre à l'imagination que l'altération la plus insignifiante de la seconde sorte ; et faisant moins obstacle à la continuité de la pensée, il a moins de capacité à détruire l'identité.

15. Venons-en maintenant à l'explication de la nature de l'*identité personnelle*, question qui a pris tant d'importance en philosophie, spécialement ces dernières années en *Angleterre*, où les sciences les plus abstruses sont étudiées avec une ardeur et une application particulières[1]. Et il est évident qu'ici la même méthode de raisonnement doit être conservée, qui a si heureusement expliqué l'identité des plantes, des animaux, des bateaux et des maisons, et de toutes les productions composées et changeantes de l'art ou de la nature. L'identité que nous attribuons à l'esprit d'un homme n'est qu'une identité fictive et de la même espèce que celle que nous attribuons aux végétaux et aux corps animés. Elle ne peut donc avoir

---

1. Question effectivement souvent débattue, après la publication de la seconde édition de l'*Essai* de Locke. Voir la liste des références données par Norton et Norton, p. 813.

une origine différente et doit suivre d'une opération semblable de l'imagination sur des objets semblables[1].

16. Mais de peur que cet argument ne convainque pas le lecteur, bien qu'à mes yeux il soit entièrement décisif, qu'il considère le raisonnement suivant, qui est encore plus proche et plus immédiat. Il est évident que l'identité que nous attribuons à l'esprit humain, si parfaite que nous l'imaginions, n'est pas capable de fondre en une seule les multiples perceptions différentes et de leur faire perdre le caractère de distinction et de différence qui leur est essentiel. Il est également vrai que toute perception distincte qui entre dans la composition de l'esprit est une existence distincte, qu'elle est différente, discernable et séparable de toute autre perception, contemporaine ou successive. Mais comme en dépit de cette distinction et de cette séparabilité, nous supposons que toute la suite des perceptions est unie par identité, une question vient naturellement qui porte sur cette relation d'identité : est-elle quelque chose qui réellement lie entre elles nos diverses perceptions ou qui associe seulement leurs idées dans l'imagination ? Ou, en d'autres mots, quand nous déclarons l'identité d'une personne, observons-nous un lien réel entre ses perceptions ou ne faisons-nous qu'en sentir un entre les idées que nous en formons ? C'est une question à laquelle il serait facile de répondre, si nous nous souvenions de ce qui a déjà été largement prouvé, à savoir que l'entendement n'observe jamais de liaison réelle entre les objets et que même l'union de la cause et de l'effet, à l'examiner strictement, se résout

1. Hume reprend de nouveau le même argument de la confusion de la relation et de l'identité, et de la fiction chargée de réduire la contrariété de la diversité et de l'identité des perceptions, contrariété qui suscite la fiction du Soi, comme existence continue. Mais le Soi offre une difficulté propre : il est la *totalité* des relations. Comment passer de la succession, de ce flux incessant qu'est l'esprit, à la totalité liée du Soi ?

en une association coutumière d'idées. Car il suit évidemment de ces remarques que l'identité n'est rien qui appartienne réellement à ces perceptions différentes et qui les unisse ensemble ; et que c'est simplement une qualité que nous leur attribuons à cause de l'union de leurs idées dans l'imagination, quand nous y réfléchissons. Or les seules qualités qui puissent unir les idées dans l'imagination sont les trois relations déjà dites. Ce sont les principes d'union dans le monde idéal et sans elles tout objet distinct peut être séparé par l'esprit, peut être considéré séparément et paraît n'avoir pas plus de liaison avec un autre que s'il en était détaché par la plus grande différence et le plus grand éloignement. C'est donc de telle ou telle de ces trois relations de ressemblance, de contiguïté, de causalité, que dépend l'identité ; et comme l'essence même de ces relations consiste à produire une transition facile des idées, il s'ensuit que notre notion de l'identité personnelle dérive entièrement du progrès ininterrompu et uni de la pensée, le long d'une suite d'idées liées entre elles, selon les principes qu'on a expliqués.

17. Ainsi la seule question qui reste est de savoir par quelles relations ce progrès ininterrompu de notre pensée est produit, quand nous considérons l'existence successive d'un esprit ou d'une personne pensante. Et il est évident ici que nous devons nous limiter à la ressemblance et à la causalité, et laisser de côté la contiguïté qui a peu d'influence dans le cas présent[1].

18. Commençons par la *ressemblance*. Supposons que nous puissions voir clairement dans le cœur d'autrui et observer la suite des perceptions qui constitue son esprit ou son principe pensant ; supposons également qu'il conserve toujours la mémoire d'une partie importante des

---

1. La contiguïté n'aurait qu'une fonction agrégative.

perceptions passées. Il est évident que rien ne pourrait contribuer davantage à imposer une relation à cette succession, prise dans toutes ses variations. Qu'est-ce en effet que la mémoire sinon la faculté qui nous permet d'évoquer les images des perceptions passées ? Et comme une image ressemble nécessairement à son objet, ne faut-il pas que l'insertion fréquente de ces perceptions ressemblantes dans la chaîne de la pensée porte l'imagination d'un chaînon à l'autre avec plus de facilité et fasse que le tout paraisse comme la continuation d'un objet unique ? À cet égard donc, la mémoire non seulement découvre l'identité, mais contribue aussi à sa production, en produisant la relation de ressemblance entre les perceptions. Le cas est le même que nous nous considérions nous-mêmes ou que nous considérions autrui.

19. Passons à la *causalité*. Nous pouvons observer que la véritable idée de l'esprit humain, c'est de le considérer comme un système, composé de différentes perceptions ou de différentes existences qui sont liées ensemble par la relation de cause et d'effet, et qui se produisent, se détruisent, s'influencent et se modifient les unes les autres. Nos impressions donnent naissance aux idées qui leur correspondent ; et ces idées à leur tour produisent d'autres impressions. Une pensée chasse l'autre, et en introduit une troisième qui l'évince à son tour. À ce propos, je ne saurais comparer l'âme plus proprement qu'à une république, à un *commonwealth*, dont les différents membres sont unis par les liens réciproques du gouvernement et de l'obéissance, et donnent naissance à d'autres personnes qui perpétuent la même république au travers du changement incessant de ses parties. Et comme la même république peut sans perdre son individualité non seulement changer ses membres, mais aussi ses lois et ses constitutions, de la

même façon la même personne peut varier son caractère et ses dispositions, aussi bien que ses impressions et ses idées, sans perdre son identité. Quelque changement qu'elle subisse, ses diverses parties sont encore liées par la relation de causalité. Et à cet égard, l'identité que nous devons à nos passions vient renforcer celle que nous devons à notre imagination, en faisant que nos perceptions éloignées s'influencent les unes les autres et en nous donnant un souci présent de nos peines et de nos plaisirs passés ou futurs.

20. Comme la mémoire est seule à nous informer de la continuation et de l'étendue de cette suite de perceptions, elle est pour cette raison surtout considérée comme étant la source de l'identité personnelle. Si nous n'avions pas de mémoire, jamais nous n'aurions la notion de causalité, ni par conséquent la notion de cette chaîne de causes et d'effets qui constitue notre moi ou notre personne. Mais une fois que nous avons reçu de la mémoire cette notion de causalité, nous pouvons étendre la même chaîne de causes, et par conséquent l'identité de notre personne, au-delà de notre mémoire et embrasser des temps, des circonstances et des actions que nous avons entièrement oubliés, mais que d'une manière générale nous supposons avoir existé[1]. De combien peu d'actions passées en effet gardons-nous la mémoire ! Qui peut me dire par exemple quelles étaient ses pensées et ses actions le 1er janvier 1715, le 11 mars 1719 et le 3 août 1733 ? Dira-t-on, parce qu'on a entièrement oublié ce qui s'est passé ces jours-là, que le Soi présent n'est pas la même personne que le Soi de cette époque – au risque de renverser ainsi les notions les mieux établies de l'identité personnelle ? Sous cet aspect, la

---

1. Réponse à l'objection que si la mémoire élargit le Soi, elle le borne aussi, par l'effet de l'oubli.

mémoire ne *produit* pas tant l'identité personnelle qu'elle ne la *découvre* en montrant la relation de cause à effet entre nos différentes perceptions. Il incombera à ceux qui affirment que la mémoire produit à elle seule l'identité personnelle, de nous expliquer pourquoi nous pouvons ainsi étendre notre identité au-delà de notre mémoire.

21. L'ensemble de cette doctrine nous conduit à une conclusion qui est ici de grande importance, je veux dire que toutes ces questions subtiles et fines touchant l'identité personnelle ne pourront jamais être tranchées et qu'il faut les regarder comme des difficultés grammaticales plutôt que philosophiques. L'identité dépend des relations d'idées ; et ces relations produisent l'identité par la transition facile qu'elles suscitent. Mais comme les relations, ainsi que la facilité de la transition, peuvent diminuer par degrés insensibles, nous n'avons aucune règle juste pour nous déterminer dans les disputes sur le moment où elles gagnent ou perdent le droit de recevoir le nom d'identité. Toutes les disputes concernant l'identité d'objets liés ensemble sont purement verbales, si ce n'est dans la mesure où la relation entre les parties suscite quelque fiction ou principe imaginaire d'union, comme nous l'avons déjà observé.

22. Ce que je viens de dire concernant la première origine et l'incertitude de notre notion d'identité relativement à l'esprit humain, peut être étendu à celle de *simplicité*, sans rien changer ou presque. Un objet dont les différentes parties coexistantes sont liées ensemble par une étroite relation, agit sur l'imagination à peu près de la même manière qu'un objet parfaitement simple et indivisible ; et il ne réclame pas pour être conçu un effort de pensée beaucoup plus grand. Par cette similitude d'opération, nous lui attribuons la simplicité et imaginons un principe d'union

pour supporter cette simplicité et pour servir de centre à toutes les parties et qualités différentes de l'objet.

23. Nous avons ainsi achevé notre examen des divers systèmes philosophiques, tant du monde intellectuel que du monde naturel ; et notre manière variée de raisonner nous a conduit à étudier divers points qui vont tantôt illustrer et confirmer une partie antérieure de notre discours tantôt préparer le chemin à nos développements futurs. Il est maintenant temps de revenir à un examen plus serré de notre sujet et de progresser avec rigueur dans l'anatomie de la nature humaine, après avoir ainsi pleinement expliqué la nature de notre jugement et de notre entendement.

SECTION VII
Conclusion de ce livre

1. Mais avant de me lancer dans ces vastes abîmes de philosophie qui s'ouvrent devant moi, j'ai besoin de m'arrêter un instant, là où je suis, et de songer à ce voyage que j'ai entrepris et dont l'heureuse conclusion demande, sans nul doute, un art et une adresse extrêmes. Je me vois comme un homme qui a donné sur mille écueils et qui, après avoir échappé de justesse au naufrage, en se faufilant dans une passe, a cependant la témérité d'affronter la mer sur le même bateau battu par les tempêtes et faisant eau de toutes parts, et qui pousse même l'ambition jusqu'à penser faire le tour du globe dans des conditions aussi désavantageuses. Le souvenir que j'ai de mes erreurs passées et de mes perplexités me fait douter de l'avenir. La misérable condition, la faiblesse, le désordre des facultés que je dois employer dans mes recherches, accroissent mes craintes. Et l'impossibilité de réformer ou de corriger ces facultés me réduit presque au désespoir. Plutôt périr

sur le rocher ingrat où je me trouve, que m'aventurer sur cet océan sans limites qui se perd dans l'immensité ! Cette vue soudaine du danger où je suis me frappe de mélancolie et, comme cette passion, plus que les autres, aime à se complaire, je ne peux m'empêcher de nourrir mon désespoir de toutes les réflexions accablantes dont le présent sujet remplit d'abondance mon esprit.

2. Je suis d'abord effrayé et confondu de cette solitude désolée où je me trouve placé dans ma philosophie et je me vois tel un monstre étrange et bizarre qui, incapable de se mêler aux autres et de se fondre dans la société, a été exclu de tout commerce humain et laissé sans consolation dans un total abandon. Trop heureux serais-je de me perdre dans la foule pour y trouver chaleur et protection ! Mais je ne peux me résoudre à me fondre en elle sous un jour aussi rebutant. J'exhorte les autres à me rejoindre, afin de fonder une compagnie à part ; mais personne ne veut m'entendre. Tous se tiennent à distance et redoutent la tempête qui me bat de tous côtés. Je me suis exposé à l'inimitié de tous les métaphysiciens, des logiciens, des mathématiciens, et même des théologiens ; et je m'étonnerais des insultes qu'il me faut souffrir ? J'ai déclaré que je désapprouvais leurs systèmes ; et je serais surpris qu'ils expriment leur haine de mon système et de ma personne ? Quand je regarde autour de moi, partout j'entrevois dispute, contradiction, colère, calomnie, dénigrement. Quand je regarde au-dedans de moi, je ne trouve que doute et ignorance. Le monde entier conspire contre moi et travaille à me contredire ; et pourtant ma faiblesse est telle que je sens toutes mes opinions se défaire et tomber d'elles-mêmes, quand elles ne sont pas soutenues de l'approbation d'autrui. Chaque pas, je le fais avec hésitation ; chaque nouvelle

réflexion me fait craindre erreur et absurdité dans mon raisonnement.

3. Car avec quelle confiance puis-je m'aventurer dans des entreprises aussi hardies, quand en plus des innombrables infirmités qui me sont propres, j'en trouve tant qui sont communes à la nature humaine ? Puis-je être sûr qu'en abandonnant toutes les opinions établies je poursuis encore la vérité ? Et par quel critère la reconnaîtrais-je, si la fortune devait jamais me guider dans ses pas ? Après le plus précis et le plus exact de mes raisonnements, je ne puis donner de raison pourquoi j'y souscris ; et je ne sens rien qu'une *forte* tendance à considérer *fortement* les objets sous le jour où ils m'apparaissent. L'expérience est un principe qui m'instruit des diverses conjonctions d'objets dans le passé. L'habitude est un autre principe qui me détermine à attendre la même chose à l'avenir ; et toutes deux s'unissant pour agir sur l'imagination, elles me font former certaines idées d'une manière plus intense et plus vive que d'autres qui ne se recommandent pas des mêmes avantages. Sans cette qualité par laquelle l'esprit rend certaines idées plus vives que d'autres (chose frivole, en apparence, et si peu fondée en raison), nous ne pourrions jamais donner notre assentiment à quelconque argument ni porter notre vue au-delà des quelques objets qui s'offrent à nos sens. Que dis-je ! À ces objets mêmes, nous ne saurions accorder d'autre existence que celle qui dépend de nos sens ; et il nous faudrait les renfermer totalement dans cette succession de perceptions qui constitue notre moi ou notre personne. Que dis-je encore ! Touchant même cette succession, nous ne pourrions accepter que les perceptions qui sont immédiatement présentes à notre conscience, car les images vives que nous présente notre mémoire ne pourraient être reçues comme les images véridiques des perceptions

passées. La mémoire, les sens et l'entendement sont donc tous fondés sur l'imagination, c'est-à-dire : sur la vivacité de nos idées.

4. Faut-il s'étonner qu'un principe aussi inconsistant et fallacieux nous induise en erreur, quand il est aveuglément suivi (comme il faut qu'il le soit) dans toutes ses variations ? C'est ce principe qui nous fait raisonner par les causes et les effets ; et c'est le même principe qui nous convainc de l'existence continue des objets extérieurs, quand ils ne sont pas présents à nos sens. Mais bien que ces deux opérations soient également naturelles et nécessaires à l'esprit humain, elles sont cependant en certaines circonstances directement contraires * ; et il ne nous est pas possible de raisonner avec justesse et régularité par les causes et les effets, et de croire en même temps à l'existence continue de la matière. Comment donc ajuster ces deux principes l'un à l'autre ? Lequel préférer ? Ou bien, si, n'en préférant aucun, nous leur donnions tour à tour notre assentiment, comme il est de coutume chez les philosophes, avec quelle confiance oserions-nous ensuite usurper ce titre glorieux, en embrassant ainsi sciemment une contradiction manifeste ?

5. Cette contradiction serait plus excusable, si par compensation nous trouvions dans les autres parties de notre raisonnement un début de solidité et de satisfaction. Mais c'est tout le contraire. Lorsque nous poursuivons l'entendement humain jusque dans ses premiers principes, nous le voyons nous mener à des sentiments qui semblent tourner en ridicule toutes nos peines et tous nos efforts passés, et nous décourager de toute recherche future. L'esprit de l'homme ne cherche rien avec plus de curiosité que les causes de chaque phénomène ; nous ne nous

* Section 4 [§ 15].

contentons pas de connaître les causes immédiates, nous poussons notre étude jusqu'à ce que nous arrivions au principe originaire ultime. Nous ne nous arrêterions pas de nous-mêmes avant d'avoir découvert dans la cause cette énergie par laquelle elle agit sur son effet, ce lien qui les unit l'un à l'autre, cette qualité efficace dont le lien dépend. Tel est notre but dans toutes nos études et nos réflexions. Et quelle doit être notre déception quand nous apprenons que cette liaison, ce lien ou cette énergie, se trouve seulement en nous-mêmes, et n'est rien que la détermination de l'esprit, acquise par habitude et qui nous fait passer d'un objet à celui qui a coutume de l'accompagner, c'est-à-dire de l'impression de l'un à l'idée vive de l'autre ! Une telle découverte non seulement nous ôte tout espoir d'obtenir jamais satisfaction, mais fait obstacle à nos vœux, puisqu'il apparaît que, quand nous disons que notre désir est de connaître le principe actif ultime comme quelque chose qui réside dans l'objet extérieur, ou bien nous nous contredisons ou bien nos paroles sont dépourvues de signification.

6. Ce défaut de nos idées n'est certes pas perçu dans la vie ordinaire ; nous n'avons point conscience que dans les conjonctions de cause à effet qui nous sont les plus habituelles, nous sommes tout aussi ignorants du principe ultime qui les lie ensemble, que dans les conjonctions les plus inhabituelles et les plus extraordinaires. Mais c'est uniquement par une illusion de l'imagination ; et la question est de savoir dans quelle mesure nous devons céder à ces illusions. Cette question est très difficile, car elle nous enferme dans un dilemme fort dangereux, de quelque manière que nous y répondions. Car si nous donnons notre assentiment à toute suggestion, même triviale, de l'imagination, outre le fait que ces suggestions sont souvent

contraires les unes aux autres, elles nous mènent à de telles erreurs, et à des absurdités et des obscurités telles que nous devons à la fin rougir de notre crédulité. Rien n'est plus dangereux pour la raison que les envolées de l'imagination, et rien n'a occasionné plus d'erreurs en philosophie. Les esprits à l'imagination brillante peuvent à cet égard se comparer aux anges que l'Écriture nous représente les yeux voilés par les ailes. C'est ce qui s'est déjà rencontré en tant d'exemples que nous pouvons nous épargner de nous étendre davantage.

7. Mais d'un autre côté, si, considérant ces exemples, nous prenons la résolution de rejeter toutes les suggestions frivoles de l'imagination pour nous en tenir à l'entendement, c'est-à-dire aux propriétés générales et les mieux établies de l'imagination, cette résolution même, si nous l'exécutons sans fléchir, serait dangereuse et entraînerait les plus fatales conséquences. Car j'ai déjà montré* que l'entendement, s'il agit seul, et selon ses principes les plus généraux, se détruit complètement lui-même et ne laisse pas le moindre degré d'évidence aux propositions de la philosophie ou de la vie ordinaire. Nous n'échappons à ce scepticisme total qu'au moyen de la propriété singulière de l'imagination, d'apparence frivole, qui fait que nous entrons difficilement dans des vues lointaines des choses et que nous sommes incapables de les accompagner d'une impression sensible comparable à celle dont nous accompagnons les vues plus aisées et plus naturelles. Établirons-nous donc cette maxime générale qu'il ne faut point recevoir de raisonnement subtil et compliqué? Considérez les conséquences d'un tel principe. En l'appliquant, vous anéantissez toute science et toute philosophie. Vous vous appuyez sur une qualité singulière de l'imagination et par égalité de raison vous

* Troisième partie, section 14 [§ 7].

devez les accepter toutes ; et vous vous contredisez expressément, puisque cette maxime doit être construite sur le précédent raisonnement dont on reconnaîtra volontiers qu'il est assez subtil et métaphysique. Quel parti prendre dans toutes ces difficultés ? Si nous embrassons ce principe et condamnons tous les raisonnements subtils, nous nous jetons dans les absurdités les plus manifestes. Si nous le rejetons en faveur de ces raisonnements, nous ruinons complètement l'entendement humain. Nous n'avons donc de choix qu'entre une raison fausse et pas de raison du tout. Pour ma part, je ne sais ce qu'il faut faire en pareille circonstance. Je peux seulement observer ce qui se fait d'ordinaire, c'est qu'on ne songe guère sinon jamais à cette difficulté et, s'est-elle présentée à l'esprit, qu'on l'oublie rapidement, sans qu'elle laisse de forte impression derrière elle. Des réflexions très subtiles n'ont que peu ou pas d'influence sur nous ; et pourtant nous ne posons ni ne pouvons poser cette règle qu'elles ne doivent pas avoir d'influence, ce qui impliquerait une contradiction manifeste.

8. Mais ai-je bien dit que des réflexions très subtiles et métaphysiques n'ont que peu ou pas d'influence sur nous ? Cette opinion, me voici tout disposé à la repousser et à la condamner, à considérer mon expérience et mon sentiment présent. La perception *intense* de ces multiples contradictions et imperfections qui affectent la raison humaine, ont ainsi agi sur moi et échauffé mon cerveau que je suis prêt à rejeter toute croyance et tout raisonnement, et que je ne peux même plus tenir une opinion pour plus probable ou plus vraisemblable qu'une autre. Où suis-je ? Que suis-je ? De quelles causes est-ce que je tire mon existence ? À quel état retournerai-je ? De qui dois-je briguer les faveurs ? De qui dois-je craindre la colère ? Quels êtres m'entourent ? Sur qui ai-je une influence et qui donc en exerce une sur

moi ? Toutes ces questions me confondent et je ne laisse
pas de me représenter comme jeté dans l'état le plus
déplorable qu'on puisse imaginer, environné de l'obscurité
la plus profonde et totalement privé de l'usage de mes
membres et de mes facultés.

9. Fort heureusement, il se trouve que, tandis que la
raison se montre incapable de chasser ces nuages, la nature
elle-même y suffit et me guérit de cette mélancolie et de
ce délire philosophique, en me soulageant de ce penchant
de mon esprit ou en me procurant quelque distraction,
quelque impression vive de mes sens, qui efface toutes ces
chimères. Je dîne, je joue au trictrac, je converse et me
réjouis avec mes amis ; et quand après trois ou quatre
heures de divertissement, je retourne à ces spéculations,
elles me paraissent si froides et si forcées et si ridicules
que je n'ai pas le cœur à m'y remettre.

10. Ainsi donc, par une nécessité absolue, je me trouve
déterminé à vivre, à parler et à agir comme tout le monde,
dans les affaires ordinaires de la vie. Mais, bien que mon
inclination naturelle et le cours de mes esprits animaux
ainsi que de mes passions me reconduisent à cette croyance
paresseuse aux maximes générales du monde, je sens
encore un tel reste de ma disposition précédente que je
suis prêt à jeter au feu tous mes livres et tous mes papiers,
et à me résoudre de ne plus jamais sacrifier les plaisirs de
la vie pour l'amour du raisonnement et de la philosophie.
Car tels sont mes sentiments dans l'humeur chagrine qui
me gouverne à présent. Je peux, je dois céder au courant
de la nature, en me soumettant à mes sens et à mon
entendement ; et par cette soumission aveugle, je donne la
preuve la plus éclatante de mes dispositions et de mes
principes sceptiques. Mais s'ensuit-il que je doive résister
au courant de la nature qui me porte à la paresse et au

plaisir ? S'ensuit-il que je doive me couper en quelque mesure du commerce et de la société des hommes, qui est si agréable, et me torturer le cerveau avec des subtilités et des sophismes, au moment même où je ne peux me persuader du caractère raisonnable d'une étude aussi pénible ni nourrir quelque espoir de parvenir ainsi à la vérité et à la certitude ? Quelle obligation ai-je de gaspiller ainsi mon temps ? À quoi cela peut-il servir, que ce soit pour le bien des hommes ou pour mon intérêt privé ? Non ! S'il faut être un fou, comme le sont *certainement* tous ceux qui raisonnent et entretiennent quelque croyance, du moins mes folies seront-elles naturelles et agréables ! Quand je lutterai contre mon inclination, j'aurai de bonnes raisons de résister ; et je ne me laisserai plus entraîner à errer dans des solitudes aussi désolées et des traversées aussi rudes que celles que j'ai affrontées jusqu'à présent.

11. Tels sont les sentiments qui nourrissent l'humeur sombre et paresseuse qui m'habite ; et je dois avouer que la philosophie n'a rien à lui opposer : si elle s'attend à la victoire, c'est par le retour d'une disposition enjouée et sérieuse, bien plus que par la force du raisonnement et de la conviction. Dans tous les événements de la vie, nous devons garder encore notre scepticisme. Si nous croyons que le feu réchauffe ou que l'eau rafraîchit, c'est seulement parce que cela nous coûte trop de peine de penser autrement. Oui, si nous sommes philosophes, ce doit être seulement sur de tels principes sceptiques et par l'inclination que nous éprouvons à nous employer de cette manière. Quand la raison est vive et se mêle au penchant, il faut y consentir. Sinon, elle ne peut jamais avoir de titre à agir sur nous.

12. À l'heure donc où je suis las de me divertir et de rester en compagnie et tandis que je me laisse aller à la *rêverie*, dans ma chambre ou dans le cours d'une promenade

solitaire le long d'une rivière, je sens mon esprit tout ramassé en lui-même et je suis naturellement *enclin* à revenir à tous ces sujets sur lesquels j'ai rencontré tant de disputes au fil de mes lectures ou de mes conversations. Et je ne puis m'empêcher d'être curieux de connaître les principes du bien et du mal en morale, la nature et les fondements du gouvernement et la cause des diverses passions et des inclinations qui m'animent et me gouvernent. Il me déplaît de penser que j'approuve ceci et désapprouve cela, que je dis qu'une chose est belle et l'autre laide, que je décide du vrai et du faux, de la raison et de la folie, sans savoir d'après quels principes je me prononce. Et je m'inquiète de l'état du monde savant, plongé dans une déplorable ignorance sur tous ces points. Je sens naître en moi l'ambition de contribuer à l'instruction des hommes et de me faire un nom par mes inventions et mes découvertes. Ces sentiments jaillissent naturellement dans la disposition où je suis ; et si je tentais de les bannir en m'attachant à quelque autre affaire ou divertissement, je *sens* que j'y perdrais en plaisir. Voilà toute l'origine de ma philosophie.

13. Mais à supposer même que cette curiosité et cette ambition ne me transportassent pas dans des spéculations étrangères à la sphère de la vie ordinaire, il ne manquerait pas de se faire que ma faiblesse même me pousse à de telles recherches. Il est certain que la superstition est beaucoup plus audacieuse dans ses systèmes et ses hypothèses que la philosophie ; et quand la seconde se contente d'assigner de nouvelles causes et de nouveaux principes aux phénomènes qui se produisent dans le monde visible, la première ouvre un monde de sa façon et nous présente des scènes, des êtres et des objets qui sont entièrement nouveaux. Et puisqu'il est presque impossible à l'esprit humain de demeurer comme l'esprit des bêtes

dans le cercle étroit des objets qui font la matière des conversations et des actions de tous les jours, nous avons seulement à délibérer du choix de notre guide et préférer celui qui est le plus sûr et le plus agréable. Et à cet égard, j'ose recommander la philosophie et ne me fais point scrupule de lui donner la préférence sur la superstition, quelle qu'en soit la sorte ou le nom. Car comme la superstition naît naturellement et aisément des opinions populaires des hommes, elle a une prise plus ferme sur l'esprit ; elle est souvent capable de nous troubler dans la conduite de nos vies et de nos actions. La philosophie, au contraire, si elle est juste, ne peut nous offrir que des sentiments doux et mesurés ; si elle est fausse et extravagante, ses opinions restent l'objet d'une spéculation froide et générale, et vont rarement jusqu'à interrompre le cours de nos tendances naturelles. Les Cyniques sont un exemple extraordinaire de philosophes qui partant de raisonnements purement philosophiques tombèrent dans des extravagances de conduite comparables à celles qu'on a jamais pu rencontrer dans le monde chez un *moine* ou un *derviche*. D'une manière générale, les erreurs en religion sont dangereuses ; elles ne sont que ridicules en philosophie.

14. J'ai conscience que ces deux cas, de la force ou de la faiblesse de l'esprit, ne représentent pas la totalité des hommes, et qu'il y a en *Angleterre* en particulier un grand nombre d'honnêtes gens qui toujours occupées de leurs affaires domestiques ou se divertissant à de communes récréations, n'ont guère porté leurs pensées au-delà des objets qui s'offrent à leurs sens tous les jours. Et certes, je ne prétends pas changer de telles personnes en philosophes et je n'attends pas qu'elles s'associent aux présentes recherches ni ne prêtent l'oreille à ces découvertes. Elles font bien de se maintenir dans leur condition présente ; et

plutôt que de les élever à l'état plus raffiné de philosophes, je souhaiterais que nous puissions communiquer à nos fondateurs de systèmes une part de ce grossier mélange de terre, un ingrédient qui leur fait communément grand défaut et qui leur servirait à tempérer les particules ignées dont ils sont composés. Tant qu'on permettra qu'une bouillante imagination s'infuse dans la philosophie, et que des hypothèses soient embrassées sur leur seule apparence ou agrément, nous n'aurons jamais de principes solides ni de sentiments qui s'accordent avec la pratique et l'expérience commune. Mais si nous écartions une bonne fois ces hypothèses, nous pourrions espérer établir un système ou un ensemble d'opinions qui, même si elles ne sont point vraies (car c'est peut-être trop demander), pourraient néanmoins contenter l'esprit humain et subir l'épreuve de l'examen le plus critique. Et nous ne devons pas désespérer d'atteindre à ce but au prétexte du grand nombre de systèmes chimériques qui ont surgi les uns après les autres parmi les hommes, et qui se sont évanouis, si nous voulons bien considérer combien fut courte la période où ces questions ont été un objet de recherche et de raisonnement. Deux mille ans, avec de si longues interruptions, traversés de si profonds découragements, ne font qu'un laps de temps bien court pour donner aux sciences une perfection suffisante ; et peut-être sommes-nous encore dans un âge du monde trop tendre pour découvrir des principes capables de supporter l'examen de la postérité la plus lointaine. Pour ma part, mon seul espoir est de pouvoir contribuer quelque peu à l'avancement de la connaissance, en donnant sur quelques points un tour différent aux spéculations des philosophes et en leur désignant plus distinctement les seuls sujets où ils peuvent espérer assurance et conviction. La nature humaine est la seule science de l'homme ; elle a été pourtant la plus négligée jusqu'ici. Ce sera assez pour moi, si je puis la mettre un peu plus à la mode ; et cet espoir sert à calmer mon humeur de la mélancolie et à lui redonner force contre cette paresse qui parfois m'entraîne. Si le lecteur se trouve dans la même disposition facile, qu'il me suive dans mes prochaines spéculations. Sinon, qu'il suive son inclination et qu'il attende que lui reviennent le goût de l'étude et une heureuse disposition. La conduite d'un homme qui étudie la philosophie de cette manière libre est plus vraiment sceptique que la conduite de celui qui, malgré l'inclination qu'il a pour elle, est si accablé de doutes et de scrupules qu'il finit par la rejeter totalement. Un vrai sceptique se défiera de ses doutes philosophiques autant que de sa conviction philosophique et ne refusera jamais une innocente satisfaction qui s'offre de l'un ou de l'autre bord.

15. Et non seulement il est bon de nous livrer d'une manière générale à l'inclination que nous avons pour les recherches les plus complexes en philosophie, malgré nos principes sceptiques, mais aussi de céder à ce penchant qui nous pousse à nous montrer affirmatifs et certains sur des *points particuliers*, selon le jour où nous les considérons à tel *instant particulier*. Il nous est plus facile de nous interdire tout examen, de nous refuser à toute recherche, que de contrôler en nous une tendance si naturelle ou de combattre l'assurance qui nous vient toujours, après une juste et complète considération de l'objet. En telle occasion nous en venons vite à oublier non seulement notre scepticisme, mais aussi notre modestie, et à employer des termes comme *il est évident, il est certain, il est indéniable que* ; ce que le respect dû au public devrait peut-être interdire. J'ai pu tomber dans ce défaut à l'exemple des autres ; mais j'introduis ici un *caveat* contre toutes les

objections qui pourraient être présentées sur ce point; et je déclare que de telles expressions me furent arrachées par l'objet qui s'offrait à ma vue, et qu'elles n'impliquent de ma part ni esprit dogmatique ni idée vaniteuse de mon propre jugement, – ces sentiments qui, j'en ai conscience, ne peuvent convenir à personne, et encore moins à un sceptique.

APPENDICE

1. Il n'est rien dont je ne souhaiterais plus ardemment me saisir que de l'opportunité de confesser mes erreurs. Et je tiendrais un tel retour à la vérité et à la raison pour plus honorable que le jugement le plus sûr. Celui qui ne commet pas d'erreur ne peut prétendre à l'éloge, sinon pour la justesse de son entendement. Mais celui qui corrige ses erreurs montre immédiatement la justesse de son entendement mais aussi la candeur et l'ingénuité de son tempérament. À ce jour, je n'ai pas eu l'heur de découvrir des erreurs très considérables dans les raisonnements exposés dans les volumes qui précèdent, sinon sur un point. Mais l'expérience m'a montré que certaines de mes expressions n'ont pas été suffisamment choisies pour prévenir toute erreur chez le lecteur. Et c'est principalement pour remédier à ce défaut que j'ajoute le présent appendice.

2. Nous ne pouvons jamais être amenés à croire à un fait, sinon quand sa cause ou son effet, direct ou collatéral, nous est présent. Mais quelle est la nature de cette croyance qui naît de la relation de cause et d'effet, rares sont ceux qui ont eu la curiosité de se le demander. Selon moi, on ne saurait échapper au dilemme suivant. Ou bien la croyance est une idée nouvelle, telle que l'idée de *réalité* ou d'*existence*, que nous joignons à la simple conception de l'objet ; ou bien, elle n'est qu'un certain *sentir*, qu'un *sentiment* particulier. Qu'elle ne soit pas une nouvelle idée

qui se joindrait à la simple conception, peut être prouvé
par les deux arguments suivants. Premièrement, nous
n'avons pas d'idée abstraite de l'existence, pouvant être
distinguée et séparée de l'idée des objets particuliers. Il
est donc impossible que l'idée d'existence puisse être jointe
à l'idée d'un objet ou faire la différence entre une simple
conception et la croyance. Deuxièmement, l'esprit a la
commande de toutes ses idées et il peut les séparer, les
unir, les mêler et les varier comme il lui plaît; de sorte
que, si la croyance consistait simplement en une nouvelle
idée, jointe à la conception, il serait au pouvoir de l'homme
de croire à tout ce qu'il lui plaît. Nous pouvons donc
conclure que la croyance consiste seulement en un certain
sentir, en un certain sentiment, en quelque chose qui ne
dépend pas de la volonté, mais naît nécessairement de
certaines causes et principes qui sont déterminés et dont
nous n'avons pas la maîtrise. Quand nous sommes
convaincus d'un fait, nous ne faisons rien que le concevoir,
avec un certain sentiment différent de celui qui accompagne
les simples rêveries de l'imagination. Si la croyance ne
consistait pas en un sentiment différent de notre simple
conception, tous les objets que présenterait l'imagination
la plus débridée seraient sur un même pied que les vérités
les mieux établies, qui sont fondées sur l'histoire et
l'expérience. Il n'y a rien qu'un certain sentir, qu'un certain
sentiment, pour faire la distinction.

3. Et donc, étant posé comme une vérité indubitable
que *la croyance n'est rien qu'un sentiment particulier,
différent de la simple conception*, la question qui vient
ensuite et se présente naturellement est celle-ci : *quelle est
la nature de ce sentir, de ce sentiment, et est-il analogue
ou non à quelque autre sentiment de l'esprit humain ?*
Cette question est importante, car s'il n'est pas analogue

à un autre sentiment, il nous faut désespérer d'expliquer ses causes et donc le considérer comme un principe original de l'esprit humain. S'il est analogue, nous pouvons espérer expliquer ses causes par analogie et remonter jusqu'à des principes plus généraux. Or qu'il y ait davantage de fermeté et de solidité dans les conceptions qui sont des objets de conviction et d'assurance, que dans les rêveries débridées et paresseuses d'un faiseur de châteaux en Espagne, tout le monde le reconnaîtra volontiers. Elles nous frappent avec plus de force ; elles nous sont plus présentes ; l'esprit en a une meilleure prise et il est davantage agi et mu par elles. Il y acquiesce et, en quelque sorte, il s'y fixe et s'y repose. En bref, elles s'approchent davantage des impressions, qui nous sont immédiatement présentes ; et elles sont donc analogues à beaucoup d'autres opérations de l'esprit.

4. Il n'y a, selon moi, aucune possibilité d'échapper à cette conclusion, sinon en affirmant que la croyance consiste, outre la simple conception, en une impression ou en un sentiment qui peut être distingué de cette conception. Cette impression ne modifie pas la conception ni ne la rend plus présente et plus intense. Elle lui est seulement annexée de la même manière que la *volonté* et le *désir* sont annexés à telle conception particulière d'un bien ou d'un plaisir. Mais les considérations suivantes seront suffisantes, je crois, pour écarter cette hypothèse. Premièrement, cette hypothèse est directement contraire à l'expérience et à notre conscience immédiate. Il a toujours été reconnu que le raisonnement est seulement une opération de nos pensées ou de nos idées ; et, bien que ces idées puissent être variées pour ce qui est du sentiment, il n'entre jamais rien dans nos *conclusions* que des idées, que nos conceptions atténuées. Par exemple, j'entends à présent la voix d'une personne

qui m'est familière ; et ce son vient de la pièce voisine. Cette impression de mes sens transporte immédiatement mes pensées vers cette personne, ainsi que vers tous les objets qui l'environnent. Je me les peins existant présentement, avec les mêmes qualités et les mêmes relations que celles que je leur ai toujours connues. Ces idées s'imposent à mon esprit plus rapidement que les idées d'un château enchanté. Au sentiment, elles sont différentes ; mais il n'y a pas d'impression distincte ou séparée qui les accompagne. Il en va de même quand je me souviens des différents incidents d'un voyage ou des événements d'une histoire. Tout fait particulier est ici l'objet d'une croyance. L'idée s'en trouve modifiée différemment des rêveries déliées d'un faiseur de châteaux. Mais aucune impression distincte n'accompagne chaque idée distincte ou conception d'un fait. C'est ce dont témoigne l'expérience ordinaire. Si cette expérience peut être contestée à l'occasion, c'est quand l'esprit est agité par des doutes et des difficultés ; et qu'ensuite, prenant l'objet sous un nouveau point de vue ou un nouvel argument se présentant, il se fixe et se repose dans une conclusion et une croyance arrêtées. Dans ce cas, il y a un sentiment distinct et séparé de la conclusion. Le passage du doute et de l'agitation à la tranquillité et au repos communique une satisfaction et un plaisir à l'esprit. Mais prenez cet autre cas. Supposez que je voie les jambes et les cuisses d'une personne en mouvement, tandis que quelque objet s'interposant me masque le reste de son corps. Il est ici certain que l'imagination déploie la forme toute entière. Je lui donne une tête et des épaules, une poitrine et un cou. Ces membres, je les conçois et je crois qu'elle en est dotée. Et il est parfaitement évident que toute cette opération est accomplie par la pensée ou l'imagination seule. La transition est immédiate. Les idées nous frappent présentement. Leur liaison habituelle avec la présente impression les varie et les modifie d'une certaine manière, mais ne produit aucun acte de l'esprit distinct de cette particularité de conception. Que chacun examine son propre esprit, et il verra que, de toute évidence, ceci est la vérité.

5. Deuxièmement, quoi qu'il en soit touchant cette impression distincte, on ne peut pas ne pas admettre que l'esprit a une meilleure prise ou une conception plus stable de ce qu'il tient pour un fait que des fictions. Pourquoi donc chercher plus loin ou multiplier les suppositions sans nécessité ?

6. Troisièmement, nous pouvons expliquer les *causes* d'une conception qui est ferme, mais non celles d'une impression séparée. Qui plus est, les causes d'une conception ferme épuisent tout le sujet et rien ne reste pour produire un autre effet. Une inférence concernant un fait n'est rien que l'idée d'un objet qui a été fréquemment joint ou est associé à une présente impression. Voilà le tout. De ce tout, chaque partie est requise pour expliquer par analogie la fermeté de la conception ; et rien ne reste qui soit à même de produire une impression distincte.

7. Quatrièmement, les *effets* de la croyance, dans l'influence qu'elle exerce sur les passions et sur l'imagination, peuvent tous s'expliquer à partir d'une conception ferme. Et rien ne motive de recourir à un autre principe. Ces arguments, et beaucoup d'autres qui sont énumérés dans les volumes qui précèdent, prouvent suffisamment que la croyance ne fait que modifier l'idée ou la conception et la fait sentir différemment, sans produire d'impression distincte.

8. Ainsi, à prendre d'une manière générale le sujet, il apparaît qu'il y a deux questions d'importance, questions que nous prenons la liberté de recommander à l'attention des philosophes : *y a-t-il quelque chose qui distingue la croyance de la simple conception, hormis la manière de sentir ou le sentiment ? Cette manière de sentir est-elle autre chose qu'une conception plus ferme, qu'une prise plus rapide que nous prenons de l'objet ?*

9. Si, après une étude impartiale, cette même conclusion à laquelle je suis parvenu est approuvée des philosophes, le point suivant est d'examiner l'analogie qu'il y a entre la croyance et d'autres actes de l'esprit, et de trouver la cause de la fermeté et de la force de la conception. Et je ne pense pas que ce soit une tâche difficile. La transition d'une présente impression avive et fortifie toujours toute idée. Quand un objet se présente, l'idée de celui qui l'accompagne habituellement nous frappe aussitôt comme quelque chose de réel et de solide. Elle est *sentie* plutôt que conçue et s'approche, en force et en influence, de l'impression dont elle est dérivée. Cela, je l'ai longuement prouvé. Je ne puis ajouter de nouveaux arguments ; mais, peut-être, mon raisonnement sur toute la question de la cause et de l'effet aurait été plus convaincant, si les passages suivants avaient été insérés aux endroits que j'ai indiqués pour eux. J'ai ajouté quelques illustrations sur d'autres points, là où je l'ai jugé nécessaire[1].

10. J'avais entretenu l'espoir que, si déficiente que puisse être notre théorie du monde intellectuel, elle serait libre des contradictions et des absurdités qui semblent accompagner toute explication que la raison humaine est capable de donner du monde matériel. Mais à revoir de plus près la section concernant l'identité personnelle, je

1. On trouvera ces additions aux endroits du texte indiqués par Hume.

me trouve engagé dans un tel labyrinthe que je dois avouer ne savoir ni comment corriger mes précédentes opinions ni comment les rendre cohérentes. Si ce n'est pas là une bonne raison *générale* en faveur du scepticisme, c'est du moins pour moi une raison suffisante (comme si je n'en avais pas déjà bien d'autres !) pour me montrer défiant et modeste dans toutes mes décisions. Je vais proposer les arguments d'un côté et de l'autre, en commençant par ceux qui me poussent à nier l'identité et la simplicité, strictement et proprement dites, d'un Soi ou d'un être pensant.

11. Quand nous parlons de *Soi* ou de *substance*, nous devons avoir une idée attachée à ces termes. Sinon, ils sont entièrement inintelligibles. Toute idée est dérivée d'une impression qui la précède. Et nous n'avons d'impression ni de Soi ni de substance, qui serait quelque chose de simple et individuel. Nous n'en avons donc pas d'idée en ce sens.

12. Tout ce qui est distinct peut être distingué ; tout ce qui peut être distingué peut être séparé par la pensée ou l'imagination. Toutes les perceptions sont distinctes. Elles peuvent donc être distinguées et séparées, et peuvent être conçues comme existant séparément et peuvent exister séparément, sans contradiction ni absurdité.

13. Quand je vois cette table et cette cheminée, rien ne m'est présent que des perceptions particulières qui sont de même nature que toutes les autres perceptions. Telle est la doctrine des philosophes. Mais cette table qui m'est présente et cette cheminée peuvent exister et existent séparément. Telle est la doctrine du commun, et elle n'implique pas de contradiction. Il n'y a donc pas de contradiction à étendre la même doctrine à toutes les perceptions.

14. D'une manière générale, le raisonnement suivant semble convaincant. Toutes les idées sont empruntées à des perceptions qui les précèdent. Nos idées des objets sont donc dérivées de cette source. En conséquence, aucune proposition ne peut être intelligible ou cohérente relativement aux objets qui ne le soit relativement aux perceptions. Mais il est intelligible et cohérent de dire que les objets existent de manière distincte et indépendante sans une substance *simple* ou un sujet d'inhérence qui leur serait commun. Et donc cette proposition ne peut jamais être absurde touchant les perceptions.

15. Quand je tourne ma réflexion sur moi-même (*myself*), je ne puis percevoir ce Soi (*self*) sans une ou plusieurs perceptions, ni ne puis rien percevoir que des perceptions. C'est donc leur composition qui forme le Soi.

16. Nous pouvons concevoir qu'un être pensant ait beaucoup ou peu de perceptions. Supposez que l'esprit soit réduit à moins que la vie d'une huître. Supposez qu'il n'ait qu'une perception, comme la soif ou la faim. Considérez-le dans cet état. Concevez-vous autre chose que cette seule perception ? Avez-vous une notion de Soi ou de substance ? Si vous n'en avez pas, l'addition d'autres perceptions ne vous donnera jamais cette notion.

17. L'anéantissement que certains supposent suivre la mort et qui détruit entièrement ce Soi, n'est rien que l'extinction de toutes les perceptions particulières, l'amour et la haine, la douleur et le plaisir, la pensée et la sensation. Il doit en aller de même pour le Soi, puisque celui-ci ne peut survivre sans celles-là.

18. Le *Soi* est-il la même chose que la *substance*? S'ils sont la même chose, comment la question de la subsistance du Soi dans un changement de substance peut-elle se poser? S'ils sont distincts, quelle différence y a-t-il entre eux? Pour ma part, je n'ai de notion ni de l'un ni de l'autre quand je les conçois distincts des perceptions particulières.

19. Les philosophes commencent à accepter le principe que *nous n'avons pas d'idée d'une substance extérieure, distincte des idées des qualités particulières*. Principe qui doit ouvrir la voie à un principe semblable concernant l'esprit, *que nous n'en avons pas de notion distincte des perceptions particulières*.

20. Jusqu'ici, il me semble disposer d'assez d'évidence. Mais une fois que j'ai ainsi libéré toutes nos perceptions particulières, si j'en viens à rendre compte du principe de liaison* qui les relie entre elles et nous leur fait attribuer une simplicité et une identité réelles, je prends conscience que mon explication est très défectueuse et que rien sinon l'évidence apparente des précédents raisonnements n'aurait pu me pousser à la recevoir. Si les perceptions sont des existences distinctes, elles ne peuvent former un tout qu'en étant liées ensemble. Mais il n'est pas de liaisons entre des existences distinctes qui puissent être découvertes par l'entendement humain. Nous *sentons* seulement une liaison ou une détermination de la pensée à passer d'un objet à l'autre. Il s'ensuit donc que seule la pensée découvre l'identité personnelle, quand elle réfléchit au train des perceptions passées qui composent un esprit, les idées de ces perceptions étant senties être liées ensemble et

* Livre I, p. 450.

s'introduire naturellement les unes les autres. Si extraordinaire que paraisse cette conclusion, elle ne doit pas nous surprendre. La plupart des philosophes semblent enclins à penser que l'identité personnelle *naît* de la conscience ; et la conscience n'est rien qu'une pensée ou une perception réfléchie. La présente philosophie a donc jusque-là un aspect prometteur. Mais tous mes espoirs s'évanouissent quand j'en viens à expliquer les principes qui unissent nos perceptions successives dans notre pensée ou notre conscience. Je ne puis découvrir aucune théorie qui me satisfasse sur ce point.

21. En bref, il y a deux principes que je ne saurais rendre compatibles, sachant qu'il n'est en mon pouvoir de renoncer à aucun des deux : que *toutes nos perceptions distinctes sont des existences distinctes* et que *l'esprit ne peut jamais percevoir de liaison réelle entre des existences distinctes*. Si nos perceptions étaient inhérentes à quelque chose de simple et d'individuel ou si l'esprit pouvait percevoir quelque liaison réelle entre elles, il n'y aurait alors pas de difficulté. Pour ma part, je dois en appeler au privilège du sceptique et confesser que cette difficulté est trop forte pour mon entendement. Je ne prétends pas toutefois la déclarer absolument insurmontable. D'autres, peut-être, ou moi-même après plus mûre réflexion, découvrirons une hypothèse qui conciliera ces contradictions.

22. Je saisis aussi cette occasion pour confesser deux autres erreurs de moindre importance qu'une réflexion plus mûre m'a fait découvrir dans mon raisonnement. La première se trouve dans le Livre I, p. 186, où je dis que la distance entre deux corps est connue, entre autres choses, par les angles que les rayons de lumière émanant des corps font entre eux. Il est certain que ces angles ne sont pas

connus par l'esprit et donc qu'ils ne peuvent jamais révéler la distance. La seconde erreur sera trouvée dans le Livre I, p. 238, où je dis que deux idées d'un même objet peuvent seulement différer par leurs différents degrés de force et de vivacité. Je crois qu'il y a d'autres différences entre les idées qui ne peuvent proprement être comprises sous ces termes. Si j'avais dit que deux idées d'un même objet peuvent seulement différer par leur différente manière d'être senties, j'aurais été plus près de la vérité.

TABLE DES MATIÈRES

HUME
TRAITÉ DE LA NATURE HUMAINE
Livre I, *De l'entendement*

Achevé d'imprimer en mars 2022 par *La Manufacture - Imprimeur* – 52200 Langres
Imprimé en France – N° d'imprimeur : 220268 – Dépôt légal : avril 2022